Peter Runia, Frank Wahl
Markenmanagement

Peter Runia, Frank Wahl

Markenmanagement

Lehrbuch der professionellen Markenführung

DE GRUYTER
OLDENBOURG

ISBN 978-3-11-052630-1
e-ISBN (PDF) 978-3-11-052631-8
e-ISBN (EPUB) 978-3-11-052635-6

Library of Congress Control Number: 2022940053

Bibliografische Information der Deutschen Nationalbibliothek
Die Deutsche Nationalbibliothek verzeichnet diese Publikation in der Deutschen
Nationalbibliografie; detaillierte bibliografische Daten sind im Internet über
http://dnb.dnb.de abrufbar.

© 2022 Walter de Gruyter GmbH, Berlin/Boston
Einbandabbildung: [M] Britta Zwarg [F] Quarta_/iStock/Getty Images Plus
Satz: Integra Software Services Pvt. Ltd.
Druck und Bindung: CPI books GmbH, Leck

www.degruyter.com

Inhaltsverzeichnis

Vorwort

Marken sind aus dem Alltag der Menschen nicht mehr wegzudenken. Sie nehmen in Wirtschaft und Gesellschaft eine immer bedeutendere Rolle ein und beeinflussen Menschen in vielerlei Hinsicht. Marken werden gekauft, um die eigene Persönlichkeit zu unterstreichen, sie schaffen Vertrauen und geben Orientierung. Marken sorgen für Gemeinschaft und Abgrenzung. Aus diesem Grund ist es sinnvoll sich mit einer ganzheitlichen Betrachtung von Marken und deren Führung zu beschäftigen.

Innerhalb der Marketinglehre, als Teildisziplin der Betriebswirtschaftslehre, hat die Marke seit Anbeginn der Disziplin eine besondere Stellung. Wurde zunächst nur der klassische Markenartikel betrachtet, entstanden in der wissenschaftlichen Diskussion weitere Markentypen und -strategien und auch Teilbereiche anderer Wissenschaftsdisziplinen wie Psychologie und Soziologie wurden inkludiert. Im Laufe der Zeit hat sich hieraus ein eigener Themenbereich entwickelt, der meist als „Markenmanagement" oder „Markenführung" bezeichnet wird. Hierzu liegt bereits eine beträchtliche Anzahl von Monografien vor; diese Publikationen behandeln das Markenmanagement jedoch meist in isolierter Form, d.h. nicht prozessual bzw. ganzheitlich.

Das Markenmanagement steht in einem engen Zusammenhang mit dem klassischen Marketingprozess. Das vorliegende Lehrbuch versucht genau diesen Zusammenhang als Leitfaden zu berücksichtigen und somit eine ganzheitliche und marketingprozessorientierte Perspektive einzunehmen. Der klassische Marketingprozess wird in unserer etablierten Monografie (Runia et al. 2019) ausführlich behandelt und dient auch dem vorliegenden Lehrbuch als Strukturierung. In jeder Prozessphase liegt der Fokus jedoch auf dem Markenmanagement, d. h. es wird die Perspektive eines markenführenden Unternehmens eingenommen.

In den Ausführungen des vorliegenden Lehrbuchs sind viele aktuelle Entwicklungen in Marketingwissenschaft und -praxis eingeflossen, die zum Teil auch aus Diskussionen mit Kollegen und Studierenden entstammen.

Das in diesem Lehrbuch gewählte generische Maskulinum bezieht sich zugleich auf die männliche, die weibliche und andere Geschlechteridentitäten.

Wir bedanken uns bei Lucy Jarman vom De Gruyter Verlag für die angenehme Zusammenarbeit.

Peter Runia & Frank Wahl

https://doi.org/10.1515/9783110526318-203

1 Marke: Begriff und historische Entwicklung

1.1 Entwicklung und Definition des Markenbegriffs

Aufgrund der gesellschaftlichen, wirtschaftlichen und technischen Umweltbedingungen auf den Märkten unterliegt der Markenbegriff einer steten Veränderung. Dies hat zur Folge, dass er je nach Verständnis und Verwendungssituation unterschiedlich definiert wird (Krause 2013, S. 37). Gleichzeitig führen unterschiedliche Perspektiven und Hintergründe von Forschern und Praktikern zu vielfältigen Definitionen des Markenbegriffs (Sponheuer 2010, S. 16). Dieser Zustand ist jedoch nicht auf eine reine Uneinigkeit der Personen zurückzuführen. Vielmehr bilden die jeweilige Zielsetzung und der Forschungskontext den Entscheidungsrahmen dafür, welche Begriffsdefinition geeignet und zu verwenden ist (Herrmann/Huber 2013, S. 317).

Seit der Auseinandersetzung mit dem Begriff Marke herrschen Unklarheiten und verschiedene Ansätze zur Definition (Baumgarth 2014, S. 1). Sprachhistorisch betrachtet, verbirgt sich hinter dem Begriff Marke das französische Wort „marquer", welches markieren oder kenntlich machen bedeutet. Ergänzend dazu lässt sich Ähnliches im Englischen wiederfinden – so bedeutet „mark" Marke, Merkmal oder Zeichen. In der Fachliteratur des Marketings herrschen unterschiedlichste Vorschläge zur Systematisierung und Kategorisierung dieses Begriffs (Bruhn 2010, S. 144; de Chernatony 2010, S. 29 ff.; Kartte 2006, S. 469).

Der Ursprung dieser Begriffsvielfalt liegt zum einen darin, dass die Wissenschaftler und Praktiker aus verschiedenen Bereichen kommen. Zum anderen liegt dies in der historischen Entwicklung des Begriffs, welche zu einem sich wandelnden Markenbegriff führte. Wöhe (2013, S. 410) definiert den Markenbegriff aus wirtschaftswissenschaftlicher Sicht als Erkennungszeichen, welches den Nachfrager dazu bringen soll, jenes markierte Produkt beim Einkauf zu präferieren. Meffert, Burmann und Koers (2005) betrachten den Begriff detaillierter und unterscheiden beim Markenbegriff zwischen der juristischen Sichtweise der Marke im Sinne eines gewerblichen Schutzrechtes, der Marke als markiertes Produkt und der eigentlichen Marke. Somit lässt sich zum einen die formale Auffassung des Begriffs unterscheiden, welche den Markierungsbegriff lediglich beschreibt, und zum anderem die inhaltliche Analyse des Begriffs, wobei das Ergebnis der Kennzeichnung sowie die Funktion der Marke betrachtet werden (Kartte 2006, S. 469).

Infolge der genannten Vielfältigkeit und der damit verbundenen Unklarheit des Terminus Marke werden im Folgenden **fünf verschiedene Entwicklungsphasen des Markenbegriffs** dargestellt.

Phase 1: Mitte des neunzehnten Jahrhunderts diente die Marke als Herkunfts- und Eigentumsnachweis, um dem Käufer zu verdeutlichen, wer der Hersteller respektive der Anbieter einer Ware ist. Vor dem Hintergrund der Industrialisierung und der

https://doi.org/10.1515/9783110526318-001

steigenden Massenproduktion sollte durch die Markierung eine Anonymität der Waren verhindert werden (Linxweiler 2004, S. 73 f.). Aufgrund der Industrialisierung löste sich der direkte Kontakt zwischen Hersteller und Käufer. Somit sollte die Marke grundlegend dafür sorgen, dass das Vertrauen zwischen Hersteller und Käufer gesichert blieb (Herbst 2003, S. 63 f.).

Phase 2: Seit Beginn des zwanzigsten Jahrhunderts führten neue Betriebsformen des Handels dazu, dass der überregionale Vertrieb, eine konstant hohe Warenqualität, eine gleichartige Aufmachung der Ware und der Vorverkauf über klassische Werbung für die Hersteller zunehmend an Bedeutung gewannen. Dies sollte sowohl den Kontakt zum Käufer als auch den Verkauf der Waren im Handel sichern. Vor diesem Hintergrund basierte das Verständnis vom Wesen der Marke auf einem konsumgüterorientierten Warenfokus und der Suche nach konstitutiven Eigenschaften (Burmann et al. 2012, S. 22 f.). Der Markenbegriff wurde von einem Merkmalskatalog geprägt, der sich ausschließlich auf physisch greifbare Konsumgüter begrenzte. Dies führte dazu, dass Dienstleistungen und Industriegüter nicht als Marken angesehen wurden (Vogel 2012, S. 16). In der Literatur wird dieses Markenverständnis als merkmalsbezogener Ansatz der Marke bezeichnet und dient als Grundlage für das klassische Markenverständnis und den damit verbundenen Begriff des Markenartikels (Esch et al. 2011, S. 197).

Phase 3: Diese ab Mitte der 1960er-Jahre beginnende Phase war durch den essenziellen Wandel vom Verkäufer- zum Käufermarkt geprägt. In dieser Phase herrschte ein angebotsbezogenes Markenverständnis vor, welches sich an Produktions- und Vertriebsmethoden orientierte (Meffert/Burmann 2005, S. 24). Der Markenartikel wurde jetzt als spezifisches Güterangebot angesehen und löste sich von der Sichtweise als Merkmalsbündel (Matthes 2009, S. 34 f.).

Phase 4: In dieser Entwicklungsphase, ab Mitte der 1970er-Jahre, führten wachsende Sättigungstendenzen auf verschiedenen Märkten zu einem subjektiven, nachfragebezogenen Markenverständnis. Demnach waren alle Produkte und Dienstleistungen als Markenartikel zu sehen, wenn sie von den Konsumenten auch als solche wahrgenommen wurden (Heemann 2008, S. 17 f.). Somit stellte dieses Markenverständnis die Konsumentenwahrnehmung in den Mittelpunkt und löste sich von objektiv bestimmbaren Gütereigenschaften sowie den Produktions- und Vertriebsmethoden (Burmann et al. 2012, S. 25).

Phase 5: Ab Beginn der 1990er-Jahre entwickelte sich eine sozialpsychologische Betrachtungsweise der Marke (Meffert/Burmann 2005, S. 30), welche die von der Zielgruppe als relevant wahrgenommenen Nutzen in den Mittelpunkt stellt. Im Kontext dieser Monografie soll die folgende Definition als Grundlage für den Begriff der Marke fungieren. Die Marke ist hiernach „ein Nutzenbündel mit spezifischen Merkmalen, die dafür sorgen, dass sich dieses Nutzenbündel gegenüber anderen Nutzenbündeln, welche dieselben Basisbedürfnisse erfüllen, aus Sicht relevanter Zielgruppen nachhaltig differenziert." (Burmann et al. 2003, S. 3) Dieses Nutzenbündel konstituiert sich somit jederzeit aus materiellen und immateriellen Merkmalen, die dem Nachfrager einen Nutzen stiften (Kiendl 2007, S. 21).

Unter dem Begriff Nutzen ist dabei stets der Grad der Bedürfnisbefriedigung zu verstehen, den ein Objekt aus all seinen Merkmalen für den Nachfrager erbringt (Burmann et al. 2012, S. 61). Vor diesem Hintergrund konstituiert sich eine Marke aus einer Bündelung von funktionalen und symbolischen Nutzenkomponenten, welche in Kombination eine möglichst dauerhafte Differenzierung der Marke gegenüber konkurrierenden Marken ermöglichen sollen. Während die funktionalen Nutzenkomponenten den Grad der Bedürfnisbefriedigung durch physisch-funktionale Produktmerkmale bezeichnen, bauen die symbolischen Nutzenkomponenten nicht auf solch inhärenten Merkmalen eines Produktes auf, sondern sind das Resultat einer Ergebniszuschreibung durch ein Individuum. Durch sie erhält der Konsument beispielsweise die Möglichkeit, seiner eigenen Identität durch die Verwendung der Marke Ausdruck zu verleihen (Müller/ Schade 2012, S. 73). Die spezifischen Merkmale lassen sich dabei als Nutzenversprechen aktiv vom Anbieter definieren und gestalten. Dafür erfolgt eine zweckgerichtete Bündelung anhand der Erfüllung erwarteter Bedürfnisse der Nachfrager. Diese Nutzenstiftung gilt als Erklärung dafür, dass Marken von Konsumenten als Kaufentscheidungskriterium herangezogen werden (Donnevert 2009, S. 75). Anhand der genannten Definition kann das Nutzenbündel jedoch nur dann als Marke bezeichnet werden, wenn es dem Nachfrager einen Nutzen stiftet, der über den Grundnutzen hinausgeht, welcher gleichermaßen durch andere Nutzenbündel befriedigt werden könnte. Daraus resultiert, dass die Marke dem Nachfrager einen Zusatznutzen bieten muss (Kiendl 2007, S. 21f.). Die vorangegangenen Ausführungen verdeutlichen, dass die Marke und die damit verbundene Markierung stets mit mindestens einem Produkt verbunden sind. Darum sei darauf hingewiesen, dass unter dem Begriff Produkt alles zu verstehen ist, was einer Person zur Bedürfnisbefriedigung angeboten werden kann. Diese generische Begriffsauffassung umfasst sowohl materielle Güter als auch immaterielle Dienstleistungen und Rechte (Fell 2010, S. 10).

Zum Begriffskonzept der Marke herrscht bis heute noch keine einheitliche Abgrenzung. Vielmehr gibt es unterschiedliche Definitionsansätze, die im Folgenden betrachtet werden sollen. Gemäß der aktuellen Literatur lassen sich **fünf gängige Definitionsansätze** abgrenzen (Baumgarth 2014, S. 3; Burmann et al. 2015, S. 28; Radtke 2014, S. 4f.):

- Rechtlicher Ansatz
- Objektbezogener Ansatz
- Anbieterorientierter Ansatz
- Nachfragerbezogener Ansatz
- Identitätsbasierter Ansatz

Der **rechtliche Ansatz** definiert die Marke als einen Schutzgegenstand, worunter laut Markengesetz § 3 „alle Zeichen, insbesondere Wörter einschließlich Personennamen, Abbildungen, Buchstaben, Zahlen, Hörzeichen, dreidimensionale Gestaltungen einschließlich der Form einer Ware oder ihrer Verpackung sowie sonstige Aufmachungen einschließlich Farben und Farbzusammenstellungen geschützt werden, die geeignet sind, Waren oder Dienstleistungen eines Unternehmens von denjenigen anderer Unternehmen zu unterscheiden" (MarkenG 2016). Der rechtliche Markenschutz ist Grundvoraussetzung der Markenführung.

Beim **objektbezogenen** oder auch merkmalsorientierten **Ansatz** werden dem Markenobjekt ganz bestimmte Charakteristika zugeschrieben, welche die markenlosen Objekte nicht aufweisen (Baumgarth 2008, S. 4 f.). Mellerowicz versucht in seiner Definition, die als repräsentativ gilt, verschiedene Merkmale zu bündeln (Baumgarth 2014, S. 3):

„Markenartikel sind für den privaten Bedarf geschaffene Fertigwaren, die in einem größeren Absatzraum unter einem besonderen, die Herkunft kennzeichnenden Merkmal (Marke) in einheitlicher Aufmachung, gleicher Menge sowie in gleichbleibender oder verbesserter Güte erhältlich sind und sich dadurch sowie durch die für sie betriebene Werbung die Anerkennung der beteiligten Wirtschaftskreise (Verbraucher, Händler und Hersteller) erworben haben (Verkehrsgeltung)" (Mellerowicz 1963, S. 39). Diese Definition schließt kategorisch Dienstleistungen aus.

Der **anbieterorientierte Ansatz** betrachtet den Begriff Marke als ein „Bündel typischer Marketinginstrumente eines Anbieters" (Baumgarth 2014, S. 4), sodass die Bemühungen des Anbieters und nicht mehr das besondere Produkt im Fokus stehen. Diese instrumentelle Sichtweise der Marke wurde innerhalb dieses Ansatzes insofern weiter interpretiert, als dass die Marke als eine geschlossene operative Vorgehensweise definiert wurde.

Beim **nachfragerbezogenen Ansatz** wird die Marke aus der Konsumentenperspektive betrachtet (Baumgarth 2014, S. 5; Meffert/Burmann 2002, S. 25). Dies meint, dass sobald ein Konsument einen Artikel als Markenartikel wahrnimmt, dieser auch einer ist, wodurch die Wirkung eines Artikels in den Fokus der Betrachtungsweise rückt. Dies bedeutet, dass ein Objekt als Marke bezeichnet werden kann, sobald es einen hohen Bekanntheitsgrad, ein differenziertes Image und eine präferierte Kaufabsicht aufweist.

Der **identitätsbasierte Ansatz** hingegen verknüpft den funktionalen sowie nicht-funktionalen Nutzen einer Marke mit der entsprechenden Wirkung. Burmann et al. definieren daher eine Marke wie folgt:

Eine Marke ist „ein Bündel aus funktionalen und nicht-funktionalen Nutzen, deren Ausgestaltung sich aus Sicht der Zielgruppen einer Marke nachhaltig gegenüber konkurrierenden Angeboten differenziert" (Burmann et al. 2015, S. 28).

Damit wird eine Marke als ein Nutzenbündel angesehen, das die interne Unternehmens- sowie die externe Zielgruppensicht widerspiegelt. Die beiden Punkte werden auch als Ursachen- und Wirkungsperspektive beschrieben. Aus der Ursachenperspektive bringt die Marke aus interner Sicht Nutzendimensionen mit sich, welche die Zielgruppe mit ihr verbinden sollen. Diese Nutzendimensionen können funktional und/oder emotional sein und werden über alle Berührungspunkte mit der Marke (Touchpoints) hinweg kommuniziert (Schmidt 2015, S. 7). Die individuelle Wahrnehmung der Kunden wird als Wirkungsperspektive definiert. Hierzu zählt auch die Differenzierungskraft, die sie mit der Marke verbinden (Burmann et al. 2015, S. 28).

Werden die vorausgegangenen Definitionsansätze miteinander verglichen, so scheint der identitätsbasierte Definitionsansatz die aktuell ganzheitlichste Begriffserklärung zu liefern, um den komplexen Term Marke zu erklären. Ferner fußt das identitätsbasierte Markenmanagement auf eben dieser Definition und argumentiert, dass Marken nur dann erfolgreich sein können, wenn sie auch von dem eigenen Unternehmen verstanden, akzeptiert und dort verinnerlicht sind. Aufgrund dessen soll für die vorliegende Monografie die Markendefinition nach Meffert, Burmann und Koers gelten:

Meffert, Burmann und Koers definieren den Markenbegriff als „ein in der Psyche des Konsumenten und sonstiger Bezugsgruppen der Marke fest verankertes, unverwechselbares Vorstellungsbild von einem Produkt oder einer Dienstleistung" (Meffert et al. 2005, S. 6).

Die identitätsbasierte Markenführung berücksichtigt sowohl die verhaltenswissenschaftliche als auch die ökonomische Perspektive. Die Übereinstimmung von Image und Identität (Kongruenz) in der Zielgruppe als die verhaltenswissenschaftliche Erfolgsgröße führt in der Regel zum ökonomischen Erfolg im Sinne eines hohen finanziellen Markenwertes.

1.2 Funktionen der Marke

Die Funktionen einer Marke müssen in der Markenführung Berücksichtigung finden. Hierbei werden die Perspektiven Nachfrager, Anbieter und weitere Anspruchsgruppen unterschieden. Im Folgenden werden die wesentlichen Funktionen aus der jeweiligen Perspektive betrachtet.

Aus einer verhaltenstheoretischen Sichtweise heraus bietet die Marke dem **Nachfrager** die folgenden Funktionen:

Als erstes ist hier die **Orientierungs- und Informationsfunktion** zu nennen, wodurch dessen Suchaufwand verringert wird. Die Marke beinhaltet dabei Informationen über den Anbieter und hilft dem Nachfrager, sich in einer unübersichtlichen Produktvielfalt zu orientieren (Schmidt/Vest 2010, S. 44). Marken dienen als Erkennungsmerkmal und sorgen damit für bessere Transparenz auf dem Markt. Das hilft dem Nachfrager, Produkte oder Dienstleistungen schneller zu erfassen. Damit geht eine vereinfachte Suche einher, die als Konsequenz zu leichteren Kaufentscheidungen führt. Ist die Marke einmal in das Bewusstsein der Personen (Relevant Set) gelangt, wird sie automatisch abgerufen, wenn bestimmte Bedürfnisse befriedigt werden sollen. Ist der Kunde mit der Marke zufrieden, so ist die Wahrscheinlichkeit hoch, dass er beim wiederholten Kauf erneut zur präferierten Marke tendiert. Das reduziert zum einen die Komplexität und senkt die Such- und Informationskosten (Meffert et al. 2005, S. 10 f.; Runia et al. 2019, S. 212).

Ferner bieten Marken eine **Qualitätssicherungsfunktion**. Hier wird die Marke als Leistungsmerkmal durch den Nachfrager wahrgenommen, welche eine definierte Qualität beinhaltet. Für den Konsumenten spielt die durch die Qualität generierte Sicherheit hier die entscheidende Rolle. Dies kann die Entscheidung für eine bestimmte Marke im Kaufprozess bestärken. Im Zeitablauf kann aus Sicht der Nachfrager ein höheres Qualitätsniveau für eine Marke eingefordert werden.

Eine weitere Funktion stellt die **Vertrauensfunktion** dar. Im Auswahlprozess zwischen verschiedenen Marken reduziert diese Funktion die wahrgenommene Gefahr für den Nachfrager, eine subjektiv falsche Kaufentscheidung zu treffen (Köstinger 2008, S. 12). Dies wird in der Literatur oftmals auch als Risikoreduktionsfunktion bezeichnet (Schulze-Bentrop 2014, S. 23 f.). Grundvoraussetzung für die Vertrauensbildung ist die Markenbekanntheit. Vertrauensbildung beim Nachfrager entsteht in erster Linie durch die spezifische Markenkompetenz. Diese Kompetenz spiegelt sich in der definierten Qualität bzw. im Leistungsversprechen der Marke wider. Das Vertrauen wird durch die Verwendung der Marke weiter manifestiert, indem die definierte Qualität bzw. das Leistungsversprechen vom Nachfrager wiederholt überprüft wird. Somit führt die Vertrauensfunktion insgesamt zu einer höheren Sicherheit bei der Kaufentscheidung. In Bezug auf die Risikoreduktionsfunktion müssen dabei diverse Risikoniveaus unterschieden werden, abhängig von den jeweiligen Produktkategorien.

Eine Marke bietet ebenfalls eine **Identifikationsfunktion bzw. Symbolfunktion**. Dabei überträgt der Nachfrager Markeneigenschaften auf sich selbst und definiert so sein Selbstbild (Büttner 2012, S. 148). Marken dienen auch dazu, die eigene Persönlichkeit zu symbolisieren, sofern der Marke Eigenschaften zugeschrieben werden, mit der sich der Nachfrager identifiziert. Im Rahmen der Markenverwendung können sich beim Nachfrager Eigenschaften bilden, welche auf die Marke zurückzuführen sind. In diesem Fall werden Marken als stellvertretende Vorbilder angesehen. Somit kann die Symbolfunktion das Kaufverhalten am stärksten prägen (Meffert et al. 2005, S. 12; Schmidt/Vest 2010, S. 44).

Ebenso können Marken eine **Prestigefunktion** innehaben. Durch die Verwendung einer bestimmten Marke kann beispielsweise die vorhandene Kaufkraft oder die Zugehörigkeit zu einer bestimmten gesellschaftlichen Schicht ausgedrückt werden. Die Marke dient hier der Selbstdarstellung und Profilierung nach außen, kann aber auch zur Steigerung des Selbstwertgefühls beim Nachfrager selbst führen (Lehner 2007, S. 11).

Für den **Anbieter** sind die folgenden Funktionen einer Marke zu unterscheiden:

Als erste Funktion einer Marke für den Anbieter ist die **Präferenzbildung** zu nennen. Um diese Präferenz zu erreichen, muss die Marke Nutzendimensionen aufbauen, die für die Zielgruppe in der Bedürfnissituation relevant sind. Wenn dies gelingt, kann die Marke in das Relevant Set des Zielkunden gelangen und idealerweise die Top-of-Mind-Stellung besetzen. Dadurch nimmt die Marke eine bevorzugte Stellung im Kaufprozess ein und wird somit Konkurrenzmarken vorgezogen.

Die Funktion der Marke als **Qualitätssignal** ist analog zur Nachfragerperspektive zu betrachten. Hierbei geht es nicht um die eigentliche Produktqualität, die z. B. durch Güteklassen festgelegt wird, sondern um die darüber hinausgehende bestimmte Qualität einer Marke, die als Leistungsverspechen aufzufassen ist. Diese definierte Qualität sollte langfristig ausgerichtet sein. Umwelt- oder Markteinflüsse (Makro- oder Mikroumwelt) können jedoch im Zeitablauf dazu führen, dass die definierte Qualität der Marke auf ein höheres Leistungsniveau gebracht werden muss.

Präferenzbildung und Qualitätsdimension bilden die Basis für eine weitere Funktion: die Schaffung eines **preispolitischen Spielraums**. Diese Funktion führt dazu, dass die Zielgruppe die Nutzendimensionen der Marke entsprechend monetär vergütet und weniger stark auf Preissteigerungen reagiert (Michelis 2014, S. 148 f.). Durch eine spezifische Einzigartigkeit der Marke kann bestenfalls ein Preispremium gegenüber dem Wettbewerb erzielt werden.

Als weitere Funktion ist die Erschließung von **Wachstumspotenzialen** zu nennen. Hierbei wird eine etablierte Marke als Basis für neue Produkte genutzt. Dies kann zur Erweiterung der Produktlinie oder zur Dehnung der Marke in neue Produktkategorien bzw. neue Märkte führen. Hierdurch kann das Potenzial einer Marke für den Anbieter zukunftsorientiert ausgeschöpft werden.

Die Ausschöpfung von Wachstumspotentialen führt zur **Steigerung des Markenwertes** und somit zu einer weiteren Funktion aus Anbietersicht. Somit wird die Marke zu einem bedeutenden Vermögensgegenstand für das Unternehmen, der sich im Markenwert ausdrückt (Kotler et al. 2011, S. 612). Dieser Markenwert umfasst eine verhaltenswissenschaftliche und eine ökonomische Sichtweise. Die verhaltenswissenschaftliche Perspektive wird aus den Wachstumspotenzialen der Marke abgeleitet und führt so zur ökonomischen Betrachtung und monetären Bewertung der Marke.

Eine weitere Funktion stellt die **segmentspezifische Marktbearbeitung** dar. Jede Marke sollte per se ein klar definiertes Segment (Zielgruppe) ansprechen; darauf aufbauend bietet diese Funktion für Unternehmen die Möglichkeit mit unterschiedlicher Marken auch verschiedene Segmente anzusprechen, sodass jede Marke mit ihren spezifischen Nutzendimensionen differenzierter auf die Bedürfnisse der jeweiligen Zielgruppe eingehen kann (Opresnik/Rennhak 2012, S. 165).

In der erweiterten Betrachtung können Marken neben der Fokussierung auf Zielgruppen auch den anderen Anspruchsgruppen eines Unternehmens (Stakeholder) eine Orientierung geben (Schmidt/Vest 2010, S. 47). Darunter fallen beispielsweise Mitarbeiter, Aktionäre, Investoren, Lieferanten, Wettbewerber, Absatzmittler, politische Instanzen, Journalisten oder Interessensverbände. Diese Orientierung spiegelt sich in erster Linie in der Vertrauensfunktion wider, die allen relevanten Anspruchsgruppen der Marke zuteilwird.

2 Einordnung des Markenmanagements in den Marketingprozess

2.1 Marketingmanagement und Markenmanagement

Wenn das Marketing als generisches Konzept aufgefasst wird und alle sozialen Austauschprozesse dem Marketing zugerechnet werden, dann betreibt jeder private Konsument bzw. Haushalt Marketing. Im engeren Sinne bezeichnet Marketing ein professionelles marktorientiertes Vorgehen, das in der Regel durch Organisationen bzw. Unternehmen angewendet wird. In diesem Kontext ist Marketing eine Managementfunktion. Marketingmanagement findet dann statt, wenn ein Austauschpartner ganz bewusst die Vorgehensweisen durchdenkt, mit denen er die gewünschte Reaktion der anderen Partei herbeiführen kann.

Die American Marketing Association definiert Marketingmanagement wie folgt: „Marketingmanagement ist der Planungs- und Durchführungsprozess der Konzipierung, Preisfindung, Förderung und Verbreitung von Ideen, Waren und Dienstleistungen, um Austauschprozesse zur Zufriedenstellung individueller und organisationaler Ziele herbeizuführen" (Bennett 1995, zit. n. Kotler/Bliemel 2001, S. 25).

In der vorliegenden Monografie werden die Begriffe **Marketing** und **Marketingmanagement** aus einer konzeptionell-prozessualen Perspektive definiert: „Marketing ist die konzeptionelle, bewusst marktorientierte Unternehmensführung, die sämtliche Unternehmensaktivitäten an den Bedürfnissen gegenwärtiger und potenzieller Kunden ausrichtet, um die Unternehmensziele zu erreichen" (Runia et al. 2019, S. 6).

Marketingmanagement umfasst die Steuerung des Marketingprozesses über alle Phasen – Analyse, Ziele, Strategie, Instrumente, Kontrolle – durch Marketingverantwortliche. Im Rahmen des Marketingmanagements wird das Marketing von der reinen funktionalen Sichtweise in eine unternehmensumfassende Perspektive überführt. In diesem Kontext geht es darum, funktionsübergreifend alle relevanten internen und externen Informationen zu generieren und zu verarbeiten. Auf dieser Grundlage gilt es, Marketingkonzepte zu erstellen und diese in entsprechende Marketingpläne zu überführen.

Das Marketingmanagement wird in der Praxis mit Mitarbeitern verbunden, die in erster Linie organisatorisch mit dem Absatzmarkt zu tun haben, z. B. Marketingvorstand, Marketingleiter, Vertriebsleiter, Brandmanager, Produktmanager und Marktforscher.

Das **Markenmanagement** ist dem Marketingmanagement untergeordnet. Ausgangspunkt ist hierbei, dass ein Unternehmen den Absatzmarkt mit Marken bearbeitet. So gesehen besteht eine zentrale Marketingleistung eines Unternehmens darin, starke Marken aufzubauen und zu pflegen, um damit die Zukunft des Unternehmens zu sichern (Gaiser 2011, S. 9). Die Markenarchitektur, d. h. die Anzahl und die Anordnung der im Unternehmen geführten Marken, bestimmt wie eng das

https://doi.org/10.1515/9783110526318-002

Marketingmanagement mit dem Markenmanagement verknüpft ist. Falls ein Unternehmen nur eine Marke führt, ist das Marketingmanagement mit dem Markenmanagement gleichzusetzen. Wenn ein Unternehmen jedoch mehrere Marken führt, übernimmt das Markenmanagement die Bedeutung des Marketingmanagements für die jeweilige Marke. Insofern verschiebt sich die prozessuale Vorgehensweise im Rahmen von Marketingkonzepten und Marketingplanung auf die einzelne Marke. Dies beinhaltet in Unternehmen oft eine organisatorische Verlagerung der Verantwortung auf die Ebene des Brandmanagers.

Innerhalb der einschlägigen Literatur werden die Begriffe Markenmanagement und **Markenführung** sowohl synonym als auch in einem Ober-/Unterordnungsverhältnis verwendet, wobei mal Markenmanagement, mal Markenführung den Oberbegriff bildet. In der vorliegenden Monografie werden beide Begriffe gleichgesetzt.

2.2 Marketingprozess

Die Aufgaben des Marketingmanagements bzw. des Markenmanagements umfassen den gesamten Marketingprozess. Der Marketingprozess besteht aus den folgenden, in Abbildung 2.1 aufgeführten Phasen:

Abbildung 2.1: Marketingprozess (Quelle: Runia et al. 2019, S. 11).

Der Marketingprozess zeigt die Bedeutung einer konzeptionellen Vorgehensweise. Im folgenden Abschnitt werden die einzelnen Phasen kurz vorgestellt.

Im Rahmen der Marketinganalyse als erste Phase empfiehlt sich eine dreistufige Vorgehensweise, d. h. am Anfang der Analyse steht die Makroumwelt, danach wird die Mikroumwelt dargestellt und schließlich das Unternehmen bzw. einzelne Marken betrachtet. Den Abschluss dieser Phase bildet die SWOT-Analyse und gegebenenfalls noch die Key-Issue-Matrix.

Die zweite Phase des Marketingprozesses bilden die funktional ausgerichteten Marketingziele, die in ein größeres Zielsystem eingebettet sind. Oberhalb münden die Marketingziele in die Unternehmensziele. Unterhalb der Marketingziele befinden sich die Instrumentalziele. Wichtig ist hierbei eine stringente Mittel-Zweck-Beziehung.

Nach Festlegung der Marketingziele wird in der dritten Phase die strategische Ausrichtung definiert. Marketingstrategien stellen zentrale Grundsatzentscheidungen für das Marketingmanagement dar und lassen sich in unterschiedliche Strategietypen einteilen.

In der vierten Phase des Marketingprozesses werden von der Marketingstrategie die operativen Marketinginstrumente (Marketing-Mix) abgeleitet. Die Marketinginstrumente umfassen die Produktpolitik, Kontrahierungspolitik, Distributionspolitik und Kommunikationspolitik.

In der letzten Phase des Marketingprozess findet eine systematische Überprüfung von Marketing-Indikatoren anhand von Soll-Ist-Vergleichen statt. Dies ist die Aufgabe der Marketingkontrolle. Diverse Kennzahlen geben Auskunft über den Erreichungsgrad der gesetzten Ziele. Bei signifikanten Abweichungen der Ist- von den Soll-Daten müssen Elemente im Marketingprozess angepasst werden.

Dieser Ablauf betrifft sowohl das Marketing- als auch das Markenmanagement. In den folgenden Kapiteln wird der Marketingprozess intensiv behandelt und dabei der Fokus stärker auf die Führung von Marken gelegt.

3 Klassische Marketinganalyse

Die **Marketinganalyse** findet auf drei Ebenen statt. Im Rahmen der Marketingkonzeption empfiehlt sich eine trichterförmige Vorgehensweise, d. h. am Anfang der Analyse steht die Makroumwelt, danach wird die Mikroumwelt dargestellt und schließlich das Unternehmen bzw. einzelne Marken in den Fokus der Betrachtung gerückt. Die **externe Analyse** bezieht sich zum einen auf die Umwelt, d. h. Einflüsse und Trends, die von außen auf den relevanten Markt einwirken und zum anderen auf den relevanten Markt selbst, der räumlich, zeitlich und sachlich abgegrenzt werden muss. Bei der Analyse der Makroumwelt geht es u. a. um demographische und soziokulturelle Entwicklungen sowie um technologische, ökonomische, ökologische und politisch-rechtliche Einflüsse, die weitestgehend nicht beeinflussbar sind. Bei der Analyse des Marktes (Mikroumwelt) werden in erster Linie (potenzielle) Kunden und Konkurrenten betrachtet. Die **interne Analyse** bezieht sich auf das Unternehmen, seine Stärken und Schwächen; es geht um die Überprüfung der vorhandenen Ressourcen und die Feststellung von Kernkompetenzen etc. Im Rahmen des Markenmanagements gilt die Perspektive nicht dem gesamten Unternehmen, sondern der spezifischen Marke, sodass die Unternehmensanalyse zu einer Markenanalyse wird. Am Ende der Analysephase steht idealerweise eine fundierte Datenbasis, die es dem Unternehmen ermöglicht, Marketingentscheidungen zu treffen.

3.1 Makroanalyse

Am Anfang steht die Analyse der Makroumwelt, die den relevanten Markt (Mikroumwelt) umgibt. Die **Makroanalyse** fokussiert Einflüsse und Trends, die von den Teilnehmern am Markt nicht beeinflusst werden können, jedoch beeinflussend auf den relevanten Markt einwirken (Schneider 2009, S. 115).

In diesem Zusammenhang ist die Trendforschung zu verorten, d. h., das Sammeln und Analysieren von Signalen aus der Makroumwelt. Diese Forschung stellt die Basis für die Anwendung von Prognoseverfahren bzw. -modellen dar. Aus den einzelnen Prognosen können sich Trends ergeben, wenn die ermittelten Informationen gleichgerichtete Tendenzen aufzeigen. Die Erforschung von Trends dient der Beschreibung von Veränderungen und Strömungen in allen Bereichen der Gesellschaft. Ihre Identifikation und ihre Diagnose basieren meistens auf einer Zahlenreihe, die durch Fortschreibung eine Aussage über die zukünftige Entwicklung ermöglichen soll (Runia/Wahl 2015, S. 78). Generell wird zwischen quantitativen und qualitativen Trends unterschieden: Quantitative Trends werden mithilfe mathematisch-statistischer Verfahren gemessen. Im Gegensatz dazu werden qualitative Trends verbal-argumentativ bzw. verbal-logisch abgeleitet, wenn eine zahlenmäßige Erfassung nicht möglich oder nicht sinnvoll ist.

https://doi.org/10.1515/9783110526318-003

In der Soziologie steht der Begriff Trend für eine Entwicklung bzw. zukünftige Grundrichtung von Veränderungen (Hillmann 2007, S. 907). Hierauf aufbauend wurde der Begriff des Megatrends von Zukunfts- und Trendforschern entwickelt. Als prominenter Vertreter dieser Fachrichtung gilt der US-Amerikaner John Naisbitt. Er definiert Megatrends als „tiefgreifende und nachhaltige gesellschaftliche, ökonomische, politische und technologische Veränderungen, die sich langsam entfalten und deren Auswirkungen über Jahrzehnte hinweg spürbar bleiben" (Naisbitt/Aburdene 1992, S. 9 f.).

In diesem Zusammenhang wurden für Deutschland vom Zukunftsinstitut die folgenden zwölf Megatrends identifiziert (Zukunftsinstitut 2022): Neo-Ökologie, Konnektivität, Individualisierung, Gender Shift, Silver Society, Globalisierung, Urbanisierung, New Work, Gesundheit, Wissenskultur, Mobilität und Sicherheit. Aus diesen Megatrends lassen sich relevante Subtrends ableiten, die hier am Beispiel des Megatrends Neo-Ökologie dargestellt werden: Nachhaltigkeit, erneuerbare Energien, Green Tech, Elektroautos, biologischer Anbau, Lifestyle of Health and Sustainability (LOHAS) und Fairtrade.

Im Rahmen der Umweltanalyse wird nach den jeweils dominierenden Trends gesucht, von denen zu erwarten ist, dass sie als zukünftige Rahmenbedingungen einen starken Einfluss auf das Unternehmen und seinen Markt (Mikroumwelt) ausüben werden. Diese Einflüsse auf Marktsituationen (Konvergenz der Märkte) soll hier am Beispiel der Telekommunikation verdeutlicht werden: Der Trend zur Vernetzung (Konnektivität) wurde von Apple und Samsung frühzeitig erkannt und als relevant für Marktveränderungen verstanden, während Nokia als ehemaliger Weltmarktführer den Weg vom Handy zum Smartphone zu spät vollzogen hat. Blackberry hingegen kann als ehemaliger Innovator des Smartphones bezeichnet werden, ist hier allerdings auf einer früheren Trendstufe stehen geblieben.

Trends werden direkt spürbar, wenn sie das Verhalten einzelner Anspruchsgruppen prägen. Je früher sie erkannt und antizipiert werden, desto eher ist ein Unternehmen in der Lage, ihre Auswirkungen abzuschätzen und sich darauf aktiv oder proaktiv einzustellen. Die Makroumwelt kann als **DESTEP-Analyse** nach sechs Komponenten (Demographic, Economic, Socio-cultural, Technological, Ecological, Political-legal environment) differenziert werden (Ahlert/Kenning 2007, S. 36 ff., Kotler et al. 2007, S. 237 ff.). Die Abbildung 3.1 zeigt das DESTEP-Modell.

Die **demografische Komponente** umfasst im Wesentlichen die Bevölkerungsentwicklung in den jeweiligen Ländern und wirkt auf die Struktur von Gesellschaften. Diese Daten sind vergleichsweise leicht zu erheben und zu quantifizieren. Kurz- und mittelfristige Prognosen über die demografische Entwicklung einer Gesellschaft können heute als zuverlässig betrachtet werden und umfassen Daten zur Bevölkerung, wie z. B. geografische Verteilung, Altersstruktur, Migrationsraten, ethnische und religiöse Zusammensetzung, Geburten-, Heirats- und Sterberaten etc. Die Trends in der demografischen Entwicklung sind gekennzeichnet durch großes Wachstum der Weltbevölkerung, Überalterung der Bevölkerung durch steigende

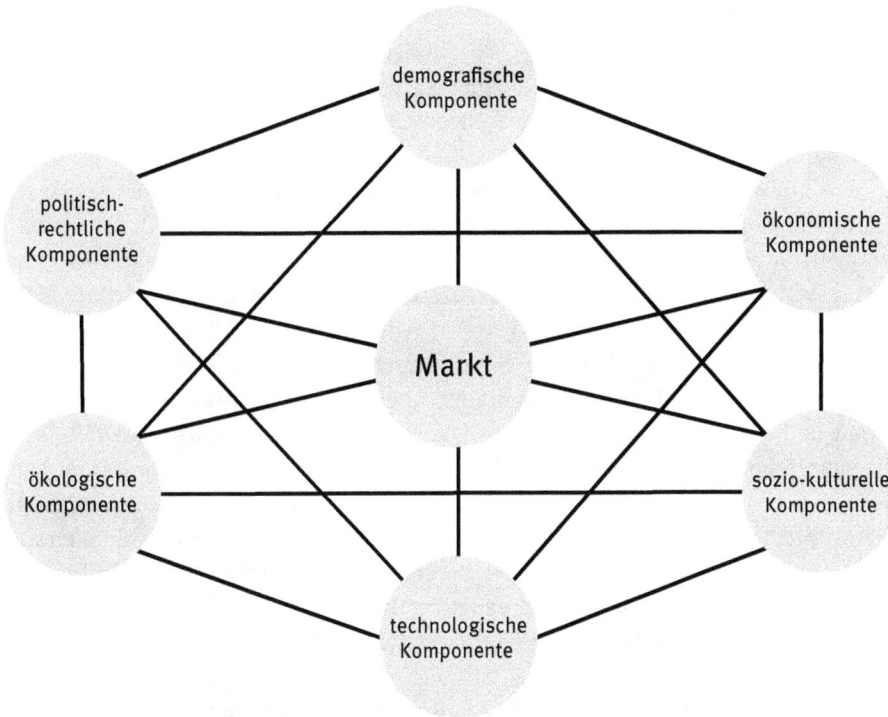

Abbildung 3.1: Komponenten der Makroumwelt (Quelle: Runia et al. 2019, S. 18).

Lebenserwartungen, Veränderungen in der Familienstruktur hin zur Kleinfamilie und zu Singlehaushalten, geografische Bevölkerungsverlagerungen und einen höheren Bildungsstand. Die sogenannte Vergreisung bzw. Überalterung der Gesellschaft steht im Mittelpunkt der Diskussion über den Demografiewandel und hat auch für das Marketing die größte Bedeutung. Als wichtigste Herausforderung resultieren hieraus Konzepte zum Senioren-Marketing. Die Veränderung der klassischen Alterspyramide ist jedoch gleichermaßen mit der Veränderung der Geburtenrate zu erklären, die ebenfalls ein Umdenken im Marketing bezüglich neuer Zielgruppen erfordert. Auf die Veränderung der klassischen Familienstruktur bzw. die deutliche Zunahme von Singlehaushalten hat das Marketing bereits mit Convenience-Konzepten u. ä. reagiert. Das steigende Bildungsniveau führt insgesamt zu mehr aufgeklärten Konsumenten und macht die Anforderungen an das Marketing für Produkt- und Dienstleistungsangebote komplexer. Fast alle Märkte werden von diesen demografischen Trends (positiv oder negativ) beeinflusst, exemplarisch sollen hier die folgenden Märkte genannt werden: Wellnessdienstleistungen, Gesundheitsprodukte, Nahrungsmittel, Kosmetika, Spielwaren, Automobile etc. (Runia/Wahl 2013, S. 136 f.).

In der **ökonomischen Komponente** der Umweltanalyse wird betrachtet, welche Einflussfaktoren auf die Güter- und Kapitalmärkte einer Volkswirtschaft wirken, indem sie dort das Angebots- und Nachfrageverhalten prägen. Hierbei sind Kaufkraft, Einkommensverteilung, Sparquote, Geldvermögen, Inflationsrate, Arbeitslosenquote, Zinsniveau, Konsumverhalten etc. zu analysieren. Als wichtigste wirtschaftliche Entwicklung ist die fortschreitende Globalisierung der Beschaffungs-, Absatz- und Finanzmärkte zu betrachten.

Die **soziokulturelle Komponente** befasst sich mit den Faktoren, welche die Werte und Normen von Gesellschaften beeinflussen. Veränderungen der Werte und Normen können teilweise erheblichen Einfluss auf das Unternehmen und aus Marketingsicht insbesondere auf die Kaufentscheidung haben. Die Grundwerte einer Gesellschaft, wie z. B. Arbeit, Ehe/Familie, Wohltätigkeit und Ehrlichkeit, sind im Allgemeinen beständig. Die kulturellen Grundwerte zeigen sich am Verhältnis des Menschen zu sich selbst, zu ihren Mitmenschen, zu den Institutionen, zur Gesellschaft und zur Natur. Daneben gibt es jedoch auch sekundäre Wertvorstellungen, die sich in Form von Kultur- und Zeitgeistphasen (z. B. Hippies, Yuppies) im Lauf der Zeit wandeln können. Des Weiteren gibt es in jeder Gesellschaft Subkulturen, d. h., unterschiedliche Gruppen mit gemeinsamen Werthaltungen, die sich aus ihrer speziellen Lebenserfahrung oder Lebenssituation ergeben. Beispiele für Subkulturen sind Teenager, Emos oder religiöse Gemeinschaften. Die soziokulturellen Trends sind z. B. Abwertung traditioneller Werte, Streben nach Selbsterfüllung und einem leichten Leben, Hedonismus, ausgeglichene Work-Life-Balance, offene Beziehungen, eine zunehmende weltliche Orientierung. In Verbindung mit dem Megatrend Gesundheit entwickelt sich in Teilen der Bevölkerung eine Selbstoptimierung, welche sich in Form der Protokollierung von sportlichen Aktivitäten und Körperdaten, wie Puls und Gewicht, zeigt (Silbermann 2015, S. 8 ff.). Das gewandelte Verständnis von Gesundheit führt somit zu einer zunehmenden Gesundheitsdynamik innerhalb der modernen Gesellschaft (Bauer/Jenny 2015, S. 210). Unternehmen müssen diese Trends verfolgen und gegebenenfalls antizipieren. Im Zuge dieser Trends ist oft von einem tief greifenden Wertewandel die Rede, der sich vielschichtig und zum Teil widersprüchlich darstellt. Auf der einen Seite ist eine zunehmende Individualisierung im Sinne des Strebens nach Selbstverwirklichung und Unabhängigkeit zu konstatieren, auf der anderen Seite als Folge der weltweiten Gefahr des Terrorismus ein erhöhtes Bedürfnis nach Gemeinschaft, Religion und Sicherheit.

Im Rahmen der **technologischen Komponente** sind Einflussfaktoren auf den Einsatz von Technologie zu untersuchen. Aufgrund immer kürzer werdender Produktlebenszyklen wächst der Druck auf die Unternehmen, was eine Beschleunigung des technischen Fortschritts mit sich bringt. Die technologischen Faktoren haben zumeist einen hohen Einfluss auf die Wertschöpfungsprozesse und die damit produzierten Güter der Unternehmen. Indikatoren hierbei sind u. a. der Automatisierungsgrad, die unterschiedlichen F&E-Aufwendungen der Unternehmen, aber auch die zunehmenden Reglementierungen des technischen Fortschritts durch den Staat in Form von Einschränkungen, Zulassungsverfahren oder Sicherheitsgarantien. Als einflussreichster Trend der technologischen Umwelt soll hier die Digitalisierung im Zusammenhang mit der rasanten Entwicklung des Internets genannt werden. Daraus lassen sich beispielhaft die folgenden Subtrends ableiten: Künstliche Intelligenz (Augmented/Virtual Reality), Internet of Things, Cloud Computing, 3D-Drucktechnik.

Die **ökologische Komponente** gewinnt stetig an Bedeutung, da aufgrund zunehmender Umweltverschmutzung das Umweltbewusstsein der Konsumenten steigt, was sich z. B. in der verstärkten Nachfrage nach Öko- und Recycling-Produkten widerspiegelt. Veränderungen wie die Verknappung von natürlichen Rohstoffen, schwankende Energiepreise oder die staatliche Umweltpolitik wirken jedoch ebenfalls auf das Angebotsverhalten der Unternehmen. Schließlich ist vor dem Hintergrund des Klimawandels ein verstärktes ökologisches Bewusstsein zu beobachten, das sich in einem anhaltenden Bio- und Wellnesstrend sowie einem grundsätzlichen Wunsch nach einer nachhaltigen Entwicklung (sichtbar im viel zitierten LOHAS, Lifestyle of Health and Sustainability) zeigt.

Die Beeinflussung der Abhängigkeits- und Machtstrukturen durch Rechte in Form von Gesetzen und Verordnungen ist Gegenstand der **politisch-rechtlichen Komponente** der Umweltanalyse. Die Zahl der Bestimmungen, die in den Wirtschaftsablauf eingreifen, erhöht sich ständig. Zu den wirtschaftsrechtlichen Gesetzen in Deutschland, die wesentlichen Einfluss auf das Marketing haben, gehören u. a. das Gesetz gegen Wettbewerbsbeschränkungen (GWB), das Gesetz gegen unlauteren Wettbewerb (UWG), das Urheberrechts- und das Patentgesetz, das Markengesetz sowie als Beispiel für produktspezifische Rechte das Arzneimittelgesetz. Ziele der Gesetze und Bestimmungen sind die Aufrechterhaltung des Wettbewerbs, der Schutz der Verbraucher sowie die Schaffung der Ausgewogenheit zwischen wirtschaftlichen und anderen Interessen. Generell sind hier z. B. Anpassungen durch das Verpackungsgesetz und die Preisangabenverordnung aufzuführen. Des Weiteren sind als politisch-rechtliche Trends die wachsende Bedeutung des EU-Rechts im Rahmen der Rechtsharmonisierung (z. B. Health-Claim-Verordnung, EU-Lebensmittelkennzeichnungsverordnung), die Vielzahl von Interessenverbänden sowie der verstärkte Einfluss von Verbraucherbewegungen zu nennen.

Alle Komponenten der Makroumwelt sind untereinander vernetzt und können sich gegenseitig beeinflussen. Viele der Einflussfaktoren wirken nicht abrupt, sondern machen sich erst in einem schleichenden Prozess bemerkbar, was es jedoch den Unternehmen ermöglicht, sich frühzeitig darauf einzustellen. So erhöht sich beispielsweise seit mehreren Jahrzehnten in vielen europäischen Ländern die Altersstruktur der Bevölkerung. Einige Finanzinstitute, die diesen Trend frühzeitig erkannt haben, entwickelten bereits in den 1980er-Jahren für ihre Kunden Konzepte zur Altersversorgung.

Die Corona-Pandemie im Jahr 2020 ruft in kürzester Zeit vehemente Entwicklungen in der Makroumwelt hervor, welche in allen Komponenten zum Tragen kommen:
- demografische Komponente: Reproduktionsfaktor R
- ökonomische Komponente: Arbeitslosenquote, Kaufkraft, BIP etc.

- soziokulturelle Komponente: Familie und Gesellschaft
- technologische Komponente: Heilmittel und Impfstoff
- ökologische Komponente: Reduktion von CO^2-Emissionen
- politisch-rechtliche Komponente: Lock-Down, Kurzarbeitergeld etc.

Die **STEP-Analyse** reduziert die sechs zuvor beschriebenen Umweltkomponenten auf die folgenden vier Faktoren (Leeman 2010, S. 34 f.):
- Socio-Cultural Environment (demografische und soziokulturelle Komponente),
- Technological Environment,
- Economical Environment,
- Political-Legal Environment.

Die ökologische Komponente wird im Einzelfall den Faktoren Technological, Economical oder Political-Legal Environment zugeordnet.

Mit Hilfe einer Makroanalyse (z. B. DESTEP-Analyse, STEP-Analyse) sollen dominierende Trends bestimmt werden, die erwartungsgemäß als zukünftige Rahmenbedingungen einen bedeutenden Einfluss auf das Unternehmen und seinen Markt (Mikroumwelt) ausüben. Dem Unternehmen soll somit ermöglicht werden, die Auswirkungen dieser Trends abzuschätzen und sich darauf aktiv oder proaktiv einzustellen (Runia/Wahl 2013, S. 135).

3.2 Mikroanalyse

Die **Mikroanalyse** nimmt eine Schlüsselrolle im Rahmen der Marketinganalyse ein, da sie sozusagen das „Spielfeld" des Marketings betrachtet. Absatzmärkte werden in diesem Sinne als Menge der aktuellen und potenziellen Abnehmer bestimmter Leistungen sowie der aktuellen und potenziellen Mitanbieter dieser Leistungen sowie den Beziehungen zwischen diesen Abnehmern und Mitanbietern (Meffert et al. 2019, S. 49) definiert. Kriterien, die es ermöglichen, Märkte voneinander zu unterscheiden bzw. abzugrenzen und den relevanten Markt für ein Unternehmen zu determinieren, sind markt- und unternehmensspezifisch. Eine Unterscheidung zwischen räumlicher, zeitlicher und sachlicher Abgrenzung unterstützt die Ermittlung des relevanten Marktes (Meffert et al. 2019, S. 54).

Kriterien für die **räumliche Abgrenzung** (z. B. lokal, regional, international) und zeitliche Abgrenzung (z. B. täglich, wöchentlich, monatlich, jährlich) sind markt- und vielfach unternehmensübergreifend. Diese Abgrenzungen ergeben in der Praxis kaum Schwierigkeiten. So ist eine räumliche Abgrenzung anhand von Landkarten problemlos vorzunehmen, z. B. die Begrenzung des relevanten Marktes auf ein Bundesland, eine Region oder ein Stadtgebiet. Die **zeitliche Abgrenzung** ist in den meisten Fällen irrelevant, mit Ausnahme von feiertags- sowie saisontypischen Produkten (z. B. Weihnachtsmänner und Osterhasen bzw. Spargel und Erdbeeren). Die **sachliche Abgrenzung** ist in der strukturellen Vorgehensweise wesentlich komplexer und generell in angebots- und nachfragebezogene Ansätze zu unterscheiden.

Bei den **angebotsbezogenen Ansätzen** ist die Perspektive auf die Anbieter bzw. auf die angebotenen Produkte ausgerichtet. Hierbei sind die im Folgenden beschriebenen Ansätze zu unterscheiden.

In den angebotsbezogenen Ansätzen der Marktabgrenzung werden die Unternehmen zu einem Markt zusammengefasst, die ein **physisch-technisch** ähnliches Produkt herstellen. Die Definition von Ähnlichkeit bezieht sich auf marktrelevante Kriterien wie Stoff, Material, Verarbeitung, Form, technische Gestaltung etc.

Die **Kreuzpreiselastizität** kann ebenfalls als Kriterium für die Marktabgrenzung dienen. Durch die Ermittlung der Kreuzpreiselastizität wird die mengenmäßige Reaktion der Nachfrager in Bezug auf ein bestimmtes Produkt im Falle der Preisänderung anderer Güter festgestellt. Das Vorzeichen der Kreuzpreiselastizität gibt Aufschluss darüber, ob zwischen Gütern eine Substitutions- oder Komplementärbeziehung besteht. Eine Substitutionsbeziehung – positive Kreuzpreiselastizität – liegt im Falle von Butter und Margarine vor, d. h., eine Preiserhöhung bei Butter wird zu einer Steigerung der Nachfragemenge nach dem Substitutionsgut – in diesem Fall Margarine – führen. Aus der Komplementärbeziehung von Kugelschreibern und den dazugehörigen Minen resultiert, dass die Preiserhöhung von Kugelschreibern zu einer verminderten Nachfrage nach Minen führt. In diesem Fall weist die Kreuzpreiselastizität ein negatives Vorzeichen auf.

Ein weiteres Entscheidungskriterium für die Marktdefinition können **subjektive Wirtschaftspläne** sein. Hiernach definiert ein Unternehmen den Markt in Abhängigkeit von der subjektiven Einschätzung über die Wettbewerber. Dieser Ansatz führt in der Regel nicht zu brauchbaren Marktabgrenzungen.

Das Konzept der physisch-technischen Ähnlichkeit wurde zum Konzept der **funktionalen Ähnlichkeit** weiterentwickelt. Das Konzept zieht die Funktion als Entscheidungskriterium für die Marktabgrenzung heran. Hiernach werden die Güter zu einem Markt zusammengefasst, welche die gleiche Funktion für die Nachfrager erfüllen. Als Beispiel soll an dieser Stelle die Funktion der Sättigung dienen. Hier zeigt sich jedoch die Problematik, dass diese Funktion von allen Nahrungsmitteln erfüllt wird, wodurch eine alleinige Marktabgrenzung über die funktionale Ähnlichkeit wenig Sinn macht.

Als Beispiel für eine angebotsseitige Marktabgrenzung fungiert der Markt für Chips: Aufgrund der physisch-technischen Ähnlichkeit werden alle Produkte, die sich nach Inhaltsstoff, Verarbeitung, Form oder technischer Gestaltung gleichen, zu einem Markt zusammengefasst. Damit gehören alle frittierten oder gebackenen Chips in runder bzw. ovaler Form zu diesem Markt. Eine erste Unterteilung kann auf Basis der Inhaltsstoffe erfolgen: Kartoffelchips, Maischips, Krabbenchips, Bananenchips, Brotchips etc. Je nach Betrachtung kann diese Unterteilung zur Definition von Teilmärkten dienen. Eine zweite Unterteilung bei den Kartoffelchips als Teilmarkt kann dann zu den folgenden Produktkategorien führen: geriffelte Chips, Kesselchips, Stapelchips etc.

Beim Verfahren der Kreuzpreiselastizität werden Substitutions- und Komplementärbeziehungen unterschieden. Die positive Kreuzpreiselastizität führt zur Ermittlung von Substitutionsprodukten. Wenn der Preis für Chips steigt, steigt die Nachfrage nach den Substitutionsprodukten wie z. B. Flips, Sticks, Salzstangen und Erdnüsse. Die negative Kreuzpreiselastizität führt zur Ermittlung von Komplementärprodukten. Wenn der Preis für Chips steigt, sinkt die Nachfrage nach den Komplementärprodukten wie z. B. Dips und Saucen.

Bzgl. der subjektiven Wirtschaftspläne berücksichtigt ein Anbieter alle Konkurrenzprodukte, die von Wettbewerbern auf dem subjektiv gleichen Markt angeboten werden. Hierbei kann der Markt sehr unterschiedlich weit abgegrenzt werden, beispielsweise kann das Unternehmen alle Chipsproduzenten oder sogar alle Snackproduzenten als Wettbewerber betrachten.

Schließlich kann der Markt nach der funktionalen Ähnlichkeit der Produkte abgegrenzt werden, d. h., alle Produkte, welche die gleiche Funktion erfüllen, gehören zum relevanten Markt. Die Funktion Sättigung wird von fast allen Nahrungsmitteln erfüllt, wodurch die Marktbetrachtung noch weiter ausgeweitet wird. Dies zeigt aber auch die Problematik einer solchen Marktabgrenzung.

In der Praxis muss in jedem Einzelfall überprüft werden, welche Abgrenzungsmethode zu einer trennscharfen Abgrenzung des relevanten Marktes führt. In der Regel ist die Abgrenzung über die physisch-technische Ähnlichkeit am sinnvollsten.

Bei den **nachfragebezogenen Ansätzen** ist die Perspektive auf die Nachfrager bzw. auf die nachgefragten Produkte bzw. Marken ausgerichtet. Während die sachlich-angebotsbezogene Marktabgrenzung die Produktperspektive beinhaltet, kommt bei der sachlich-nachfragebezogenen Marktabgrenzung die Markenperspektive zum Tragen. Hierbei sind die im Folgenden beschriebenen Ansätze zu unterscheiden.

Die nachfrageseitige Perspektive beginnt mit der jeweils **spezifischen Bedürfnissituation** des Konsumenten. Wie bei der funktionalen angebotsbezogenen Marktabgrenzung bereits angeführt, ist das Grundbedürfnis bei Nahrungsmitteln die Sättigung. Allerdings erfolgt in der spezifischen Bedürfnissituation eine Konkretisierung, beispielsweise herzhaftes oder süßes Naschen. Um das Beispiel des Chipsmarktes fortzuführen, empfindet der Konsument in dieser Situation das herzhafte Naschen als Bedürfnis.

Im Konzept des **Relevant Set** (Evoked Set) steht die Bedürfnisbefriedigungskapazität von Markenalternativen im Mittelpunkt der Betrachtung zur Ermittlung des relevanten Marktes. Diese resultiert aus der subjektiven Wahrnehmung des Konsumenten in der spezifischen Bedürfnissituation. An dieser Stelle können Markenalternativen aus der angebotsbezogenen Betrachtung eine Rolle spielen (z. B. Chipsmarken wie Funny-Frisch, Chio und Crunchips), aber auch Markenalternativen aus angrenzenden Märkten (Substitutionsprodukte), die dem Verbraucher ins Bewusstsein treten (z. B. Erdnussmarken wie Ültje und Pittjes). Das Relevant

Set dieses spezifischen Konsumenten umfasst somit die Marken Funny-Frisch, Chio, Crunchips, Ültje und Pittjes. Generell kann davon ausgegangen werden, dass ein Konsument in einer spezifischen Bedürfnissituation drei bis fünf Markenalternativen in seinem Relevant Set gespeichert hat.

Beim Ansatz des Relevant Set kommen bereits unterschiedliche **Nutzenaspekte** zum Tragen. Auf das Beispiel bezogen, betrifft dies den Nutzen Snackgenuss bei den Chipsmarken oder den Nutzen Knabbergenuss bei den Erdnussmarken. Eine weitergehende Betrachtung der Nutzenaspekte ist an dieser Stelle nicht zielführend, da ansonsten bereits eine Vorstufe zur verhaltensbezogenen Marktsegmentierung erreicht wird.

Das folgende Beispiel zeigt anhand von Sportgetränken auf, wie elementar der Blickwinkel für die nachfragebezogene Marktabgrenzung ist.

Sportgetränke versprechen dem Körper des Menschen vor, während und nach sportlicher Leistung die verlorene Flüssigkeit und die verlorenen Mineralsalze durch bestimmte Mineral-, Kohlenhydrat- und Vitaminkonzentrationen wieder zurückzuführen. Viele dieser Sportgetränke sind isotonisch, was eine schnellere Aufnahme der Inhaltsstoffe im menschlichen Körper bewirken soll. Bekannte Marken in diesem Markt sind Gatorade, Powerade, Isostar usw. Aus der Sicht der angebotsbezogenen Ansätze zur Marktabgrenzung lautet die Bezeichnung Markt für Sportgetränke. Die Produkte in diesem Markt stehen in einer engen Substitutionsbeziehung zu dem Markt der Energiegetränke mit Marken wie Red Bull, Monster, Rockstar und Flying Horse sowie anderen Märkten alkoholfreier Getränke wie Fruchtsäfte und Mineralwässer.

Interessanterweise ist ein „gepflegtes Bier" nach dem Sport immer schon als eine gute Alternative zu den genannten Produkten anerkannt. Allerdings hat der vorhandene Alkoholgehalt eine schnelle Nebenwirkung, die direkt nach dem Sport so meist nicht gewünscht ist. Ohne diesen unerwünschten Nebeneffekt erfüllt Bier aber einen mit den Sportgetränken vergleichbaren Nutzen. Diesen Umstand hat die Brauerei Erdinger Weißbräu genutzt und ihr Weißbier Erdinger Alkoholfrei als Alternative zu den vorher genannten Marken ausgelobt.

Wie dieses Beispiel zeigt, lässt sich Erdinger Alkoholfrei nach der Anwendung von angebotsbezogenen Ansätzen zur Abgrenzung nicht dem Markt der Sportgetränke, aber genauso wenig den durch Substitutionsbeziehungen ermittelten naheliegenden Märkten der Energiegetränke, Fruchtsäfte bzw. Mineralwässer zuordnen.

In diesem Beispiel wählt der Sportler für die spezifische Bedürfnissituation die Marke aus seinem Relevant Set aus, die ihm für diesen Moment die optimale Bedürfnisbefriedigung (z. B. Durstlöschen und Ersetzen verloren gegangener Mineralstoffe im Rahmen von sportlicher Betätigung) verspricht. Die im Relevant Set befindlichen Marken können z. B. Gatorade (Sportgetränk), Red Bull (Energiegetränk) und Erdinger Alkoholfrei (alkoholfreies Weißbier) sein und damit aus der Perspektive der angebotsbezogenen Verfahren drei verschiedenen Märkten zugerechnet werden. Aus Konsumentensicht stellen sie aber einen Markt dar, nämlich den zur persönlichen Bedürfnisbefriedigung.

Welche Marke der Konsument letztlich aus seiner Perspektive auswählt, hängt davon ab, wie hoch der Konsument die Kompetenz der Marke zur Befriedigung seiner Bedürfnisse einschätzt. Teilweise ist er dabei allerdings auch von der Verfügbarkeit der Marke vor Ort abhängig. Wenn er z. B. direkt nach dem Sport ein Geschäft in der Nähe aufsucht, muss er auf das in diesem Geschäft angebotene Sortiment zurückgreifen. Sollte die Marke seiner Erstwahl nicht vorhanden sein, berücksichtigt er die Marke Nr. 2 aus seinem Relevant Set. Dieser Hintergrund verdeutlicht, warum Hersteller für ihre klassischen Markenartikel eine Überallerhältlichkeit anstreben. Nur so stellen sie sicher, dass der Stammverwender ihrer Marke nicht aus der Situation heraus die Konkurrenzmarke kauft und dadurch eventuell diese zu seiner Erstmarke erhebt.

In der Gesamtbetrachtung der Marktabgrenzung zeigt sich, dass der angebotsbezogene physisch-technische Ansatz die praktikabelste Methode darstellt. Der nachfragebezogene Ansatz des Relevant Set ist für Unternehmens jedoch die wichtigste Perspektive zur Betrachtung aller relevanten Markenalternativen aus Sicht des Konsumenten.

Wie ein Markt abgegrenzt wird, ist eine Entscheidung der verantwortlichen Manager im Unternehmen. Dabei gehört diese Entscheidung zu den wichtigsten, die zu treffen sind, da hier die Grundlage gelegt wird, um den für das Unternehmen relevanten Markt zu identifizieren. Wird dieser Markt zu weit abgesteckt, läuft das Unternehmen Gefahr, falsche Prioritäten zu setzen und sich im Marktgewirr zu verzetteln (z. B. als Anbieter von Tafelschokolade den gesamten Schokoladenmarkt oder sogar Teile des Süßwarenmarkts zu betrachten). Wird dieser Markt zu eng gefasst, begibt sich das Unternehmen in die Gefahr, Markttrends zu verschlafen und potenzielle Wettbewerber erst nach dem Eintritt in diesen eng gezogenen Markt wahrzunehmen (z. B. als Anbieter von Sportgetränken, alkoholfreie Biere nicht als Konkurrenz zu sehen).

Darüber hinaus ist es vor dem Hintergrund der Konvergenz von Märkten notwendig, die Marktabgrenzung aufgrund von veränderten Bedingungen im relevanten Markt bzw. im angrenzenden Marktumfeld anzupassen. Konvergenz bedeutet im Kern, dass ehemals getrennte Märkte zusammenwachsen.

Nach der eindeutigen Abgrenzung des relevanten Marktes kann die detaillierte Betrachtung von **Marktkennzahlen** erfolgen. Die folgenden Marktkennzahlen bilden die Grundlage, um die Situation im abgegrenzten Markt zu erfassen und die weitere Entwicklung zu beurteilen. Zugleich sind diese Kennzahlen der Ausgangspunkt für die Formulierung der Unternehmens- und Marketingziele (Markenziele) (Runia et al. 2019, S. 29).

Das **Marktpotenzial** ist die potenzielle Absatzmenge bzw. Umsatzgröße der Produktgattung auf diesem relevanten Markt. Es gibt an, wie viele Einheiten der Produktgattung (Absatz) zu entsprechenden Preisen (Umsatz) auf diesem Markt abgesetzt werden könnten, wenn alle denkbaren Käufer über das erforderliche Einkommen verfügen würden und auch zum Kauf unter den angenommenen Bedingungen bereit wären. Das Marktpotenzial definiert somit in diesem Sinne die maximale Aufnahmefähigkeit dieses Marktes.

Das **Absatzpotenzial (Umsatzpotenzial)** beschreibt den Anteil am Marktpotenzial, den ein Unternehmen glaubt, für sein Produkt bzw. seine Marke in dem relevanten Markt maximal erreichen zu können. Das Markt- sowie das Absatzpotenzial stellen auf Basis von Daten aus der Vergangenheit und Gegenwart abgeleitete maximale Zukunftsgrößen dar. Verständlicherweise ist es nicht einfach, diese Größen eindeutig zu beziffern. Aus diesem Grund bedient sich ein Unternehmen meist der Szenarioplanung. Es werden dabei mehrere Szenarien (z. B. best case, real case, worst case) entwickelt, die sich darin unterscheiden, dass für jedes Szenario unterschiedliche Annahmen in der zukünftigen Entwicklung getroffen werden (best case = optimale Entwicklung, real case = realistisch eingeschätzte Entwicklung, worst case = Entwicklung im schlechtesten Fall).

Das **Marktvolumen** ist die realisierte bzw. auf kurzfristige Zeiträume prognostizierte Absatzmenge bzw. Umsatzgröße eines Marktes. Es gibt an, wie viele Einheiten der Produktgattung (Absatz) zu entsprechenden Preisen (Umsatz) insgesamt innerhalb einer festgelegten Zeitperiode (meistens Jahresbetrachtung) in diesem Markt tatsächlich verkauft wurden oder in naher Zukunft (z. B. Planung für das nächste Jahr) abgesetzt werden sollen.

Das **Absatzvolumen (Umsatzvolumen)** ist die realisierte bzw. auf kurzfristige Zeiträume prognostizierte Absatzmenge bzw. Umsatzgröße, die ein Unternehmen mit seinem Produkt bzw. seiner Marke in dem relevanten Markt innerhalb des festgelegten Zeitabschnitts tatsächlich verkauft hat oder in naher Zukunft (z. B. Planung für das kommende Jahr) absetzen will.

Der **Marktsättigungsgrad** wird errechnet als Verhältnis zwischen Marktvolumen und Marktpotenzial multipliziert mit 100. Er drückt prozentual aus, inwieweit sich die im relevanten Markt tatsächlich erzielte Absatzmenge bzw. Umsatzgröße den jeweiligen potenziellen Kennzahlen annähern, d. h., bei 100 % liegt im mathematischen Sinne Marktsättigung vor.

Der **absolute Marktanteil** wird ermittelt als Verhältnis zwischen Absatz-/Umsatz- und Marktvolumen multipliziert mit 100. Er zeigt den prozentualen Anteil des Absatzes/Umsatzes eines Unternehmens bzw. einer Marke am gesamten Marktvolumen des relevanten Marktes innerhalb eines bestimmten Zeitraums auf.

Der **relative Marktanteil** wird errechnet als Verhältnis zwischen unternehmenseigenem bzw. markeneigenem absoluten Marktanteil und absolutem Marktanteil des größten Konkurrenten.

Durch die Ermittlung des Marktanteils lässt sich feststellen, wie stark die Position eines Unternehmens mit seinem Produkt bzw. seiner Marke im Vergleich zum Wettbewerb auf dem definierten Markt ist. Daneben ist der Marktanteil die zentrale Kennzahl, um die Entwicklung dieser Marktstellung im Zielmarkt aufzuzeigen. Der mengenmäßige Marktanteil misst die Marktstellung in abgesetzten Verkaufseinheiten, während der wertmäßige Marktanteil durch die Betrachtung des Umsatzes (Menge × Preis) preisbeeinflusst ist. Die Anbieter von hochpreisigen Produkten weisen z. B. ihre Marktstellung nach außen hin fast immer in der wertmäßigen Größe Umsatz aus, da sich für sie dadurch im Vergleich zur mengenmäßigen Größe Absatz ein höherer Marktanteil ergibt.

Die folgende Abbildung 3.2 fasst die oben dargestellten Marktkennzahlen anhand eines Markenbeispiels komprimiert zusammen.

Marktpotenzial	750 Mio. €
Umsatzpotenzial Unternehmen A	120 Mio. €
Marktvolumen	590 Mio. €
Umsatzvolumen Unternehmen A	79 Mio. €
Marktsättigungsgrad	$\frac{590\text{ Mio. €}}{750\text{ Mio. €}} \times 100 = 79\%$
absoluter Marktanteil Unternehmen A	$\frac{79\text{ Mio. €}}{590\text{ Mio. €}} \times 100 = 13\%$

Abbildung 3.2: Kennzahlen des relevanten Marktes (Quelle: Runia et al. 2019, S. 30).

Nachdem die zahlenbasierte Größenordnung des relevanten Marktes feststeht, gilt es die vorherrschenden Wettbewerbsbedingungen intensiver zu betrachten. Vor diesem Hintergrund misst die **Branchenstrukturanalyse nach Porter** (1980, S. 12; 1999, S. 33 ff.) die Wettbewerbsintensität eines Marktes anhand von fünf Wettbewerbskräften und liefert hiermit einen Indikator über die bestehende Branchenattraktivität. Das sogenannte **Five-Forces-Modell** beurteilt neben der Rivalität bestehender Branchenkonkurrenten auch die Bedrohung durch potenzielle Konkurrenten und Substitutionsprodukte sowie die Verhandlungsmacht von Lieferanten und Abnehmern (Hofbauer et al. 2009, S. 85 ff.). Für die Durchführung der Branchenstrukturanalyse ist eine trennscharfe Abgrenzung der Branche respektive des relevanten Marktes erfolgsentscheidend, da diese schließlich bestimmt, welches Unternehmen beispielsweise als Branchenkonkurrent oder als Hersteller von Ersatzprodukten gilt (Erhardt 2011, S. 36).

Unter einer Branche wird eine Gruppe von Unternehmen verstanden, deren Produkte zueinander im Wettbewerb stehen. Wird einerseits vollkommene Konkurrenz vorausgesetzt, mindert gemäß Porter der Wettbewerb einer Branche die Ertragsrate des eingesetzten Kapitals tendenziell auf die Mindestertragsrate. Andererseits bestimmt die Summe der Stärken eines im Markt agierenden Unternehmens das Gewinnpotenzial in einer Branche, ausgedrückt im langfristigen Ertrag des eingesetzten Kapitals.

An dieser Stelle ist anzumerken, dass Porter als Industrieökonom den Branchenbegriff aus angebotsseitiger Perspektive bevorzugt und dem bereits thematisierten Marktbegriff gleichsetzt. Beispielsweise umfasst der Chipsmarkt nach Porter die Hersteller von Chipsprodukten. In einer weiterführenden Betrachtung muss zwischen Branche und Markt unterschieden werden. Beispielsweise kann der Einzelhandel als Branche klassifiziert werden; allerdings kommt hierbei der Marktbegriff nicht zum Tragen, da der Einzelhandel keinen Markt darstellt. Einzelhandelsunternehmen fungieren als Absatzmittler und führen ein Sortiment, in dem die Marken aus einer Vielzahl verschiedener Märkte entstammen.

Die folgende Abbildung 3.3 stellt die Branchenstrukturanalyse nach Porter dar:

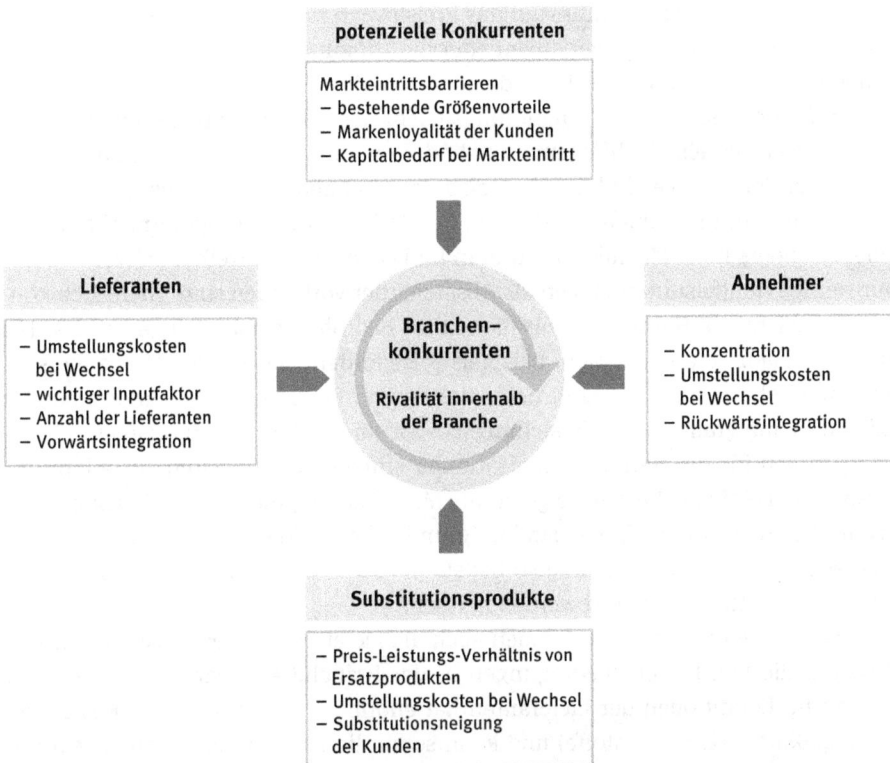

potenzielle Konkurrenten

Markteintrittsbarrieren
− bestehende Größenvorteile
− Markenloyalität der Kunden
− Kapitalbedarf bei Markteintritt

Lieferanten

− Umstellungskosten
  bei Wechsel
− wichtiger Inputfaktor
− Anzahl der Lieferanten
− Vorwärtsintegration

Branchenkonkurrenten

Rivalität innerhalb der Branche

Abnehmer

− Konzentration
− Umstellungskosten
  bei Wechsel
− Rückwärtsintegration

Substitutionsprodukte

− Preis-Leistungs-Verhältnis von
  Ersatzprodukten
− Umstellungskosten bei Wechsel
− Substitutionsneigung
  der Kunden

Abbildung 3.3: Branchenstrukturanalyse nach Porter (Quelle: Runia et al. 2019, S. 66).

Der **Branchenwettbewerb** hängt von strukturellen Faktoren wie Marktvolumen, Marktwachstum und Marktpotenzial ab. Je größer ein Markt ist und je mehr freies Potenzial (Differenz zwischen Marktvolumen und Marktpotenzial) dieser Markt bietet, desto mehr Marktwachstum ist möglich und desto eher ist auch ein höheres Absatzvolumen (Umsatzvolumen) für ein Unternehmen bzw. eine Marke in diesem Markt erreichbar. Je mehr sich die Branche der Marktsättigung nähert, umso härter wird im

Normalfall auch die Rivalität unter den existierenden Anbietern. Ganz besonders ausgeprägt ist die Wettbewerbsintensität in Märkten mit zurückgehendem Marktvolumen. Hier muss ein Unternehmen, um seinen Marktanteil zu halten, Absatzvolumen (Umsatzvolumen) zu Lasten der Konkurrenz gewinnen. Ursache intensiver Rivalität können neben Marktsättigung bzw. sinkendem Marktvolumen eine große Anzahl gleichwertiger Wettbewerber, hohe Fixkosten, überhöhte Kapazitäten sowie fehlende Differenzierung der Marken sein. In Konsumgütermärkten spielen in diesem Kontext die Rivalitätsbeziehungen zwischen Hersteller- und Handelsmarken eine bedeutende Rolle.

Im Rahmen der Branchenstrukturanalyse kann die **Verhandlungsmacht der Abnehmer** einen wesentlichen Machtfaktor ausmachen. Die Abnehmer sind unter Umständen in der Lage, Einfluss auf das Preisniveau zu nehmen, höhere Qualitäten und bessere Leistungen zu verlangen oder die konkurrierenden Anbieter gegeneinander auszuspielen. Das alles kann dazu führen, dass die Rentabilität in der betreffenden Branche sinkt. Die Verhandlungsmacht der Abnehmer ist besonders groß, wenn es sich um ein Nachfragemonopol oder -oligopol handelt. Aus industrieökonomischer Perspektive sind die Handelsorganisationen die Abnehmer, welche für die Herstellerunternehmen die Kunden darstellen. In Konsumgütermärkten liegt eine besonders hohe Machtkonzentration im Lebensmitteleinzelhandel vor, da hier nur wenige Handelsunternehmen als Absatzmittler vorhanden sind. Hierdurch können die mächtigen Handelsorganisationen ihr Bedrohungspotential gegenüber den Markenherstellern ausschöpfen. Beispielsweise fordern sie von den Markenherstellern eine hohe Innovationskraft bei gleichzeitiger Forcierung der Handelsmarken (Rückwärtsintegration). Die Umstellungskosten sind gering, da ein Austausch gelisteter Marken für die Handelsorganisationen einfach zu realisieren ist. Allerdings existieren in einigen Märkten so genannte Muss-Marken, die von den Konsumenten erwartet werden. Diese Marken sind aufgrund ihrer Markenpositionierung und daraus resultierender Marktstellung so bedeutend, dass diese von den Handelsunternehmen im Sortiment geführt werden müssen.

Ebenso wie die Abnehmer können auch die Lieferanten einen wesentlichen Einfluss auf die Wettbewerbsbedingungen in der Branche ausüben. Das Niveau der Preise und Konditionen der Lieferanten hat enorme Bedeutung für die Kosten der Einsatzfaktoren (z. B. Rohstoffe) und kann somit die Rentabilität negativ beeinflussen. Die **Verhandlungsmacht der Lieferanten** ist besonders groß, wenn sie stärker konzentriert sind als die Branche selbst (Angebotsmonopol oder -oligopol), der Umsatzanteil der Branche am Gesamtumsatz der Lieferanten relativ unbedeutend ist, die Produkte der Lieferanten differenziert sind, ihr Produkt einen wichtigen Input für die Branche darstellt, die Umstellungskosten (Wechsel von einem zum anderen Lieferanten) für die Industrieunternehmen hoch sind und die Lieferanten glaubhaft mit Vorwärtsintegration drohen (Lieferant wird zum Wettbewerber in der Branche).

Wie bereits in der Marktabgrenzung verdeutlicht, kommt es entscheidend darauf an, wie der relevante Markt abgegrenzt und damit die Branche definiert ist, um die **Bedrohung durch Ersatzprodukte** zu identifizieren. Produkte bzw. Marken innerhalb der Branche konkurrieren mit den Leistungen anderer Branchen, die eine Substitutionsbeziehung aufweisen. Je enger die Substitutionsbeziehung zwischen den Produkten bzw. Marken der verschiedenen Branchen ist und je geringer die Umstellungskosten (von einem auf das andere Produkt) für die Abnehmer sind, desto größer ist die wirtschaftliche Gefahr, die von diesen Produkten bzw. Marken ausgeht. Weitere Faktoren sind die Substitutionsneigung der Abnehmer, ein attraktives Preis-Leistungs-Verhältnis der Ersatzprodukte sowie ein Technologiewandel in der Branche. Ersatzprodukte begrenzen infolgedessen das Gewinnpotenzial einer Branche.

Die **Bedrohung durch neue Konkurrenten** entsteht durch den Eintritt neuer Industrieunternehmen in die Branche. Treten neue Unternehmen mit ihren Marken in den Markt ein, bringen diese Inputfaktoren wie Geldmittel, Erfahrung, Produktionskapazitäten usw. in die Branche ein. Hierdurch können sich die Wettbewerbsbedingungen in der Branche verändern, was zu einer Verringerung der Rentabilität im Markt führen kann. Generell ist die Gefahr des Markteintritts neuer Konkurrenten durch die in der Branche vorhandenen Markteintrittsbarrieren sowie durch die zu erwartenden Reaktionen der bisherigen Wettbewerber begrenzt. Die vorhandenen Markteintrittsbarrieren können z. B. hohe Markenloyalität, Betriebsgrößenersparnisse (Economies of Scale and Scope), ein hoher Kapitalbedarf sowie ein versperrter Zugang zu den Vertriebskanälen sein. Die zu erwartenden Reaktionen der etablierten Wettbewerber können in erster Linie in der Verbesserung der Produkt- bzw. Markenleistung, in der Ausschöpfung der möglichen Vertriebswege bzw. in hohen Kommunikationsanstrengungen liegen. Eventuell kann es auch zu Preissenkungen bzw. zur Vergabe von Konditionen kommen.

Die Abbildung 3.4 zeigt die Analyse am Beispiel der Limonadenbranche.

3.3 Unternehmens-/Markenanalyse

Die interne Analyse bezieht sich auf das Unternehmen als Ganzes oder auf einzelne Marken des Unternehmens und hebt die jeweiligen Stärken und Schwächen hervor (Hinterhuber 2011, S. 129 f.). Die Unternehmens-/Markenanalyse als Teil der Marketinganalyse hat das Ziel aufzuzeigen, über welche Kompetenzen (Wittberg 2000, S. 16) und Ressourcen das Unternehmen bzw. die Marke verfügt. In diesem Zusammenhang können diverse Analysemodelle zur Anwendung kommen, z. B. die Wertkettenanalyse und das 7S-Modell (Runia et al. 2019, S. 71 ff.) Als grundlegender Ansatz im Rahmen des Markenmanagements wird im Folgenden die Ressourcenanalyse vorgestellt.

Bei der Ressourcenanalyse werden im Rahmen eines Stärken-Schwächen-Profils relevante Kriterien ausgewählt und die entsprechenden Positionen des analysierten Unternehmens bzw. der analysierten Marke den Positionen des direkten Wettbewerbers gegenübergestellt (Pepels 2007, S. 34 ff.). Findet diese Analyse auf Markenebene

potenzielle Konkurrenten

– Betriebsgrößenersparnisse der etablierten Unternehmen
– Differenzierung (etablierte Unternehmen verfügen
  über bekannte Marken/Käuferloyalität)
– hoher Kapitalbedarf
– Umstellungskosten für Abnehmer relativ gering
– Zugang zu Vertriebskanälen schwierig, da nahe liegende Kanäle
  bereits von etablierten Unternehmen bedient werden
  → Markteintrittsbarrieren hoch

Lieferanten

– Verhandlungsstärke niedrig
– Dritte-Welt-Staaten/Entwicklungsländer
– Zucker, Aromen, etc.
– eingeschränkte Macht, da Branchenunter-
  nehmen ihre Rohstoffe von verschiedenen
  Zulieferern erhalten können
– Vorwärtsintegration der Lieferanten
  schwer vorstellbar

**Branchen-
konkurrenten**

Rivalität hoch, Nischen besetzt,
Marken-/ Handelsmarken-
konkurrenz,
intensive Produkt-/
Kommunikationspolitik,
evtl. Problem
hoher Austrittsbarrieren

Abnehmer

– Konzentration im Einzelhandel (EH) hoch
– Umstellungskosten gering
– Herstellermarken (Mussmarken) für EH
  erheblich, da Produkte evtl. erwartet oder
  sogar gefordert werden
– EH bietet Eigenmarken an; Tendenz zu
  Mehrwert-Handelsmarken

Substitutionsprodukte

– Bedrohung durch Substitutionsprodukte hoch, da viele andere
  alkoholfreie Getränke (Säfte, Brause, Energydrinks, etc.)
  Konkurrenzprodukte darstellen und gleiche Bedürfnisse erfüllen
  → Die relevanten Substitutionsprodukte hängen stark von der
  vorgenommenen Marktabgrenzung ab.

Abbildung 3.4: Branchenstrukturanalyse nach Porter am Beispiel von Limonade (Quelle: eigene
Darstellung).

statt, gilt es schon an dieser Stelle zwischen den diversen horizontalen Markenstrategien (Dachmarke, Familienmarke, Einzelmarke) zu unterscheiden (vgl. Kapitel 8.2).

Bezogen auf das Analyseobjekt wird ein Ressourcenprofil erstellt, welches die
relevanten Kriterien als Vergleichsgrößen (Items) enthält. Die Relevanz der Kriterien ergibt sich aus der Einzelfallbetrachtung; die Kriterien können aus allen Phasen des Marketingprozesses entnommen werden. Wichtig ist hierbei das Vorliegen
der entsprechenden Daten und Kennzahlen.

Die Abbildung 3.5 zeigt ein Ressourcenprofil einer Marke, wobei deren Stärken
im Marktanteil (Menge, Wert), im Bekanntheitsgrad, in der Imagekongruenz sowie
im Produktdifferenzierungsgrad liegen. Die Konkurrenzmarke zeigt neben den Stärken im Innovations- und Distributionsgrad eine deutliche Überlegenheit im Kommu-
nikationsdruck und in der Finanzsituation.

Anzumerken ist bei diesem Modell, dass zum einen die Ressourcenkriterien nach
Relevanz ausgewählt werden, zum anderen das Vorliegen einer validen Datenbasis
Grundvoraussetzung für eine objektive Anwendung ist. Die Gefahr der Subjektivität
kann sich in der Auswahl der Kriterien sowie der angewandten Skalierung und Beur-

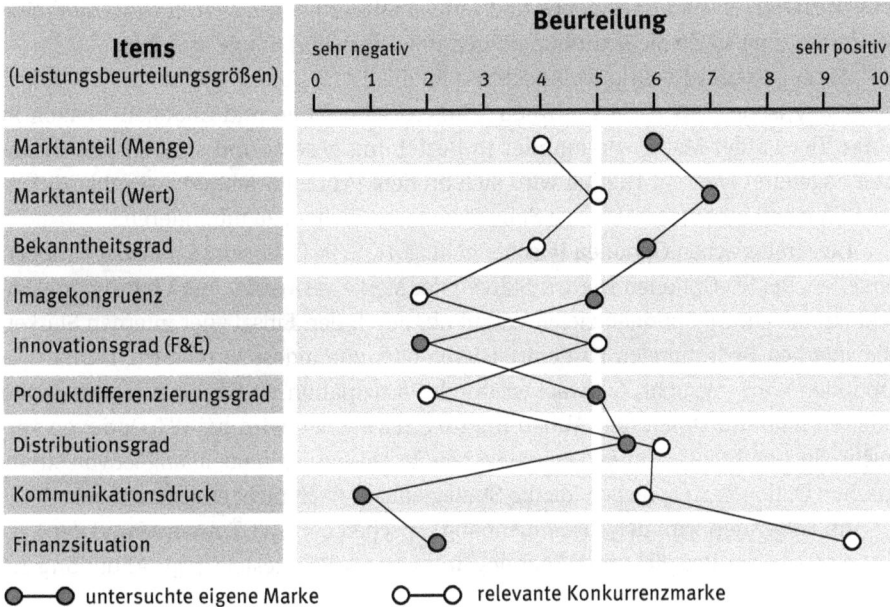

Abbildung 3.5: Ressourcenprofil einer Marke im Vergleich zur direkten Wettbewerbsmarke (Quelle: Runia et al. 2019, S. 73).

teilung zeigen. Zudem kann das Fehlen von Konkurrenzinformationen die Ressourcenanalyse erschweren.

Aus der Ressourcenanalyse ergeben sich unternehmens- bzw. markenspezifische Stärken und Schwächen, die abschließend in die SWOT-Analyse Eingang finden.

3.4 SWOT-Analyse/Key-Issue-Matrix

Wurden bisher die Elemente der Marketinganalyse relativ isoliert voneinander behandelt, folgt mit der SWOT-Analyse ein Ansatz zur integrierten Betrachtung der zentralen Umweltfaktoren (Makro- und Mikroumwelt) und Unternehmens-/Markenfaktoren (Biesel 2013, S. 16). Ziel ist es, durch die Darstellung der internen Stärken (Strengths) und Schwächen (Weaknesses) sowie der externen Chancen (Opportunities) und Risiken (Threats) einen komprimierten Überblick über die wichtigsten Ergebnisse der Marketinganalyse zu erhalten (Homburg 2015, S. 494 f.). Damit bildet die SWOT-Analyse den Abschluss der ersten Phase des Marketingprozesses.

Eine Marke könnte beispielsweise zum folgenden Ergebnis einer SWOT-Analyse gelangen: Stärken sind ein hoher Markenwert, eine langjährige Markterfahrung sowie ein besonderes Herstellungsverfahren. Schwächen stellen ein Rückgang des ungestützten Bekanntheitsgrades und ein geringer Innovationsgrad dar. Als Chancen werden

z. B. Megatrends wie Convenience und Individualisierung gesehen; Risiken sind eine Marktsättigung sowie die Bedrohung durch Hersteller- und Handelsmarken.

Als zusätzlicher Schritt im Anschluss an die SWOT-Analyse können im Rahmen einer Key-Issue-Matrix die zentralen Stärken/Schwächen und Chancen/Risiken in einer Vier-Felder-Matrix zueinander in Beziehung gesetzt und strategische Optionen abgeleitet werden. Hierbei wird sich an dem Prinzip orientiert, sowohl Stärken und Chancen zu nutzen als auch Schwächen und Risiken zu minimieren.

Die strategischen Optionen (Fischer et al. 2011, S. 94 f.) lassen sich in vier Gruppen einteilen. Bei SO-Optionen werden Stärken der Marke verwendet, um Chancen im Umfeld zu nutzen. ST-Optionen zielen darauf ab, durch den Einsatz der internen Stärken die externen Bedrohungen zu neutralisieren oder zumindest zu mildern. Durch WO-Optionen wird versucht, Schwächen durch Partizipation an Chancen zu beseitigen oder zu mildern. Durch den Abbau interner Schwächen wird bei WT-Optionen versucht, die Gefahren im Umfeld zu reduzieren. In diesem Zusammenhang ist von strategischen Optionen zu sprechen, da die Strategiephase noch nicht erreicht ist.

Im Folgenden wird der Zusammenhang zwischen der SWOT-Analyse und der Key-Issue-Matrix am Beispiel einer Energiegetränkemarke dargestellt (vgl. Abbildung 3.6 und 3.7).

INTERN	**S** Strengths	– hoher Markenwert – Marktführerschaft – Innovator – hohe Fertigungseffizienz – hohe Finanzkraft
	W Weaknesses	– limitierte Zielgruppe – geringer Produktdifferenzierungsgrad – kommerzieller Ruf
EXTERN	**O** Opportunities	– steigender Energiebedarf in der Gesellschaft – Mixgetränke-Trend – Erlebnisorientierung
	T Threats	– Hersteller-und Handelsmarkenkonkurrenz – hoher Marktsättigungsgrad – Gesundheitstrend – Vorgaben durch Gesetzgeber

Abbildung 3.6: SWOT-Analyse für eine Energiegetränkemarke (Quelle: eigene Darstellung).

Dieses Beispiel zeigt eine idealtypische SWOT-Analyse. Hierbei werden folgende Ausprägungen berücksichtigt, die generell zu beachten sind:
- Reduktion auf die wesentlichen Faktoren,
- Anordnung der Faktoren nach ihrer Wertigkeit.

	Strengths	**W**eaknesses
Opportunities	**SO** Nutzung der Innovationskraft, um am Trend der Erlebnisorientierung zu partizipieren	**WO** Potenzial zur Produktdifferenzierung durch Mixgetränke-Trend ausschöpfen
Threats	**ST** Hohen Markenwert nutzen, um sich gegenüber der Hersteller- und Handelsmarkenkonkurrenz weiterhin zu behaupten	**WT** Ausbau der Zielgruppe durch Teilhabe am Gesundheitstrend

Abbildung 3.7: Key-Issue-Matrix für eine Energiegetränkemarke (Quelle: eigene Darstellung).

Die aufgeführte Key-Issue-Matrix fokussiert pro Feld die aus Sicht der Marke relevanteste Kombination. Darüber hinaus können weitere Kombinationen Bestandteil einer Key-Issue-Matrix sein, wobei generell darauf zu achten ist, dass der Anspruch einer fokussierten Betrachtung nicht verloren geht.

Aus Sicht der Autoren stellt die SWOT-Analyse und optional die Key-Issue-Matrix den idealen Abschluss der Analysephase des Marketingprozesses und damit den Ausgangspunkt für die weiteren Prozessebenen dar.

4 Konsumentenverhalten als Ausgangspunkt der Markenführung

4.1 Konsumentenforschung

Die Konsumentenforschung ist eine Forschung, die sich auf das Verhalten der Konsumenten bezieht. Als Konsument wird der Endverbraucher von materiellen und immateriellen Gütern aufgefasst. Hierzu zählen dann nicht nur Käufer von Waren, sondern auch Kirchgänger, Patienten etc.

In der Literatur wird teilweise zwischen dem Kaufverhalten und dem Konsumentenverhalten unterschieden. So wurde in den Anfängen der Verbraucherforschung oftmals vom Käuferverhalten gesprochen, welches die „Interaktion zwischen Konsument und Produzent zum Zeitpunkt des Kaufes" untersuchte (Solomon 2013, S. 23). Inzwischen ist allerdings von der Mehrheit der Forscher anerkannt, dass das Konsumentenverhalten vielmehr durch einen andauernden Prozess beschrieben werden kann, welcher nicht auf den reinen Zeitpunkt des Kaufs beschränkt ist. So wird das Konsumentenverhalten mittlerweile definiert als „das beobachtbare äußere und das nicht beobachtbare innere Verhalten von Menschen beim Kauf und Konsum wirtschaftlicher Güter" (Kroeber-Riel/Gröppel-Klein 2019, S. 4).

Aufgrund der Vielschichtigkeit des menschlichen Denkens sind sämtliche Fragestellungen bezüglich des Kaufverhaltens entsprechend komplex. Dennoch ist das Erforschen dieser Komplexität eine der zentralen Aufgaben im Marketingmanagement.

Konsumentenforschung ist ein Forschungszweig, an dem sich traditionell mehrere Disziplinen beteiligen (Interdisziplinarität). Als angewandte Verhaltenswissenschaft mit dem Ziel, das Verhalten der Konsumenten zu erklären, greift die Konsumentenforschung auf folgende Teildisziplinen zurück: Psychologie, Soziologie, Sozialpsychologie, Verhaltensbiologie (Ethologie), Verhaltensphysiologie und Gehirnforschung. Die Sichtweisen dieser diversen Disziplinen ergänzen sich bei der Beantwortung der vielschichtigen Fragen der Konsumentenforschung (Trommsdorff/Teichert 2011, S. 22).

4.2 S-O-R-Modell

In der Konsumentenforschung liegen verschiedene Modellansätze vor, welche in der Regel von unterschiedlichen Menschenbildern ausgehen. Vereinfacht kann zwischen behavioristischen und neobehavioristischen Forschungsansätzen differenziert werden.

Da bei behavioristischen Ansätzen generell nur beobachtbare bzw. messbare Variablen anerkannt werden und jegliche psychische Prozesse im Kopf des Konsumenten daher nicht untersucht werden können, wird in diesem Zusammenhang oftmals von sogenannten **S-R-Modellen** oder auch Black-Box-Modellen gesprochen (Meffert et al. 2019, S. 90). Wenn ein bestimmter Reiz (S = Stimulus) auf einen Orga-

https://doi.org/10.1515/9783110526318-004

nismus trifft, kann eine Reaktion (R = Response) beobachtet werden (Foscht/Swoboda 2011, S. 28). Der behavioristische Ansatz wurde insbesondere durch die mit der Massenkommunikation verknüpfte Denkweise geprägt, dass der gleiche Stimulus von jedem Gesellschaftsmitglied gleich wahrgenommen wird und entsprechend auch dieselbe Reaktion hervorruft (Schenk 2007, S. 24 f.).

Gerade die Prozesse, die in der Psyche des Menschen – der Black Box – stattfinden, welche letztlich dazu führen, dass sich aus der Wahrnehmung eines Reizes ein Kauf entwickelt, können jedoch im Rahmen der behavioristischen Ansätze nicht analysiert werden (Pepels 2013, S. 37). Es kann außerdem keine Aussage darüber getroffen werden, warum eine Person ein Produkt kauft und eine andere Person nicht, obwohl sie mit den gleichen Stimuli konfrontiert waren (Foscht et al. 2015, S. 29).

Das neobehavioristische **S-O-R-Modell**, welches in der Abbildung 4.1 gezeigt wird, stellt eine Weiterentwicklung zu den oben erwähnten S-R- bzw. Black-Box-Modellen dar, da insbesondere das innere Verhalten des Organismus betrachtet wird (Foscht/Swoboda 2011, S. 29). Dieses kann zwar immer noch nicht direkt beobachtet werden, jedoch wird mit Hilfe empirischer Forschung versucht, die im Organismus ablaufenden Prozesse zu rekonstruieren (Kenning 2014, S. 17). Grundsätzlich wird in diesem Zusammenhang von einem Partialmodell gesprochen, da nur eine bestimmte Teilphase des Kaufentscheidungsprozesses untersucht wird. So könnten beispielsweise eine Kommunikationsbotschaft oder eine Preisänderung als Stimuli im Organismus einen Lernprozess in Gang setzen oder eine Einstellungsänderung bewirken, was letztlich zu einer bestimmten Reaktion führt (Griese/Bröring 2011, S. 70).

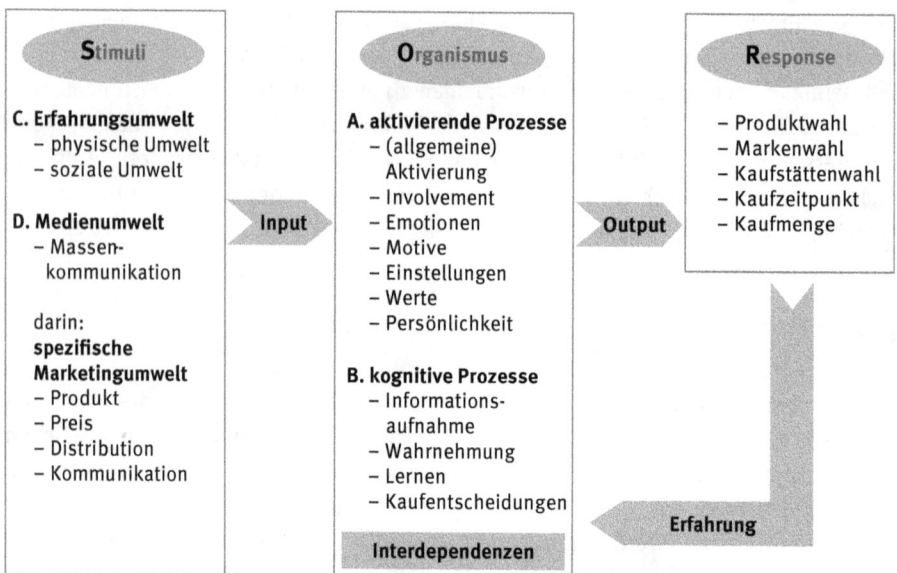

Abbildung 4.1: S-O-R-Modell (Quelle: Runia et al. 2019, S. 31).

Im Folgenden werden die Elemente des S-O-R-Modells thematisiert. Der Bereich Stimuli wird in die Erfahrungs- und Medienumwelt aufgeteilt. Die Erfahrungsumwelt setzt sich aus der physischen und sozialen Umwelt zusammen. Die Massenkommunikation ist Schwerpunkt der Medienumwelt, die sich im Zuge des Digitalisierungstrends zunehmend verändert. Im Rahmen des Organismus wird zwischen aktivierenden und kognitiven Prozessen unterschieden. Eine stringente Trennung dieser Prozesse ist nur in der Theorie möglich. Der Response als drittes Element des S-O-R-Modells beschreibt die verhaltensbezogene Reaktion des Konsumenten im Markt.

4.2.1 Stimulus (S)

Nachfolgend werden die auf den Organismus einwirkenden Stimuli näher betrachtet. Als Ursprung der Stimuli lassen sich die Erfahrungs- und Medienumwelt unterscheiden.

Die **Erfahrungsumwelt** des Menschen besteht aus allen materiellen und immateriellen Gegenständen, die sich im Wahrnehmungsbereich der menschlichen Sinne befinden, und wird in physische und soziale Umwelt eingeteilt. Zur physischen Umwelt zählen die natürliche Umwelt wie Berge und Seen sowie die vom Menschen geschaffene Umwelt wie Gebäude und Produkte. Zur sozialen Umwelt gehören die Menschen sowie Beziehungen (Interaktionen) zwischen ihnen.

Die **physische Umwelt** hat Einfluss auf das menschliche Verhalten. Sie wirkt aufgrund ihrer physischen Reizattribute wie Farbe, Beleuchtung, Geruch etc. sowie ihrer symbolischen Bedeutung. Bevorzugtes Thema der Umweltpsychologie ist die Abhängigkeit des menschlichen Verhaltens von der physischen Umgebung, die durch Wohnungen, Fabriken, Büros, Schulen usw. geschaffen wird. Hintergrund ist hier die räumliche Wahrnehmung als Fähigkeit des Menschen, der räumliche Informationen als innere Bilder speichern kann.

Der Mensch schafft sich gedankliche Lagepläne, d. h., subjektiv vereinfachte innere Bilder einer räumlichen Ordnung. Sie bilden z. B. die Warenanordnung in einem Geschäft ab. Diese umweltpsychologischen Erkenntnisse können in den Marketingbereich übertragen werden, um die räumliche Orientierung der Konsumenten beim Einkauf zu erklären. So wurde beispielsweise herausgefunden, dass die Platzierung von Produkten in den Randlagen eines Geschäfts besser erinnert wird.

Zu den wirksamsten Einzelreizen gehören die unterschiedlichen Farben. Rot und Gelb liefern die stärkste Erregung, während Blau und Grün als besonders lustbetont gelten. So werden die Farben Rot und Gelb oft im Zusammenhang mit der Hervorhebung von Aktions- und Sonderpreisen im Einzelhandel genutzt. Die Farben Blau und Grün hingegen werden zur Gestaltung von Frischeerlebnissen in der Warenpräsentation eingesetzt. Weitere Elemente der Umweltgestaltung sind Grünpflanzen, Licht und Musik. Durch Berücksichtigung umweltpsychologischer Erkenntnisse können die Verweildauer der Kunden im Laden sowie das wahrgenommene Kauferlebnis positiv beeinflusst werden.

Die nähere **soziale Umwelt** umfasst die Personen und Gruppen, mit denen der Konsument in einem regelmäßigen persönlichen Kontakt steht: Freunde, Kollegen, Familie, Vereine etc. Das Konsumentenverhalten wird entscheidend von den Einflüssen der näheren sozialen Umwelt bestimmt (Familie, Bezugsgruppen). Die weitere soziale Umwelt umfasst alle Personen und Gruppierungen, zu denen der Konsument keine regelmäßigen Beziehungen unterhält. Hierzu zählen große soziale Organisationen wie Großstädte, Kirche, Parteien, Unternehmen etc. Der Einfluss dieser weiteren Umwelt ist besonders komplex, weil er indirekt wirkt. Ein wichtiger Begriff ist in diesem Zusammenhang der Lebensstil, der z. B. durch bestimmte soziale Milieus vermittelt wird.

Als eine soziale Gruppe wird eine Mehrzahl von Personen bezeichnet, die in wiederholten und nicht nur zufälligen wechselseitigen Beziehungen zueinanderstehen. Eine Gruppe hat eine eigene Identität, eine soziale Ordnung (Positionen), Verhaltensnormen sowie Werte und Ziele. Eine Bezugsgruppe ist eine Gruppe, nach der sich ein Individuum richtet. Hierunter werden primär Personen oder Gruppierungen gefasst, die das Verhalten und die Einstellungen eines Menschen direkt oder indirekt beeinflussen. Der Einfluss einer Bezugsgruppe bezieht sich allgemein auf das Verhalten gegenüber Marken, d. h., die Marke muss von anderen nicht nur gesehen, sondern auch beachtet werden (demonstrativer Konsum). Es zeigt sich, dass die Markenwahl stärker vom Bezugsgruppeneinfluss bestimmt wird als die Produktwahl, wenn der Konsument den Kauf einer bestimmten Marke als notwendig ansieht, um in der Gruppe Ansehen zu erhalten. Innerhalb solcher Gruppen besitzen einige Personen mehr Einfluss als andere und werden als Meinungsführer bezeichnet. Um diese einflussreichen Personen herum baut sich schließlich eine soziale Gruppe auf, die eine Art Gefolgschaft darstellt (Goldenberg et al. 2010, S. 283). In der heutigen Zeit verlagern sich Gruppenbildung und Gruppenbeitritt teilweise in die sozialen Plattformen im Internet wie z. B. Instagram oder Facebook. Die übliche Trennung von sozialer Umwelt und Medienumwelt kann insofern nicht mehr aufrechterhalten werden, wenn es um Influencer im Kontext von sozialen Medien geht. Die angesprochene Gefolgschaft hat im Falle der Influencer hier ihren Ursprung, findet aber im Rahmen der Medienumwelt insbesondere in sozialen Netzwerken statt.

Auch private Haushalte stellen Gruppen dar. Die überwiegende Zahl der Haushalte besteht aus Familien. Die Kernfamilie besteht aus Eltern und Kindern und umfasst keine weiteren Verwandten. Eine Familie zeichnet sich durch eine von der jeweiligen Kultur festgelegte Rollenstruktur aus. Mit dem Trend zur Individualisierung hat sich das traditionelle Rollenverständnis in Gesellschaft und Familie grundlegend geändert. Viele Individuen verzichten auf eine Familie und bevorzugen das Singledasein. Frauen streben teilweise nach Unabhängigkeit von ihren Männern und gehen einer eigenen Berufstätigkeit nach. Die Bedeutung der Familie für individuelle und gemeinsame Kaufentscheidungen wird geringer.

Der Einfluss der Kinder, als Familienmitglieder, auf Kaufentscheidungen ist besonders hervorzuheben. Kleinere Kinder sind für Produkte ihrer Wahl wie Bonbons, Schokolade und Spielzeug bereits als entscheidende Zielgruppe für die Markenführung anzusehen. Ältere Kinder bzw. Jugendliche fällen in erheblichem Ausmaß unabhängige und selbstständige Kaufentscheidungen für Produkte ihres persönlichen Bedarfs (Bekleidung, Musik, Computerspiele, Snacks etc.). Die Eltern üben bei hochwertigen Gebrauchsgütern noch einen wesentlichen Einfluss auf die Kaufentscheidung aus. Jugendliche sind häufig sehr markenorientiert – insbesondere was Kleidung anbetrifft – und stark von Freunden bzw. Cliquen als Bezugsgruppen beeinflusst. In diesem Zusammenhang ist auf die Unterscheidung zwischen Primär- und Sekundärzielgruppen im Rahmen der Zielgruppenbildung hinzuweisen. Auf die soziale Gruppe der Familie bezogen können Kinder bzw. Jugendliche als Primärzielgruppe und die Eltern als Sekundärzielgruppe eingeordnet werden.

Aus dem grundsätzlichen Streben nach Akzeptanz und Konformität des Konsumenten in einer sozialen Gruppe ergeben sich verschiedene Arten des Einflusses. Bei einem informativen Einfluss orientiert sich der Konsument an den Meinungen oder Empfehlungen der Bezugsgruppe und sucht gezielt nach Informationen, die beispielsweise das Kaufrisiko eines hochpreisigen Produkts minimieren können (Trommsdorf/ Teichert 2011, S. 166 f.). Eine normative Wirkung zeigt sich vor allem durch das Einhalten von gewissen Vorgaben, welche innerhalb der Bezugsgruppe in Form von Normen und Regeln gelten. Somit erfolgt in Bezug auf die Kaufentscheidung eine Anpassung an die Gruppe. Der Konsument möchte durch konformes Verhalten Belohnung erfahren und negative Sanktionen vermeiden. In diesem Kontext ist auch der sogenannte Uses-and-Gratification-Ansatz zu verorten. Dieser besagt, dass es soziale und psychische Ursprünge von Bedürfnissen gibt, die Erwartungen an die Medien stellen, die zu verschiedenen Mustern der Medienzuwendung führen mit dem Resultat der Bedürfnisgratifikation (Bonfadelli/Friemel 2014, S. 80). Resultierend daraus ergibt sich ein ständiger Vergleich des Individuums mit der Bezugsgruppe hinsichtlich der eigenen Wahrnehmung, Einstellung oder Meinung.

Die weitere soziale Umwelt wird insbesondere durch den Begriff Kultur repräsentiert. Eine Kultur spiegelt die Übereinstimmung der Verhaltensmuster vieler Individuen wider. Eine Kultur umfasst immer sehr große soziale Einheiten wie Länder oder Sprachgemeinschaften. Die Kultur ist ein Hintergrundphänomen, das unser Verhalten prägt, ohne dass wir uns dieses Einflusses bewusst sind. Sie enthält grundlegende Werte und Normen, für eine Gesellschaft wichtiges Wissen und typische Handlungsmuster, sie wird vermittelt sowohl durch die Erfahrungsumwelt als auch durch die Medienumwelt. Eine Muss-Norm, die über eine Kultur vermittelt wird, wäre z. B. das gesetzliche Verbot des Rauschgiftkonsums, an das sich alle Mitglieder der Gesellschaft halten müssen. Soll- bzw. Kann-Normen legen allgemeine Verhaltensstandards fest und lassen einen gewissen Verhaltensspielraum zu, z. B. das Leistungsprinzip oder bestimmte Dresscodes.

Im Gegensatz zum intergesellschaftlichen Begriff der Kultur bezeichnet die Subkultur einen intragesellschaftlichen Begriff, d. h., soziale Gruppierungen innerhalb einer Gesellschaft bzw. Kultur. Als Subkulturen können z. B. folgende Gruppierungen bezeichnet werden:
- Religionen, Nationalitäten,
- Bewohner geografischer Gebiete (z. B. die Bayern),
- Altersgruppen (z. B. Jugendliche bzw. Teenager, Senioren),
- soziale Schichten (z. B. Arbeiterschicht, Mittelschicht).

Die oben aufgeführten Subkulturen sind eher allgemeiner Natur. Spezifischer sind Untergruppen, die bestimmten Strömungen weltanschaulicher, politischer oder musikalischer Art folgen, beispielsweise Hipster, Emos oder Gothics.

Generell werden die Menschen bzw. Konsumenten von einer zweiten Wirklichkeit immer mehr beeinflusst, der sogenannten **Medienumwelt**. Über die Massenmedien werden Stereotype, Idealbilder, Meinungen etc. transportiert und verbreitet.

Die klassische Massenkommunikation ist durch folgende Merkmale gekennzeichnet:
- Verbreitung von Informationen durch technische Hilfsmittel (Massenmedien),
- räumliche/zeitliche Distanz zwischen den Kommunikationspartnern (indirekte Kommunikation),
- einseitige Kommunikation ohne Rückkopplung,
- Kommunikation mit einem großen, anonymen, dispersen Publikum,
- öffentliche Kommunikation ohne begrenzte, personell definierte Empfänger.

Die so dargestellte Massenkommunikation ist nach wie vor relevant, die moderne Internetkommunikation hat diese Merkmale jedoch grundlegend verändert:
- Verbreitung von Informationen auf internetbasierter Technologie,
- räumliche Distanz zwischen den Kommunikationspartnern bleibt vorhanden; zeitliche Distanz wird überbrückt bis hin zur Echtzeitkommunikation (z. B. bei Chatbots),
- zwei- und mehrseitige Kommunikation mit Rückkopplung; das klassische Sender-Empfänger-Prinzip wird aufgehoben,
- personalisierte Kommunikation mit der Möglichkeit individuelle Botschaften zu senden,
- öffentliche (Unternehmens-Website) und beschränkt-öffentliche Kommunikation (Communities).

Zentrales Merkmal der Massenkommunikation ist die Einschaltung von Medien. Es wird zwischen Telekommunikation (TV, Radio, Internet) und Printkommunikation (Zeitungen, Zeitschriften etc.) unterschieden. Der verstärkte Einsatz dieser Medien sowie die rasante Entwicklung der Kommunikationstechnologie haben zu einer Informationsüberflutung (Information Overload) geführt. Mehr als 95 % der von den Medien angebotenen Informationen werden nicht beachtet. Grundsätzlich werden zwei Wirkungsarten von Massenkommunikation unterschieden: Vermittlung von Information (Wissen) und Beeinflussung von Einstellungen und Meinungen. Informationen über das Weltgeschehen werden überwiegend über die Massenmedien verbreitet. Durch das Internet findet diese Verbreitung deutlich schneller statt.

Der Einzelne setzt sich insbesondere mit jener Art von Massenkommunikation auseinander, deren Inhalt nicht in Widerspruch zu seinen Einstellungen und Meinungen steht. Informationen werden selektiv aufgenommen. Massenkommunikation wirkt in dem Sinne hauptsächlich dadurch, dass sie vorhandene Einstellungen und Meinungen bestätigt und verstärkt. Ferner bestimmen die Massenmedien weitgehend, mit welchen Themen sich das Publikum beschäftigt (Agenda Setting). Neben der Verstärkung vorhandener Einstellungen kann auch eine Veränderung bestehender Einstellungen angestrebt werden. Hierbei wird von der Überzeugungswirkung der Massenmedien bzw. dem systematischen Einsatz sogenannter Sozialtechniken (z. B. Propaganda) gesprochen.

Durch die Massenkommunikation wird der Empfänger aktiviert und emotional stimuliert. Durch die zunehmende Medienkonkurrenz wird es jedoch immer schwieriger, die Aufmerksamkeit der Empfänger für eine bestimmte Sendung zu erreichen. Daneben dient die Massenkommunikation auch zur gedanklichen Anregung der Empfänger. Das inhaltliche Angebot ist letztlich der entscheidende Faktor für den persönlichen Nutzen, der sehr differenziert zu betrachten ist. Ein Motiv für den Mediengebrauch kann Unterhaltung und Entspannung sein, ein anderes Information und Bildung. Der Nutzen richtet sich also nach dem individuellen Motiv des Empfängers.

Werbung als klassisches Kommunikationsinstrument hat immer noch eine sehr große Bedeutung und erfüllt für den Konsumenten die folgenden Funktionen:
- Zeitvertreib und Unterhaltung (lustige TV-Spots, z. B. Check24-Familie),
- emotionale Konsumerlebnisse (Natur, Erotik etc., z. B. Krombacher, Axe),
- Informationen für Konsumentscheidungen (Qualität, Sicherheit, Service etc.; z. B. Carglass bei Service),
- Normen und Modelle für das Konsumentenverhalten (fertige Verhaltensmodelle: Anspruchsniveaus, Standards, Anlässe; z. B. Knoppers-Waffel: „Morgens halb zehn"; Knoppers-Nussriegel: „Nachmittags halb vier").

Generell wird zwischen einstufiger und zweistufiger Kommunikation unterschieden. Bei der einstufigen Kommunikation spricht ein Kommunikator den Empfänger unmittelbar an und vermittelt ihm einen Kommunikationsinhalt. Der einstufige Prozess bezieht sich auf Direktkommunikation und Massenkommunikation. Bei der zweistufigen Kommunikation wirkt die Massenkommunikation auf Meinungsführer ein, dann wirken die Meinungsführer auf weitere Empfängergruppen ein. Meinungsführer übernehmen zum einen eine Relaisfunktion, sie fungieren als persönliche Übermittler von Nachrichten. Zum anderen haben sie eine Verstärkungsfunktion inne, da ihr Einfluss außerordentlich groß ist.

Die Massenmedien dienen zur ersten Problemorientierung und helfen eher bei Produkten mit geringem Kaufrisiko. Die klassische Massenkommunikation kann sich die größere Stoßkraft von Meinungsführern zunutze machen und sich bevorzugt an diese wenden bzw. durch Verwendung der Testimonial-Technik Meinungsführer direkt in die Kommunikation integrieren. Die moderne Internetkommunikation setzt im gleichen Sinne auf die Technik des Influencers.

An dieser Stelle ist auch der Begriff der Mundpropaganda historisch einzuordnen, der häufig mit dem traditionellen Empfehlungsmarketing bzw. mit der englischen Bezeichnung Word-of-Mouth (WOM) einhergeht. Arndt (1967, S. 195) lieferte einen ersten Ansatz zur Begriffsbestimmung, welche auch heute noch allgemeine Gültigkeit besitzt. Er beschreibt Mundpropaganda als persönliche Kommunikation zwischen Konsumenten über eine Marke, ein Produkt oder eine Dienstleistung. Hierbei besteht keine kommerzielle Absicht des Botschaftssenders. Eine persönliche Verständigung ist vor allem durch einen Rückkopplungseffekt gekennzeichnet, der es dem Kommunikator ermöglicht die Reaktion des Kommunikanten unmittelbar einzuschätzen und entsprechend zu reagieren. Laut Westbrook (1987, S. 261) werden vor allem der Besitz, die Nutzung sowie besondere Eigenschaften eines Produkts oder einer Dienstleistung thematisiert und folglich als Empfehlung an andere Konsumenten weitergegeben.

Im Jahr 2001 definierte Tim O'Reilly mit dem Ausdruck Web 2.0 eine neue Entwicklungsphase des Internets sowie die Möglichkeit für Nutzer, Inhalte selbst zu erstellen und diese über verschiedene Kanäle miteinander zu teilen (Huber 2013, S. 13). Plattformen wie Facebook, Instagram, YouTube etc. definieren sich hierbei als Kanäle, die eine wechselseitige Kommunikation und vor allem eine soziale Verbindung zwischen Konsumenten herstellen. Es ist somit zu jeder Zeit möglich Marken- und Produkterfahrungen, öffentlich und für jeden sichtbar, auszutauschen und Empfehlungen auszusprechen.

Die klassische Mundpropaganda erhält demzufolge durch das Web 2.0 eine völlig neue Dimension, da eine Verbreitung nun auch auf nichtanalogem Wege durchführbar ist. Hennig-Thurau et al. (2004, S. 39) nennen in diesem Zusammenhang den Begriff der digitalen Mundpropaganda, im Englischen Electronic Word-of-Mouth (eWOM), und beschreiben damit eine positive oder negative Äußerung über eine Marke, ein Produkt oder eine Dienstleistung, die von einem potenziellen, derzeitigen oder früheren Konsumenten einer Vielzahl von Menschen über das Internet zur Verfügung gestellt wird. Die Internetkommunikation zeichnet sich durch eine hohe Reichweite innerhalb eines kurzen Zeitraums aus, was auch zu einem viralen Netzeffekt führen kann.

Für Konsumenten dient die aktive Nachfrage und Suche nach persönlichen Erfahrungen anderer Konsumenten primär der Risikoreduktion innerhalb des Kaufprozesses. Je stärker dieses Gefühl ausgeprägt ist, desto höher ist die Absicht Mundpropaganda als Entscheidungsfaktor mit einzubeziehen. Aus diesem Grund spielt der Aspekt der Risikoreduktion durch die interpersonale Kommunikation mit einem produkterfahrenen Kunden für den Konsumenten eine tragende Rolle. Das Internet und die sozialen Medien dienen hierbei immer öfter als Kommunikationskanäle und verstärken eine aktive Suche nach Erfahrungswerten anderer Kunden (Walsh et al. 2011, S. 279 f.).

In diesem Zusammenhang ist das Modell der Meinungsführerschaft erneut relevant. Gerade im Influencer-Marketing ist es nicht möglich, eine Person in Meinungsführer und Nichtmeinungsführer zu klassifizieren. Es ist vielmehr eine Beschreibung der persönlichen Einflussstärke hinsichtlich der Meinungsführung, die mehr oder weniger stark ausgeprägt sein kann (Kroeber-Riel/Gröppel-Klein 2019, S. 502 ff.). Hinsichtlich der Marketingpraxis lässt sich heutzutage das Modell der Meinungsführerschaft innerhalb des Electronic Word-of-Mouth einordnen und bietet eine Möglichkeit zur Steuerung von Mundpropaganda. Die Meinungsführer nehmen die Markenbotschaft aktiv auf und agieren innerhalb des Kommunikationsprozesses als Bindeglied zwischen Unternehmen und Konsument (Trommsdorff/Teichert 2011, S. 200 f.). Oftmals werden diese Influencer als Experten auf einem bestimmten Gebiet wahrgenommen, wodurch sich das Ansehen innerhalb der Zielgruppe erhöht und eine positive Beeinflussung auf kritische oder auch unsichere Konsumenten erfolgt. Anzumerken gilt jedoch, dass nicht unbedingt ein hohes themenspezifisches Wissen ein Kriterium der Meinungsführerschaft ist. Personen mit außerordentlicher Fachkompetenz verhalten sich nicht zwingend wie Meinungsführer. Das derzeitige Verständnis von Meinungsführerschaft bezieht sich jedoch weniger auf eine Einflusswirkung im gesamten Lebensbereich, sondern eher auf themenspezifische Kategorien.

Durch die sozialen Medien eröffnen sich neue Möglichkeiten der zwischenmenschlichen Interaktion der Konsumenten und folglich der Verbreitung digitaler Mundpropaganda. So können auch die digitalen Meinungsführer die Rolle eines Experten einnehmen und ihr Fachwissen als unabhängiger Ratgeber an andere Konsumenten weitergeben. Dennoch muss der Expertenstatus nicht zwingend erfüllt sein. Die Meinungsführung bezieht sich dann nur auf die hohe Anzahl digitaler Kontakte (Netzwerkeffekt) und die daraus abgeleitete Reichweite (Schweiger/Schrattenecker 2016, S. 51). Somit erfährt das Konzept der Meinungsführung durch das Web 2.0 eine neue Relevanz und die Beeinflussung von Konsumenten durch digitale Meinungsführer bietet eine zusätzliche Möglichkeit die Markenbekanntheit zu erhöhen, ein Markenimage zu generieren oder eine Subzielgruppe (internetaffine Konsumenten) anzusprechen.

Meinungsführer übernehmen in diesem Kontext eine Referenzfunktion. Meinungsführer üben „aufgrund besonderer Fähigkeiten, ihres Wissens, ihrer Persönlichkeit oder anderer Eigenschaften einen besonders starken Einfluss auf die anderen Gruppenmitglieder" (Kotler et al. 2007, S. 279) aus. Ihnen wird somit eine Schlüsselstellung innerhalb einer Gruppe zuteil, da sie einerseits mehr Kontakte haben als die übrigen Mitglieder und andererseits direkt nach ihrer Ansicht bzw. Hilfe gefragt werden. Grundsätzlich üben Meinungsführer allerdings nicht nur durch direkte (face-to-face) Kommunikation Einfluss aus, sondern ebenfalls dadurch, dass sonstige Konsumenten ihr spezielles Konsumverhalten beobachten. So können Meinungsführer einerseits Informationen übermitteln und andererseits aufgrund einer erhöhten Glaubwürdigkeit zusätzlich Meinungen verstärken (Foscht et al. 2015, S. 149). Ein Meinungsführer übernimmt gerade in der Phase der Informationssuche innerhalb einer Kaufentscheidung die Aufgabe der Risikoreduktion für den Konsumenten. In Zeiten der Informationsüberflutung können angesehene Meinungsführer Empfehlungen aussprechen, die den Entscheidungsprozess für den Konsumenten effizienter erscheinen lassen.

4.2.2 Organismus (O)

Der zweite Bestandteil des S-O-R-Modells ist der Organismus, in welchem aktivierende und kognitive Prozesse stattfinden.

Im Falle der **aktivierenden Prozesse** werden die menschlichen Antriebskräfte entweder unspezifisch angesprochen (Aktivierung) oder spezifische Antriebe geweckt (Emotion, Motivation, Einstellung) (Kroeber-Riel/Gröppel-Klein 2019, S. 54 ff.).

Grundsätzlich wird unter Aktivierung ein „Erregungsvorgang verstanden, durch den der menschliche Organismus in einen Zustand der Leistungsfähigkeit und Leistungsbereitschaft versetzt wird" (Kroeber-Riel et al. 2009, S. 55). Die Aktivierung des zentralen Nervensystems stellt eine Grundvoraussetzung für jegliche Antriebsprozesse dar, da aufkommende Informationen vom Gehirn nach bestimmten Prioritäten behandelt werden (Griese/Bröring 2011, S. 78). Insofern ist die Aktivierung auch für die Erklärung des Kaufverhaltens von entscheidender Bedeutung. Die sogenannte Aktiviertheit beschreibt die Intensität der physiologischen Erregung des Zentralnervensystems, welche sich zwischen den Extremzuständen Schlaf und Panik bewegt (Trommsdorff/Teichert 2011, S. 42). In diesem Zusammenhang wird von der Lambda-Hypothese gesprochen, die das Verhältnis zwischen Leistungsfähigkeit und Aktivierung ausdrückt. Die Abbildung 4.2 zeigt die dazugehörige Lambda-Kurve.

Die Lambda-Hypothese wird in der Regel in die Phasen der Minimalaktivierung, der Normalaktivierung, der Überaktivierung und der Maximalaktivierung unterteilt, wobei letztere aus Unternehmenssicht nicht sonderlich relevant ist, da hier im Allgemeinen von Panik (z. B. in einer Prüfungssituation) gesprochen wird (Foscht/Swoboda 2011, S. 38 f.).

Eine Aktivierung kann generell durch drei verschiedene Arten von äußeren Reizen hervorgerufen werden. Unterschieden werden emotionale Reize, welche biologisch vorprogrammiert sind und insofern automatisch wirken (z. B. Schlüsselreize wie Erotik und das Kindchenschema), physikalische Reize, die durch besondere physische Eigenschaften wirken (z. B. Größe und Farbe von Kommunikationsmitteln) sowie kognitive Reize, welche durch die Neuartigkeit bzw. Vielfältigkeit die Informationsverarbeitung stimulieren (Foscht et al. 2015, S. 41). Bei den kognitiven Reizen

Leistung (z.B. Aufnahme von Botschaften in sozialen Medien oder Werbeinformationen)

optimaler
Aktivierungsgrad

Aktivierungs-
niveau

[Messung der
elektrodermalen
Reaktion]

| Schlaf | entspannte Wachheit | wache Aufmerk- samkeit | starke Erregung | Panik |

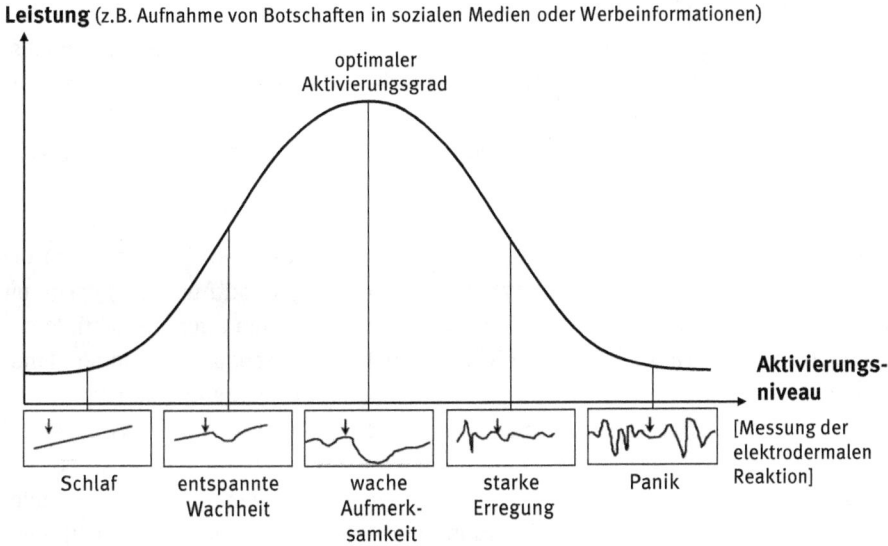

Abbildung 4.2: Lambda-Kurve (Quelle: eigene Darstellung in Anlehnung an Kroeber-Riel et al. 2009, S. 85).

werden gedankliche Konflikte, Widersprüche oder Überraschungen ausgelöst. Hier kommen häufig Verfremdungstechniken zum Einsatz, z. B. wenn ein Erwachsener mit einer Kinderstimme spricht (z. B. Haribo-Kampagne 2019). Anzumerken ist an dieser Stelle jedoch, dass derselbe Stimulus bei verschiedenen Menschen nicht dieselbe Reaktion hervorruft, da das subjektive Reizempfinden jedes Einzelnen für die Aufnahme sowie Interpretation des Reizes verantwortlich ist (Trommsdorff/Teichert 2011, S. 44).

Um passive Konsumenten durch Aktivierungstechniken zu erreichen, ist der zentrale Ansatzpunkt die Steigerung der Aufmerksamkeit in einer Zeit der Informationsüberflutung. Beim Konsumenten wird vor allem im Konsumgütermarketing von einer Low-Involvement-Situation ausgegangen, d. h., er nimmt Kommunikation nur flüchtig wahr und die Aufmerksamkeit ist relativ gering. Aktivierungstechniken finden aber nicht nur in der Kommunikationspolitik Anwendung, sondern auch bei Produkt- und Ladengestaltung sowie Warenpräsentation.

Das Involvement eines Konsumenten wirkt auf die Aktivierung ein, da es die Aufmerksamkeit in höchstem Maße beeinflusst. Die Bereitschaft eines Konsumenten, Informationen über bestimmte Güter einerseits aufzunehmen und andererseits auch zu verarbeiten, ist für das Konsumentenverhalten von enormer Relevanz (Trommsdorff/Teichert 2011, S. 32). So wird grundsätzlich zwischen High- und Low-Involvement-Käufen unterschieden, abhängig von dem jeweiligen Interesse des Konsumenten. Folglich haben stark involvierte Konsumenten deutlich höhere Ansprüche an die Güte und Glaubwürdigkeit der zur Verfügung gestellten Informationen, da sie sich wesentlich stärker damit auseinandersetzen.

Bei den Konstrukten Emotion, Motivation und Einstellung handelt es sich um intervenierende Variablen innerhalb der aktivierenden Prozesse des S-O-R-Modells, welche geeignet sind, das menschliche Kaufverhalten in Ansätzen zu erklären. Vorweg ist anzumerken, dass diese drei Konstrukte aufeinander aufbauen: So ist ohne Emotion keine Motivation möglich und ohne Motivation kann sich keine Einstellung bilden.

Emotionen stellen „einen Zustand innerer Erregung dar, welcher durch einen konkreten Stimulus ausgelöst wird (Objektbezug) und durch Stärke (schwach bis stark), Richtung (positiv oder negativ) und Art (Gefühlstyp und Ausdruck) bestimmt wird" (Trommsdorff/Teichert 2011, S. 60). Emotionen werden auch als Gefühle bezeichnet. Als Beispiele sind Angst, Glück, Eifersucht und Sympathie zu nennen. Emotionen sind psychische Erregungen, die subjektiv wahrgenommen werden. Nach Izard (1994, S. 66) gibt es zehn primäre (angeborene) Emotionen: Interesse, Freude/Vergnügen, Überraschung/Schreck, Kummer/Schmerz, Zorn/Wut, Ekel/Abscheu, Geringschätzung/Verachtung, Furcht/Entsetzen, Scham, Schuldgefühl/Reue. Alle anderen Emotionen entstehen als Kombination oder Ableitung der primären Emotionen. Emotionen schließen die bereits behandelten Konstrukte Aktivierung und Involvement ein, sie erhalten jedoch zusätzlich noch die Interpretation eines Sachverhalts.

In der Markenführung geht es vor allem um die Vermittlung emotionaler Konsumerlebnisse. Als spezifische Konsumerlebnisse sind zu nennen: Erotik, soziale Anerkennung, Freiheit/Abenteuer, Natur/Gesundheit, Genuss, Lebensfreude, Geselligkeit etc. Diese Konsumerlebnisse können zur Unterstützung eines eigenständigen emotionalen Markenprofils (z. B. Magnum, Bacardi, historisch Marlboro) dienen. Erlebniswirkungen werden durch Bilder, Musik oder Duftstoffe erzielt. Am effektivsten erscheinen Techniken, die mehrere oder alle Sinne des Menschen (Sehen, Hören, Riechen, Schmecken, Tasten) ansprechen, sogenannte multisensuale Konsumerlebnisse.

Motivation wird definiert als „innere Antriebskraft, die Handlungen initiiert, in eine Richtung lenkt und für die Aufrechterhaltung psychischer und physischer Aktivitäten sorgt" (Foscht/Swoboda 2011, S. 55).

Motivationstheorien versuchen die Antriebe bzw. Ursachen des Verhaltens zu erklären. Motivation umfasst grundlegende Antriebskräfte (Emotionen) und berücksichtigt eine kognitive Zielorientierung. Beim Individuum findet ein bewusster und willentlicher Prozess der Zielsetzung statt. Motive richten das Verhalten auf ein Ziel aus. Primäre Motive sind angeborene biologische Bedürfnisse wie Hunger, Durst oder Schlaf. Sekundäre Motive sind hingegen erlernt. Intrinsische Motive liegen vor, wenn das Handeln zu einer Belohnung durch den Menschen selbst führt (z. B. Motivation durch Arbeitsinhalt). Extrinsische Motive beziehen sich auf die Belohnung durch die Außenwelt (z. B. Motivation durch Gehalt). Maslow (1975) unterscheidet in seiner Motivationshierarchie fünf Arten von Motiven (Bedürfnissen), wobei jede Bedürfnisstufe erst dann erreicht wird, wenn die darunterliegenden Bedürfnisse erfüllt sind. Diese strikte Rangfolge der Motive stellt auch die Hauptkritik an diesem Modell dar. Die Abbildung 4.3 zeigt das Modell:

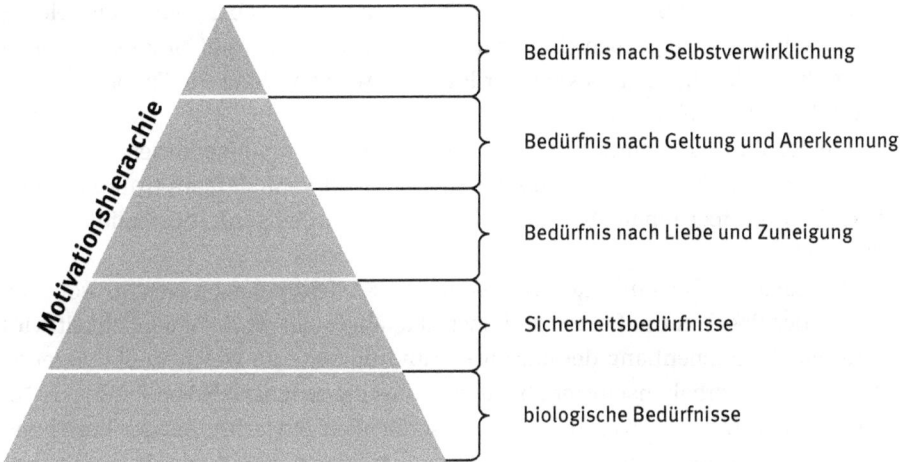

Abbildung 4.3: Motivationshierarchie nach Maslow (Quelle: eigene Darstellung).

Die Motivation zum Konsum ergibt sich durch die Beziehung zwischen den Antriebskräften und den Zielsetzungen bzw. Handlungsabsichten der Konsumenten. Als wirksame Antriebskräfte zum Konsum gelten: Prestige, Geselligkeit, Natürlichkeit, Erfolg, Jugendlichkeit.

Einstellungen sind innere Bereitschaften eines Individuums, auf bestimmte Reize der Umwelt konsistent positiv bzw. negativ zu reagieren. Bei der Einstellung kommt zu den Motiven noch eine kognitive Gegenstandsbeurteilung hinzu. Beim Konsumenten muss eine subjektiv wahrgenommene Eignung eines Gegenstands zur Befriedigung einer Motivation vorliegen. So ergibt sich eine Einstellung gegenüber einer Marke. Einstellungen können grundsätzlich als „relativ stabile, organisierte und erlernte innere Bereitschaften (Prädispositionen) eines Käufers, auf bestimmte Stimuli (= Einstellungsobjekte) konsistent positiv oder negativ zu reagieren" beschrieben werden (Pepels 2013, S. 57). In der Regel werden Einstellungen unbewusst erlernt und sie verfestigen sich im Laufe der Zeit, sodass die Veränderung einer Einstellung ein langfristiger Prozess ist.

In der Markenführung wird versucht, die Einstellung zu einer Marke an bestimmte Nutzendimensionen zu koppeln, z. B. ein außergewöhnlicher Geschmack, eine besondere Konsistenz, eine spezifische Wirkung, ein exklusiver Genussmoment etc. Hier kommt der Zusammenhang zwischen Markenpositionierung als Eigenbild der Marke und Markenimage als Fremdbild in der Zielgruppe zum Tragen.

Werte als Konstrukt umfassen Einstellungen und sind zugleich dauerhafter im Vergleich mit diesen. Ein Wert ist eine Auffassung von Wünschenswertem, die für ein Individuum bzw. eine Gruppe kennzeichnend ist und die Auswahl der zugänglichen Arten, Mittel und Ziele des Handelns beeinflusst (Kluckhohn 1962). Grundsätzlich lassen sich drei Dimensionen von Werten unterscheiden: Die erste Ebene umfasst Basiswerte des Menschen wie Frieden oder Gerechtigkeit. Die zweite Dimension besteht aus Bereichswerten, die in verschiedenen Lebensbereichen Geltung haben, z. B. im Arbeitsleben. Die dritte Ebene bezieht sich auf produktbezogene Werte. Durch den Konsum bestimmter Produkte werden Werte wie Sauberkeit oder Umweltfreundlichkeit dokumentiert.

Die Persönlichkeit eines Menschen umfasst alle bisher aufgeführten Konstrukte und ist eine relativ stabile und normalerweise nicht veränderbare Grundhaltung. Sie enthält darüber hinaus bestimmte Anlagen wie Intelligenz, Musikalität, Sportlichkeit etc.

Auf Basis der Persönlichkeit werden häufig Käufertypologien erstellt, wobei jedoch in der Regel nur auf einzelne Konstrukte abgestellt wird. Persönlichkeit wird in diesem Zusammenhang definiert als Grundrahmen, „in welchem aktivierende und kognitive Verhaltensmuster ablaufen, wobei die grundsätzlichen Prädispositionen (z. B. Involvement, Werte) mit der Persönlichkeit in wechselseitiger Beziehung stehen" (Foscht/Swoboda 2011, S. 135). Somit wird das Konstrukt der Persönlichkeit in erster Instanz den aktivierenden Prozessen zugeordnet, jedoch werden bereits die kognitiven Prozesse tangiert.

Neben den zuvor beschriebenen aktivierenden Prozessen zählen auch die **kognitiven Prozesse** zum Organismus. Durch diese gedanklichen bzw. rationalen Prozesse erhält das Individuum Kenntnis von seiner Umwelt und von sich selbst. Das Verhalten wird durch Kognition gedanklich kontrolliert und gesteuert. Die kognitiven Prozesse werden eingeteilt in:

- Informationsaufnahme,
- Wahrnehmung und Produktbeurteilung,
- Lernen und Gedächtnis,
- Produktwahl und Kaufentscheidung.

Grundsätzlich können Kognitionen beschrieben werden als „eigenständig bewusst zu machende Wissenseinheiten, d. h. als subjektives Wissen, das bei Bedarf zur Verfügung steht, sei es als intern gespeicherte Information, die durch Erinnern verfügbar ist, sei es als externe Information, die durch Wahrnehmen verfügbar wird" (Trommsdorff/Teichert 2011, S. 75). Während die bereits beschriebenen aktivierenden Prozesse den Menschen antreiben, dienen kognitive Prozesse der „gedanklichen Kontrolle und willentlichen Steuerung des Verhaltens" (Foscht/Swoboda 2011, S. 85). In diesem Zusammenhang muss allerdings realisiert werden, dass es bei dem Großteil der in einem Organismus ablaufenden Prozesse zu einem ständigen Wechselspiel zwischen aktivierenden und kognitiven Prozessen kommt. Insofern erscheint es bei einer spezifischen Betrachtung sinnvoll, jeweils von primär aktivierenden bzw. primär kognitiven Prozessen auszugehen.

Generell können Informationen mithilfe der fünf Sinne Sehen, Riechen, Tasten, Hören und Schmecken aufgenommen bzw. wahrgenommen werden. Grundsätzlich umfasst die Informationsaufnahme „alle Vorgänge bis zur Übernahme von Reizen bzw. Informationen in den zentralen Prozessor (Kurzzeitspeicher bzw. -gedächtnis), wo die eigentliche kognitive Verarbeitung stattfindet" (Foscht/Swoboda 2011, S. 89). Grundlegend ist hierfür das in Abbildung 4.4 dargestellte sogenannte Dreispeichermodell von Atkinson und Shiffrin, welches sich aus den drei Einheiten (1) sensorischer Speicher, (2) Kurzzeitspeicher sowie (3) Langzeitspeicher zusammensetzt (Atkinson/ Shiffrin 1968, S. 93).

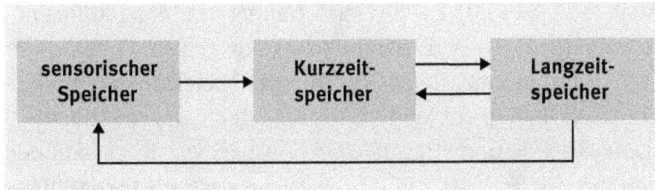

Abbildung 4.4: Dreispeichermodell (Quelle: Runia et al. 2019, S. 39).

Der sensorische Speicher (Ultrakurzzeitspeicher) nimmt Sinneseindrücke nur für eine ganz kurze Zeit auf. Seine Kapazität ist sehr groß, die Speicherdauer jedoch sehr kurz, maximal eine Sekunde. Der Kurzzeitspeicher übernimmt aus dem sensorischen Speicher nur einen Teil zur weiteren Verarbeitung; es findet somit eine Informationsreduktion statt. Die Reize werden entschlüsselt und in kognitiv verfügbare Informationen umgesetzt. Der Kurzzeitspeicher kann auch als „menschlicher Arbeitsspeicher" bezeichnet werden, er ist die zentrale Einheit der Informationsverarbeitung. Im Kurzzeitspeicher werden die neuen Informationen mit bereits vorhandenen Erfahrungen im Langzeitspeicher verglichen und in vorhandene Wahrnehmungsschemata eingeordnet. Die Informationen im Kurzzeitspeicher werden entweder schnell wieder gelöscht oder dauerhaft in den Langzeitspeicher übernommen. Der Kurzzeitspeicher hat eine beschränkte Kapazität; so werden z. B. beim flüchtigen Betrachten einer Werbeanzeige in einer Zeitschrift (ca. 5 Sekunden) maximal 20 Informationseinheiten (z. B. einzelne Wörter, Farben, Gegenstände) gespeichert. Der Langzeitspeicher ist mit dem menschlichen Gedächtnis gleichzusetzen: Hier werden Informationen langfristig gespeichert und Wissen aufgebaut.

Bei der Informationsaufnahme wird zwischen interner und externer Aufnahme differenziert. Die erforderlichen Informationen der internen Informationsverarbeitung werden aus dem Langzeitgedächtnis abgerufen. Beim Individuum liegen gewisse Erfahrungswerte vor, eine gespeicherte Information wird ins Bewusstsein gerufen, beispielsweise die Nutzendimensionen einer bekannten Marke. Für die externe Informationsaufnahme sind die von außen aufgenommenen Informationen von Bedeutung, d. h., eine Werbeanzeige wird gelesen und evtl. werden neue Informationen abgespeichert.

Der unterschiedliche Ablauf einer Informationsaufnahme hängt schließlich davon ab, ob aktivierende oder kognitive Kräfte einer Informationsbeschaffung zugrunde liegen: Die Stärke der hinter einer Informationsaufnahme stehenden (aktivierenden) Antriebskräfte bestimmt den Umfang und die Intensität der Informationsaufnahme, die kognitiven Entscheidungsregeln bestimmen die Auswahl der Informationsquellen (Kroeber-Riel/Gröppel-Klein 2013, S. 337 ff.).

Wahrnehmen heißt, Gegenstände, Vorgänge und Beziehungen in bestimmter Weise zu sehen, hören, tasten, schmecken, riechen, empfinden und diese subjektiven Erfahrungen zu interpretieren und in einen sinnvollen Zusammenhang zu bringen (Kroeber-Riel/Gröppel-Klein 2013, S. 363 ff.). Die Wahrnehmung des Individuums findet aktiv, subjektiv und selektiv statt: Wahrnehmung ist ein aktiver Vorgang der Informationsaufnahme und -verarbeitung. Jeder lebt in einer subjektiv wahrgenommenen Welt, nimmt demnach Objekte subjektiv unterschiedlich wahr. Schließlich muss die Wahrnehmung selektiv sein, denn aus einer Vielzahl von Informationen sucht sich das Individuum nur den Teil aus, der für ihn relevant ist. Die Erkenntnisse zur Wahrnehmung haben die Konsequenz, dass immer nur der subjektiv wahrgenommene Reiz das Verhalten der Konsumenten bestimmt. Eine negative Wahrnehmung zu haben, heißt dann, dass eine Marke von einer Vielzahl von Konsumenten in ihrer subjektiven Wahrnehmung negativ beurteilt wird.

Die Produktbeurteilung ist ein Unterbegriff zur Wahrnehmung. Sie bezieht sich speziell auf die Wahrnehmung von Produkten, sowohl am Point of Sale als auch in der Kommunikation. Sie kommt durch ein Sortieren und Bewerten der zur Verfügung stehenden Produktinformationen zustande. Ergebnis der Produktbeurteilung sind die wahrgenommenen Nutzendimensionen eines Produkts (Kroeber-Riel/Gröppel-Klein 2013, S. 371 f.). Grundsätzlich findet bei der Produktbeurteilung ein Vergleich der aktuell aufgenommenen mit den gespeicherten Informationen statt.

Der Konsument kann bei der Produktbeurteilung drei Denkschablonen verwenden. Denkschablonen liegen dann vor, wenn der Konsument in einer kognitiv vereinfachenden Weise von einem Eindruck auf einen anderen schließt. Erstens ist es möglich, dass ein Konsument von einem einzelnen Eindruck auf die Gesamtwahrnehmung eines Produkts schließt. Ein bestimmter Markenname bestimmt in diesem Sinne die wahrgenommenen Produktnutzen. Zweitens wird ein Schluss von einem einzelnen Eindruck auf einen anderen Eindruck als Irradiation bezeichnet, d. h., das Ausstrahlen und Hineinwirken von einem Wahrnehmungsbereich auf einen anderen. Hier ist zum einen das Einwirken des Produktumfelds auf das Produkt (z. B. attraktive Frauen werten einen PKW optisch auf) zu verorten, zum anderen kann z. B. auch ein bestimmter Geruch bei Reinigungsmitteln die Einschätzung der Reinigungskraft beeinflussen. Drittens gibt es das Phänomen des Halo-Effekts, bei dem das Urteil die Gesamtwahrnehmung einzelner Eindrücke beeinflusst. So beurteilen wir bei guten Freunden auch sichtbar negative Eindrücke wesentlich moderater als bei Menschen, die wir generell nicht mögen. Dies gilt analog auch für Marken: Von markentreuen Konsumenten wird die Marke insgesamt sehr positiv bewertet, und dies schlägt auf die Gesamtwahrnehmung der Marke durch, womit dieser ein hoher Vertrauensvorschuss gewährt wird.

Dadurch, dass Individuen verschiedene Situationen erleben und Erfahrungen sammeln, verhalten sie sich künftig eventuell angepasst, weshalb das Lernen als

„eine relativ dauerhafte Verhaltensänderung, die als Ergebnis von Erfahrungen eintritt" (Kroeber-Riel/Gröppel-Klein 2013, S. 412) definiert werden kann.

Die klassischen Lerntheorien stellen das Lernen in Form von (gesetzmäßigen) Verknüpfungen zwischen beobachtbaren Reizen S (Stimulus) und beobachtbaren Reaktionen R dar (S-R-Theorien). Das Kontiguitätsprinzip erklärt das Lernen als Ergebnis des gemeinsamen Auftretens zweier Reize. Grundlage eines solchen Lernprozesses ist die räumliche und zeitliche Nähe der beiden Reize. Paradebeispiel ist das berühmte Hundeexperiment von Pawlow sowie seine daraus entwickelte Theorie der klassischen Konditionierung. Pawlow kombinierte bei seinem Experiment einen neutralen Reiz (Glockenklang) mit einem unkonditionierten Reiz (Darbietung von Hundefutter), der zu einer bestimmten Reaktion (Speichelabsonderung) führte. Nach wiederholter gemeinsamer Darbietung beider Stimuli reagierten die Hunde bereits mit Speichelabsonderung, wenn nur die Glocke geläutet wurde.

In der Markenkommunikation werden häufig Emotionen als unkonditionierte Reize eingesetzt (emotionale Konditionierung). Die Biermarke Krombacher wird z. B. mit den unkonditionierten Stimuli Natur und Musik verbunden, was zur Wahrnehmung der Marke als „entspannend" und „natürlich" führt (Baumgarth 2008, S. 61).

Nach dem Verstärkungsprinzip ist Lernen das Ergebnis der Verstärkung, die eine Reaktion erfährt (instrumentelle Konditionierung). Das Verhalten eines Individuums basiert demnach auf Umweltreizen, die von ihm als positiv (belohnend) oder negativ (bestrafend) empfunden werden. So gibt es positive Verstärker (Geld, soziale Anerkennung etc.) und negative Verstärker (z. B. soziale Missbilligung). Je häufiger die Aktivität einer Person belohnt wird, mit desto größerer Wahrscheinlichkeit wird diese Person die Aktivität ausführen.

Mit den klassischen Theorien lässt sich das komplexe menschliche Verhalten nur unzureichend erklären. Es erfolgt zunehmend eine Ergänzung durch kognitive Ansätze, die Lernen als Aufbau von Wissensstrukturen betrachten. Sie beziehen sich vor allem auf die Funktion des Gedächtnisses, auf die Speicherung und den Gebrauch von Wissen. Der eigentliche Lernvorgang bezieht sich auf die Übernahme von Informationen in den sogenannten Langzeitspeicher.

Der kognitive Verarbeitungsprozess läuft in vier Phasen ab (Kroeber-Riel/Gröppel-Klein 2013, S. 431):

1. Aufnahme von Reizen,
2. Übersetzung der Reize in gedankliche Einheiten, z. B. Bilder (Kodierung),
3. Übernahme der gedanklichen Einheiten in den Langzeitspeicher,
4. Abruf der gespeicherten Einheiten aus dem Gedächtnis.

Das vorhandene Wissen spielt dabei eine Schlüsselrolle für das Speichern. Das Lernen von neuem Wissen ist nur dadurch möglich, dass die aufgenommenen Informationen zu dem bereits gespeicherten Wissen in Beziehung gebracht werden. Ein Begriff X wird mit anderen Begriffen assoziiert und abgespeichert. Durch unterschiedliche

Techniken der Zeichenzuordnung können die mit einer Marke verbundenen Vorstellungen (z. B. Begriffe, Bilder, Slogan oder Musik) an weitere Bezugsrahmen geknüpft werden. Solche Markenschemata lassen sich gut durch semantische Netzwerke darstellen. Die zu betrachtende Marke bildet den Mittelpunkt; von hieraus spannen Linien zu assoziierten Begriffen ein Netzwerk auf. Diese Begriffe oder allgemein Items werden durch Konsumentenbefragungen erhoben. Je näher diese Items im Netzwerk an die Marke platziert sind (in der folgenden Abbildung dunkel hinterlegt), desto häufiger wurden sie mit der Marke in Verbindung gebracht. Die Abbildung 4.5 zeigt ein semantisches Netzwerk für die Marke Apple:

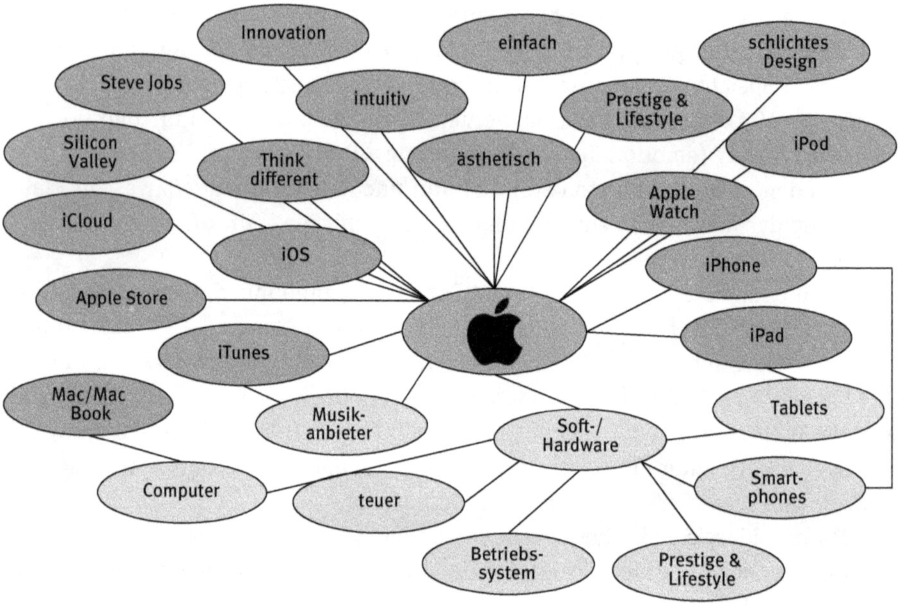

Abbildung 4.5: Semantisches Netzwerk für die Marke Apple (Quelle: eigene Darstellung in Anlehnung an Esch et al. 2019, S. 48).

Die vom Konsumenten aufgenommenen Reize werden oft in Form von inneren Bildern kodiert. Je lebendiger ein einzelnes inneres Bild wahrgenommen wird, desto stärker ist sein Einfluss auf das Verhalten. Zum Aufbau eines klaren Vorstellungsbilds über eine Marke ist im Allgemeinen eine wiederholte Darstellung von entsprechendem Bildmaterial erforderlich, wobei ein grundlegendes Bildmotiv beizubehalten ist. Der Begriff des Schlüsselbilds (Key Visual), definiert als visuelles Präsenzsignal der Marke, nutzt diese kognitive Kodierung, um die Markenkommunikation bestmöglich zu fokussieren (z. B. Milka-Kuh, Provinzial-Schutzengel).

Das Gedächtnis ist der Langzeitspeicher für Informationen, der durch eine sehr große Kapazität und Speicherdauer gekennzeichnet ist. Die Leistung des Gedächtnisses kann durch freie Wiedergabe von Gelerntem (Reproduktion) ohne Hilfe (Free

Recall), durch Reproduktion mit Gedächtnisstützen (Aided Recall) sowie durch Wiedererkennung (Recognition) vorgelegter Materialien gemessen werden. Durch den Recall kann eine aktive, ungestützte Markenbekanntheit, durch Recognition eine passive, gestützte Markenbekanntheit ermittelt werden.

Die Produktwahl kann kognitiv kontrolliert oder emotional bestimmt sein. Ein sehr stark emotional gesteuerter Konsument verhält sich impulsiv. Er reagiert auf eine Produktdarbietung weitgehend automatisch. Beim Gewohnheitsverhalten ist eine stärkere kognitive Beteiligung vorhanden. Der Konsument folgt aktiv verfestigten Verhaltensplänen. Erst wenn der Konsument das Für und Wider einer Produktwahl überlegt und eine bewusste Auswahl trifft, kann von echten Entscheidungen gesprochen werden (Kroeber-Riel/Gröppel-Klein 2013, S. 458 ff.).

Kaufentscheidungen laufen in der Praxis unterschiedlich ab: „Sie können Sekunden (Kauf von Erfrischungsgetränken) oder Wochen (Kauf eines Autos) dauern; sie können fast automatisch (morgendlicher Kauf einer Zeitung) oder nach sorgfältiger Abwägung (Buchung einer Urlaubsreise) erfolgen" (Kuß/Kleinaltenkamp 2013, S. 70). Insofern erscheint es sinnvoll, vorab verschiedene Typen von Kaufentscheidungen zu charakterisieren.

Die Unterteilung der Kaufentscheidungen nach der Intensität der Denkprozesse ist in der Literatur am weitesten verbreitet und dementsprechend auch am intensivsten diskutiert. Hier wird grundsätzlich zwischen Kaufentscheidungen mit stärkerer kognitiver Kontrolle und Entscheidungen mit schwächerer kognitiver Kontrolle unterschieden (Kroeber-Riel/Gröppel-Klein 2013, S. 460). Eine stärkere kognitive Kontrolle ist insbesondere bei sogenannten extensiven und limitierten Kaufentscheidungen zu beobachten, während eine schwächere kognitive Kontrolle insbesondere bei Gewohnheits- bzw. habitualisierten Entscheidungen und Impulskäufen zu erkennen ist (Kroeber-Riel/Gröppel-Klein 2013, S. 460).

Charakteristisch für extensive Entscheidungen sind „der hohe Informationsbedarf, eine lange Entscheidungsdauer und die Notwendigkeit, Bewertungskriterien zu erarbeiten und Kaufrisiken abzubauen" (Kroeber-Riel/Gröppel-Klein 2013, S. 470). Die kognitive Anteilnahme ist bei extensiven Kaufentscheidungen hoch, da Kaufabsichten oftmals erst im Laufe des Entscheidungsprozesses konkretisiert werden (Foscht/Swoboda 2011, S. 172). Die kognitive Kontrolle durch ausgiebige Informationssuche und -verarbeitung ist umso stärker, „je weniger der Konsument über bewährte Entscheidungsmuster verfügt, um die Kaufentscheidung zu vereinfachen" (Rennhak/Opresnik 2016, S. 18).

Von limitierten Kaufentscheidungen wird dann gesprochen, wenn die konkrete Auswahl in der Kaufsituation „auf der Basis bewährter Entscheidungskriterien" (Foscht/Swoboda 2011, S. 174) erfolgt. Da im Rahmen von limitierten Entscheidungen auf bewährte Entscheidungskriterien zurückgegriffen wird, muss nur noch eine Auswahl unter den verfügbaren Alternativen getroffen werden (Pepels 2013, S. 17 f.). Dabei greift der Käufer vor allem auf sogenannte Schlüsselinformationen zurück, welche Einzelinformationen ersetzen und so dabei helfen, „eine Entscheidung zu fällen, ohne einzelne Prüfprozesse durchführen zu müssen oder Entscheidungsregeln zu entwickeln" (Kroeber-Riel/Gröppel-Klein 2013, S. 472). Charakteristisch für eine limitierte Kaufentscheidung ist der Rückgriff des Konsumenten auf das so genannte Relevant Set, d. h. die für ihn als Kaufobjekt in Frage kommenden Markenalternativen.

Habituelles Kaufverhalten beruht auf Einkaufsgewohnheiten oder auch verfestigten Verhaltensmustern, weshalb eine starke kognitive Entlastung im Entscheidungsprozess stattfinden kann (Kroeber-Riel/Gröppel-Klein 2017, S. 404; Foscht/Swoboda 2011, S. 177). Charakteristisch für habitualisierte Kaufentscheidungen sind die kurze Entscheidungszeit und eine oftmals deutliche Präferenz bezogen auf eine einzige Wahlmöglichkeit (Foscht/Swoboda 2011, S. 178). Das Resultat von habitualisierten Kaufentscheidungen ist die Markentreue des Konsumenten, da aus Anbietersicht „die Marke im Kopf eines Zielkunden etabliert" ist (Trommsdorff/Teichert 2011, S. 287). Obwohl es unvernünftig erscheint, Entscheidungen auf einer geringen Basis von Informationen zu treffen, ist dieser Prozess in vielen Fällen sehr effizient (Solomon 2015, S. 81). Typischerweise gehört der sich häufig wiederholende Erwerb von Gütern des täglichen Bedarfs zu den habitualisierten Käufen. Da bei dem habituellen Verhalten auch von Routineverhalten oder der Anwendung von Faustregeln gesprochen werden kann, wird teilweise diskutiert, ob der Begriff „Entscheidung" überhaupt noch angemessen ist (Kuß/Tomczak 2007, S. 108).

Impulsives Kaufverhalten wird definiert als „ein unmittelbar reizgesteuertes (reaktives) Entscheidungsverhalten, das in der Regel von Emotionen begleitet wird" (Kroeber-Riel/Gröppel-Klein 2017, S. 409). In einer solchen Situation wählt der Konsument ein Produkt ohne großartige kognitive Kontrolle aus. Charakteristisch für impulsive Kaufentscheidungen ist außerdem, dass die Käufe ungeplant sind (Foscht et al. 2015, S. 177). Impulskäufe werden im Einzelhandel gezielt durch Verkaufsförderungsmaßnahmen (z. B. Einsatz von Displays) oder gezielte Platzierung von Produkten in der Kassenzone (Check-out) ausgelöst.

Eine Sonderform, die überwiegend dem impulsiven Kaufverhalten zugeordnet werden kann, ist das Abwechslung suchende Kaufverhalten (Variety Seeking). Dieses ist dort zu beobachten, wo Konsumenten sich nur in geringem Maße mit dem Kauf beschäftigen, obwohl zwischen den Marken erhebliche Unterschiede vorliegen. Der Konsument wechselt häufig die Marke, z. B. bei Schokoriegeln oder Weingummis; er greift – bei Weingummis – mal zu Haribo und mal zu Katjes, um verschiedene Geschmacksrichtungen auszuprobieren oder einfach aus Lust an der Abwechslung. Beim Variety Seeking wechselt der Verbraucher nicht aufgrund von Unzufriedenheit die Marke, sondern vielmehr, weil er sich Abwechslung wünscht (Kotler et al. 2007, S. 294). Dies tritt vor allem dann auf, wenn das Risiko gering ist, eine falsche Kaufentscheidung zu treffen (Kuß/Tomczak 2007, S. 155).

Oftmals werden die verschiedenen Arten der Kaufentscheidungen mit dem Konstrukt des Involvements in Verbindung gebracht. Es gibt zwar keine übereinstimmende Definition von Involvement, es kann jedoch grundsätzlich als der „Grad der langfristigen persönlichen Relevanz eines Stimulus sowie den Grad der kurzfristigen Aktivierung durch für die Person relevante stimulusgerichtete Reize im Rahmen von Informationssuche, -aufnahme, -verarbeitung und -speicherung" verstanden werden (Rennhak/Opresnik 2016, S. 15). Abgekürzt wird diese Definition oftmals mit dem Grad der Ich-Beteiligung, welche der Konsument bezogen auf ein bestimmtes Produkt aufweist (Kroeber-Riel et al. 2009, S. 412).

Die folgende Abbildung 4.6 fasst die dargestellten Kaufentscheidungstypen zusammen und stellt den Zusammenhang zwischen kognitiver Steuerung und Grad des Involvements dar:

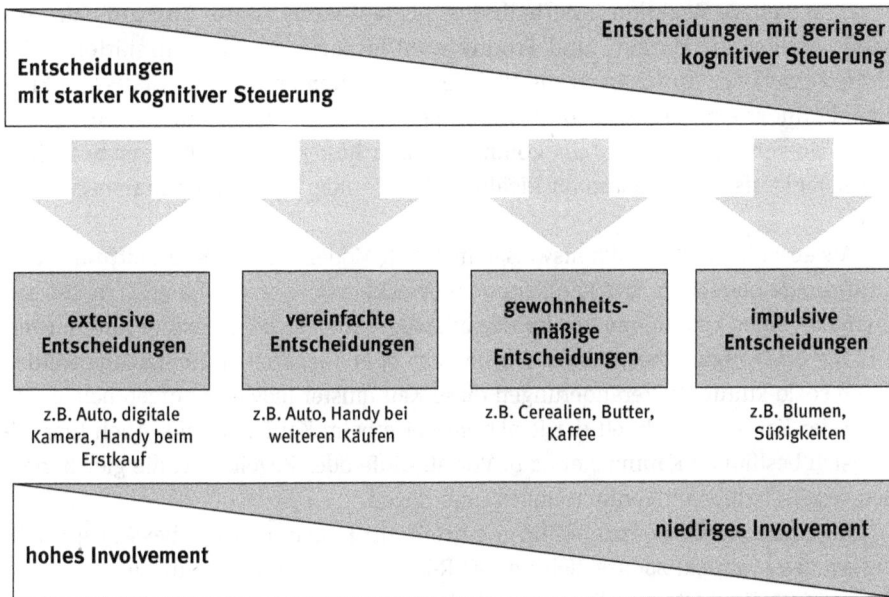

Abbildung 4.6: Typen von Kaufentscheidungen (Quelle: eigene Darstellung in Anlehnung an Scharf et al. 2009, S. 94).

4.2.3 Response (R)

Das dritte Element des S-O-R-Modells stellt der Response bzw. die Reaktion dar. Im Folgenden werden die in diesem Prozess vorherrschenden Reaktionsweisen aufgeführt.

Im Rahmen des Markenmanagements geht es in erster Instanz im Kontext des S-O-R-Modells darum, in einer bestimmten Bedürfnissituation eine Marke im Relevant Set der Zielgruppe zu verankern. In diesem Sinne löst ein bestimmter Reiz (Stimulus) im Organismus des Zielkunden aktivierende und kognitive Prozesse aus, die zu einer spezifischen Reaktion führen. Diese Reaktion ist dann die Wahl einer bestimmten Marke.

Bei der **Marken-** bzw. **Produktwahl** ist generell die Reihenfolge von Erstkauf und Wiederholungskäufen zu beachten. Beim Erstkauf wird die im Relevant Set verankerte Marke auf Produktebene (z. B. durch eine Produktinnovation) kennengelernt. Hier findet auch ein Abgleich der Erwartungshaltung des Zielkunden mit dem dargebotenen Nutzen der Marke bzw. des Produkts statt. Fällt dieser Vergleich negativ aus, d. h. die Erwartungen des Kunden werden durch den oder die Nutzen nicht erfüllt, treten Zweifel an der Richtigkeit der Kaufentscheidung (kognitive Dissonanzen) auf. Bestenfalls sollte es aber zu einer positiven Bewertung dieses Vergleichs kommen, die zu Wiederholungskäufen und im Idealfall zur Markentreue führt.

Eine weitere Reaktion innerhalb des S-O-R-Modells ist die **Einkaufsstättenwahl**. Analog zur Marken- und Produktwahl ist auch die Einkaufsstättenmarke (Store Brand) der Auslöser für die Wahl einer bestimmten Einkaufsstätte. Im Erstkontakt findet ein Vergleich von Erwartungen an die Einkaufsstätte mit dem erlebbaren Nutzen statt. Bestenfalls kommt es auch hier zu Wiederholungsbesuchen dieser Einkaufsstätte, sodass im Idealfall diese Einkaufsstätte zum Stammgeschäft wird.

Als abschließende Reaktionsweisen im S-O-R-Modell werden **Kaufzeitpunkt** und **Kaufmenge** betrachtet. Der Kaufzeitpunkt (Wochentag, Uhrzeit) hängt vom Lebensrhythmus eines Zielkunden ab. Im Organismus bilden sich bestimmte Kaufmuster, z. B. die Bevorzugung bestimmter Wochentage oder Tageszeiten. Heutzutage werden durch sozio-kulturelle Veränderungen diese Kaufmuster teilweise aufgebrochen. Die Wahl der Kaufmenge ähnelt der Reaktionsweise beim Kaufzeitpunkt. Auch hier bilden sich bestimmte Kaufmuster, z. B. Vorratskäufe oder Regelkäufe, die gleichermaßen gesellschaftlichen Veränderungen unterliegen.

Im Laufe seiner Konsumerfahrung greift ein Konsument auf bewährte Erfahrungsmuster zurück, sodass sich im S-O-R-Modell ein Rückkopplungseffekt ergibt, der zu einer Verfestigung des Kaufverhaltens führt. Diese Thematik hat insbesondere auch für die Markenführung eine zentrale Bedeutung.

4.3 Kaufprozess

In der Marketingliteratur wird der **klassische Kaufprozess** häufig durch sogenannte Phasenmodelle beschrieben. Die Anzahl und Dauer der einzelnen Phasen sind abhängig von der Art der Kaufentscheidung (extensiv, limitiert, habituell, impulsiv) sowie der von der Güter- und Leistungsart (Verbrauchsgüter, Gebrauchsgüter, Dienstleistungen). Einigkeit besteht bezüglich der Tatsache, dass im Zuge des Kaufprozesses sowohl die Phase vor dem Kauf als auch die eigentliche Kaufsituation sowie der Zeitraum nach dem Kauf von Relevanz sind. Die Einteilung erfolgt daher in Vorkaufphase, Kaufphase und Nachkaufphase.

So beginnt die Vorkaufphase für den Konsumenten idealtypisch mit dem Eintreten eines Problems bzw. der Feststellung eines Bedürfnisses, woraufhin Informationen gesucht werden, um diese anschließend zu evaluieren (Foscht et al. 2015, S. 187). Innerhalb der Kaufphase werden zunächst Alternativen identifiziert, bevor eine Absicht entsteht, welche Alternative zur Kaufentscheidung führt. Die Nachkauf- bzw. Nutzungsphase ist zunächst durch die Verwendung gekennzeichnet, bevor die bis dahin gemachten Erfahrungen evaluiert werden. Diese Bewertung kann sowohl positiv als auch negativ ausfallen. Im positiven Fall kommt es zu Wiederholungskäufen, zur Kundenbindung und idealerweise zur Markentreue. Im negativen Fall kommt es zu einer Enttäuschung, die sich in einer offenen (Beschwerde, Reklamation) oder verdeckten Verhaltensweise (negative Mund-zu-Mund-Kommunikation, Boykott) äußern kann.

Eine andere Möglichkeit zur Einteilung des Kaufprozesses liefern sowohl Solomon (2015, S. 69 ff.) als auch Kotler, Keller und Opresnik (2017, S. 218 ff.) mit ihrem in fünf Phasen aufgeteilten Modell, was sich inhaltlich an dem bereits vorgestellten Kaufprozess orientiert. So lässt sich die Vorkaufphase in die Problemerkennung und die Informationssuche unterteilen, während sich die Kaufphase aus der Bewertung von Alternativen sowie der Kaufentscheidung zusammensetzt (Griese/Bröring 2011, S. 67). Die Nachkaufphase (Verhalten nach dem Kauf) wird nicht weiter unterteilt.

Die folgende Abbildung 4.7 zeigt die fünf Phasen des Kaufprozesses nach Kotler et al. (2017, S. 218 ff.).

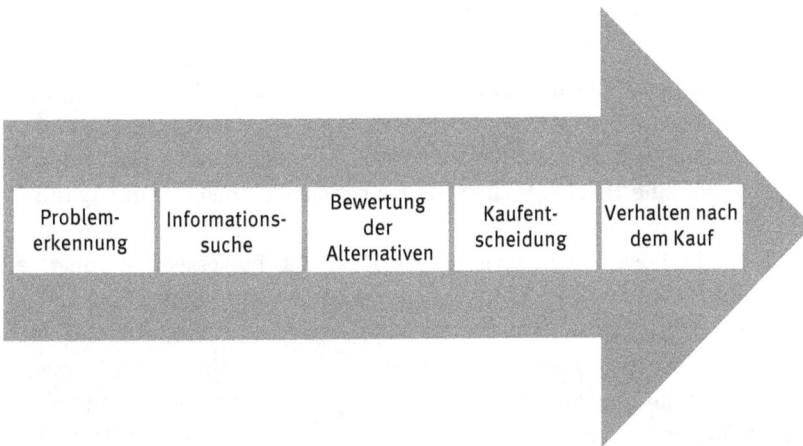

Abbildung 4.7: Kaufprozess (Quelle: eigene Darstellung in Anlehnung an Kotler et al. 2017, S. 219).

Der Kaufprozess beginnt damit, dass der Konsument ein Problem bzw. eine Bedürfnissituation erkennt. Er verspürt eine Diskrepanz zwischen seinem tatsächlichen Ist-Zustand und einem Wunschzustand, den er mithilfe eines Produktes erreichen kann (Solomon 2013, S. 307). Eine Bedürfnissituation wird zum einen durch innere Reize ausgelöst, z. B. Hunger oder Durst. Zum anderen kann das Bedürfnis durch einen äußeren Reiz geweckt werden. Der Konsument sieht ein Produkt in einem Schaufenster, nimmt einen Werbespot im Fernsehen oder eine Bannerwerbung im Internet wahr, folgt einer Produktempfehlung eines Influencers etc. Die Aufgabe des Markenmanagements liegt darin, externe Stimuli zu erzeugen, die beim Konsumenten eine Wunschvorstellung auslösen, um diese durch eine bestimmte Marke zu befriedigen.

Der stimulierte Konsument versucht nun, weitere Informationen über die anvisierte Marke zu erhalten. Die Informationssuche kann generell in die interne und externe Suche aufgeteilt werden. So führt der Konsument im Normalfall zunächst eine interne Suche durch, indem das Gehirn auf bereits vorhandene Informationen (Langzeitspeicher) über verschiedene Alternativen geprüft wird, ehe oftmals zusätzlich externe Informationen genutzt werden (Solomon 2013, S. 310).

Eine passive Suche äußert sich in einer erhöhten Wachsamkeit, die den Konsumenten empfänglicher für markenbezogene Informationen macht. Eine aktive Informationssuche besteht aus einer aufwendigen Beschaffung von Informationen. Der Konsument liest Testzeitschriften oder holt sich Rat bei Freunden etc. Er versucht, aus allen ihm zur Verfügung stehenden Quellen Informationen zu ziehen. Dabei greift er z. B. auf persönliche Quellen wie Familie, Freunde oder Nachbarn, auf kommerzielle Quellen wie Werbung oder Verkäufer und öffentliche Quellen wie Verbraucherverbände zurück. Das Influencer-Marketing sorgt im Kaufprozess für eine mögliche Vereinfachung der Informationsbeschaffung. Obwohl der Verbraucher den größten Teil seiner Informationen von den Herstellern (kommerzielle Quellen) bezieht, hat das persönliche Umfeld bei Kaufentscheidungen oftmals den größten Einfluss.

Die systematische Informationssammlung kann durch ein Set-Modell aufgezeigt werden. Die Abbildung 4.8 zeigt dieses Modell am Beispiel von Ketchupmarken.

Aus der Gesamtmenge aller zur Auswahl stehenden Marken, dem Total Set, wird der Konsument nur eine Teilmenge zur Kenntnis nehmen können, die ihm (gestützt) bekannten Marken (Awareness Set). Von den Marken des Awareness Set wird wiederum nur ein Teil im Bewertungsprozess näher betrachtet (Processed Set); über den anderen Teil liegen dem Konsumenten nur unzureichende Informationen vor und die Informationsbeschaffung gestaltet sich aufwendig. Deswegen empfindet er diese Marken als nebulös (Foggy Set). Unter den verbliebenen Marken scheiden einige wegen negativer Produkterfahrung von vornherein aus (Reject Set), andere Marken werden im aktuellen Kaufprozess weder direkt verworfen noch erscheinen sie im Moment als akzeptabel (Hold Set). Marken im Hold Set kämen in Zukunft für den Konsumenten infrage, wenn bestimmte Nutzendimensionen verbessert würden. Übrig bleiben nur wenige Marken, die in die engere Wahl kommen (Relevant Set). Diese akzeptierte Menge, aus denen die eigentliche Auswahl zum Kauf getroffen wird, wird in der Literatur auch als Evoked Set bezeichnet. Die Aufgabe in der Markenführung besteht in diesem Kontext neben der Bekanntheit als Grundbedingung also darin, die Marken so zu positionieren, dass sie in das Relevant Set des Konsumenten gelangen, mithin überhaupt erst eine Chance erhalten, gekauft zu werden. Im spezifischen Sinne geht

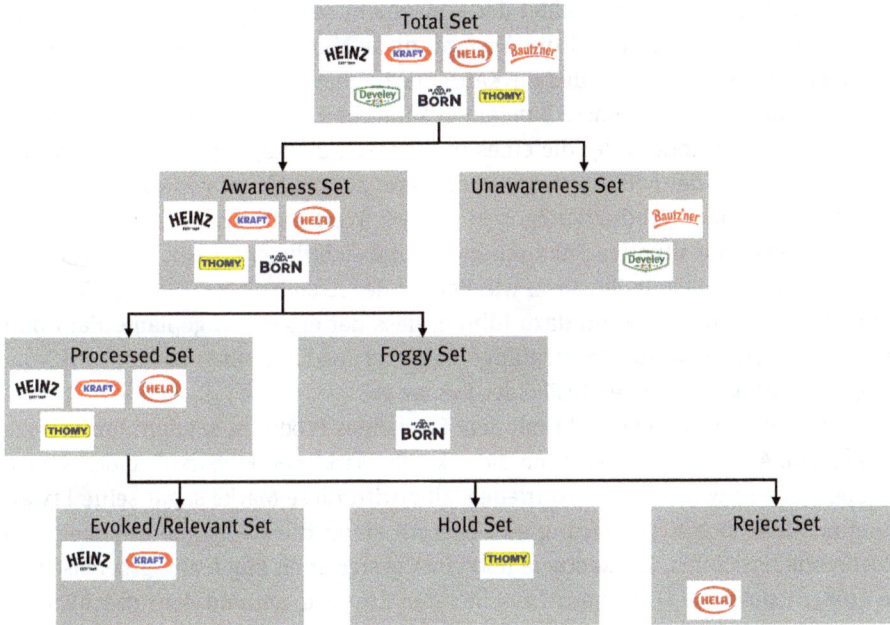

Abbildung 4.8: Set-Modell am Beispiel von Ketchupmarken (Quelle: eigene Darstellung).

es hier um die ungestützte Markenbekanntheit, da diese als freie Nennung den Hinweis liefert, dass diese Marke im Relevant Set eines Probanden verankert ist. Innerhalb des Relevant Set bestimmt das Image als Fremdbild des Probanden die Position der entsprechenden Marke. Bestenfalls ist eine Marke dann auf Position 1 im Relevant Set der anvisierten Zielpersonen.

Aus den im Relevant Set verbleibenden Marken trifft der Konsument die endgültige Kaufentscheidung, indem er die relevanten Informationen verarbeitet. Die Frage, wie dieser Entscheidungsprozess abläuft, kann nicht pauschal beantwortet werden. Die bekannten Modelle zum Bewertungsprozess des Konsumenten sind kognitiver Natur. Beispielsweise bewertet ein Konsument eine Marke nach den für ihn relevanten Nutzenvorteilen. Der Konsument bildet nun durch eine (mathematische) Bewertungsregel seine Präferenz zu den verschiedenen Markenalternativen heraus, indem er die für ihn relevanten Nutzendimensionen (Markenimages) mit einem Gewichtungsfaktor versieht und mit einer Punkteskala bewertet. In diesem Kontext ist der Begriff des Netto-Nutzens (Nutzen > Kosten) zu verankern. Durch eine solche Methodik ergibt sich die Kaufentscheidung für die Marke mit der höchsten Punktzahl. Ein derartiges methodisches Vorgehen findet in der Praxis eher unterbewusst statt. Teilweise werden jedoch Kaufentscheidungen mit Hilfe sorgfältiger Berechnungen sowie logischen Denkens gefällt, während andererseits Käufe auf der Basis von Intuition getätigt werden.

In der Bewertungsphase bildet der Konsument seine Präferenz für eine Marke heraus und fasst in der Regel die Absicht, diese Marke zu kaufen. Zwischen der Kaufabsicht und der tatsächlichen Kaufentscheidung können jedoch noch zwei Faktoren zum Tragen kommen. Zum einen kann die Einstellung anderer Personen, z. B. die eines Freundes oder die eines Influencers, die Kaufentscheidung revidieren. Dies ist dann der Fall, wenn der Konsument auf die Meinung dieser Person bezüglich bestimmter Produktkategorien großen Wert legt. Zum anderen können unvorhergesehene situative Faktoren die Kaufabsicht beeinflussen. Eine kurz vor dem Kaufakt eintretende Situation wie Verlust des Arbeitsplatzes oder der Vorrang anderer Anschaffungen kann dazu führen, dass der eigentlich geplante Kauf nun doch nicht getätigt wird. Die endgültige Kaufentscheidung hängt zudem stark vom subjektiv wahrgenommenen Risiko des Kaufes ab.

Der Kaufprozess endet nicht mit dem Kauf eines Produkts, sondern umfasst die sogenannte After-Sales-Phase. Wenn die gekaufte Marke den Erwartungen des Konsumenten gerecht wird, so ist er zufrieden. Übertrifft diese Marke sogar seine Erwartungen, stellt sich Begeisterung ein. Hiermit steigt die Wahrscheinlichkeit von Wiederholungskäufen, Markentreue und einer gesteigerten Empfehlungsbereitschaft. Je größer jedoch die Diskrepanz zwischen den Erwartungen und der tatsächlich erbrachten Markenleistung ist, desto höher wird die Unzufriedenheit des Konsumenten.

In diesem Zusammenhang ist das Phänomen der kognitiven Dissonanz anzusiedeln, d. h., der Konsument zweifelt daran, ob seine Kaufentscheidung richtig war. Er fragt sich, ob er nicht vielleicht doch besser eine andere Marke hätte erwerben sollen. Bei vollkommener Zufriedenheit oder Begeisterung kommt es nicht zu solchen Zweifeln. Ein unzufriedener Kunde wählt verschiedene Handlungsalternativen. Der Dissonanzabbau kann durch einfache Rückgabe oder Wegwerfen des Produkts geschehen. Als sichtbare Handlungen können aktiv Beschwerden an das Unternehmen herangetragen werden. Vielfach negativer wirken jedoch unsichtbare Handlungen. Der enttäuschte Konsument berichtet in seinem sozialen Umfeld von seiner negativen Markenerfahrung, er warnt davor oder ruft im Extremfall zum Boykott der Marke auf, was in der heutigen Zeit über Social Media einfacher ist und eine noch drastischere Wirkung (Shitstorm) haben kann.

In diesem Zusammenhang haben Studien herausgefunden, dass zufriedene Kunden nur etwa 3-5-mal von ihrem positiven Erlebnis erzählen, während unzufriedene Kunden etwa 10-15-mal im Umfeld befindlichen Personen von dem negativen Erlebnis berichten. Insofern ist von Seiten des Markenmanagements unbedingt darauf zu achten, dass keine falschen Versprechungen gemacht werden, da dies kontraproduktiv wäre (Kotler et al. 2007, S. 304 f.). Für die Markenführung ergibt sich hieraus die Notwendigkeit, kognitive Dissonanzen abzubauen und den Kunden in seiner Kaufentscheidung zu bestätigen, was durch einen effektiven After-Sales-Service geschehen kann.

Grundsätzlich kann festgehalten werden, dass es sich bei den vorgestellten Teilprozessen um idealtypische Einteilungen handelt, welche in der Realität nicht immer durchgehend vorliegen. Vielmehr unterscheiden sich die jeweiligen Phasen je nach Produkt bzw. Leistung sowie nach Art der Kaufentscheidung (z. B. extensiv/ impulsiv). So kann die Vorkaufphase beispielsweise bei einem spontan durch Emotionen ausgelösten Kauf (Impulskauf) teilweise oder bei Gütern des täglichen Bedarfs gar vollständig entfallen (Foscht/Swoboda 2011, S. 186).

Der klassische Kaufprozess wird in der heutigen Zeit häufig in den Zusammenhang mit einer **Customer Journey** gebracht. Nach Keller umfasst der Begriff Customer Journey „den gesamten Prozess vor, während und nach einem Produktkauf oder einer Dienstleistungsnutzung. Die Kundenreise beginnt bei der Informationssuche und schließt alle absichtlich oder unabsichtlich angetroffenen Kontaktpunkte ein" (Keller 2017, S. 31). Diese Kontaktpunkte werden als Touchpoints bezeichnet. Der Begriff Customer Touchpoints umfasst dabei alle Berührungspunkte, an denen ein potentieller bzw. tatsächlicher Kunde mit einer Marke in Berührung kommt. Durch die Interaktion von Verbrauchern an diesen verschiedenen Berührungspunkten entsteht die Customer Experience (Rusnjak/Schallmo 2018, S. 98).

In Zeiten der Digitalisierung steigt die Anzahl dieser Customer Touchpoints stark an. Denn Konsumenten nutzen eine Vielzahl an Endgeräten und Kanälen und bewegen sich fließend zwischen diesen hin und her. Demnach umfasst der Begriff Customer Touchpoint sowohl online und offline, direkte und indirekte, persönliche und mediale sowie bewusste und unbewusste Berührungspunkte zwischen Konsumenten und Marken (Kruse Brandao/Wolfram 2018, S. 328). Von diesen befindet sich lediglich ein Teil unter der Kontrolle der Markenverantwortlichen.

Verhoef et al. (2009, S. 32) zufolge entwickelt sich die Customer Experience über die Vor-Kauf-, Kauf- und die Nach-Kaufphase hinweg. Sie umschließt demzufolge die gesamte Customer Journey. Die Vor-Kaufphase umfasst dabei die Entwicklung eines konkreten Bedürfnisses sowie das Wahrnehmen eines bestimmten Produkts, welches das Bedürfnis befriedigt. Hinzu kommt die Suche nach entsprechenden Informationen zu dem Produkt und die Abwägung verschiedener Optionen. In der Kaufphase trifft der Kunde die Entscheidung und kauft das entsprechende Produkt. Die Nach-Kaufphase beinhaltet den Konsum des Produkts und damit zusammenhängend seine Bewertung sowie gegebenenfalls entstehende Service-Anfragen (Lemon/ Verhoef 2016, S. 76). Zusammenfassend beschreibt die Customer Journey also die Reise eines Kunden vom ersten Customer Touchpoint mit einer Marke bis hin zu einer definierten abschließenden Handlung. Folglich wird die Customer Experience durch das Erleben und Bewerten einzelner Customer Touchpoints bzw. der gesamten Customer Journey gebildet. Sie wird individuell erlebt und kann an den einzelnen Customer Touchpoints sowohl positiv als auch negativ ausfallen (Kranzbühler et al. 2018, S. 446).

Die folgende Abbildung 4.9 zeigt den Zusammenhang zwischen Customer Journey, Customer Touchpoints und Customer Experience innerhalb der einzelnen Kaufphasen.

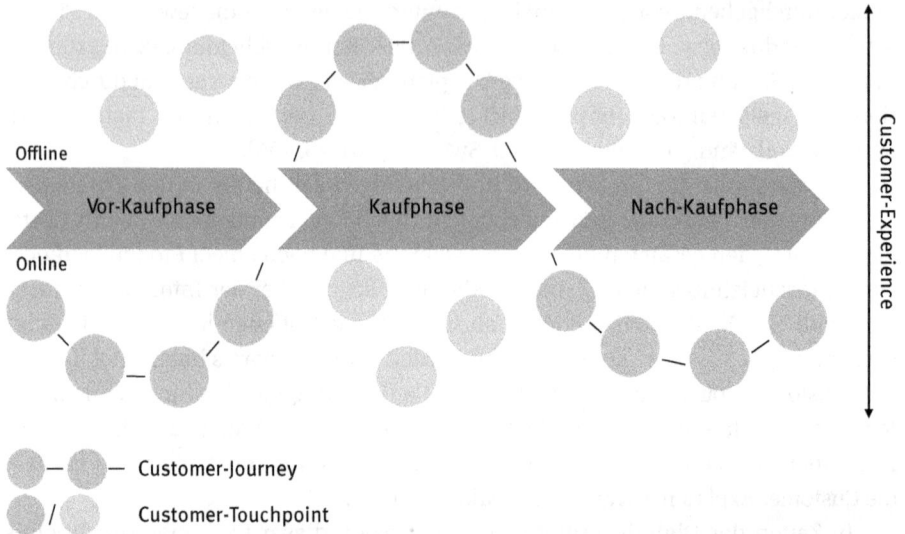

Abbildung 4.9: Zusammenhang von Customer Journey, Customer Touchpoints und Customer Experience (Quelle: eigene Darstellung).

Kranzbühler et al. (2018, S. 438) identifizieren zwei voneinander zu unterscheidende Untersuchungsperspektiven des Konstrukts Customer Experience: die statische und die dynamische Perspektive. Studien, die auf der statischen Perspektive basieren, untersuchen das Konsumentenerlebnis an einem oder mehreren Customer Touchpoints mit einer Marke zu einem bestimmten Zeitpunkt. Im Zusammenhang mit der dynamischen Perspektive wird dagegen betrachtet, wie sich die Customer Experience eines Konsumenten im Laufe der Zeit entwickelt. Die dynamische Customer Experience als Ganzes setzt sich demzufolge aus den statischen Kundenerlebnissen an den einzelnen Customer Touchpoints zusammen.

Customer Touchpoints können generell in Offline-Touchpoints und Online-Touchpoints unterschieden werden. Zu den Offline-Touchpoints zählen z. B. TV-, Radio- und Printmedien, aber auch Filialen. Zu den Online-Touchpoints gehören z. B. Website, soziale Medien, Newsletter, aber auch Online-Shops, über die ein Konsument mit der Marke interagiert. Wie die Aufzählung zeigt, können Offline- und Online-Touchpoints sowohl einen kommunikativen als auch distributiven Instrumentalcharakter aufweisen.

Im Rahmen der Markenführung wird im Hinblick auf eine positive Customer Experience jeder Customer Touchpoint dahingehend optimiert, die Erwartungen des Kunden im Sinne des Markenversprechens zu erfüllen bzw. zu übertreffen (Rusnjak/Schallmo 2018, S. 8).

5 Zieldimensionen im Marketing

Im Marketing sind generell Ziele auf verschiedenen Ebenen in Unternehmen zu berücksichtigen, was auch als Zielsystem, Zielhierarchie oder Zielpyramide bezeichnet wird.

In diesem Kapitel wird das vielschichtige Zielsystem eines Unternehmens betrachtet. Dabei gilt es zu beachten, dass das Zielsystem eines Unternehmens keine standardisierte Musterstruktur darstellt, sondern dass jedes Unternehmen seine spezifische Zielhierarchie aufweist. Grundlegend für das spezifische System sind die verantwortlichen Entscheidungsträger im Top-Management in dem betreffenden Unternehmen. An der Spitze der Pyramide stehen die so genannten **Metaziele**.

Unternehmensvision und Unternehmensmission sind die zentralen Bestandteile der Metazielebene, die als Vorstufe operationalisierter Ziele aufgefasst werden. Die **Unternehmensvision** kennzeichnet die Grundrichtung der Unternehmung, die sämtliches Denken und Handeln lenken soll (Dillerup/Stoi 2013, S. 115; Junge 2012, S. 17). Hier sind die Leitsätze fixiert, an denen sich das gesamte Unternehmen zu orientieren wünscht. Diese Leitsätze beschreiben somit das Wertesystem der Unternehmung. Die **Unternehmensmission** entspricht dem Unternehmenszweck, d. h., der Festlegung der grundsätzlichen Geschäftsausrichtung für die kommenden Jahre (Kotler et al. 2010, S. 41). Hierdurch kann die Konzentration auf das relevante Kerngeschäft des Unternehmens gelenkt werden. Im Zeitablauf muss die Ausrichtung im Hinblick auf die Erfolgsaussichten überprüft werden. Stellen sich diese innerhalb eines definierten Zeitkorridors nicht ein, ist eine Anpassung der Mission notwendig. Nicht selten zeigt die moderne Wirtschaftswelt innerhalb der Konzentrationsprozesse aber auch eine Rückbesinnung auf das relevante Kerngeschäft der Unternehmung, wobei die Mission zeitgleich eine Neu-Ausrichtung erfährt.

Der Umsetzungsprozess der Unternehmensvision wird stark von der vorherrschenden **Unternehmenskultur** beeinflusst, also der Art und Weise, wie das Unternehmen intern und extern alle Aktivitäten gestaltet. In diesem Sinne wird die Unternehmenskultur als gelebtes Wertesystem verstanden.

Bei diversen Unternehmen wird die Metazielebene noch weiter ergänzt. Im Rahmen einer **Corporate Social Responsibility** (CSR) fixieren Unternehmen in der heutigen Zeit zunehmend alle Bestrebungen im Hinblick auf Nachhaltigkeit (Sustainability) als zentrale Dimension. Hier zeigt sich die Relevanz des Megatrends Neo-Ökologie aus der Makroumwelt, der auf alle Wertschöpfungsprozesse eines Unternehmens Einfluss nimmt und somit auf die Reputation des Unternehmens im Sinne der Beziehungen zu den relevanten Anspruchsgruppen einzahlt.

Mittlerweile wird der Begriff **Nachhaltigkeit** in drei Dimensionen interpretiert:
- ökologische Nachhaltigkeit (planet): Sie orientiert sich am stärksten am ursprünglichen Gedanken, keinen Raubbau an der Natur zu betreiben. Ökolo-

https://doi.org/10.1515/9783110526318-005

gisch nachhaltig ist eine Lebensweise, welche die natürlichen Lebensgrundlagen nur in dem Maße beansprucht, sodass diese sich regenerieren können.
- ökonomische Nachhaltigkeit (profit): Eine Gesellschaft sollte ökonomisch nicht über ihre Verhältnisse leben, da dies zwangsläufig zu Einbußen der nachkommenden Generationen führen wird. So gesehen, sollte die Wirtschaft so handeln, dass ein Ausgleich zwischen den Generationen stattfindet.
- soziale Nachhaltigkeit (people): Eine Gesellschaft sollte so organisiert sein, dass es zwischen den sozialen Schichten nicht zu Spannungen kommt und dadurch eine friedliche Koexistenz entsteht.

Den Abschluss der Metazielebene bildet der **Code of Conduct** (Verhaltenskodex). Dieser fasst die wesentlichen Verhaltensregeln für alle Mitarbeiter des Unternehmens zusammen und bildet eine wesentliche Grundlage für die Unternehmenskultur.

Unternehmensziele sind der Ausgangspunkt jeder unternehmerischen Tätigkeit. Typische Unternehmensziele sind z. B.: Umsatz, Gewinn, Rentabilität, Shareholder Value. Weitere mögliche Unternehmensziele sind Unternehmensimage (bei Dachmarken), Unternehmensreputation (bei allen Stakeholdern), Unabhängigkeit, Produktivitätssteigerungen, Kostensenkungen. Diese Aufstellung dient als Überblick. Sie erhebt keinen Anspruch auf Vollständigkeit und stellt keine Rangfolge dar. Wie bereits erwähnt, sind unternehmerische Zielsysteme stets unternehmensindividuell.

Ziele müssen zwei Grundbedingungen erfüllen:
- Sie müssen realistisch sein, um entsprechend der vorhandenen Potenziale und der gegebenen Möglichkeiten arbeiten zu können.
- Genauso müssen sie aber auch eine gewisse Herausforderung enthalten, um einen Ansporn zu geben und so den Geist des Wettbewerbs respektive der Anstrengung im Unternehmen zu fördern.

Die Unternehmensziele legen gewünschte Zustände fest, die in Zukunft erreicht werden sollen, und die unternehmenskulturellen Normen sind die Spielregeln, die weitgehend prägen, wie diese Ziele realisiert werden können oder sollen. Ein Zielsystem kann nur dann zu einer unternehmensspezifischen Stärke werden, wenn es ganzheitlich und ohne Widerspruch ist sowie den Mitarbeitern eindeutig und verständlich vermittelt wird. Das Zielsystem muss bekannt sein, die einzelnen Hierarchie- und Abteilungsebenen motivieren und für das gesamte Unternehmen handlungsleitend wirken.

Um ein geschlossenes Zielsystem zu erhalten, müssen aus generellen Oberzielen operationale Unterziele gebildet werden, die eindeutig festlegen, was (Zielinhalt), in welchem Umfang (Zielausmaß) und in welchem Zeitraum (Zielperiode) anzustreben ist, beispielsweise die Steigerung des Umsatzes (definierter Inhalt) um 5 % (angestrebtes Ausmaß) im Jahr 2023 (zeitlicher Bezug).

Operationale Ziele sind so genau messbar und nachprüfbar, was einen entscheidenden Erfolgsfaktor für die Steuerung von Unternehmen darstellt. Durch die

Aufsplittung der Oberziele in operationale Unterziele entsteht eine vertikale Mittel-Zweck-Beziehung, da die Unterziele als Mittel zur Erreichung der Oberziele dienen. Diese Zielstruktur muss in einer komplementären Beziehung stehen, das heißt, die Ziele müssen sich auf allen Ebenen ergänzen und dürfen sich nicht gegenseitig behindern oder aufheben. Zielkonflikte, aber auch neutrale Zielbeziehungen, sind zu vermeiden. Komplementäre Ziele sind so definiert, dass mit einem steigenden Zielerreichungsgrad des einen Ziels auch der Zielerreichungsgrad des anderen Ziels steigt (z. B. Gewinn und Rentabilität).

Die **Marketingziele** tragen als Bereichsziele zur Erfüllung der Oberziele bei und unterstützen im Rahmen der Mittel-Zweck-Beziehung die Unternehmensziele. Neben dem Marketing unterstützen auf dieser Ebene alle weiteren Funktionsbereiche des Unternehmens (Materialwirtschaft, Logistik, Produktion usw.) die Realisierung der Oberziele.

In diversifizierten Konzernen, die häufig viele verschiedene Marken parallel führen, beziehen sich die Marketingziele auf einzelne Marken. In diesen Fällen entsprechen die Marketingziele den **Markenzielen**.

Marketingziele (Markenziele) können zum einen ökonomischer Art, zum anderen psychologischer Natur sein (Großklaus 2015, S. 112; Michel 2012, S. 64). Die ökonomischen Ziele fokussieren auf Größen wie Absatz oder Umsatz, Marktanteil und Gewinn. Die psychologischen Ziele beziehen sich u. a. auf Markenbekanntheit, Imagedimensionen und Kundenzufriedenheit.

Während die ökonomischen Ziele die härteren wirtschaftlichen Messziffern beinhalten, legen die psychologischen Ziele weichere Zielgrößen fest. Aber auch hier besteht eine Mittel-Zweck-Beziehung zwischen den beiden Zielkategorien, die jedoch auf horizontaler Ebene besteht, denn die psychologischen Ziele unterstützen in einem hohen Maße die ökonomischen Ziele. So stellen für Porsche ein hoher Bekanntheitsgrad der Marke, die höchste Einstufung in den Image- und Kompetenzfaktoren Fahrzeugqualität und -zuverlässigkeit im gesamten Automobilmarkt die Basis für erstklassige Absatz- und Umsatzergebnisse dar, die das Unternehmen Porsche seit vielen Jahren erreicht. Die Abbildung 5.1 zeigt die wichtigsten Marketingziele auf.

Die beiden beschriebenen Kategorien stellen die grundlegende Marketingzielsetzung dar. Durch die Formulierung von **Instrumentalzielen** als Unterziele des Marketingbereichs findet die Konkretisierung auf einer weiteren Ebene statt (vertikale Mittel-Zweck-Beziehung). Dies ist nun die dritte Stufe des Zielsystems der Unternehmung, auf der Ziele für das Marketinginstrumentarium fixiert werden. Im Marketing umfassen diese Instrumentalziele die klassischen Mix-Faktoren: Produktpolitik, Kontrahierungspolitik, Distributionspolitik und Kommunikationspolitik (Freyer 2011, S. 369 f.). Auch auf dieser Ebene ist es eminent wichtig, dass die einzelnen Teilziele konsistent aufeinander abgestimmt sind und die Ziele des gesamten Marketings konsequent unterstützen.

Marketingziele	
ökonomische Ziele	**psychologische Ziele**
– Absatz – Umsatz – Deckungsbeitrag – Rentabilität – Marktanteil – Gewinn – Preisniveau – Distributionsgrad	– Bekanntheitsgrad – Imagefaktoren – Kundenzufriedenheit – Kundenbindung/Markentreue – Käuferpenetration/Kaufintensität – Kompetenzniveau

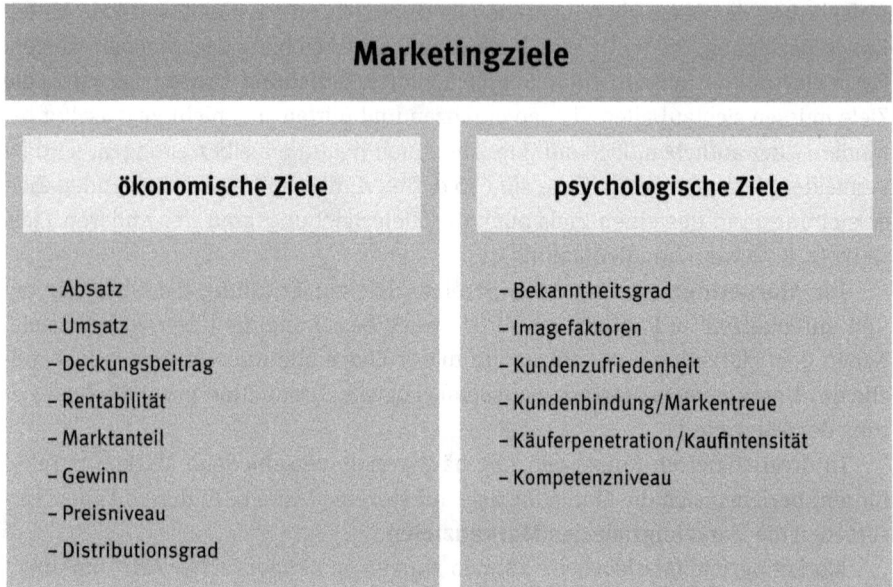

Abbildung 5.1: Marketingziele (Markenziele) (Quelle: Runia et al. 2019, S. 93).

In jedem Instrumentalbereich werden schließlich die Instrumentalziele in **instrumentelle Teilziele** aufgegliedert, die wiederum eine Konkretisierung der Ziele des jeweiligen Bereichs darstellen. In Bezug auf den Instrumentalbereich der Kommunikationspolitik werden somit ökonomische und psychologische Teilziele für den Einsatz der einzelnen Kommunikationsinstrumente festgelegt (Steffenhagen 2009, S. 361 ff.). Beispiele hierfür sind Werbeziele, Verkaufsförderungsziele und Internetmarketingziele.

Nach Festlegung des Zielsystems gilt es auf der nächsten Ebene, den zur Erfüllung der Ziele notwendigen Handlungsrahmen zu setzen, welcher durch die Marketingstrategien definiert wird.

6 Grundlegende Strategiemodelle

Nach Festlegung der Ziele stellt sich die Frage, wie diese Ziele grundsätzlich zu erreichen sind. Marketingstrategien geben die grundsätzliche Stoßrichtung an und
stellen den Handlungsrahmen für das Marketingmanagement dar. Der Fokus richtet
sich allgemein auf die anvisierten Zielmärkte. Bevor auf diverse Strategiemodelle
eingegangen wird, sollen zunächst die Begriffe Strategie und Marketingstrategie definiert werden.

Unter einer **Strategie** werden die grundsätzliche Charakterisierung und Kennzeichnung von Verfahrensweisen verstanden, mit denen sich eine Organisation in
ihrem Umfeld zu behaupten versucht. Strategien werden als handlungsanweisend
bzw. richtungsweisend angesehen – sie sind in der Regel auf lange Sicht konzipiert.

Nach Becker (2013, S. 139 ff.) stellen **Marketingstrategien** die Verbindung zwischen Ziel- und Mixebene dar. Festgelegte Ziele können nicht einfach in operatives
Handeln umgesetzt werden, sondern ein zielorientiertes systematisches Vorgehen
bedarf der strategischen Lenkung. Strategien legen den notwendigen Handlungsrahmen fest, um auf diese Weise sicherzustellen, dass alle operativen Instrumente
auch konsequent und stimmig eingesetzt werden.

Resümierend kann der Begriff der Marketingstrategie wie folgt skizziert werden
(Zimmermann 2010: 5):
- Festlegung eines spezifischen Handlungsrahmens,
- Grundsatzentscheidungen über Markterfassung, -bearbeitung und -verhalten,
- Fokussierung auf relevante Zielmärkte,
- Bestimmung grundsätzlicher Stoßrichtungen,
- Festlegung von Prioritäten in Bezug auf den Einsatz vorhandener Ressourcen.

Im Folgenden werden die relevantesten strategischen Ansätze für die Markenführung vorgestellt.

6.1 STP-Strategien

Die Buchstaben STP stehen für die englischen Begriffe **Segmenting, Targeting** und
Positioning (Kotler et al. 2017, S. 311 ff.). Im ersten Schritt erfolgt die Marktsegmentierung, d. h. die Unterteilung des relevanten Marktes in klar abgegrenzte Segmente.
Beim Targeting findet die die Entscheidung statt, welche Segmente ausgewählt werden, d. h. die zu bearbeitenden Zielgruppe(n) werden bestimmt (Kuß/Kleinaltenkamp
2013, S. 146 f.). Abschließend gilt es, eine eigenständige Positionierung des Unternehmens bzw. der Marke für jedes Zielsegment festzulegen.

Die Marktsegmentierung ist eine Grundvoraussetzung der Markenführung, welche nach der klassischen Abgrenzung von Märkten stattfindet (Olbrich et al. 2012,

https://doi.org/10.1515/9783110526318-006

S. 327). Diese bereits in der Marketinganalyse (Mikroanalyse) abgegrenzten Märkte bestehen jedoch aus einer Vielzahl von Konsumenten mit sehr unterschiedlichen Anforderungen. Werden Konsumenten mit ähnlichen Bedürfnissen als homogene Gruppen erfasst, so erfolgt eine Aufteilung des Marktes in einzelne Segmente. Die Segmentierung schafft erst die Möglichkeit, heterogenen Kundenbedürfnissen gerecht zu werden.

Marktsegmentierung ist nach Meffert et al. (2019, S. 215) „die Aufteilung eines Gesamtmarktes in bezüglich ihrer Marktreaktion intern homogene und untereinander heterogene Untergruppen (Marktsegmente) sowie die Bearbeitung eines oder mehrerer dieser Marktsegmente". Die Marktsegmentierung besteht damit zum einen aus der Markterfassung und somit dem Prozess der Marktaufteilung, zum anderen aus der Marktbearbeitung, d. h., der Auswahl und der zielgenauen Bearbeitung von Segmenten. In diesem Sinne sind Marktsegmente immer nachfrageseitig zu verstehen (Nachfragesegmente), es handelt sich hierbei immer um Gruppen von Konsumenten.

In diesem Zusammenhang soll noch einmal darauf hingewiesen werden, dass die Marktseiten Angebot und Nachfrage strikt voneinander getrennt werden. Bei der Marktsegmentierung ist ausschließlich die Nachfrageseite relevant. Wie schon im Rahmen der Mikroanalyse erläutert, sind Angebotssegmente als Teilmärkte aufzufassen: Dieser Begriff wird verwendet, wenn ein Markt unter Berücksichtigung von Produktmerkmalen angebotsseitig in Untermärkte zerlegt wird. So lässt sich z. B. der Markt für Bürobedarf in die Teilmärkte Ordner, Register, Sortiersysteme etc. oder der Markt für Automobile in Kleinwagen, Mittel- und Oberklasse sowie Cabrios, Vans etc. unterteilen. Von Marktforschungsagenturen, die den Unternehmen Daten über Märkte bzw. Teilmärkte zur Verfügung stellen, wird der Körperpflege- und Kosmetikmarkt üblicherweise in die folgenden Teilmärkte aufgegliedert: Hautpflege, Haarpflege, Seifen/Bade- und Duschzusätze, dekorative Kosmetik, Herrenkosmetik, Deomittel. Der Teilmarkt Haarpflege kann bei Bedarf noch weiter in folgende Produktkategorien unterteilt werden: Shampoos, Spülungen, Kuren, Sprays/Lacke, Schaumfestiger, Gele/Creme/Wachse.

Bevor ein Unternehmen sich mit relevanten Segmentierungsverfahren auseinandersetzt, stellt sich die Frage nach der Intensität der Segmentierung. Kotler et al. (2007, S. 358 ff.) sprechen vom sogenannten **Segmentierungsgrad** und unterscheiden folgende Abstufungen:
- Null-Segmentierung (0 %),
- Segmentbildung (Segmentierung im engeren Sinne),
- Nischenbildung (Sub-Segment),
- atomisierte Segmentierung (100 %).

Bei der **Null-Segmentierung** wird kein Unterschied zwischen allen potenziellen Käufern in einem Markt gemacht, dies wird daher auch als Massenmarktstrategie bezeichnet. Ein Unternehmen, das Massenmarketing (undifferenziertes Marketing) betreibt, sieht keine Notwendigkeit in einer Marktaufteilung. Das angebotene Produkt soll alle potenziellen Käufer ansprechen. Die Strategie zielt auf eine undifferenzierte Bearbeitung von Massenmärkten ab, um die größtmögliche Anzahl der Abnehmer zu erreichen. Hinter einer solchen Vorgehensweise steht die Massenproduktion im Sinne von Henry Ford und seinem berühmten T-Modell, später in Deutschland auch der VW Käfer. Eine Massenmarktstrategie führt zu besonders niedrigen Herstellungskosten und teilweise auch Verkaufspreisen (u. a. durch den Erfahrungskurveneffekt), womit ein großes Absatzpotenzial geschaffen wird. Die klassische Massenmarktstrategie wird in der Praxis immer weniger angewendet, weil sie letztlich den Grundprinzipien des Marketings widerspricht. Sie wurde als Standardstrategie in der Geburtsstunde historischer Markenartikel eingesetzt (Odol, 4711, Persil etc.). In der heutigen Zeit verläuft die Markenbildung segmentorientiert und hinter bestimmten Markenprofilen stehen auch entsprechende Käuferprofile. Selbst einst homogene Märkte wie der Strommarkt wurden durch Unternehmen wie Yello segmentiert (Segment der markenaffinen Privat- und Geschäftskunden).

Segmentbildung kennzeichnet die Segmentstrategie (differenziertes Marketing). Ein Marktsegment besteht aus einer größeren identifizierbaren Käufergruppe innerhalb eines Marktes und wird durch relevante Segmentierungskriterien erfasst. Ein Unternehmen erkennt bei der Betrachtung des relevanten Marktes bezüglich möglicher Segmentierungskriterien Unterschiede zwischen diversen Käufergruppen. Diese Unterschiede liegen z. B. im Alter oder Einkommen der Konsumenten. Werden Käufer über 50 Jahre mit einem höheren Einkommen als attraktives Marktsegment ausgewählt, so gilt es, für diese Käufer entsprechende Nutzendimensionen zu kreieren und zu vermarkten. Eine zielgenaue Bearbeitung des Segments mit allen Marketinginstrumenten wird somit möglich. Segmentmarketing ist in vielen Branchen wie Kleidung, Nahrungsmittel, Getränke, Kosmetik, Automobile etc. üblich und erfolgreich. Segmentstrategien entsprechen dem klassischen Zielgruppengedanken des Marketings und werden im weiteren Verlauf dieses Kapitels eingehend thematisiert.

Nischenbildung (konzentriertes Marketing) geht noch einen Schritt weiter als die klassische Segmentierung. Nischen sind Untersegmente, d. h., feiner definierte kleinere Käufergruppen innerhalb eines größeren Marktsegments. Eine Marktnische ist dann erfolgversprechend, wenn zwischen den Bedürfnissen der Käufer große Unterschiede existieren bzw. wenn ganz besondere Ansprüche von Käufern bestehen. Hier ergeben sich Chancen für Unternehmen bzw. Marken, die Nischen zu identifizieren, die bisher noch nicht oder nur unzureichend bedient werden. An dieser Stelle kann die Marke Bionade in ihrer Anfangsphase als Beispiel dienen. Auch in der Automobilindustrie werden Nischen entdeckt und besetzt, z. B. Automobile der Spitzenklasse wie der Lamborghini für besonders gut situierte Käufer. Nischenbildung findet häufig auch durch die Begrenzung des Angebots auf eine Stadt oder einen Stadtteil statt. Der Vollständigkeit halber sei noch angemerkt, dass der Übergang zwischen Segment und Nische fließend ist. Eine genaue größenbezogene Abgrenzung ist nicht möglich.

Bei einer **atomisierten Segmentierung** handelt es sich um individualisiertes Marketing, wobei jeder einzelne Käufer als ein Marktsegment betrachtet und behandelt wird. Der Markt wird bis auf die kleinste Einheit (Segment of One) zerlegt. Die käuferindividuelle Anfertigung von Produkten ist im Handwerk bereits sehr lange üblich (Einzel- oder Auftragsfertigung). Der Schneider fertigt Kleider nach Maß, der Schreiner entsprechend Tische oder Stühle. Die Endprodukte sind Unikate für individuelle Käufer. Der Käufer wirkt an der Gestaltung des von ihm gewünschten Produkts mit. Im B2B-Marketing ist Individualmarketing die Regel, beispielsweise im Flugzeug- oder Anlagenbau. Im B2C-Bereich lassen sich ähnliche Tendenzen erkennen, die sich aber eher in Form der Mass Customization manifestieren.

Mithilfe von **Mass Customization**, der Verbindung von differenziertem und individualisiertem Marketing, ist es möglich, auf den Käufer zugeschnittene Produkte und Services anzubieten, welche auf einem großen Absatzmarkt vertrieben werden (Piller 2001). Der Begriff „Customization" reflektiert die Strategie der Differenzierung, während der Begriff „Mass" und die damit verbundene Herstellung bzw. Bereitstellung individualisierter Produkte in großen Stückzahlen widerspiegelt. Dies gelingt, indem ein Grundmodell eines Produkts, z. B. ein Fahrrad (Gazelle), entwickelt und dem Käufer die Möglichkeit gegeben wird, gewünschte Eigenschaften (Farbe, Lenker, Gangschaltung etc.) selbst zu bestimmen. Auf diese Weise ist z. B. Dell in der Lage, viele unterschiedliche Konfigurationen von PC-Systemen bereitzustellen. Auch in der Automobilindustrie wird in diesem Zusammenhang auf Modellkonfiguratoren zurückgegriffen. Im Dienstleistungsbereich sind Gastronomiekonzepte zu nennen, die es durch Salattheken bzw. Buffets ermöglichen, kundenindividuelle Speisen anzubieten. Finanzdienstleister verkaufen zunehmend Bausteinkonzepte, wobei der einzelne Käufer die Vertragselemente auswählt, die er wünscht.

6.1.1 Segmenting

Bevor mit einer Segmentierung begonnen werden kann, muss der relevante Markt, wie in Kapitel 3.2 gezeigt, angebots- und nachfrageorientiert abgegrenzt werden. Zur Aufteilung dieses relevanten Marktes in Marktsegmente bedarf es der Selektion geeigneter **Segmentierungskriterien**, die zu homogenen Käufergruppen führen. Diese Segmentierungskriterien müssen bestimmte Anforderungen erfüllen (Backhaus 1995, S. 158 f.):
–   Kaufverhaltensrelevanz (Kriterien = Indikatoren für das zukünftige Konsumentenverhalten),
–   Messbarkeit (mithilfe bewährter Marktforschungsmethoden),
–   Erreichbarkeit (der Konsumenten innerhalb des Zielsegments),
–   zeitliche Stabilität (der Segmentinformationen, zumindest für die Planungsperiode),
–   Wirtschaftlichkeit (der Segmentierung; Kosten-Nutzen-Analyse).

Die Vielzahl der in Wissenschaft und Praxis angewandten Segmentierungskriterien lässt sich in vier grobe Verfahren kategorisieren (vgl. Abbildung 6.1). Diese **Segmentierungsverfahren** mit den dazugehörigen Kriterien haben sich in Theorie und Praxis bewährt und werden im Folgenden einzeln dargestellt.

Häufig wird zunächst das **geografische Segmentierungsverfahren** gewählt, da diese Kriterien sehr leicht zu erfassen sind. Der relevante Markt wird in verschiedene geografische Einheiten eingeteilt, um regionale Unterschiede zu berücksichtigen. Unterschieden wird die makro- und mikrogeografische Marktsegmentierung. Die Makroebene beginnt mit der Segmentierung einzelner Staaten und endet bei einzelnen Orten bzw. Städten, die Mikroebene beginnt unterhalb des Stadtniveaus.

Im Rahmen der makrogeografischen Segmentierung stellt die Auswahl der zu bearbeitenden Staaten den ersten Schritt dar, wobei die Länderauswahl de facto die Ebene der Segmentierung überschreitet. In der Regel setzt die Segmentierung innerhalb der Landesgrenzen eines Staates an. Es folgt die Aufteilung des Marktes (Landes) nach Kriterien wie Bundesländer, Regionen, Städte, Kreise und Gemeinden. Eine in Deutschland übliche regionale Aufteilung ist die Einteilung in Nielsen-Gebiete, entwickelt vom Marktforschungsinstitut ACNielsen.

Ferner wird zwischen Stadt- und Landbevölkerung oder zwischen verschiedenen Ortsgrößen differenziert, wenn hier kaufverhaltensrelevante Unterschiede nachgewiesen werden können. Die regionale Aufteilung ist u. a. im Bereich der Ess- und Trinkgewohnheiten eine wichtige Segmentierung. In Norddeutschland werden seit jeher mehr klare Schnäpse getrunken, während im Süden der Konsum von Weißwürsten typisch ist. Je nach Region werden in Deutschland zudem unterschiedliche Sorten der gleichen Produktkategorien bevorzugt, z. B. bei Bier (Pils, Alt, Kölsch, Weizen). Hinzu kommen regionale Spezialitäten, die außerhalb der entsprechenden Region Seltenheitscharakter besitzen (z. B. Kuckucksuhren aus dem Schwarzwald).

Die mikrogeografische Segmentierung setzt bei Wohngebietszellen unterhalb des Stadtniveaus an. Durch die Verknüpfung unterschiedlicher Datenquellen können sehr kleine Marktsegmente identifiziert werden: Stadtteile, Wohngebiete, sogar einzelne Straßen. Der Dateninput setzt sich aus regionalen Kenndaten wie Demografie, Beschäftigungs-, Wirtschafts- und Infrastruktur sowie Angaben zu sozialen Milieus oder Lebensstilen zusammen. Durch die Verknüpfung mit anderen Segmentierungskriterien können so kleinste Segmente lokalisiert und gezielt bearbeitet werden.

Das klassische Verfahren der Marktsegmentierung ist die **soziodemografische Segmentierung**, d. h., die Aufteilung eines Marktes auf der Basis demografischer Kriterien wie Alter, Geschlecht, Familienlebenszyklus, Ausbildung, Beruf, Einkommen, Nationalität und Religion (Berekoven et al. 2009, S. 234). Die demografische Marktsegmentierung findet in der Regel anhand mehrerer Kriterien statt. Die demografischen Kriterien werden im Rahmen der Marktsegmentierung am häufigsten eingesetzt, da sie zum einen relativ leicht zu erfassen sind und zum anderen eine Korrelation mit dem Kaufverhalten vermutet wird. Diese Korrelation ist heute

(sozio-) demografische Segmentierung

verhaltensbezogene Segmentierung

geografische Segmentierung

psychografische Segmentierung

– **Alter**
– **Geschlecht**
– **Familienlebenszyklus**
– **sozioökonomische Kriterien**
  Bildungsgrad
  Beruf
  Einkommen
– **Nationalität**
– **Religion**

– **Anlässe**
– **Nutzennachfrage (Benefit)**
– **Mediennutzung**
– **Preisverhalten**
– **Einkaufsstättenwahl**
– **Verwenderstatus**
– **Verwendungsrate**
– **Markenwahl**

– **makrogeografische Segmentierung**
  Nation/Staat
  Bundesländer/Regionen, ACNielsen-Gebiete
  Kreise, Städte, Gemeinden
– **mikrogeografische Segmentierung**
  Stadtteile
  Wohngebiete
  Straßen/Nachbarschaften

– **(produktspezifische) Einstellungen**
  – **Werte**
– **Lifestyle (A-I-O)**
– **Persönlichkeit**

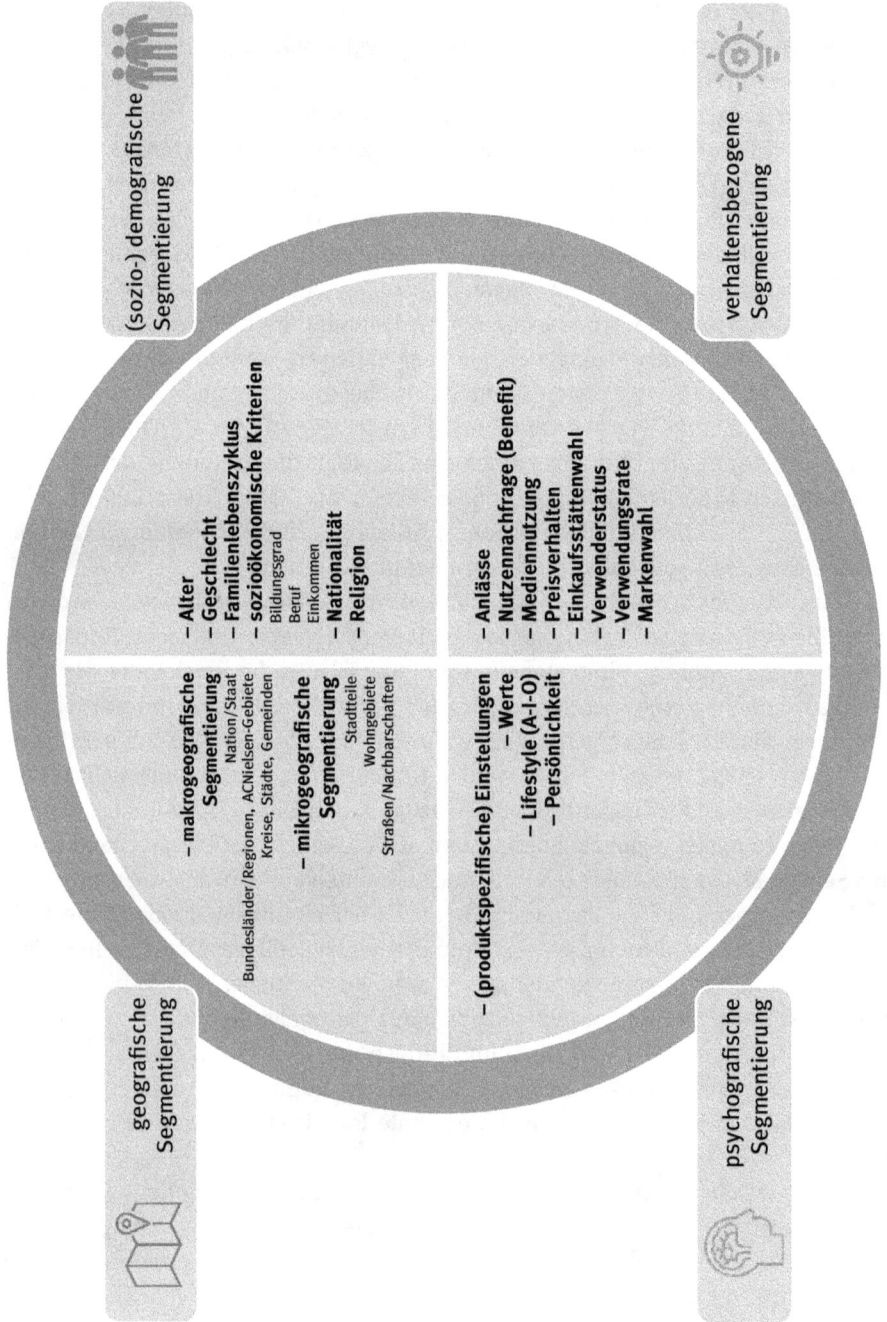

Abbildung 6.1: Verfahren der Marktsegmentierung (Quelle: eigene Darstellung).

jedoch in vielen Märkten nicht mehr unbedingt gegeben, sodass die moderneren Verfahren der psychografischen und verhaltensbezogenen Segmentierung zusätzlich eingesetzt werden, um fundierte Aussagen zum Käuferverhalten treffen zu können. Im Folgenden werden die wichtigsten demografischen Kriterien einzeln dargestellt sowie Praxisbeispiele aufgezeigt.

Unternehmen, deren Produktprogramm sich an spezifischen Altersgruppen ausrichtet (Kinder, Teenager, Senioren), segmentieren vordergründig nach dem **Alter** der Zielpersonen. Bedürfnisse und Kaufverhalten ändern sich mit dem Alter. Beispiele für eine solche Segmentierung sind der Freizeit-, Möbel-, Bekleidungs- oder Spielzeugmarkt. Wie in der Tabelle 6.1 dargestellt, nimmt der Spielzeughersteller Lego für seine Marke eine sehr feinmaschige Alterssegmentierung vor.

Tabelle 6.1: Lego-Produktprogramm (Quelle: Runia et al. 2019, S. 116).

Alter	Serie	Themenbereiche
1 bis 5 Jahre	LEGO Duplo	Feuerwehr, Bauernhof, Tiere etc.
4 bis 7 Jahre	LEGO Juniors	Baustelle, Auto, Tierklinik etc.
5 bis 12 Jahre	LEGO City	Rettungsflugzeug, Küstenwachzentrum etc.
7 bis 16 Jahre	LEGO Technic	Modellbau

Auch Lebensmittelhersteller segmentieren nach dem Kriterium Alter: So stellt Hipp Babynahrung und Alterskost und Ferrero z. B. mit Mon Chéri eine Praline für Erwachsene her. Piratos von Haribo werden als Erwachsenenlakritz klassifiziert und Fruchtzwerge von Danone sprechen gezielt Kinder an. Getränkehersteller versuchen mit Biermixgetränken wie Dimix oder Cab eine jüngere Zielgruppe zu erreichen. Die Marke Pampers stellt sich im Bereich von Windeln für Kleinkinder in diesem Sinne intensiv auf, dass unterschiedliche Altersbereiche eindeutig fokussiert werden.

Bezogen auf den demografischen Wandel gilt es für Markenverantwortliche, relevante Segmentierungskriterien herauszufiltern, sich auf eindeutige Zielgruppendefinitionen festzulegen und diese Zielgruppen mit einer klaren sowie widerspruchsfreien Positionierung anzusprechen. Im Rahmen der demografischen Segmentierung findet eine Betrachtung des Alters statt, aber gerade dieser Blickwinkel verliert durch den Demografiewandel seine absolute Bedeutung. Das psychologische Alter ist mittlerweile charakterisierender als das biologische und daher tritt bei der Zielgruppenbestimmung auch immer mehr die psychografische Segmentierung in den Vordergrund.

Im Marketing existiert seit einiger Zeit eine inflationäre Vielfalt von Begriffen zur Bezeichnung der älteren Zielgruppe: Best Ager, Third Ager, Mid Ager, Silver Generation, Senior Citizens, Master Consumer, Generation 50plus, Mature Consumer usw.

Die hier genannten Bezeichnungen sind Schlagworte und bieten keine nutzbaren Kriterien zur Abgrenzung, d. h., es gilt, die Zielgruppe über 50 Jahre feinmaschiger zu segmentieren, um daraus relevante Zielgruppen abzuleiten.

Die folgenden Aussagen kennzeichnen allgemeingültig ältere Zielgruppen (Runia/ Wahl 2013, S. 140):

- Alter 50 + bedeutet ein um 5–10 Jahre jünger gefühltes Alter,
- tendenziell gehobene Kaufkraft,
- hohe Ausgabebereitschaft (insbesondere für Lebensmittel, Kosmetik, Gesundheit, Mobilität und Freizeit),
- tendenziell Qualitätskäufer,
- hohe Affinität zu umweltfreundlichen Produkten,
- tendenziell hohes Markenbewusstsein,
- Ruhestand ist der Beginn einer späten Freiheit,
- positives Selbstbild,
- ausgeprägtes Informationsbedürfnis.

Die Marke Jägermeister hat in den letzten Jahren eine besondere Entwicklung in ihrer altersbezogenen Zielgruppenstruktur vollzogen. Die 1934 von Curt Mast kreierte Kräuterspirituose mit dem Hubertus-Hirschkopf als unverwechselbares Markenzeichen war lange durch die Unikat-Kampagne „Ich trinke Jägermeister, weil …" geprägt und hatte Ende der 1990er-Jahre eine Zielgruppe im Alter ab 50 Jahren. 1999 erfolgte mit der „Achtung Wild!"-Kampagne die sehr erfolgreiche Verjüngung der Marke mit der Fokussierung auf die Zielgruppe der 18- bis 30-Jährigen, ohne dabei die bisherigen Stammverwender zu verlieren. 2010 startete Jägermeister erneut eine Markenoffensive mit der verstärkten Ansprache der Zielgruppe 30 bis 49 Jahre unter dem Claim „Echt. Jägermeister.". Im Rahmen der Weiterentwicklung der Markenkommunikation wurde der authentische und natürliche Charakter der Marke in den Vordergrund gerückt mit der altersbezogenen Segmentstrategie, weiterhin die partyaffinen jungen Erwachsenen (18–29 Jahre) zu erreichen, aber im Rahmen der Neuausrichtung die anspruchsvollen Genießer (30–49 Jahre) anzusprechen. Hierdurch gelang auch der kommunikative Anschluss an die Zielgruppe ab 50 Jahren. Dieses Beispiel zeigt, dass es möglich ist, eine Marke zu verjüngen und zugleich die Herkunft und Tradition zu bewahren. Heute ist Jägermeister eine der wenigen Marken, deren Zielgruppe Konsumenten im Alter von 18 bis 80 Jahren aufweist.

Das **Geschlecht** als Segmentierungskriterium findet insbesondere bei Produktkategorien Anwendung, die in direktem Zusammenhang mit dem Geschlecht stehen, z. B. Kleidung, Schmuck, Haarpflege, Kosmetika, Zeitschriften. Während bei traditionell geschlechtsdominierten Produktkategorien wie Aftershave, Tampons und BHs eine Ausweitung auf das andere Geschlecht ausgeschlossen ist, finden sich heute in vielen Bereichen Angleichungen von Produkten (Unisexprodukte), z. B. „ck one" (Calvin Klein) oder spezifizierte Produkte wie Gillette Venus (Frauenrasierer). In diesem Zusammenhang ist auch der Trend zu mehr Körperbewusstsein bei Männern zu erwähnen, der zu einer höheren Nachfrage von Männern nach Kosmetik- oder Pflegeprodukten (Nivea Men, Dove Men + Care) geführt hat.

Als weiteres soziodemografisches Kriterium ist der **Familienlebenszyklus** relevant. Familienstand, Zahl der Kinder und Haushaltsgröße sowie das Alter der Haushaltsmitglieder werden hier nicht als eigenständige Kriterien genutzt, sondern kombiniert als Position im Familienlebenszyklus. Diese Position korreliert mit den Bedürfnissen nach spezifischen Produkten bzw. Dienstleistungen. Die folgende Übersicht zeigt relevante Positionen mit entsprechenden Kauf- und Verhaltensmustern, wobei vorweg angemerkt werden muss, dass sich der Familienlebenszyklus nicht mehr durch starre Phasen von konstanter Dauer kennzeichnen lässt. Der dargestellte Familienlebenszyklus in Tabelle 6.2 ist daher als idealtypisch zu verstehen:

Tabelle 6.2: Positionen im Familienlebenszyklus (Quelle: Runia et al. 2019, S. 119).

Position/Phase	Kaufverhalten
Junge Singles mit eigener Wohnung	wenig finanzielle Verpflichtungen, freizeit- und modeorientiert; Kauf von Kleidung, Urlaubsreisen, Gebrauchtwagen, Grundausstattung der Wohnung (IKEA)
Junge (Ehe-)Paare ohne Kinder	finanziell gut situiert; Kauf vieler Gebrauchsgüter für die Wohnung, hohe Mietausgaben, Reisen
volles Nest I (jüngstes Kind < 3 Jahre)	liquide Mittel sind knapp, da ein Ehepartner kein Einkommen mehr erzielt; neidisch auf Ehepaare ohne Kinder; Kauf von Kindermöbeln, -spielzeug, Geschirrspüler; starker Einfluss der Werbung
volles Nest II (mit älteren Kindern < 16 Jahre)	finanziell wieder besser gestellt; abnehmender Einfluss der Werbung; Kauf von Markenkleidung für Kinder, Ersatz- und Erweiterungsmöbeln, Fahrrädern, Musikinstrumenten etc.
leeres Nest I (Kinder aus dem Haus, ein Ehepartner ist noch berufstätig)	hohes Einkommen, kaum Interesse an neuen Produkten; Kauf von kulturellen Gütern (Bildungsreisen, Theater, Bücher etc.), Produkte für eine gesunde Lebensführung, Neuwagen (bei evtl. Auszahlung der Lebensversicherung)
leeres Nest II (Kinder aus dem Haus, beide Ehepartner pensioniert)	spürbarer Einkommensrückgang, Sicherung des Eigenheims; Kauf von medizinischen Produkten
alleinstehend, im Ruhestand, verwitwet	starker Einkommensrückgang; hoher Bedarf an medizinischen Produkten; soziale (immaterielle) Bedürfnisse wichtiger als materielle

In diesem Zusammenhang wird häufig der Begriff Haushaltsführende(r) verwendet. Hierbei gilt zu beachten, dass der Haushaltsführende in der Kaufentscheidung und Kaufdurchführung die entsprechende Haushaltsgröße repräsentiert. Diese Entscheidungshoheit erstreckt sich auf die Selbstverantwortlichkeit im Falle eines Singlehaushalts bis hin zur Kollektiventscheidung für eine Großfamilie.

Die **sozioökonomischen Kriterien** umfassen die Bildung, den Beruf und das Einkommen der Konsumenten. Zusammengefasst werden diese drei Kriterien auch als soziale Schichtung verwendet. Hierzu ist anzumerken, dass diese kombinative Verwendung kritisch betrachtet werden muss, da eine hohe Qualifikation zwar häufig, aber nicht unbedingt mit einem hohen Einkommen einhergeht. Daher ist der Einsatz der Einzelkriterien zu bevorzugen. Die Segmentierung nach dem Bildungsgrad ist z. B. bei Zeitungen bzw. Zeitschriften (FAZ, Handelsblatt, Spiegel) sowie bei Urlaubsreisen (Bildungsreisen) zu beobachten. Das Segmentierungskriterium Beruf lässt sich insbesondere dann verwenden, wenn die Nachfrage nach einer bestimmten Produktkategorie in einem engen Zusammenhang zum ausgeübten Beruf steht (z. B. Arbeitskleidung, Werkzeuge, Fachzeitschriften). Die Segmentierung eines Marktes nach dem Einkommen ist in vielen Branchen gängige Praxis, z. B. in der Automobil-, Bekleidungs-, Kosmetik- oder Touristikbranche. Das Einkommen ist ein bedeutsamer Indikator für die Kaufkraft der jeweiligen Zielgruppe. Vor allem die Automobilhersteller bieten Modelle in verschiedenen Preisklassen an, um unterschiedliche Einkommensgruppen gezielt anzusprechen (Volkswagen), oder fokussieren ausschließlich privilegierte Käufergruppen (Porsche). Bei Gütern des täglichen Bedarfs zeigt das Einkommen jedoch nur einen geringen Bezug zum Kaufverhalten. So kaufen auch einkommensschwache Familien Markenprodukte (z. B. Nutella), während gerade Personen mit hoher Kaufkraft gezielt zu Handelsmarken greifen, um hier zu sparen. Beim Kauf von Gebrauchsgütern spielt das Einkommen eine deutlich größere Rolle, da sich einkommensstarke Segmente eher teurere Autos, Reisen, Hi-Fi-Anlagen etc. leisten können. Allerdings können sich die einkommensschwächeren Konsumenten durch langfristiges Ansparen auch höherwertige Gebrauchsgüter leisten.

In Ländern, in denen die Wohnbevölkerung aus vielen unterschiedlichen **Nationalitäten** besteht und sich unterschiedliche nationale bzw. kulturelle Identitäten aufrechterhalten, kann eine Segmentierung nach der nationalen Herkunft sinnvoll sein. Für Deutschland könnte die türkische Bevölkerung aufgrund ihrer Größe ein lohnendes Segment darstellen, was in bestimmten Bereichen, z. B. Printmedien, Mobilfunk (Marke Ay Yildiz des Telekommunikationsanbieters Telefonica) oder Fahrschulen, durch die Verwendung der türkischen Sprache bereits erkannt und genutzt wird. Insgesamt spielt dieses Segmentierungsmerkmal eine untergeordnete Rolle, obschon durch die zunehmenden Migrationstendenzen die Bedeutung zunimmt.

Das Kriterium der **Religion** ist häufig eng mit dem der Nationalität verbunden. So könnte ein Unternehmen im Bereich der Gastronomie sein Angebot speziell auf Moslems ausrichten, denen der Konsum bestimmter Nahrungsmittel untersagt ist. Dieses Segmentierungsmerkmal ist in Deutschland ebenfalls nur von geringer Relevanz.

Es bleibt zu konstatieren, dass die soziodemografische Segmentierung heute zum einen fast immer aus einer Kombination mehrerer Kriterien besteht, zum anderen häufig durch psychografische oder verhaltensbezogene Kriterien ergänzt wird.

Ferner wird die Soziodemografie immer dann eingesetzt, wenn es gilt, Segmente zu beschreiben, die auf Basis anderer Verfahren gebildet wurden. Das deskriptive Element der Soziodemografie ist daher weiterhin unverzichtbar und weist insbesondere im Hinblick auf die Mediaplanung eine hohe Relevanz auf.

Die **psychografische Marktsegmentierung** erfolgt nach den nicht beobachtbaren psychologischen Konstrukten, wobei in der Praxis die sogenannte Lifestyle-Segmentierung vorherrscht. Daneben werden die Einzelkonstrukte Einstellungen, Werte und Persönlichkeit verwendet. Die psychografischen Kriterien sind deutlich näher am konkreten Kaufverhalten als die demografischen, dafür ist jedoch ihre Erfassbarkeit äußerst schwierig. Vielfach werden die psychografischen Merkmale daher um demografische ergänzt und zusammen zur Beschreibung von Segmenten verwendet (Tuschl 2010, S. 65).

Von der positiven oder negativen **Einstellung** gegenüber einem Objekt (hier: Marke) wird auf eine bestimmte Verhaltensweise (hier: Kauf vs. Nichtkauf) geschlossen. Daher leuchtet der Nutzen des Konstrukts Einstellung für die Marktsegmentierung ein. Es empfiehlt sich eine Unterscheidung in allgemeine und produktspezifische Einstellungen (Freter 1983, S. 75). Allgemeine Einstellungen beziehen sich auf generelle Haltungen eines Menschen, z. B. zur Gesundheit, Bildung, Freizeit etc. Diese Einstellungen sind jedoch zu unspezifisch, um daraus ein bestimmtes Kaufverhalten abzuleiten. Von größerer Bedeutung sind die allgemeinen Einstellungen als Komponente der Lebensstilsegmentierung. Ein stärkerer Bezug zum Kaufverhalten kann durch die Verwendung produktspezifischer Einstellungen hergestellt werden, wobei Einstellungen zu bestimmten Produktbereichen (zum Auto, zu Süßigkeiten, zu Spielzeug etc.) bzw. zu spezifischen Marken zugrunde liegen. Einstellungen liefern konkrete Ansatzpunkte und sind zeitlich relativ stabil. Für sich allein genommen reichen sie jedoch meistens nicht aus, um eine fundierte Segmentierung zu ermöglichen.

Die **Werte** eines Menschen sind noch stabiler als seine Einstellungen, aber oft schwieriger zu erfassen. In der Praxis hat sich in diesem Zusammenhang der Value and Lifestyle-Ansatz (VALS) durchgesetzt, der neben der Werthaltung von Konsumenten zusätzlich den Lebensstil beinhaltet. In der aktuellen Ausprägung des VALS-Ansatzes basiert jede der acht Typen auf zwei Dimensionen: primäre Motivation (Ideale, Ziele, Selbstausdruck etc.) und Ressourcen (materiell, immateriell: Bildung, Selbstsicherheit, Führungsqualitäten, Ausdauer etc.) (Strategic Business Insights 2022).

- Innovators: erfolgreich (höchste Einkommen), gebildet, aktiv (höchste Motivation); Kauf hochwertiger Produkte (Selbstverwirklichung, Erlebnisorientierung, Demonstration von Geschmack und Unabhängigkeit),
- Thinkers: reif, sorgenfrei, gebildet, rational; favorisieren Dauerhaftigkeit, Funktionalität und Wert in Produkten,
- Achievers: erfolgreich, karriereorientiert; Kauf von Prestigeprodukten (demonstrativer Konsum),

- Experiencers: jung, enthusiastisch, aktiv, impulsiv; Kauf von Kleidung, Fast Food, Musik,
- Believers: konservativ (Familie, Kirche, Gemeinde, Nation), traditionell, geringe Einkommen; Kauf bekannter Produkte und etablierter Marken,
- Strivers: unbestimmt, in ihren Ressourcen eingeschränkt; Kauf von Handelsmarken und preiswerter Mode,
- Makers: selbstversorgend, familienorientiert, traditionell; Kauf von praktischen und funktionalen Produkten,
- Survivors: geringste Einkommen, älter, resigniert, besorgt, passiv, vorsichtig; Kauf von Stammprodukten und -marken.

Ein Ansatz, der die aktivierenden Prozesse in den Vordergrund stellt, die neben Einstellungen und Werten die Dimensionen Emotionen und Motive umfassen, ist das Limbic-Map-Modell des deutschen Psychologen Hans-Georg Häusel, der sich als Vorreiter im Rahmen des Neuromarketings einen Namen gemacht hat. Seine Limbic Map wird zur Erklärung von Kaufentscheidungen sowie zur Marktsegmentierung verwendet.

Das menschliche Gehirn besteht aus drei Primärbereichen: Stamm-, Zwischen- und Großhirn. Häusel (2004, 2007) ordnet diesen drei Bereichen die drei Motivsysteme Balance, Dominanz und Stimulanz zu. Das Stammhirn steuert automatische Gewohnheiten sowie die Motorik des Menschen. Hier ist das Balancesystem angesiedelt; wichtige Motive sind Sicherheit, Stabilität, Geborgenheit und Fürsorge. Konsumenten mit dieser Orientierung zeichnen sich durch konservatives Sicherheitshandeln aus, sie verlassen sich auf Traditionsprodukte, legen Wert auf Qualität und Service. Dem Zwischenhirn entspringen Spontaneität, Antriebskräfte, Statusbewusstsein etc. Hier befindet sich das Dominanzsystem; wichtige Motive sind Durchsetzung, Macht, Verdrängung und Aktivität. Konsumenten dieser Orientierung streben nach Statusprodukten (z. B. Luxusuhren) sowie Produkten, die eine überlegene Kennerschaft signalisieren (z. B. Wein) und neigen zu einem vagabundierenden (tendenziell wechselhaften) Konsumverhalten. Im Großhirn ist das Stimulanzsystem angesiedelt; wichtige Motive sind dabei Abwechslung, Abenteuer, Neugier und Entdeckung. Es handelt sich bei Menschen mit dieser Orientierung um kritische und sensible Individualisten. Als Konsumenten achten sie auf ein günstiges Preis-Leistungs-Verhältnis und planen ihre Käufe. Stimulanztypen lieben erlebnisorientiertes Einkaufen, kaufen gerne Musik und Filme sowie innovative Produkte.

Das Limbic-Map-Modell soll an dieser Stelle am Beispiel von Automobilmarken dargestellt werden (Pepels 2009, S. 29 f.): Volkswagen setzt aus Tradition auf das Balancesystem („Das Auto"), BMW mit „Freude am Fahren" auf das Dominanzsystem, während Audi eher das Stimulanzsystem anspricht („Vorsprung durch Technik"). Hierzu sei angemerkt, dass Volkswagen den oben genannten Markenclaim im Rahmen des Abgasskandals 2015 aufgab, ohne einen neuen Claim zu kreieren.

Die Abbildung 6.2 zeigt die Limbic Map mit den drei beschriebenen Motivsystemen; basierend auf den Erkenntnissen der Hirnforschung finden Emotionen und

Werte in diesem Modell nun einen festen Platz. Es zeigt sich, dass sich Mischtypen ergeben, wie z. B. Fantasie/Genuss als Vermengung der Motivsysteme Stimulanz und Balance.

Mithilfe des sogenannten Limbic Types Scan, einem Persönlichkeitstest, können die Ausprägungen der Motivsysteme von Konsumenten gemessen werden, sodass eine Klassifizierung vorgenommen werden kann, die zu den in Abbildung 6.3 dargestellten sieben Typen führt.

Das Kriterium **Lebensstil** lässt sich sowohl zur Beschreibung einer Gesellschaft als auch von Gruppen oder Einzelpersonen nutzen, und ist somit zur Segmentierung sehr geeignet (Plummer 1974). Unter Lebensstil wird eine Kombination typischer Verhaltensmuster einer Person oder einer Personengruppe verstanden. Er umfasst Merkmale des beobachtbaren Verhaltens und bereits erläuterte psychische Variablen wie Einstellungen und Werte.

Die Messung des Lifestyles erfolgt meist nach dem sogenannten A-I-O-Ansatz, wobei folgende Faktoren erhoben werden:
- Activities: beobachtbare Aktivitäten wie Konsum, Arbeit, Freizeit, Urlaub, Vereine etc.,
- Interests: emotionale Interessen wie Familie, Zuhause, Erholung, Mode, Essen, Gemeinschaft etc.,
- Opinions: kognitive Wertvorstellungen/Meinungen zu sich selbst; soziale Belange, Politik, Wirtschaft, Bildung, Kultur, Zukunft, Produkte etc.

Die **Persönlichkeit** umfasst alle für das Konsumentenverhalten relevanten psychologischen Konstrukte und ist sehr schwierig zu erfassen. Dennoch erfolgt eine psychografische Segmentierung häufig nach allgemeinen Persönlichkeitsmerkmalen. Hierbei lässt sich zwischen Kriterien des Lebensstils, der sozialen Orientierung, der Risikoneigung und weiteren Persönlichkeitsmerkmalen differenzieren, wobei diese Merkmale nicht trennscharf abgegrenzt werden können (Meffert et al. 2019, S. 231). Die Persönlichkeit kommt z. B. in Attributen wie Ehrgeiz, Selbständigkeit oder Extrovertiertheit zum Ausdruck. Diese Eigenschaften können für sich genommen wegen ihrer schwierigen Messbarkeit sowie ihrer geringen Kaufverhaltensrelevanz nicht zur Segmentierung herangezogen werden. Vielmehr werden Persönlichkeitstypen nach einem Bündel von Attributen erfasst, wobei nicht selten die bereits beschriebene Lifestyle-Segmentierung zum Einsatz kommt. Die Abgrenzung zum Lebensstil ist daher äußerst schwierig. Dennoch soll diese Abgrenzung zur Persönlichkeitssegmentierung erfolgen. Letztere umfasst demnach noch weitere, über den Lebensstil hinausgehende Elemente und führt zu sogenannten Konsumententypologien. Die bekannteste Typologie dieser Art ist der Milieu-Ansatz des Sinus-Instituts. Auf der Grundlage repräsentativer Befragungen werden für Deutschland zehn soziale Milieus definiert. Die Abgrenzung erfolgt anhand der folgenden Hauptkriterien: Lebensziel, soziale Lage, Arbeit/Leistung, Gesellschaftsbild, Familie/Partnerschaft, Freizeit, Wunsch-/Leitbilder, Lebensstil. Hauptergebnis der

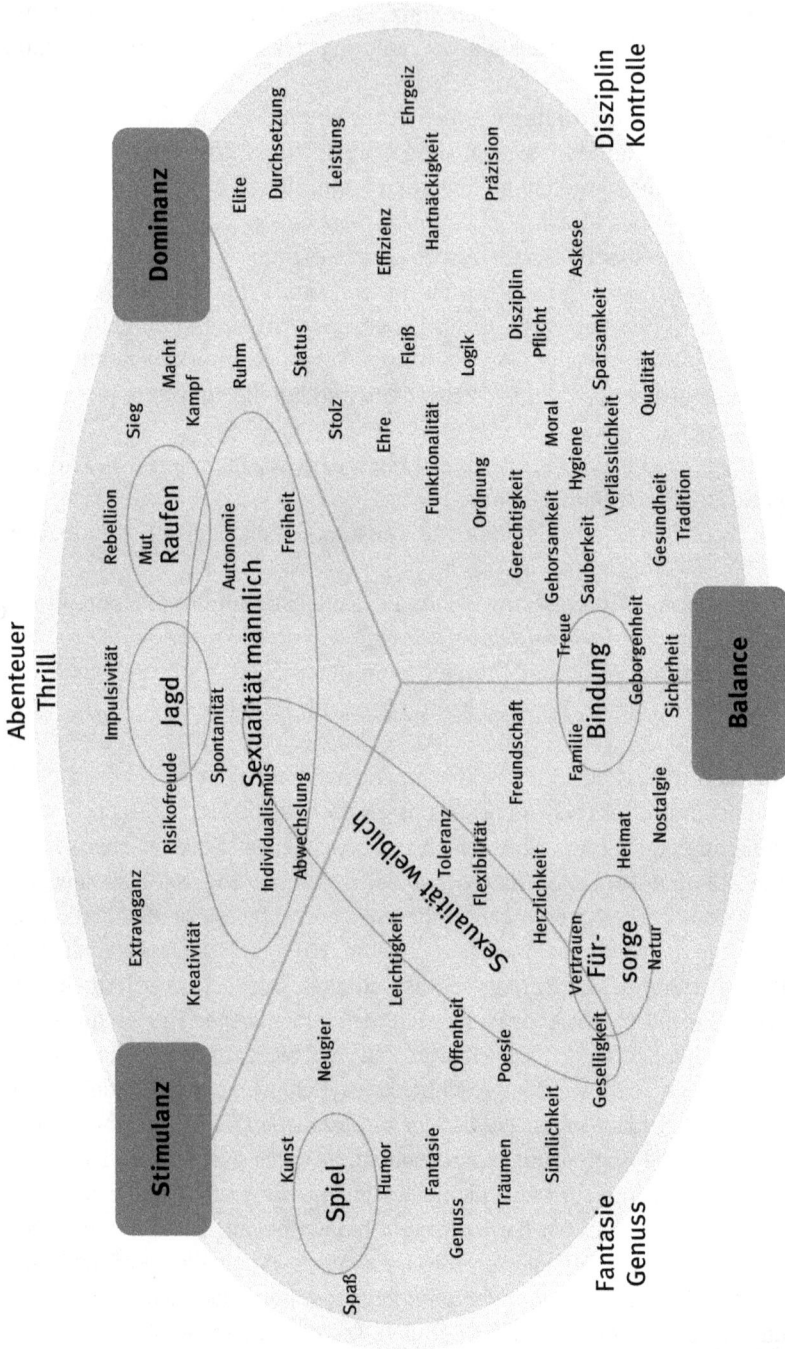

Abbildung 6.2: Limbic Map (Quelle: eigene Darstellung in Anlehnung an Häusel 2007, S. 72).

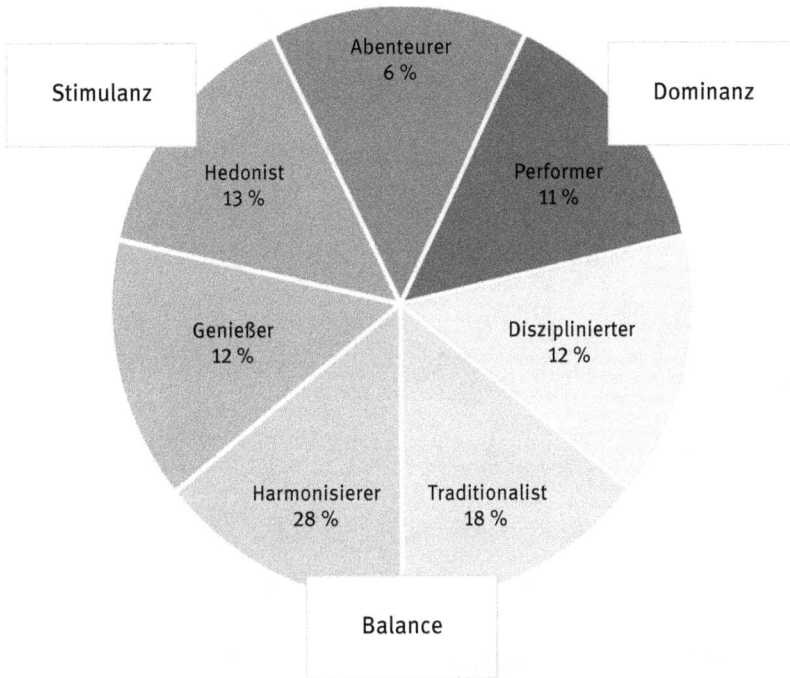

Abbildung 6.3: Limbic Types (Quelle: eigene Darstellung in Anlehnung an Häusel 2007).

Sinus-Lebensweltforschung ist die Abgrenzung von sozialen Milieus und ihrer jeweiligen Absatzpotenziale für beliebige Untersuchungsobjekte.

Die Abbildung 6.4 zeigt die aktuelle Verteilung der Milieus für Gesamtdeutschland.

Im Einzelnen lauten die zehn Milieus mit ihren Definitionen (Sinus-Institut 2022):

– Konservativ-Gehobenes Milieu: Die alte strukturkonservative Elite: klassische Verantwortungs- und Erfolgsethik sowie Exklusivitäts- und Statusansprüche; Wunsch nach Ordnung und Balance; Selbstbild als Fels in der Brandung postmoderner Beliebigkeit; Erosion der gesellschaftlichen Führungsrolle.

– Postmaterielles Milieu: Engagiert-souveräne Bildungselite mit postmateriellen Wurzeln: Selbstbestimmung und -entfaltung sowie auch Gemeinwohlorientierung; Verfechter von Post-Wachstum, Nachhaltigkeit, diskriminierungsfreien Verhältnissen und Diversität; Selbstbild als gesellschaftliches Korrektiv.

– Milieu der Performer: Die effizienzorientierte und fortschrittsoptimistische Leistungselite: globalökonomisches und liberales Denken; gesamtgesellschaftliche Perspektive auf der Basis von Eigenverantwortung; Selbstbild als Stil- und Konsum-Pioniere; hohe Technik- und Digital-Affinität.

– Expeditives Milieu: Die ambitionierte kreative Bohème: Urban, hip, digital, kosmopolitisch und vernetzt; auf der Suche nach neuen Grenzen und unkonventionellen

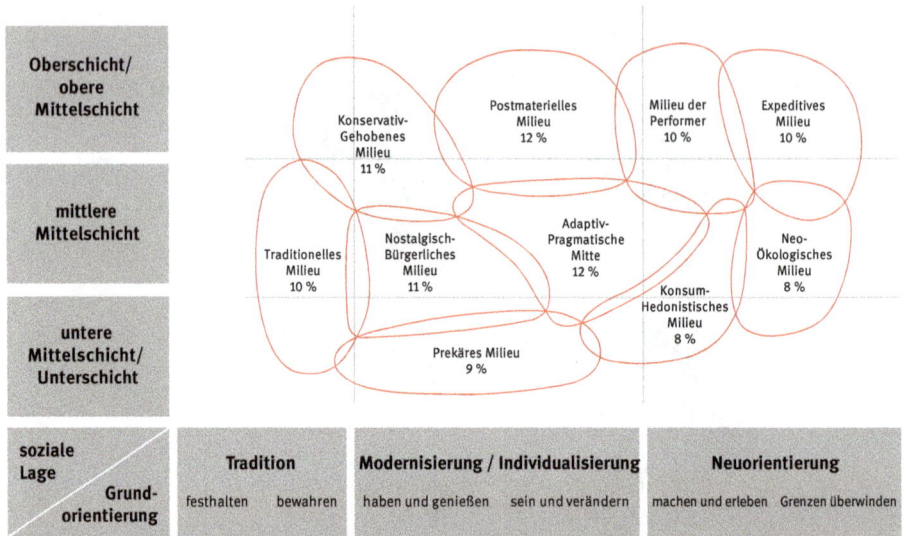

Abbildung 6.4: Sinus-Milieus 2021 (Quelle: eigene Darstellung in Anlehnung an Sinus-Institut 2022).

Erfahrungen, Lösungen und Erfolgen; ausgeprägte Selbstdarstellungskompetenz, Selbstbild als postmoderne Elite.

–   Traditionelles Milieu: Die Sicherheit und Ordnung liebende ältere Generation: verhaftet in der kleinbürgerlichen Welt bzw. traditionellen Arbeiterkultur; anspruchslose Anpassung an die Notwendigkeiten; steigende Akzeptanz der neuen Nachhaltigkeitsnorm; Selbstbild als rechtschaffene kleine Leute.

–   Nostalgisch-Bürgerliches Milieu: Die harmonieorientierte (untere) Mitte: Wunsch nach gesicherten Verhältnissen und einem angemessenen Status; Selbstbild als Mitte der Gesellschaft, aber wachsende Überforderung und Abstiegsängste; gefühlter Verlust gelernter Regeln und Gewissheiten; Sehnsucht nach alten Zeiten.

–   Adaptiv-Pragmatische Mitte: Der moderne Mainstream: Anpassungs- und Leistungsbereitschaft, Nützlichkeitsdenken, aber auch Wunsch nach Spaß und Unterhaltung; starkes Bedürfnis nach Verankerung und Zugehörigkeit; wachsende Unzufriedenheit und Verunsicherung aufgrund der gesellschaftlichen Entwicklung; Selbstbild als flexible Pragmatiker.

–   Konsum-Hedonistisches Milieu: Die auf Konsum und Entertainment fokussierte (untere) Mitte: Spaßhaben im Hier und Jetzt; Selbstbild als cooler Lifestyle-Mainstream; starkes Geltungsbedürfnis; berufliche Anpassung vs. Freizeit-Eskapismus; zunehmend genervt vom Diktat der Nachhaltigkeit und Political Correctness.

–   Neo-Ökologisches Milieu: Die Treiber der globalen Transformation: Optimismus und Aufbruchsmentalität bei gleichzeitig ausgeprägtem Problembewusstsein für die planetaren Herausforderungen; offen für neue Wertesynthesen: Disrup-

tion und Pragmatismus, Erfolg und Nachhaltigkeit, Party und Protest; Selbstbild als progressive Realisten; Umwelt- und klimasensibler Lebensstil.
- Prekäres Milieu: Die um Orientierung und Teilhabe bemühte Unterschicht: Dazu-
gehören und Anschlusshalten an den Lebensstandard der breiten Mitte – aber
Häufung sozialer Benachteiligungen und Ausgrenzungen; Gefühl des Abgehäng-
tseins, Verbitterung und Ressentiments; Selbstbild als robuste Durchbeißer.

Die **verhaltensorientierte Segmentierung** bezieht sich nicht auf die Frage, wie
Kaufentscheidungen zustande kommen, sondern zeigt das Ergebnis dieses Prozes-
ses auf. Diese Merkmale können als eigenständige Segmentierungsvariablen dienen, um auf zukünftiges Kaufverhalten zu schließen (Freter 1992). Der Nachteil
einer solchen Segmentierung ist, dass häufig keine Aussagen darüber gemacht werden können, wie lange das beobachtete Kaufverhalten anhält, weil die Identifikation der verantwortlichen Variablen nicht möglich ist. Im Folgenden werden die
wesentlichsten verhaltensbezogenen Merkmale erläutert.

Käufer unterscheiden sich bezüglich der **Anlässe**, zu denen sie ein Bedürfnis
entwickeln, ein Produkt nachfragen und es verwenden (Kotler et al. 2017, S. 326).
Das Kriterium der Anlässe hat insbesondere im Konsumgütersektor eine hohe Bedeutung, da eine enge Verbindung zum Verwendungszeitpunkt der Marke vorliegt.
Ferner kann auch ein direkter Bezug zur Markenpositionierung bestehen, z. B. bei
den Marken Nutella und Knoppers, die sehr lange den Frühstücksanlass prägnant
in den Vordergrund der Markenführung gestellt haben. Häufig ist hier auch die Unterscheidung in berufliche oder private Nutzung relevant, z. B. kann eine Flugreise
geschäftlich oder privat (Urlaub) motiviert sein; der Fluggast hat dann jeweils andere Ansprüche an den Service. Neben solchen produkt- bzw. dienstleistungsspezi-
fischen Anlässen kann ein Unternehmen auch besondere Anlässe im Leben eines
Menschen als Ausgangspunkt für eine Segmentierung verwenden (z. B. Hochzeit,
Geburt etc.).

Eine wirksame Form der Segmentierung ist die Klassifizierung der Käufer nach
dem **Nutzen** (Benefit), den sie in einem Produkt suchen. Die sogenannte Benefit-
Segmentierung setzt bei der Ermittlung der wichtigsten Nutzenkomponenten an,
welche Käufer einer bestimmten Produktkategorie erwarten. Auf dieser Grundlage
werden Segmente als Gruppen von Konsumenten identifiziert, die in einem Produkt
einen spezifischen Nutzen suchen. Eine klassische Segmentierung auf der Grundlage der Nutzennachfrage fand in den USA statt (Haley 1968). Im amerikanischen
Zahnpastamarkt wurden vier Segmente unterschiedlicher Benefits ermittelt: Gesundheit (Schutz vor Karies), Kosmetik (weiße Zähne), Geschmack (angenehmer Geschmack beim Putzen der Zähne) und Wirtschaftlichkeit (niedriger Preis). Diese
Studie bildete den Ausgangspunkt für weitere Benefit-Segmentierungen, die auch
heute in der Marketingpraxis vorzufinden sind. Wie auch schon beim Kriterium der
Anlässe aufgezeigt, ist gerade der Nutzen für die der Segmentierung nachgelagerten
Markenpositionierung relevant. Im Rahmen der Markenpositionierung werden hier

relevante Nutzendimensionen festgelegt, z. B. bei der Marke Odol-med3: Schutz vor Karies, Parodontose und Zahnstein.

Die Analyse der **Mediennutzung** als Segmentierungskriterium zielt auf die Art und Anzahl der genutzten Medien sowie auf deren Nutzungsintensität ab, z. B. welche Fernsehsender, Zeitschriften/Zeitungen und Online-Medien von bestimmten Personengruppen präferiert werden. Hierbei ist eine hohe Übereinstimmung zwischen Verwenderstruktur des Mediums und Verwenderstruktur der zu bewerbenden Marke anzustreben (Meffert et al. 2015, S. 196 f.). So verfügt z. B. der Fernsehsender N-TV über eine Zuschauerstruktur, die überwiegend aus Personen mit hoher Bildung, anspruchsvollen Berufen und hohem Einkommen besteht. Für die Anbieter von Marken, die auf oberen Marktschichten positioniert sind, können relevante Zielgruppen mit einem TV-Spot auf N-TV ohne große Streuverluste erreicht werden. Generell lassen sich aussagekräftige Segmentierungen durch Media-Analysen bestimmter TV-Programme, Zeitschriften/Zeitungen und Online-Medien ermitteln.

Beim Kriterium des **Preisverhaltens** erfolgt die Einteilung des Kaufverhaltens der Konsumenten in verschiedene Preisschichten. Dies verdeutlicht, wie groß z. B. der Anteil der Schnäppchenjäger im Vergleich zu Käufern ist, die durchschnittliche Preise bevorzugen. Konsumenten, die Markenartikel vorziehen, sind generell als Qualitätskäufer einzustufen, die weniger preissensibel agieren. In den letzten Jahren hat der Konsumententypus des Smart Shoppers an Bedeutung gewonnen, für den „Geld sparen = clever" gilt. Smart Shopper sind an einem guten Preis-Leistungs-Verhältnis interessiert und darüber hinaus der Ansicht, dass Markenartikel nicht zwingend einen höheren Preis implizieren. Auf der unteren Preisschicht bewegt sich der Schnäppchenjäger, dessen Mentalität mit „Geld sparen = billig" beschrieben werden kann.

Im Rahmen der **Einkaufsstättenwahl** gibt es einerseits Konsumenten, die bestimmte Betriebsformen des Einzelhandels (Fachgeschäfte, Warenhäuser, Shoppingcenter, Online-Shops etc.) bzw. bestimmte Geschäfte (Stammgeschäfte) bevorzugen. Andererseits suchen Käufer nach Abwechslung und zeigen dies durch einen häufigen Wechsel der aufgesuchten Einkaufsstätten. Im Rahmen der Marktsegmentierung ist die Differenzierung zwischen Erlebnis- und Versorgungskäufern interessant, wobei – analog zum Preisverhalten – auch hier ein hybrides bzw. bipolares Verhalten zu erkennen ist.

Die Konsumenten eines Marktes können nach ihrem **Verwenderstatus** in Käufer, Nichtkäufer, Erstkäufer oder ehemalige Käufer eingeteilt werden. Für ein Unternehmen stellt sich hier z. B. die Frage, ob mit einer Marke gezielt neue Käufer angesprochen werden sollen, d. h., Konkurrenzverwender und Nichtverwender, oder ob die Stammkunden im Mittelpunkt des Interesses stehen. Hier ergeben sich konkrete Hinweise zur Ausrichtung der Segmentierung.

Die **Verwendungsrate** erfasst die Menge eines Produkts, die von Personen/ Haushalten innerhalb einer bestimmten Periode ver- oder gebraucht wird. Anhand des Verbrauchsvolumens oder des Kaufrhythmus findet z. B. eine Einteilung der Konsumenten in Vielkäufer (Heavy User) und Wenigkäufer (Light User) statt (Twedt

1972). So können Vielkäufer nur einen geringen Prozentsatz der Marktteilnehmer ausmachen, jedoch einen sehr hohen Anteil am Gesamtumsatz aufweisen. Eine solche Segmentierung findet z. B. bei Getränken, Nahrungsmitteln, Arzneimitteln und Kosmetika statt. Aktuelle Kundenkarten- und Kundenclubsysteme mit Bonusprogrammen (Payback, Miles&More) sind operative Maßnahmen, die sich auf eine Segmentierung nach diesem Merkmal stützen.

Analog zur Geschäftstreue ist bei vielen Konsumenten auch die Markentreue stark ausgeprägt. Bei Kotler, Keller und Bliemel (2007, S. 379 f.) findet sich eine klassische Segmentierung nach der **Markenwahl**, die bereits in den 1950er-Jahren von Brown entwickelt wurde. Die Käufer von fünf Marken (A, B, C, D, E) werden in die folgenden vier Segmente eingeteilt:
- Ungeteilte Markentreue (AAAAAA; kaufen immer dieselbe Marke),
- Geteilte Markentreue (AABBAB; Markentreue verteilt auf zwei Marken),
- Abwandernde Markentreue (AABBCC; wechseln zu einer anderen Marke und kaufen diese dann künftig),
- Wechselhafte (ACEBDC; keine Markentreue, Abwechslung suchend, Sonderangebote nutzend).

In diesem Sinne gibt es viele Märkte, die durch eine große Markentreue bzw. mit vielen ungeteilt markentreuen Konsumenten gekennzeichnet sind, beispielsweise der Automobil-, Kosmetik- oder Zahnpastamarkt. In solchen Märkten ist es besonders schwierig, Marktanteile von Konkurrenten zu gewinnen, weil viele Konsumenten fest bei einer Marke bleiben.

Verhaltensbezogene Segmentierungsmerkmale sind als alleinige Kriterien nur eingeschränkt aussagefähig. Sie werden häufig als passive, deskriptive Variablen eingesetzt. Als Fazit der Darstellung der möglichen Segmentierungsverfahren bleibt festzuhalten, dass die beschriebenen Kriterien, aber auch die Verfahren selbst, für sich genommen zur trennscharfen Identifikation von Segmenten kaum geeignet sind. Die Praxis der Marktsegmentierung zeigt, dass nur durch die Kombination der Verfahren und Kriterien aussagekräftige und für die Bearbeitung geeignete Segmente definiert werden können.

Die Abbildung 6.5 zeigt exemplarisch die Segmentierung des deutschen Sportschuhmarkts anhand möglicher Kriterien.

Für einen Sportschuhproduzenten gilt es erstens die Relevanz der einzelnen Kriterien zu überprüfen, zweitens durch die Kombination der relevanten Kriterien Marktsegmente zu identifizieren, und drittens geeignete Segmente (Zielgruppen) für die Marktbearbeitung auszuwählen. Mit dieser Aufgabenstellung wird somit zum Targeting, der eigentlichen Zielgruppenbestimmung, übergeleitet.

geografische Segmentierung		(sozio)demografische Segmentierung	
– Deutschland		– Alter:	16–65 Jahre
		– Geschlecht:	m/f
		– Familien- lebenszyklus:	Singles, Paare, Familien
		– Einkommen:	> 2.500 € Haushaltseinkommen brutto (mtl.)
		– Beruf:	Büroberufe, Führungspositionen
		– Bildungsgrad:	mittlerer bis hoher Bildungsgrad

psychografische Segmentierung		verhaltensbezogene Segmentierung	
– Einstellungen:	positive Grundeinstellung zum Sporttreiben	– Anlässe:	Sporttreiben, Freizeit
		– Benefits:	Unterstützungsfunktion, Design, Körpergefühl
– Werte:	Innovators, Achievers, Experiencers		
– Limbic Types:	Performer, Disziplinierte	– Mediennutzung:	Print, Internet, TV
– Lifestyle:	Activities: Sport, Vereine, Reisen	– Preisverhalten:	Qualitätskäufer, Smart Shopper
	Interests: Fitness, Gemeinschaft, Mode	– Einkaufsstätten- wahl:	Fachhandel, Fachmarkt, Warenhaus, Internetshop
	Opinions: Selfness, Bildung, Kultur	– Verwenderstatus:	Neuverwender, Stammverwender
		– Verwendungsrate:	Heavy-, Middle-, Light User
		– Markentreue:	ungeteilte, geteilte, abwandernde Markentreue

Abbildung 6.5: Angewendete Segmentierungskriterien für den deutschen Sportschuhmarkt (Quelle: Runia et al. 2019, S. 133).

6.1.2 Targeting

Sind die möglichen Segmente eines Marktes identifiziert, muss ein Unternehmen die Attraktivität der verschiedenen Segmente bewerten und schließlich eine Entscheidung treffen, welches Segment bzw. welche Segmente bearbeitet werden sollen.

Der Sportschuhproduzent des aufgeführten Beispiels identifiziert u. a. folgende mögliche Zielgruppen:
- spaß- und freizeitorientierte Jugendliche, die viel Wert auf sportliche Aktivität und Designelemente legen,
- Geschäftsleute, die Sport als Ausgleich zum stressigen Berufsalltag betreiben,
- leistungsorientierte Menschen, die an sportlichen Wettbewerben teilnehmen.

Die Auswahlkriterien hängen stark von den individuellen Unternehmens- und Marktgegebenheiten ab. In erster Linie ist hier die gewählte Markenarchitektur des Unternehmens relevant, d. h. die Anzahl und die Anordnung der im Unternehmen geführten Marken. Hier ergibt sich die grundsätzliche Unterscheidung eines Branded House oder House of Brands. Während bei einem Branded House die Dachmarke im Vordergrund steht, wird beim House of Brands eine Mehrmarkenstrategie verfolgt.

Für die Zielgruppenbildung, d. h. für das ausgewählte Zielsegment, bildet die jeweilige Marke den Ausgangspunkt.

Anhand der Segmentgröße kann das Segmentvolumen und Segmentpotenzial analog zum Gesamtmarkt abgeschätzt werden. Sind Volumen und Potenzial der anvisierten Zielgruppe zu gering, scheidet das Segment für die Bearbeitung aus. Die Stellung der betrachteten Marke im Markt bzw. die Positionen der Wettbewerbsmarken geben weitere Anhaltspunkte für die Attraktivität des Segments. Hierzu sind Kennzahlen wie Absatz bzw. Umsatz im Segment heranzuziehen. Die Erreichbarkeit der Zielgruppe durch operative Maßnahmen muss gewährleistet sein. Die zusätzlichen Kosten, die für die Bearbeitung einer neuen Zielgruppe anfallen, müssen geschätzt werden. Selbst wenn alle genannten Punkte auf eine hohe Attraktivität eines Marktsegments hinweisen, muss ein Unternehmen unter Umständen von seiner Bearbeitung absehen, wenn interne Faktoren (z. B. fehlende Ressourcen) oder externe Faktoren (z. B. rechtliche Beschränkungen) dagegensprechen.

An dieser Stelle sollen rückgreifend auf die eingangs des Abschnitts vorgestellten Abstufungen im Segmentierungsgrad die grundsätzlichen Möglichkeiten des Targetings aufgezeigt werden.

Die Massenmarktstrategie, bei der kein Unterschied zwischen den potenziellen Käufern in einem Markt gemacht wird und somit keine Segmentierung stattfindet, kann aus heutiger Sicht als obsolet bezeichnet werden. Eine solche strategische Vorgehensweise widerspricht den hier dargelegten Verfahren der Marktsegmentierung und Zielgruppenbildung. Die Massenmarktstrategie hat somit einen rein historischen Charakter und bezieht sich auf den Ursprung von klassischen Markenartikeln wie Odol, Nivea, Maggi etc.

Das differenzierte Marketing kennzeichnet den Normalfall einer Zielgruppenfestlegung, d. h. die Auswahl einer größeren identifizierbaren Käufergruppe innerhalb eines Marktes. Diese Vorgehensweise ist charakteristisch für klassische Markenartikel in der heutigen Zeit.

Beim konzentrierten Marketing wird der Fokus auf Untersegmente, d. h. feiner definierte kleinere Käufergruppen innerhalb eines größeren Marktsegments, gelegt. Diese Subsegmente werden als Nischen bezeichnet. Die Smoothie-Marke true fruits ist hierfür ein passendes Beispiel.

Beim individualisierten Marketing wird jeder einzelne Käufer als ein Marktsegment (Segment of One) betrachtet. Somit stellt diese Vorgehensweise die stärkste Ausprägung einer Zielgruppenfestlegung dar. Die Marke mymuesli soll hier als Beispiel fungieren.

Nachdem die Zielgruppe(n) bestimmt ist (sind), gilt es, die jeweilige Marke im anvisierten Zielsegment vom Wettbewerb zu differenzieren und eine bestimmte Position in diesem Marktsegment einzunehmen. Dies stellt den dritten und letzten Schritt im Rahmen des STP-Marketings dar.

6.1.3 Positioning

Konsumenten in einem Markt stellen Unterschiede zwischen Marken fest, indem sie diese miteinander vergleichen. Werden diese Unterschiede von Unternehmen effektiv kommuniziert, können sie von den potenziellen Käufern erkannt und im Idealfall abgespeichert werden, womit eine Positionierung im Markt realisiert wird. Um dies zu erreichen, müssen diese Unterschiede folgende Kriterien erfüllen (Kotler et al. 2007, S. 402 f.): Substantialität, Hervorhebbarkeit, Überlegenheit, Kommunizierbarkeit, Vorsprungssicherung, Bezahlbarkeit, Gewinnbeitragspotenzial, Nachhaltigkeit.

Die Differenzierungsstrategie ist die grundlegende Marketingstrategie: Differenzierung heißt, eine Marke für ein Marktsegment so zu positionieren, dass sie sich von den Konkurrenzmarken abhebt. Im Kontext der STP-Strategien stellt dies den dritten Schritt dar.

Die Situation auf den Märkten ist heutzutage in den meisten Branchen von wettbewerbsintensiven und dynamischen Prozessen gekennzeichnet. Dabei haben sich auch die Marktstrukturen verändert und so die Marktbearbeitung vor neue Herausforderungen gestellt. Die Anforderungen an das Markenmanagement bzw. die Markenführung sind dadurch wesentlich komplexer geworden. Genau das ist aber heute in Zeiten von massiver Informationsüberlastung und Reizüberflutung ein weiteres Problem. Kroeber-Riel forderte schon 1990 in diesem Zusammenhang die Reduktion von Komplexitäten in der Positionierung und Kommunikation von Marken. Die Umfeldbedingungen zu dieser Zeit, in der das Privatfernsehen in Deutschland noch in den Kinderschuhen stand und es das Internet noch gar nicht gab, waren im Vergleich eher paradiesisch.

Grundsätzlich war es schon immer die Aufgabe der Markenverantwortlichen, die Marke eindeutig im Bewusstsein der Zielgruppe zu positionieren, damit diese langfristig einen wertvollen Beitrag zum Unternehmenserfolg leistet. Die Ansprüche an diese Aufgabe haben in den heutigen Märkten allerdings neue Dimensionen erreicht.

In erster Linie betroffen von diesen Bedingungen ist die Konsumgüterindustrie, insbesondere die Fast Moving Consumer Goods (FMCG). Hintergrund ist hier die vor allem durch Konzentrationsprozesse entstandene starke Stellung des Handels. Die Handelsorganisationen setzen die Herstellermarken der traditionellen Markenartikelindustrie mit ihren Handelsmarken unter Druck und erreichen in der Summe in vielen Warengruppen Marktanteile bis zu 40 % und teilweise auch schon darüber. Die Auswirkungen dieser Bedingungen für die Markenartikelindustrie führen zu dem seit einigen Jahren zu beobachtenden „Verlust der Mitte-Phänomen". Viele Herstellermarken, die auf der mittleren Marktschicht positioniert sind, geraten im Extremfall in eine „Sandwichposition" (Stuck in the Middle) zwischen den Marken mit Preis-Premium bzw. dem Herstellermarken-Marktführer und den Handelsmarken in der relevanten Warengruppe und verlieren dabei kontinuierlich an Marktanteilen.

Der Verlust der Mitte ist aber nicht nur im Bereich der FMCG zu finden, sondern auch in Branchen, in denen keine derart spezifische Situation auf Ebene der Absatzmittler existiert. Beispielsweise leiden genauso die Mittelklasse-Anbieter im Automobilmarkt unter diesem Phänomen. Traditionelle Mitte-Marken wie Ford oder Opel verzeichnen Marktanteilsverluste, während die Oberklasse mit Marken wie BMW oder Mercedes und frühere Einsteigermarken wie Peugeot, Renault oder Hyundai ihre Marktposition verbessern können.

Das Problem vieler Marken in der mittleren Schicht von Märkten ist, dass sie sich im strategischen Niemandsland befinden. Ihre Positionierung ist verwässert und sie werden von den Konsumenten nicht mehr ausreichend als die Marke identifiziert, die ihnen einen nachvollziehbaren Mehrwert im Nutzen (Netto-Nutzen) bietet. Die Diagnose ist deutlich. Was diesen Marken fehlt, ist die Uniqueness. Sie verfügen über keine eindeutige Einzigartigkeit. Nach wie vor liegt der Schlüssel zum Markenerfolg in der klaren Positionierung. Es muss für die Marke eine Alleinstellungsdimension gefunden werden, die für die Zielgruppe relevant und im Wettbewerbsumfeld einzigartig und damit nicht austauschbar ist (Runia/Wahl 2009, S. 272).

Differenzierung ist notwendig, um sich von den relevanten Wettbewerbern abzuheben. Eine Differenzierung reicht jedoch nicht aus, wenn der potenzielle Käufer sie nicht wahrnimmt. Ein Unternehmen sollte in seiner Kommunikation die Unterschiede herausstellen, die für das anvisierte Zielsegment am sinnvollsten sind, und die es ermöglichen, eine eigenständige Position am Markt zu erreichen. In diesem Verständnis ist Positionierung das Bestreben des Unternehmens, sein Angebot so zu gestalten, dass es im Bewusstsein des Zielkunden einen besonderen, geschätzten und von der Konkurrenz abgehobenen Platz (eine Position) einnimmt (Kotler et al. 2017, S. 348).

Es stellt sich die Frage, welche und wie viele Unterschiede herausgestellt werden sollen, um eine gelungene Positionierung zu erreichen. Viele Unternehmen stellen nur einen einzigen Markennutzen heraus (Einfach-Nutzen-Positionierung). Nach Ries und Trout (1982) sollte hierbei betont werden, dass die Marke bei dieser Eigenschaft die „Nummer Eins" ist. Holsten positionierte sich in der Vergangenheit erfolgreich über die Regionalität, ausgedrückt im Slogan „Im Norden die Nr. 1". Subtiler umschreibt Apollinaris seine führende Position in der Qualität als „Queen of Tablewaters". Andere Unternehmen stellen für ihre Marken zwei oder mehr Nutzen heraus. Ein gutes Beispiel für eine Dreifach-Nutzen-Positionierung ist Odol-Med 3 von Glaxo Smith Kline; die Zahnpasta wird mit drei Nutzendimensionen positioniert (Schutz vor Karies, Parodontose und Zahnstein).

Generell bergen Mehrfach-Nutzen-Positionierungen die Gefahr der Verwässerung der Markenpositionierung. Letztlich kommt es nicht auf die Anzahl der herausgestellten Nutzen oder Differenzierungen an, sondern auf deren Beitrag zu einer effektiven Positionierung. In diesem Zusammenhang wird in der Theorie und Praxis für die Positionierung der Ansatz der **Unique Selling Proposition (USP)** bevorzugt, der im Kern von einer klaren Einfach-Nutzen-Positionierung ausgeht. Die zentrale Bedeutung dieses Ansatzes wird im Folgenden entsprechend berücksichtigt und exemplarisch dargestellt.

Der amerikanische Werbefachmann und Mitbegründer der New Yorker Agentur Ted Bates Rosser Reeves ist Urheber der USP und beschrieb diese als die: „… wahrscheinlich … heute am meisten missbrauchte Folge von Buchstaben in der Werbung" (Reeves 1961). Sein „heute" war 1961, als er seine Ideen und Gedanken zur Werbung zu Papier brachte. Reeves hat mit der Formulierung seiner Vorstellung, dass jedes Produkt ein einzigartiges Verkaufsargument (Unique Selling Proposition) besitzen müsse, das andere Produkte im Wettbewerb nicht innehaben und das so stark ist, dass eine ausreichend große Anzahl von Konsumenten dieses Produkt zu kaufen bereit ist, die Grundvoraussetzung für eine erfolgreiche Positionierung von Produkten geprägt. Sein Ansatz war eine produktbezogene alleinstellende Positionierung, bei der er eine Einfach-Nutzen-Positionierung des Produkts voraussetzte. Die USP dokumentiert ein unverwechselbares Nutzenangebot für die gewählte Zielgruppe.

Für erfolgreiche Werbung leitete Reeves die Forderung ab, dass diese das einzigartige Verkaufsargument in ein einzigartiges Werbeargument zu kanalisieren habe. Er plädierte also für eine Verschmelzung von Kernnutzen und Kernbotschaft, um so die Uniqueness (eindeutige Einzigartigkeit) zu kommunizieren. Die Präsentation der Besonderheit und Einzigartigkeit eines Werbeobjekts unter Konzentration auf einen kaufentscheidenden Produktnutzen war für ihn somit die Bedingung für die Ausdrucksweise und Gestaltung der Kernbotschaft.

Als Reeves seinen Positionierungsansatz aufstellte, war die Situation vieler Märkte nicht vergleichbar mit heutigen Bedingungen. Damals wuchsen die Märkte stark und das Angebot in einem Markt war noch so lückenhaft, dass es für einen Anbieter nicht allzu schwierig war, eine alleinstellende Positionierung zu finden. Aus heutiger Sicht mussten die Märkte weniger stark segmentiert werden und die Marken verfügten über einen erkennbaren Kernnutzen. Oft wurde dadurch eine quasimonopolistische Marktstellung aufgebaut und die Nachfrager steuerten so unausweichlich auf die Marke zu.

Die Schwierigkeit, heute treffende Beispiele für Produkte bzw. Marken mit einer echten USP zu nennen, beruht in erster Linie auf dem historischen Aspekt. So ermöglichte als erstes Produkt der Walkman von Sony das mobile Musikhören und Nutella brachte die Schokolade auf das Brot. Die damalige Uniqueness dieser Marken ist heute nicht mehr gegeben, da im ersten Fall die Hi-Fi-Technologie das Produkt überholt hat und im zweiten Fall andere Nuss-Nougat-Cremes die reine produktbezogene Alleinstellung der Marke Nutella aufheben. Dass die überwiegende Zahl der Konsumenten heute noch immer zur Marke Nutella greift, beruht also nicht mehr auf der ursprünglichen USP, sondern auf der vorhandenen Markenstärke (Runia/Wahl 2009, S. 273 f.).

Es empfiehlt sich daher, zwischen einer natürlichen und einer konstruierten USP zu differenzieren:

- Eine **natürliche USP** ist der funktionale Nutzen, der sich direkt aus dem Produkt ableitet und durch spezifische Eigenschaften und/oder besondere Herstellungsweisen begründet wird. Heute wird dies als echter, ursprünglicher oder faktischer Wettbewerbsvorteil bezeichnet, bei dem der rationale Kernnutzen bedeutender ist als die Kernbotschaft.
- Bei einer **konstruierten USP** spielt neben dem funktionalen Nutzen auch der emotionale Nutzen eine Rolle, der sich nur indirekt aus dem Produkt ableiten lässt. Heute wird dies als künstlicher, abgeleiteter oder psychologischer Verkaufsvorteil bezeichnet, bei dem die emotionale Kernbotschaft bedeutsamer ist als der Kernnutzen selbst.

Aufgrund der generellen Schwierigkeit für Marken, heute noch eine natürliche USP zu entwickeln, strebt die überwiegende Anzahl der Marken eine konstruierte USP an. Die einzigartige Kombination von funktionalen und emotionalen Nutzendimensionen führt zu einem vom Nachfrager wahrgenommenen Wettbewerbsvorteil.

Als Beispiel für eine konstruierte USP sollen hier die Schokoladenmarken Toblerone und Ritter Sport dienen. Bei der Marke Toblerone stellt die Schweizer Bergwelt, symbolisiert durch das bergförmige Produktformat, im Sinne einer Einfach-Nutzen-Positionierung das Differenzierungsmerkmal dar. Dagegen setzen die Markenverantwortlichen bei Ritter Sport auf eine Dreifach-Nutzen-Positionierung, die das quadratische Produktformat beinhaltet, zudem aber auch auf eine gute Schokoladen-Basisqualität sowie den praktischen Aufreißmechanismus der Verpackung abstellt. In diesem Falle wird die Positionierung durch den Marken-Claim „Quadratisch. Praktisch. Gut" kommunikativ umgesetzt.

Im Zusammenhang mit einer konstruierten USP kann auch von einem **Netto-Nutzen-Vorteil** gesprochen werden (Meffert et al. 2019, S. 59). Dieser Netto-Nutzen-Vorteil ergibt sich für den Nachfrager durch den Vergleich der Nutzendimensionen einer Marke mit den für den Kauf dieser Marke aufzuwendenden Kosten. Der Wettbewerbsvorteil besteht aus der Netto-Nutzen-Differenz, die sich aus dem Vergleich der präferierten Marke zu Konkurrenzmarken ergibt (vgl. Abbildung 6.6).

Heutzutage sind viele Märkte gesättigt, stark segmentiert und die Segmente annähernd besetzt, d. h., die meisten USP sind so gut wie vergeben. Im Vergleich zu damals sind die Produkte im Kernnutzen vielfach austauschbar und über schwächere Nutzendimensionen differenziert. Auch die Kommunikationskampagnen sind in ihrer Kernbotschaft oft zu wenig differenziert oder sogar sehr ähnlich, sodass es Unternehmen immer schwerer fällt, eine produktbezogene alleinstellende Positionierung zu etablieren. Die Suche nach einer USP hat teilweise schon gegenteilige Wirkung und führt zu gefährlichen Konsequenzen. So besetzen Unternehmen Positionen im Markt, die zwar unique sein mögen, die gleichzeitig aber auch so wenig relevant sind, dass ihr Erfolg fraglich wird, weil ihre Marktberechtigung nicht ohne Weiteres einleuchtet.

Kosten und Nutzen
für Nachfrager

Nutzen

Netto-Nutzen-Differenz

Angebotspreis

Angebotspreis

Konkurrent

Anbieter

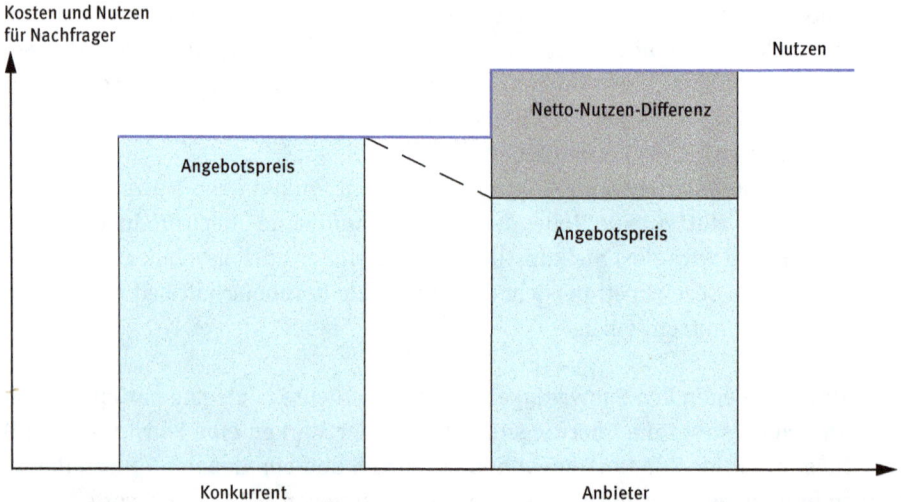

Abbildung 6.6: Netto-Nutzen-Vorteil (Quelle: eigene Darstellung in Anlehnung an Backhaus/
Schneider 2009, S. 23).

Generell ist heute die Beweisführung für eine relevante Markenpositionierung
nicht einfacher geworden. Historisch waren die meisten Marken Innovator für
einen Markt und besaßen eine echte USP, die sich durch einen funktionalen Nutzen
kennzeichnete. Die Ableitung dieses funktionalen Nutzens direkt aus dem Produkt,
seinen Eigenschaften oder seiner Herstellungsweise wird im Rahmen der Positionierung als Reason Why bezeichnet. Der Reason Why ist die Begründung des funktionalen Nutzens und wird dann entscheidend, wenn konkurrierende Marken über
ähnliche funktionale Nutzen verfügen.

Als Beispiel dafür soll die Marke Actimel dienen. Actimel von Danone ist ein
probiotischer Joghurtdrink, der laut Markenversprechen nachweislich hilft, die natürlichen Abwehrkräfte des Menschen zu „aktivieren" (Consumer Benefit). Das Wir-
kungsversprechen (Reason Why) erfolgt über die Joghurtkultur L. Casei Danone.
Insoweit liegt hier eine natürliche USP vor. Allerdings wird diese USP mit dem ver-
mehrten Eintritt von Handelsmarken in den Markt für probiotische Produkte zunehmend vom Verbraucher infrage gestellt. Der Konsument ist überfordert, wenn er vor
dem Kühlregal steht und sich z. B. zwischen Actimel und BIAC (Aldi) entscheiden
muss. Beide Produkte enthalten L. Casei-Kulturen, wobei Actimel als Reason Why
für die Bezeichnung der Joghurtkultur den Zusatz „Danone" nutzt.

Während Actimel die Produktkategorie in Deutschland als Innovation etabliert
hat und die Positionierung noch vor einigen Jahren einzigartig war, verliert die Begründung der Wirkung (Reason Why) vor dem Hintergrund der immer stärker wer-
denden Handelsmarken an Beweiskraft. Die Uniqueness wird dadurch im Kern
schwächer und der Grad der Einzigartigkeit nimmt ab. Danone versucht vor diesem

Hintergrund durch wissenschaftliche Studien die Glaubwürdigkeit des Wirkungsversprechens der Marke zu untermauern. Zudem gehört Actimel zu den Marken mit sehr hohen Kommunikationsaufwendungen. In diesem Zusammenhang ist der Einfluss der EU-Health-Claim-Verordnung zu nennen, der dazu geführt hat, dass die Markenverantwortlichen von Danone den Claim „Actimel activiert Abwehrkräfte" zunächst durch den weniger gesundheitsbezogenen Claim „Starker Start in den Tag" ersetzt haben. Kurz darauf wurde die Aussage mit dem Folgeclaim „Actimel – die kleine Flasche, die's in sich hat" noch weiter abgeschwächt. Aktuell nutzt die Marke Actimel den Claim „Stay Strong". Generell wird es für Actimel aber immer schwieriger, den Preisabstand zu den Handelsmarken über den vermeintlichen Positionierungsvorsprung zu rechtfertigen.

In der Markenführung ist generell darauf zu achten, eine klare, widerspruchsfreie Positionierung zu erreichen. Haben die Zielkunden nur konfuse bzw. zweifelhafte Vorstellungen über eine Marke, so führt dies nicht zu einer Abhebung vom Wettbewerb. Ferner wird das Angebot häufig nicht deutlich genug positioniert, sodass der potenzielle Käufer es nur als „eins unter vielen" wahrnimmt (Unterpositionierung). Auf der anderen Seite kann eine allzu scharfe Überpositionierung dazu führen, dass das Leistungsangebot als zu eng empfunden wird.

In der heute vorherrschenden Vorgehensweise einer Positionierung mittels einer konstruierten USP ergibt sich eine Kombination aus funktionalen und emotionalen Nutzendimensionen, unterstützt durch eine starke Nutzenbegründung (Reason Why).

Des Weiteren existiert die Möglichkeit einen rein emotionalen Nutzen zur Positionierung zu verwenden, der in der Wahrnehmung der Konsumenten eine Alleinstellung aufweist. Dieser Positionierungsansatz wird als **Unique Advertising Proposition (UAP)** bezeichnet.

Die Unique Advertising Proposition konzentriert sich bei der auf gesättigten Märkten häufig anzutreffenden Austauschbarkeit des Produkts auf eine ausschließlich werbliche alleinstellende Positionierung. Es handelt sich um eine rein kommunikative Technik für ein wenig oder gar nicht differenziertes Produkt, das durch die werbliche Umsetzung in der Meinung der Zielgruppe den Rang einer früher möglichen Unique Selling Proposition erlangt. Ausschlaggebend ist nicht die durch die Produktleistung bewirkte, natürliche oder konstruierte Alleinstellung (USP), sondern die durch die Werbungsleistung erzeugte, emotionale Alleinstellung (UAP) in der Vorstellung der Zielpersonen (Relevant Set). Beispiele für erfolgreiche Umsetzungen von Unique Advertising Propositions sind die Weltmarken Bacardi und Marlboro.

Bacardi, eine Marke des Familienunternehmens Bacardi & Company, ist seit Jahren eine der erfolgreichsten Spirituosen der Welt. Anfang der 1970er-Jahre war sie noch ziemlich unbekannt. Die Markenverantwortlichen beschlossen deshalb eine intensive und langfristig angelegte Werbekampagne. Der Inhalt dieser Kampagne war allerdings nicht der einzigartige Produktvorteil von Bacardi, sondern die Wahrnehmung als Jamaika-Rum. Das Geschick bei Bacardi lag nun in der schlüssigen Positionierung der Marke hin auf die Erlebniswelt und das Lebensgefühl der Karibik. Auf diese Weise konnte das berühmte „Bacardi-Feeling" entstehen, das der Erlebnisprofilierung seinen Namen gibt und innerhalb der Zielgruppe als Symbol für die Karibik gilt. So ist eine Unique Advertising Proposition entstanden, die den Erfolg der Marke Bacardi begründet hat.

Marlboro, eine Marke des internationalen Tabakkonzerns Philip Morris, ist seit Mitte der 1970er-Jahre die Zigarette Nummer Eins in der Welt. Die alleinstellende Positionierung der Marke Marlboro basiert auf den Dimensionen Freiheit und Abenteuer vor dem Hintergrund der Erlebniswelt des Wilden Westens. Elementarer Bestandteil der Vermarktungskampagnen war der Cowboy als Symbol für das authentische und romantische Image des Wilden Westens. Der Markenerfolg von Marlboro war geprägt von dieser Erlebnispositionierung und von dem jahrzehntelangen konsequenten Festhalten der Markenverantwortlichen an dieser Unique Advertising Proposition. Auch bei Marlboro war eine Unique Selling Proposition nicht machbar, denn das Kernprodukt Zigarette ist generell problematisch. Einerseits ist die Zigarette ein Paradebeispiel für ein austauschbares Produkt und andererseits auch noch nachgewiesen gesundheitsschädlich.

Wie die genannten Beispiele zeigen, kann für ein austauschbares Produkt durch konsequente Werbeanstrengungen ein unverwechselbares Erlebnisprofil (Erlebniswelt) verbunden mit der entsprechenden Marke entwickelt und aufgebaut werden. Erste Prämisse ist aber: Das gewählte Erlebnisprofil muss für die Zielgruppe relevant sowie stimulierend sein und diese langfristig ansprechen. Dieses Erlebnisprofil darf zweitens noch nicht von einem Wettbewerber in ähnlichen Ansätzen benutzt bzw. durch diesen vollständig besetzt sein. Berücksichtigt das Unternehmen beide Prämissen, entsteht eine einzigartige Erlebnisprofilierung, die eine deutliche Abgrenzung zu Wettbewerbsmarken ermöglicht.

Die genannten Beispiele der Marken Bacardi und Marlboro sind vor dem dargestellten Hintergrund mittlerweile als historisch zu betrachten. Die Marke Bacardi positioniert sich heute eher über Lifestyle-Dimensionen und hat das karibische Erlebnisprofil verlassen. Die Marke Marlboro hat im Jahr 2012 die vorher dargestellte Erlebniswelt verlassen und ist bedacht mit unterschiedlichen Kampagnenansätzen eine Umpositionierung zu erreichen. Aktuell versucht die Marke mit der Kampagne „You Decide" die Dimension Freiheit in die heutige Zeit zu überführen.

Die Marken Bacardi und Marlboro waren in der Marketinghistorie prägnante Beispiele für eine UAP als Positionierung. Beide Marken befinden sich derzeit in einem Umbruch, wobei die Positionierung nicht mehr eindeutig als UAP zu bezeichnen ist. Es ist darüber hinaus generell festzustellen, dass in der heutigen Markenführung die UAP als Positionierungsansatz selten vorzufinden ist.

Der Begriff Unique Advertising Proposition zielt mit dem Wort Advertising auf die klassische Werbung als Mittel zur Positionierung und Profilierung des Angebots und hat damit, wie in den vorgenannten Beispielen erläutert, zwar seine grundsätzliche Bedeutung, diese lässt jedoch immer mehr nach. Mittlerweile wird in diesem Zusammenhang häufiger der Begriff Unique Communications Proposition (UCP) verwendet, der nach Ansicht der Autoren als Weiterentwicklung der UAP aufzufassen ist. Als Erweiterung der auf der klassischen Werbung basierenden UAP beinhaltet die UCP die Betrachtung der Gesamtkommunikation einer Erlebniswelt als Positionierungsvorteil. In diesem Kontext kommt es darauf an, dass zur Erlebnisprofilierung ein Zusammenspiel von klassischen und modernen Kommunikationsinstrumenten stattfindet.

Die folgende Abbildung 6.7 fasst die diversen Möglichkeiten der Positionierung zusammen.

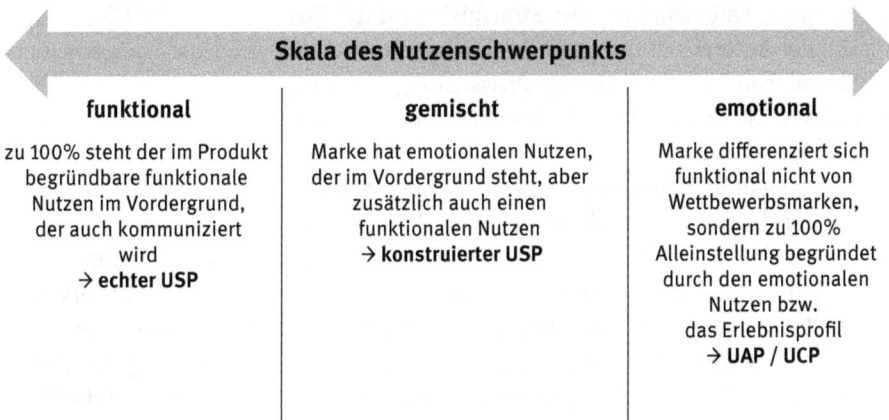

Skala des Nutzenschwerpunkts		
funktional	**gemischt**	**emotional**
zu 100% steht der im Produkt begründbare funktionale Nutzen im Vordergrund, der auch kommuniziert wird → **echter USP**	Marke hat emotionalen Nutzen, der im Vordergrund steht, aber zusätzlich auch einen funktionalen Nutzen → **konstruierter USP**	Marke differenziert sich funktional nicht von Wettbewerbsmarken, sondern zu 100% Alleinstellung begründet durch den emotionalen Nutzen bzw. das Erlebnisprofil → **UAP / UCP**

Abbildung 6.7: Abgrenzung echte USP, konstruierte USP und UAP / UCP (Quelle: eigene Darstellung).

6.2 Basisstrategien

Bei der Betrachtung der STP-Strategien wurde deutlich, dass im dritten Schritt eine eindeutige Positionierung erfolgen muss, die eine Differenzierung zum Wettbewerb erzeugt. Mit dem Begriff der Differenzierung wird die im Marketing zentrale Basisstrategie bezeichnet, die somit auch die klassische Markenbildung prägt.

Die Basisstrategien gehen historisch auf Michael Porter zurück, der in seinen generischen Strategien zwischen Differenzierung und Kostenführerschaft unterscheidet.

Die Strategie der **Differenzierung** zielt auf eine leistungsbezogene Überlegenheit des Unternehmens ab. Differenzierungsmöglichkeiten bieten sich durch die Festlegung von für die Zielgruppe relevanten funktionalen und emotionalen Nutzendimensionen. Typische Merkmale der Umsetzung der Differenzierungsstrategie auf operativer Ebene sind eine intensive Markenpflege, eine ständige Optimierung der Leistungsfähigkeit der Produkte, ein mittleres bis oberes Preisniveau, ein entsprechender Distributionsgrad und eine intensive Kommunikation.

Die Strategie der **Kostenführerschaft** zielt auf die Erreichung der günstigsten Kostenposition in einer Branche ab. Eine solche Kostenposition eröffnet dem Unternehmen die Möglichkeit, seine Produkte zu niedrigeren Preisen anzubieten als seine Wettbewerber. Um diese Kostenposition zu erreichen, wird ein Unternehmen in der Regel hohe Absatzvolumina anstreben. Eng mit der Strategie der Kostenführerschaft ist das Konzept der Erfahrungskurve verbunden; sie beschreibt die Entwicklung der Stückkosten in Abhängigkeit von der produzierten Menge. Typische Merkmale der Umsetzung der Kostenführerschaft auf operativer Ebene sind u. a. eine aggressive Niedrigpreispolitik, eine weitgehende Standardisierung des Leistungsangebots, die Nutzung effizienter Vertriebswege und die Betonung der attraktiven Preise im Rahmen der Kommunikationspolitik. Der Strategiebegriff der Kostenführerschaft führt nach Ansicht der Autoren häufig zu einer Fehlinterpretation, weil strategisch gesehen nicht die Kosten, sondern die niedrigste Preisstellung den Ausgangspunkt dieses Strategietyps bilden. Die Kostenführerschaft stellt somit eine zwingende Voraussetzung für die Preisführerschaft dar.

Porter stellt in seinem ursprünglichen Modell dar, dass die beiden Basisstrategien sowohl auf einen Gesamtmarkt als auch auf einen Teilmarkt bezogen werden können. Er bezeichnet letzteres als Konzentrationsstrategie. Nach Ansicht der Autoren ist eine solche Unterscheidung in heutigen Marktkonstellationen überholt. Gesamtmarkt und Teilmarkt werden im Rahmen einer Marktabgrenzung, d. h. bereits in der Mikroanalyse im Rahmen der Marketinganalyse, festgelegt. Im Rahmen der Segmentierung von Märkten steht der nachfragebezogene Blickwinkel im Vordergrund und damit die Entscheidung, welche Segmente angesprochen werden sollen. Bei dieser Unterscheidung ist die Segmentgröße relevant, mithin die Festlegung des Segmentgrades. Hierbei muss vor allem zwischen Segment- und Nischenbildung unterschieden werden. Während die Segmentbildung (differenziertes Marketing) der eigentliche Hintergrund für die Differenzierungsstrategie darstellt, geht die Nischenbildung (konzentriertes Marketing) noch einen Schritt weiter. Nischen sind in dem Sinne Untersegmente, d. h., feiner definierte kleinere Käufergruppen innerhalb eines größeren Marktsegments.

In der Abbildung 6.8 wird sowohl das ursprüngliche Modell von Porter dargestellt als auch die oben beschriebene Adaption.

Die Abbildung 6.9 zeigt die Systematisierung exemplarisch anhand der Reisebranche.

Zusammenfassend betrachtet stellen diese Strategien grundlegende Ausrichtungen dar, wie eine Marke Wettbewerbsvorteile erzielen kann. Porter betont explizit und belegt dies durch empirische Untersuchungen, dass, wenn keine dieser generischen Strategien konsequent verfolgt wird, dem Unternehmen die vielfach beobachtete U-förmige Beziehung zwischen Marktanteil und Rentabilität zum Verhängnis werden kann. In den kritischen Bereichen, in denen das Unternehmen „zwischen den Stühlen sitzt" (Stuck in the Middle), entstehen häufig hohe Verluste.

Die Wettbewerbsstrategien nach Porter korrespondieren direkt mit den Marktstimulierungsstrategien nach Becker (2013). Becker unterscheidet in seinem Ansatz zwi-

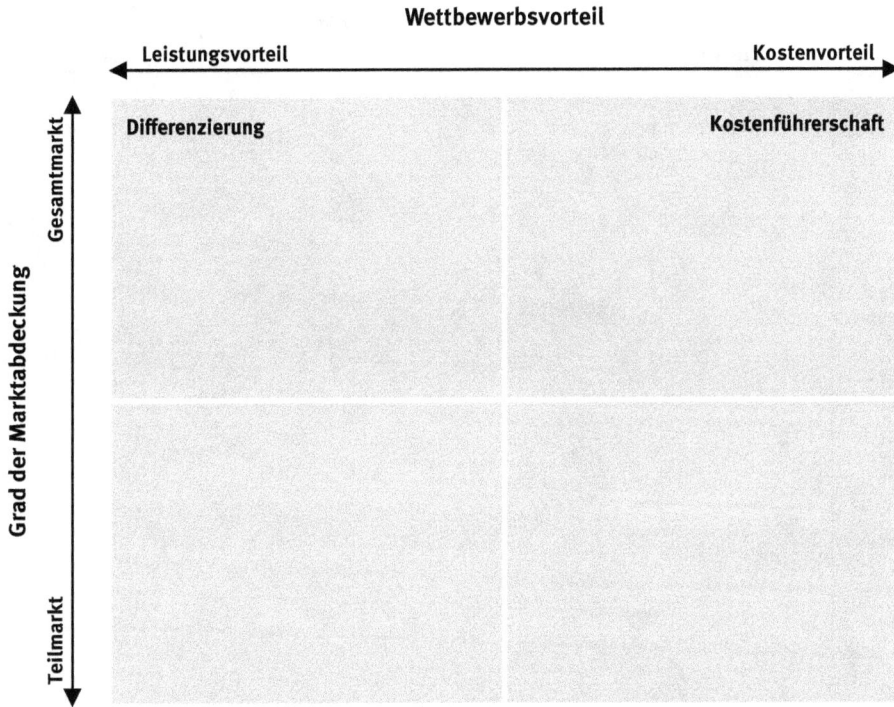

Abbildung 6.8: Generische Wettbewerbsstrategien nach Porter (Quelle: Runia et al. 2019, S. 101).

schen Präferenzstrategie und Preis-Mengen-Strategie als zentrale Basisstrategien im Wettbewerb analog zu den von Porter definierten Basisstrategien Differenzierung und Kostenführerschaft. Die Erfolgsvoraussetzungen der **Preis-Mengen-Strategie** liegen in Preis- und Kostenvorteilen gegenüber den Wettbewerbern. Im Gegensatz dazu strebt die **Präferenzstrategie** Leistungsvorteile gegenüber den Wettbewerbern an. Zwischen den beiden Autoren lassen sich jedoch zwei wesentliche Unterschiede aufzeigen (Meffert 2000, S. 271). Zum einen ist bei dem Ansatz von Porter der Wettbewerbsvorteil bzw. die Kernkompetenz immer in Relation zur Konkurrenz zu beurteilen, d. h., bei Porter steht der Wettbewerb im Fokus der Strategie, während bei Becker die Marketingkonzeption an sich entscheidend ist und erst in zweiter Instanz die Relation zum Wettbewerb. Des Weiteren weisen die Strategien von Porter einen stärkeren funktionsübergreifenden Bezug auf als die vor allem auf das Marketing bezogene Preis-Mengen- und Präferenzstrategie.

Die Differenzierungsstrategie nach Porter bzw. die Präferenzstrategie nach Becker bilden als Basisstrategie und somit entscheidende Marketingstrategie die Grundlage für die Markenbildung und die Markenführung eines Hersteller- oder Dienstleistungsunternehmens. Herstellermarken sind Waren- oder Firmenkennzeichen, mit denen Herstellerunternehmen ihre Waren markieren. In der Praxis ist damit nicht nur das

Abbildung 6.9: Systematisierung von Basisstrategien am Beispiel von Reiseveranstaltern (Quelle: eigene Darstellung in Anlehnung an Runia et al. 2019, S. 103).

Kennzeichen selbst gemeint, sondern auch der Artikel, der damit versehen ist. Dieser wird daher als Herstellermarkenartikel bezeichnet (Ausschuss für Definition zu Handel und Distribution 2006).

Die Entscheidung für den Auf- und Ausbau von Herstellermarken und die dafür notwendige stringente Ausrichtung der entsprechenden operativen Markenpolitik als substrategische Dimension ist in erster Linie eine Entscheidung für Qualitäts- und gegen Preiswettbewerb. Voraussetzung hierfür sind eine in der Vision bzw. Mission eines Unternehmens fixierte Ausrichtung und entsprechende Ressourcen bzw. daraus abgeleitete Kernkompetenzen. Diese Betrachtung geht auf den Resource-based View (RBV) als grundlegendes Konzept zurück, welcher die unternehmensspezifischen Stärken und Schwächen als Basis für den Aufbau eines relevanten Wettbewerbsvorteils determiniert. Durch einen dreistufigen internen Prozess der Nutzung, Veredelung und Kombination der vorhandenen Ressourcen kann ein Unternehmen eine charakterisierende Kernkompetenz entwickeln und sich so einen dauerhaften Wettbewerbsvorsprung sichern (Freiling 2001, 2004; Freiling et al. 2006; Prahalad/Hamel 1990).

Der konsequente Qualitätswettbewerb bzw. das Anbieten von Leistungsvorteilen begründet Präferenzen im Markt, welche quasimonopolistische Preisspielräume eröffnen und die Realisierung ehrgeiziger Unternehmens- und Marketingziele möglich machen. Hier zeigt sich die Relevanz der Nutzenstiftung im Netto-Nutzen-Vorteil für den Konsumenten einerseits und die Relevanz der Wertstiftung aus dem Wettbewerbsvorteil für das Unternehmen andererseits. Mit der Differenzierungsstrategie bzw. Präferenzstrategie wird eine Positionierung auf mittlerer Marktschicht angestrebt, weshalb dieser Strategietyp auch als klassische Markenartikelstrategie bezeichnet wird. Typische Merkmale auf dieser Marktschicht sind in operativer Hinsicht eine intensive Markenpflege, eine ständige Optimierung der Leistungsfähigkeit der Produkte, ein mittleres Preisniveau, ein hoher Distributionsgrad (Ubiquität) und eine intensive Kommunikation.

Ausgehend von der Differenzierungs- bzw. Präferenzstrategie sind zwei weitere Typen von Basisstrategien zu unterscheiden:

Die **gehobene Präferenzstrategie** zielt weiterhin auf die Markenkäufer ab, allerdings auf einer höheren Marktschicht, was eine gesteigerte Erwartungshaltung der anvisierten Personen an die Marke (z. B. im Hinblick auf Qualitäts- oder Kompetenzdimensionen) impliziert. Dieser Strategietyp unterscheidet sich von der Präferenzstrategie im Wesentlichen durch die folgenden Kennzeichen: deutlich niedrigere Absatzvolumina, gehobenes Preisniveau, höherer Deckungsbeitrag und selektive Distribution.

Die **Premiumstrategie** fokussiert die Prestigekäufer (Veblen-, Snob-Effekt) auf der höchsten Marktschicht und weist folgende Merkmale auf: relativ niedrige Absatzvolumina, höchstes Preisniveau, sehr hohe Deckungsbeiträge und exklusive Distribution.

Die soeben beschriebenen grundlegenden Strategietypen markieren die mittlere, höhere und höchste Marktschicht, d. h., hier positionieren sich Herstellermarken auf die dort jeweils ansässigen Käufertypen der Marken- bis hin zu den Prestigekäufern. Aber auch die untere Schicht eines Marktes basiert auf einem hier anzusiedelnden Strategietyp, der als Käufertyp die Preiskäufer in den Fokus stellt, nämlich der Strategie der Kostenführerschaft nach Porter als Voraussetzung für eine Preisführerschaft bzw. der Preis-Mengen-Strategie nach Becker. Charakterisierend für diesen Strategietyp ist die eindimensionale Ausrichtung auf einen (Niedrig-)Preiswettbewerb, d. h., es werden Produkte und Dienstleistungen in Mindest- bzw. Standardqualität zu Niedrigstpreisen unter dem weitestgehenden Verzicht auf sonstige präferenzbildende Maßnahmen angeboten. Dieser marketingstrategische Ansatz bildet die Grundlage für die Handelsmarken, die überwiegend auf dieser Marktschicht vorzufinden sind.

Die Tabelle 6.3 stellt die beschriebenen Strategietypen (mit Ausnahme der Preis-Mengen-Strategie) anhand ausgewählter Marken des VW-Konzerns dar (Angaben für den Zeitraum Januar bis September 2010 weltweit). Hierbei kommt zudem die Mehrmarkenstrategie des Konzerns zum Ausdruck.

Wichtig ist anzumerken, dass die Charakteristik der Typen von Basisstrategien auf den jeweiligen Marktschichten und der dort vorherrschenden Käufertypen zwar für nahezu jeden Markt gilt, die Betrachtung im Einzelnen sich allerdings immer auf einen räumlich, zeitlich und sachlich abgegrenzten Markt bezieht. Für

Tabelle 6.3: Strategietypen am Beispiel des VW-Konzerns (Quelle: eigene Darstellung in Anlehnung an Car Center Automotive Research 2010).

	VW	Audi	Porsche
Absatz	4.203.000 PKW	968.000 PKW	81.850 PKW
ø-Preis / PKW	14.021 €	26.857 €	95.199 €
ø-Gewinn / PKW	683 €	2.346 €	14.478 €
Strategietyp	Präferenzstrategie	gehobene Präferenzstrategie	Premiumstrategie

die Käufertypologie bedeutet dies, dass eine Zielperson als Konsument in einem abgegrenzten Markt als Preiskäufer, in einem anderen als Markenkäufer und wieder in einem anderen als Prestigekäufer auftreten kann. Dieses Konsumverhalten wird als hybrides bzw. bipolares Kaufverhalten (Diller et al. 2000; Schmalen 1994; Schnedlitz 2006) bezeichnet.

6.3 Produkt-Markt-Matrix nach Ansoff

Nachdem in erster Instanz Zielgruppe und Positionierung (STP) festgelegt sowie die Basisstrategie (z. B. Differenzierungsstrategie) bestimmt werden, zeigt die klassische Produkt-Markt-Matrix nach Ansoff (1966, S. 13 ff.) mögliche strategische Stoßrichtungen in Form von Normstrategien für eine Marke auf.

Die folgende Abbildung 6.10 zeigt die klassische Produkt-Markt-Matrix:

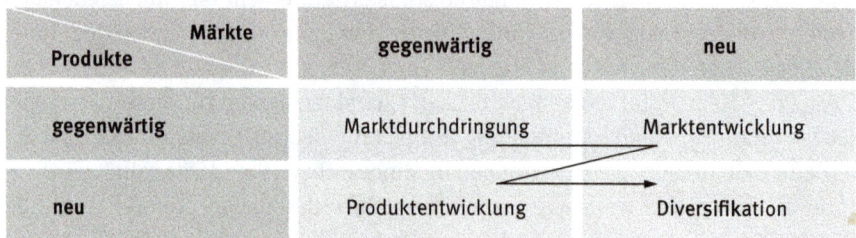

Märkte / Produkte	gegenwärtig	neu
gegenwärtig	Marktdurchdringung	Marktentwicklung
neu	Produktentwicklung	Diversifikation

Abbildung 6.10: Produkt-Markt-Matrix und Marktfeldstrategien nach Ansoff (Quelle: Runia et al. 2019, S. 151).

Als wesentliches Entscheidungskriterium für die Auswahl der zu verfolgenden Strategien der Ansoff-Matrix kann der Grad der Synergienutzung angesehen werden. Während die Marktdurchdringungsstrategie das höchste Synergiepotenzial aufweist, lassen sich im Falle der Diversifikation kaum noch Synergien nutzen. Diese Reihenfolge ist in der Produkt-Markt-Matrix mit dem Pfeil in der Mitte gekennzeichnet. Häufig wird auch der Begriff einer Z-Strategie verwendet, da sich die unter Synergiegesichtspunkten günstigste Strategiereihenfolge als „Z" in der Produkt-Markt-Matrix darstellen lässt.

Die Strategie der **Marktdurchdringung** bildet historisch gesehen die marketingstrategische Urzelle eines jeden Unternehmens und einer jeden Marke. Unter Ursprungsmarke ist immer eine Einzelmarke zu verstehen. Die Marktdurchdringung beinhaltet die Ausschöpfung des Absatzpotenzials vorhandener Produkte in bestehenden Märkten und setzt operativ auf die Verstärkung der Marketingmaßnahmen. Es sind grundsätzlich drei Substrategien möglich, die auch kombiniert werden können:
- Erhöhung (Intensivierung) der Produktverwendung bei bestehenden Kunden, z. B. durch Schaffung neuer Anwendungsgebiete (z. B. Verwendung von Obstgarten-Joghurt als Brotaufstrich) oder durch Erhöhung der Verwendungsmenge (z. B. Garnier Fructis Daily Care Shampoo),
- Gewinnung von Kunden, die bisher bei der Konkurrenz gekauft haben, z. B. durch Consumer Promotions, die einen Preisvorteil beinhalten,
- Gewinnung bisheriger Nichtverwender der Produkte, z. B. durch Consumer Promotions wie Degustationen (Verkostungen).

Bei der Strategie der **Marktentwicklung** wird angestrebt, für die gegenwärtigen Produkte einen oder mehrere neue Märkte zu finden. Der Versuch, neue Marktchancen für bestehende Produkte aufzudecken, umfasst folgende Substrategien:
- Erschließung zusätzlicher Absatzmärkte durch geografische (regionale, nationale oder internationale) Ausdehnung,
- Gewinnung neuer Marktsegmente, z. B. durch speziell auf bestimmte Zielgruppen abgestimmte Produktversionen (marginale Produktanpassungen) oder kommunikative Maßnahmen (Jägermeister: Gewinnung jüngerer Zielgruppen).

Die Strategie der **Produktentwicklung** zielt darauf ab, neue Produkte für bestehende Märkte zu entwickeln. Hierbei lassen sich folgende Substrategien unterscheiden:
- Entwicklung von Innovationen im Sinne von echten Marktneuheiten, z. B. Pharmamärkte mit neuen Medikamenten oder die IT-Branche,
- Entwicklung von quasi-neuen Produkten (geringerer Innovationsgrad) wie z. B. Elektro-Fahrrad, Diätmarmelade, Smartphones mit Touchscreen,
- Entwicklung von Produktvariationen (z. B. neue Rezeptur) bzw. Produktdifferenzierungen (z. B. neue Geschmacksrichtung oder Gebindeform).

Die Strategie der **Diversifikation** ist durch Einführung neuer Produkte auf neuen Märkten charakterisiert. Je nach Grad der mit dieser Strategie verfolgten Risikostreuung lassen sich drei Diversifikationsformen (Substrategien) unterscheiden:

– Bei der horizontalen Diversifikation wird das bestehende Produktprogramm um Produkte erweitert, die noch im sachlichen Zusammenhang mit dem bestehenden Programm stehen, z. B. bietet ein PKW-Hersteller auch leichte LKW an oder ein Bierbrauer auch Mineralwasser.
– Die vertikale Diversifikation stellt eine Erhöhung der Wertschöpfungstiefe dar. Diese kann sowohl in Richtung Absatz der bisherigen Produkte als auch in Richtung Herkunft der Rohstoffe und Produktionsmittel vorgenommen werden. Bei einer Vorwärtsintegration kann ein Produktionsunternehmen die Handelsstufe übernehmen, indem eigene Verkaufsfilialen bzw. Onlineshops gegründet werden. Bei einer Rückwärtsintegration orientiert sich ein Herstellerunternehmen in Richtung Urproduktion, z. B. betreibt Hipp eigenen Obst- und Gemüseanbau.
– Bei der lateralen Diversifikation begibt sich das Unternehmen in völlig neue Produkt- und Marktbereiche, wobei das Unternehmen aus dem Rahmen seines traditionellen Marktes ausbricht und in weit abliegenden Aktivitätsfeldern tätig wird. Ein Beispiel hierfür ist die erfolgreiche laterale Diversifikation der Oetker-Gruppe vom Ursprungsmarkt Backwaren in den Finanzmarkt (Bankhaus Lampe).

Die Produkt-Markt-Matrix steht und fällt mit der Definition des angestammten Marktes. Wird der Markt beispielsweise als Jeansmarkt definiert, stellt die Einführung einer neuen Jeanshose eine Produktentwicklung dar und die Einführung einer Stoffhose eine horizontale Diversifikation. Liegt jedoch die Definition des Jeanshosenmarkts zugrunde, wäre bereits die Einführung einer Jeansjacke eine horizontale Diversifikation.

Die aufgezeigte Z-Reihenfolge wird in der Marketingpraxis nicht immer eingehalten, z. B. bewegt sich eine Marke häufig zwischen Marktdurchdringung und Produktentwicklung. Dies ist der Fall, wenn eine Marke abwechselnd Marktdurchdringung (Markenaktualisierung durch Kommunikationspolitik, z. B. Milka-Kampagne „Im Herzen zart") und Produktentwicklung (Produktvariation, z. B. Milka: Einführung einer zarteren Konsistenz bei allen Produkten) betreibt.

7 Markenidentität, Markenpositionierung, Markenimage

Nachdem im vorherigen Kapitel die grundlegenden Strategiemodelle vorgestellt wurden, sollen im folgenden Kapitel die zentralen Begriffe der Markenführung behandelt werden. Die drei wesentlichen Begriffe sind Markenidentität, Markenpositionierung und Markenimage.

Die **Markenidentität** ist das Selbstbild einer Marke. Dieses Selbstbild erfasst und beschreibt die wesensprägenden Elemente einer Marke, die aus der historischen Entwicklung einer Marke resultieren.

Die **Markenpositionierung** leitet sich aus der Markenidentität ab. Im Markenmanagement müssen hier für die jeweilige Marke differenzierende und für die Zielgruppe relevante funktionale und emotionale Nutzendimensionen festgelegt werden.

Das **Markenimage** ist das Fremdbild einer Marke, das im Idealfall das kongruente Spiegelbild der Markenpositionierung in den Köpfen der Zielgruppe darstellt.

7.1 Markenidentität

Die Markenidentität ist das Selbstbild der Marke, welches aktiv von den Markenverantwortlichen festgelegt wird und von allen Mitarbeitern verinnerlicht werden soll. Idealerweise werden die Mitarbeiter damit zu Markenbotschaftern.

Die Identität einer Marke beginnt mit ihrer Geburtsstunde. Zu diesem Zeitpunkt haben alle Marken den Charakter einer Einzel- bzw. Monomarke, d. h. nur ein einzelnes Produkt trägt den Markennamen. Im Ursprung der Marke wird oft schon der funktionale Nutzen begründet. Die Herkunft der Marke basiert meist auf Kompetenzen des Gründers, z. B. die Erfindung einer besonderen Rezeptur, die als Reason Why den funktionalen Nutzen, z. B. eine besondere Wirkung, untermauert. In diesem Sinne war dieser funktionale Nutzen das Alleinstellungsmerkmal der Marke und bildete die natürliche Unique Selling Proposition. Im Laufe der Markenhistorie werden dann weitere Kompetenzen aufgebaut, z. B. die Erweiterung des Wirkungsgrades. Auf diese Weise ergibt sich sukzessive die Gesamtkompetenz einer Marke. Aus der Gesamtkompetenz entwickeln sich mehrere Nutzendimensionen, neben den funktionalen auch emotionale, aus denen eine Auswahl im Hinblick auf die Markenessenz erfolgen muss. Diese Auswahl ist insofern bedeutsam, da nicht alle Nutzendimensionen gleichermaßen zur Markenpositionierung geeignet sind. Zum einen müssen die Nutzen relevant für die anvisierte Zielgruppe und zum anderen differenzierend zu den Wettbewerbsmarken sein. Daraus müssen die Markenverantwortlichen die finale Positionierung festlegen und das Markenversprechen formulieren.

Aufbauend auf der psychoanalytischen Identitätsforschung können vier konstitutive Merkmale zwischen der Identität von Menschen und Marken identifiziert

https://doi.org/10.1515/9783110526318-007

werden. Dies sind die Wechselseitigkeit, Kontinuität, Konsistenz und Individualität (Burmann/Schallehn 2008, S. 9 f.). Die Wechselseitigkeit besagt, dass die Markenidentität erst durch die Abgrenzung zu konkurrierenden Marken entstehen kann. Die Kontinuität schreibt eine Beibehaltung der wesentlichen Markenmerkmale im Zeitablauf vor. Um Widerspruchsfreiheit im Markenauftritt zu erreichen, müssen diese Merkmale jederzeit eine grundlegende Konsistenz aufweisen. Durch die Individualität soll schließlich beim Nachfrager eine wahrgenommene Einzigartigkeit bestimmter Nutzendimensionen im Vergleich zu konkurrierenden Marken aufgebaut werden (Feddersen 2010, S. 3).

Vor dem Hintergrund der Kontinuität ist jedoch zu vermerken, dass die Markenidentität dennoch einer Aktualisierung und Weiterentwicklung im Zeitablauf unterliegen muss, um sie neuen Anforderungen anzupassen. Diese können sich beispielsweise aus einem gesellschaftlichen Wandel ergeben. Bei aller Veränderung muss allerdings der Kern der Marke stets stabil bleiben und darf nur marginal verändert werden, um ein unklares Fremdbild respektive Markenimage bei den Konsumenten zu vermeiden (Seidel 2014, S. 369).

So beinhaltet beispielsweise der Markenkern von Mercedes-Benz die Kernwerte Sicherheit, Komfort und Qualität, welche kontinuierlich im Mittelpunkt der Markenführung des Automobilherstellers stehen (Schüür-Langkau 2012, S. 106). In diesem Zusammenhang fordern Markenverantwortliche oftmals eine Verjüngung der eigenen Marke. Häufig ist damit jedoch nicht gemeint, dass die Marke verjüngt werden muss, sondern, dass jüngere Konsumenten angesprochen und gewonnen werden sollen. Hier ist wiederum zu klären, ob eine Verjüngung und somit Umorientierung eventuell den Markenkern in Frage stellt und darum zu Irritationen bei den Konsumenten führt (Errichiello/Zschiesche 2013, S. 74). Die Ableitung der Markenidentität stellt meist einen Top-Down-Prozess des Top-Managements in Kooperation mit der Marketingabteilung dar, welcher mit der Basis, das heißt den Mitarbeitern, zu erden ist (Esch 2012b, S. 38).

Die Markenidentität ist also ein begründender Faktor für den Erfolg einer Marke. Es stellt sich daher die Frage, welche Aspekte die Markenidentität konkret erfasst. Hierzu sind in der einschlägigen Literatur verschiedene Ansätze entwickelt worden. Im Folgenden werden sechs fundamentale Markenidentitätsmodelle vorgestellt.

7.1.1 Identitätsmodell nach Aaker

Einen grundlegenden Ansatz zur Erfassung der Markenidentität stellen die drei Identitätsringe von Aaker dar. Die Markenessenz, als innerster Ring, stellt den statischen Kern und die zentralen Identitätsmerkmale der Marke dar. Die Kernidentität ergänzt die Markenessenz im mittleren Ring um die wichtigsten Identitätsmerkmale, welche langfristig die Marke prägen sollen. Die erweiterte Markenidentität befindet sich im äußeren Ring, sie hat einen dynamischeren Charakter und ermöglicht eine Reaktion der Marke auf Veränderungen in der Markenumwelt (Runia et al. 2013, S. 16 f.). Die folgende Abbildung 7.1 stellt das Modell von Aaker anschaulich dar.

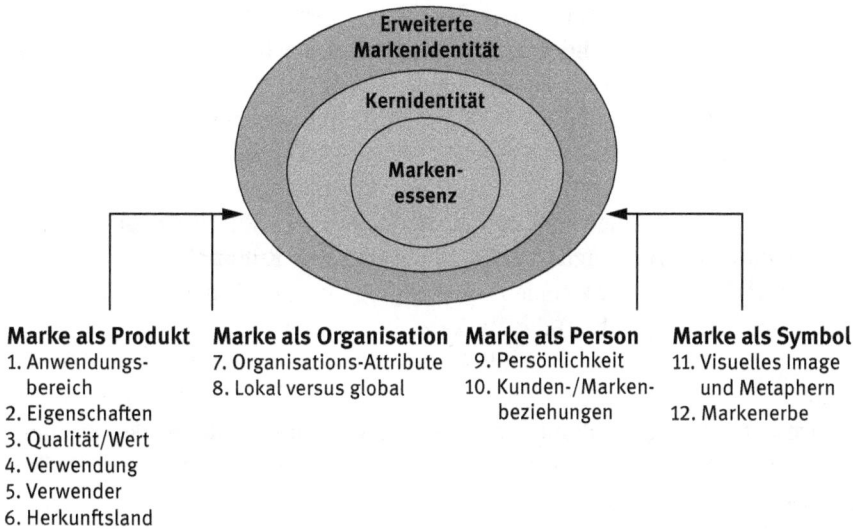

Marke als Produkt
1. Anwendungs-
   bereich
2. Eigenschaften
3. Qualität/Wert
4. Verwendung
5. Verwender
6. Herkunftsland

Marke als Organisation
7. Organisations-Attribute
8. Lokal versus global

Marke als Person
9. Persönlichkeit
10. Kunden-/Marken-
    beziehungen

Marke als Symbol
11. Visuelles Image
    und Metaphern
12. Markenerbe

Abbildung 7.1: Markenidentitätsmodell nach Aaker (Quelle: eigene Darstellung in Anlehnung an Aaker/Joachimsthaler 2000: 44).

Über diese Betrachtung hinaus unterscheidet Aaker folgende vier Dimensionen einer Marke: Produkt, Organisation, Person und Symbol. Diese Dimensionen konkretisieren die drei Identitätsringe. Innerhalb der Dimension Marke als Produkt werden produktbezogene Assoziationen mit der Marke festgelegt (Aaker 1996a, S. 72 ff.). Die Dimension Produkt umfasst die Aspekte Anwendungsbereich, Eigenschaften, Qualität/Wert, Verwendung, Verwender sowie Herkunftsland der Marke. Die Marke als Organisation beschreibt die Organisationsattribute des Markenherstellers, wie z. B. Innovationsgrad oder Qualifikation der Mitarbeiter. Ferner umfasst diese Dimension auch die Wahrnehmung als lokales oder globales Unternehmen. Die Dimension Person beinhaltet Assoziationen, welche die Markenpersönlichkeit und die Beziehungen zwischen Marke und Kunden betreffen. Die Markenpersönlichkeit enthält alle menschlichen Eigenschaften, die mit einer Marke verknüpft werden können. Vor diesem Hintergrund geht Aaker (1996a, S. 141 ff.) davon aus, dass zwischen einer Marke und ihrem Verwender eine vergleichbare Beziehung entstehen kann, wie sie zwischen Menschen besteht. Die Marke als Symbol erfasst schließlich das visuelle Image/Metaphern sowie das Markenerbe. Der Begriff Image ist in diesem Modell eher als bildliche Gestaltung der Marke aufzufassen. Das Markenerbe bezieht sich auf die Historie und enthält prägende Ereignisse der Marke (Aaker 1996a, S. 84 f.).

7.1.2 Identitätsmodell nach Kapferer

Als ein weiterer bedeutender Ansatz zur Erfassung der Markenidentität hat sich das Identitätsprisma von Kapferer etabliert. Sein Modell besteht aus sechs Identitätselementen, die das Bild von Sender und Empfänger ausmachen, dabei unterscheidet er zwischen Innen- und Außenorientierung der Marke. Als erstes Element sieht Kapferer das Erscheinungsbild (außenorientiert) der Marke und meint damit die physischen Merkmale, welche die Marke kennzeichnen. Das zweite Element stellt die Persönlichkeit (innengerichtet) der Marke dar, d. h. hier spiegelt sich der grundlegende Charakter der Marke wider. Drittes Element ist die Kultur (innenorientiert) der Marke, dabei hat die Prägung der Marke durch eine Kultur als auch die kulturelle Wirkung durch die Marke eine Bedeutung. Als viertes Element nennt Kapferer die Beziehung (außengerichtet) der Marke zu ihren Nutzern und fokussiert hiermit das Bezugssystem zwischen Marke und Zielpersonen. Das fünfte Element bildet die Reflexion (außenorientiert) der Marke durch die Konsumenten, d. h. hier geht es um die wesentlichen Assoziationen, welche die Zielgruppe mit der Marke verbindet. Mit dem sechsten Element des Selbst-Image (innengerichtet) der Marke rundet Kapferer seinen Ansatz ab, wobei er an dieser Stelle auf die persönlichen Wunschvorstellungen der Zielpersonen im Zusammenhang mit der Marke abzielt (Hofbauer/Schmidt 2007, S. 46 f.; Esch 2010, S. 95 ff.; Runia et al. 2013, S. 17 f.). Die nachfolgende Abbildung 7.2 zeigt das Identitätsprisma nach Kapferer.

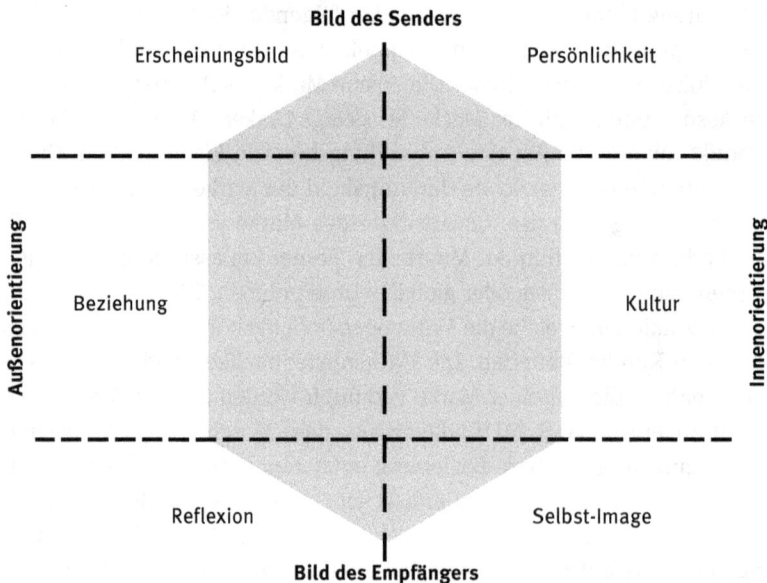

Abbildung 7.2: Markenidentitätsprisma nach Kapferer (Quelle: eigene Darstellung in Anlehnung an Kapferer 2008: 183).

7.1.3 Identitätsmodell nach Meffert und Burmann

Auf der Grundlage der erläuterten Ansätze von Aaker und Kapferer entwickelten Meffert und Burmann im Jahr 1996 ein Identitätsmodell, welches durch Burmann im Jahr 2003 (Burmann et al. 2003, S. 1) weiterentwickelt wurde. Nach Burmann lassen sich auf der Basis der sozialwissenschaftlichen und psychologischen Identitätsforschung sechs konstitutive Komponenten identifizieren, die eine umfangreiche Beschreibung der Markenidentität ermöglichen: Markenherkunft, Markenkompetenzen, Markenwerte, Markenpersönlichkeit, Markenvision und Markenleistungen (Burmann et al. 2003, S. 17). Die folgende Abbildung 7.3. stellt diese sechs Komponenten der Markenidentität strukturiert dar.

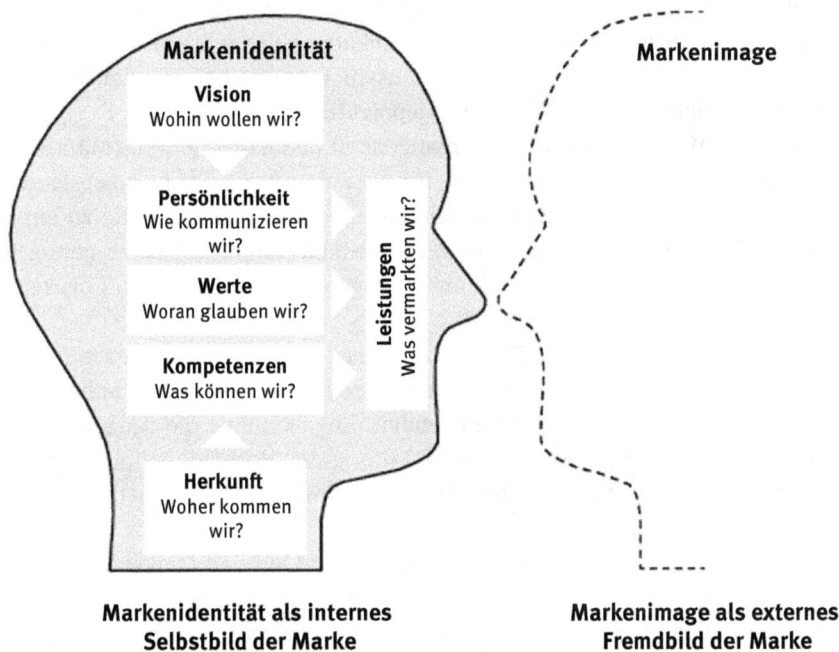

Abbildung 7.3: Komponenten der Markenidentität nach Meffert/Burmann (Quelle: eigene Darstellung in Anlehnung an Burmann et al. 2012, S. 44).

Die Markenherkunft dient als das Fundament der Markenidentität. Sie beantwortet die Frage: „Woher kommen wir?". Die Markenherkunft beschreibt im engeren Sinne den Ursprung einer Marke, umfasst in diesem Modell jedoch die folgenden drei Komponenten: zeitliche (Markenhistorie), institutionelle (Branche etc.) und geografische Herkunft (Burmann/Becker 2010, S. 21).

Die Markenkompetenzen beantworten die Frage: „Was können wir?". Sie vertreten die spezifischen Fähigkeiten einer Marke zur marktgerechten Identifikation und Kombination von Ressourcen. Dies bezeichnet die Fähigkeit, die verfügbaren Ressourcen so zu kombinieren, dass daraus ein überlegener Kundennutzen gegenüber der Konkurrenz entsteht. Die Markenkompetenzen gründen auf zeitweiligen Wissensvorsprüngen (Burmann et al. 2012, S. 50 ff.).

Die Markenwerte repräsentieren die grundsätzlichen Überzeugungen einer Marke und beantworten die Frage: „Woran glauben wir?". Dabei spiegeln sie die fundamentale Auffassung einer Marke wider, ob ein bestimmtes Verhalten oder eine Einstellung wünschenswert ist oder nicht. Gleichzeitig sollen sie zentrale emotionale Komponenten der Markenidentität zum Ausdruck bringen und einen Bezug zum emotionalen Nutzen herstellen, der mittels weniger Aussagen transportiert werden soll (Blinda 2007, S. 107 f.).

Die Markenpersönlichkeit beantwortet die Frage: „Wie kommunizieren wir?" (Burmann et al. 2003, S. 23). Im Sinne einer menschlichen Persönlichkeit findet sie ihren Ausdruck im non-verbalen und verbalen Kommunikationsstil der Marke (Schade 2012, S. 10). Der markenspezifische Kommunikationsstil wird hierbei von der Markenherkunft und den Repräsentanten der Marke geprägt (Burmann et al. 2003, S. 23).

Während die Markenherkunft die Vergangenheit betrachtet, gibt die Markenvision die langfristige Entwicklungsrichtung für die Zukunft vor. Sie beantwortet die Frage: „Wohin wollen wir?". Hierbei bezieht sie sich auf einen zukünftig zu erreichenden Soll-Zustand der Markenidentität. Die Markenvision weist einen geringen Konkretisierungsgrad auf und ist durch einen längeren Zeitraum von fünf bis zehn Jahren geprägt (Meffert et al. 2019, S. 267).

Die Markenherkunft und die Markenvision formen den zeitlichen Rahmen für die Ausgestaltung der übrigen Identitätskomponenten sowie die Basis für die anhaltende Entwicklung und Anpassung der Markenidentität. Angaben über die Bedeutung der Identitätskomponenten für die konkrete Gestaltung der Markenidentität sind nur unter Berücksichtigung der bestehenden Rahmenbedingungen individuell zu treffen (Burmann et al. 2012, S. 58).

Die grundlegende Art der Markenleistungen beruht auf den Markenkompetenzen und bestimmt, wie eine Marke für den Nachfrager nutzbar wird. Sie beantworten die Frage: „Was vermarkten wir?". Hier wird bestimmt, welche Nutzen die Marke bieten soll. Die Kompatibilität zwischen den Markenleistungen und den weiteren fünf Identitätskomponenten hat entscheidende Bedeutung für die Glaubwürdigkeit der Marke, da diese vom Nachfrager immer ganzheitlich wahrgenommen wird (Meffert et al. 2019, S. 267).

Beim Modell von Meffert und Burmann wird im Vergleich zu den vorherigen Modellen zum ersten Mal das Markenimage als angestrebtes Spiegelbild der Markenidentität betrachtet. Somit gelten Meffert und Burmann als Urheber der identitätsorientierten Markenführung, bei der zwischen einer Inside-out-Perspektive und einer Outside-in-Perspektive unterschieden wird. Das Selbstbild der Marke (Markenidentität) wird als Nutzenversprechen (Positionierung) an die Zielgruppe übermittelt (Inside-out). Hieraus ergibt sich das Fremdbild der Marke (Markenimage), welches als Feedback zurückgespiegelt wird (Outside-in). Dieser Zusammenhang wird in der folgenden Abbildung 7.4. gezeigt.

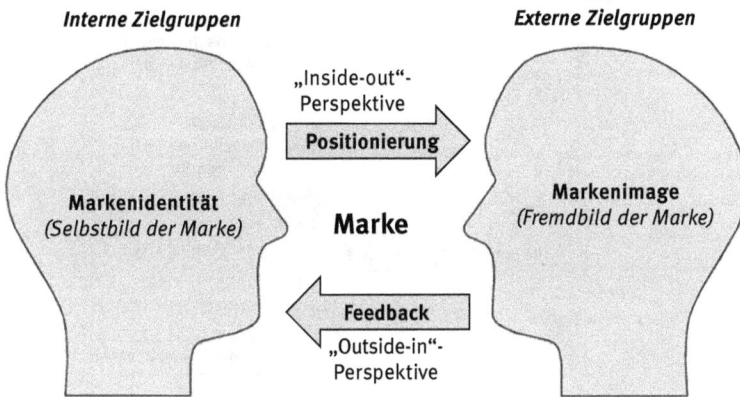

Abbildung 7.4: Grundidee der identitätsorientierten Markenführung (Quelle: eigene Darstellung in Anlehnung an Meffert et al. 2005, S. 52).

Grundvoraussetzung für die Bildung des Markenimages ist die Markenbekanntheit und somit das Vorhandensein der Marke im Awareness Set. Ist das Markenimage für die Zielperson relevant, besteht eine hohe Wahrscheinlichkeit, dass die Marke in das Relevant Set dieser Zielperson gelangt. Eine annähernde Kongruenz von Selbst- und Fremdbild kann als Erfolg einer stringenten Markenführung gewertet werden.

Die Markenidentität steht dem Markenimage gegenüber, welches dem Fremdbild in der Zielgruppe bzw. in den Anspruchsgruppen entspricht. Das Markenimage formt sich zeitverzögert zur Markenidentität, weil es sich um einen Lernprozess in der Zielgruppe handelt, ausgelöst durch die Vermittlung der entsprechenden Identitätsmerkmale (Bekmeier-Feuerhahn/Trommershausen 2006, S. 233 ff.).

Die Vermittlung der Markenidentitätsmerkmale findet auf der operativen Ebene an allen relevanten Brand Touchpoints statt. Hier trifft das aus der Markenidentität abgeleitete Markennutzenversprechen auf die Markenerwartungen der Zielgruppe. Ferner ergibt sich aus der Markenidentität das Markenverhalten, welches im Idealfall zu einem Markenerlebnis führt. Hieraus entwickelt sich der wahrgenommene Markennutzen bei den Zielpersonen. Im Modell nach Meffert und Burmann spiegelt dieser Markennutzen sämtliche Komponenten der Markenidentität wider, wie in Abbildung 7.5 dargestellt.

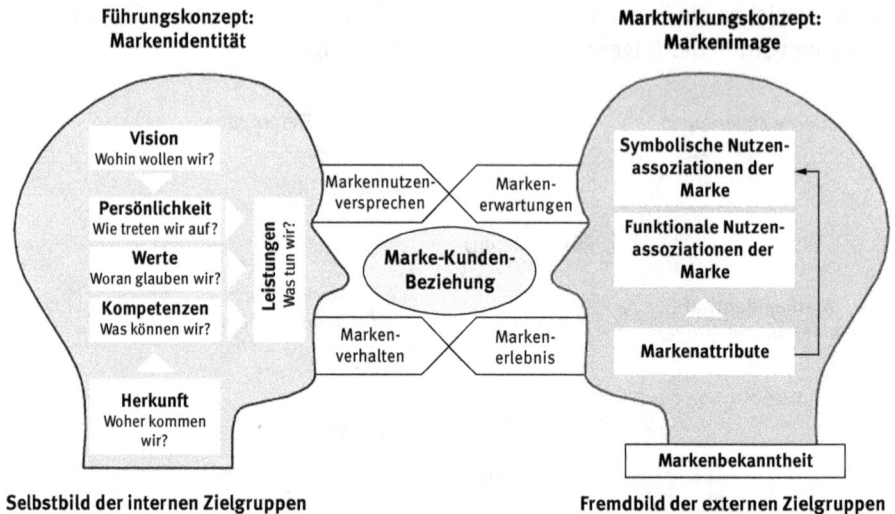

Führungskonzept:
Markenidentität

Marktwirkungskonzept:
Markenimage

Selbstbild der internen Zielgruppen

Fremdbild der externen Zielgruppen

Abbildung 7.5: Markenidentität und Markenimage nach Meffert/Burmann (Quelle: eigene Darstellung in Anlehnung an Burmann et al. 2012, S. 103).

7.1.4 Identitätsmodell nach Runia und Wahl

Um sowohl die vom Unternehmen entwickelte als auch die vom Konsumenten wahrgenommene Markenperspektive ausreichend zu berücksichtigen, stellen Runia und Wahl (2011) auf dem Grundgedanken von Meffert/Burmann bezogen einen weiteren Identitätsansatz vor. Darin werden die Merkmale der Markenidentität und des Markenimages gegenübergestellt und eine Wechselbeziehung aufgezeigt, wie aus der Abbildung 7.6 ersichtlich wird.

Die Markenidentität setzt sich in diesem Modell aus den vier Komponenten Markenherkunft, Markenkompetenz, Markenessenz und Markenversprechen zusammen. Die Markenherkunft umfasst den Ursprung der Marke und die bisherige Markenhistorie. Die Markenkompetenz zeigt die Gesamtkompetenz der Marke auf, bestehend sowohl aus Basis- als auch Kernelementen. Unter Markenessenz wird im Rahmen dieses Modells die Positionierung verstanden, welche ausgewählte funktionale und emotionale Nutzendimensionen beinhaltet. Diese ausgewählten Nutzendimensionen bilden das Markenversprechen, welches auf der operativen Ebene als Markenbotschaft zum Tragen kommt.

Diese Merkmale der Markenidentität (Selbstbild der Marke) werden dann dem Markenimage (Fremdbild der Ziel- und Anspruchsgruppen) gegenübergestellt. Grundvoraussetzung für die Imagebildung einer Marke ist die ungestützte bzw. gestützte Markenbekanntheit.

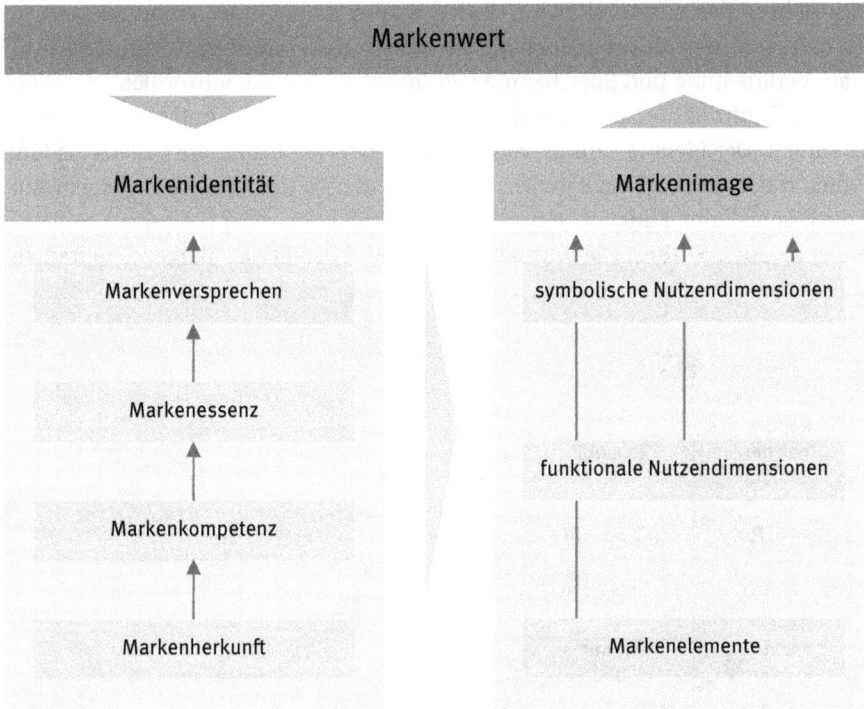

Abbildung 7.6: Markenidentität und Markenimage nach Runia/Wahl (Quelle: Runia et al. 2019, S. 176).

Das Markenimage besteht in diesem Modell aus den drei Komponenten Markenelemente, funktionale Nutzendimensionen und symbolische Nutzendimensionen. Die Markenelemente sind die gelernten Markenkennzeichen und gelten als die gestalterische Ausdrucksform der Markenidentität. Die funktionalen Nutzendimensionen entsprechen den wahrgenommenen funktionalen Benefits und die symbolischen Nutzendimensionen den wahrgenommenen emotionalen Benefits, welche die Markenpersönlichkeit ausmachen.

Ziel ist der Aufbau eines schlüssigen Markenimages durch Vermittlung einer eindeutigen Markenpositionierung. Hierdurch entsteht ein Markenwert aus Konsumentensicht als Summe der Einstellungen. Dieser Markenwert kann aus Unternehmenssicht mit psychologischen und ökonomischen Verfahren ermittelt werden.

7.1.5 Markensteuerrad nach Icon Added Value

Das Markensteuerrad von Icon Added Value (heute: Kantar Added Value) als Identitätsansatz berücksichtigt die moderne Hemisphärenforschung und damit die Einteilung des menschlichen Gehirns in zwei miteinander verbundene Hirn-hälften. Während die linke Hemisphäre eher für die sprachlich-rationale Auf-nahme, Verarbeitung und Speicherung von Informationen verantwortlich ist, erfasst die rechte Gehirnhälfte stärker bildlich-emotionale Eindrücke und speichert diese ganzheitlich. Der Identitätsansatz von Icon Added Value betont die Unterscheidung zwischen rationalen und emotionalen Markenelementen und spiegelt in seinem Auf-bau die geschilderten Funktionen der beiden Gehirnhälften wider (Esch 2010, S. 101 ff.; Runia et al. 2013, S. 18 f.). Die folgende Abbildung 7.7 stellt das Markensteuerrad an-schaulich dar.

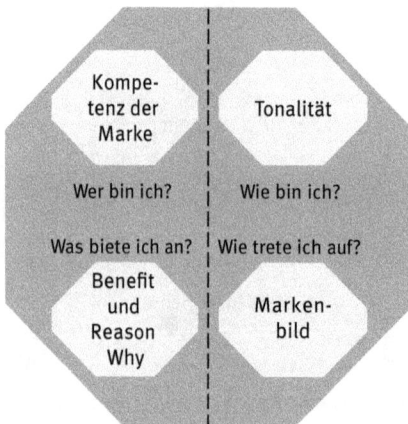

Abbildung 7.7: Markensteuerrad von Icon Added Value (Quelle: eigene Darstellung).

Die linke Hälfte des Markensteuerrads stellt die Kernbereiche Markenkompetenz sowie Benefit und Reason Why als vorwiegend rationale Elemente in den Fokus der Betrachtung. Daneben symbolisiert die rechte Hälfte die emotionalen Elemente der Marke wie Tonalität sowie Markeniconographie bzw. Markenbild.

Im Folgenden werden die vier Bestandteile des Markensteuerrads nach Icon Added Value im Einzelnen behandelt.

–   Markenkompetenz: Diese umfasst die Herkunft und somit den Ursprung der Marke, die historische Entwicklung sowie die im Zeitablauf aufgebaute Kompe-tenz. Die Markenkompetenz gibt Antwort auf die Frage „Wer bin ich?".
–   Benefit und Reason Why: Der Benefit stellt die Markennutzen dar, welche sich in funktionale und emotionale Nutzendimensionen unterteilen lassen. Der Rea-son Why begründet diese Nutzendimensionen glaubhaft. Benefit und Reason Why beantworten die Frage „Was biete ich an?".
–   Tonalität: Die Tonalität beinhaltet die Charaktereigenschaften und Persönlich-keitsmerkmale der Marke in Form von Adjektiven. Sie gibt Antwort auf die Frage: „Wie bin ich?".

– Markeniconographie: Die Markeniconographie bzw. das Markenbild umfasst zentrale Schlüsselbilder bzw. ein Key Visual. Zudem können weitere sensorische Stimuli markenkongruent definiert werden. Hier wird die Frage „Wie trete ich auf?" beantwortet.

In der Abbildung 7.8 wird das Markensteuerrad nach Icon Added Value am Beispiel einer Katzenfuttermarke anschaulich dargestellt.

7.1.6 Markensteuerrad nach Esch

Als sechster Ansatz wird im Folgenden das Markensteuerrad von Esch beschrieben, welches eine Weiterentwicklung des Ansatzes von Icon Added Value darstellt. Basierend auf den Erkenntnissen der Hemisphärenforschung werden in Analogie zu den beiden Hirnhälften des menschlichen Gehirns zwei Seiten differenziert. Bei diesem modifizierten Markensteuerrad von Esch steht die Markenkompetenz als dauerhafter Kern der Markenidentität im Mittelpunkt der Betrachtung. Auf der linken Seite werden die Markenattribute und der Markennutzen erfasst. Auf der rechten Seite werden die Markentonalität und das Markenbild aufgeführt. Diese vier Bereiche, die sich um die Markenkompetenz formieren, stellen dabei eine Konkretisierung der Markenkompetenz dar. Während die Markenkompetenz als dauerhafter Kern generell unverändert bleibt, können die vier umliegenden Bereiche im Zeitablauf angepasst werden (Esch 2012a, S. 101). Die Abbildung 7.9 zeigt das Markensteuerrad nach Esch.

Die Markenkompetenz hält die zentralen Charakteristiken einer Marke fest und beantwortet die Frage: „Wer bin ich?". Sie kann sowohl funktionale als auch emotionale Inhalte enthalten und bezieht sich dabei auf vier Elemente. Dies sind erstens die Markenhistorie und die Zeitdauer der Marke im Markt, welche Anhaltspunkte für eine unverwechselbare Kompetenz der Marke geben können und weitere Bereiche des Markensteuerrades positiv beeinflussen. Zweitens die Markenherkunft, worunter unter anderem Assoziationen mit landestypischen Werten verstanden werden. Drittens die Rolle der Marke im Markt und viertens zentrale Markenassets, wie beispielsweise Fertigungstechniken sowie Forschungs- und Entwicklungs-Know-How (Radtke 2013, S. 85 f.).

Die rationale Seite des Markensteuerrades bilden der Markennutzen und die Markenattribute. Die Trennung dieser Bereiche ist bedeutend, da Konsumenten ein Nutzenbündel zur Bedürfnisbefriedigung erwarten, welches durch entsprechende Markenattribute begründet sein sollte. Innerhalb des Markennutzens ist grundlegend zwischen dem funktionalen und dem psychosozialen Nutzen zu unterscheiden. Der Markennutzen beantwortet dabei die Frage: „Was biete ich an?". Der Bereich Markenattribute unterscheidet hingegen Eigenschaften des Unternehmens bzw. der Angebote und beantwortet die Frage: „Über welche Eigenschaften

Wie ist die Marke?

liebevoll
gleichgesinnt
spielerisch
verführerisch
leidenschaftlich
unwiderstehlich
anspruchsvoll

Emotionale Dimension

Markentonalität

Markenbild

Markennutzen

Markenkompetenz

Wer ist die Marke?

- Herkunft: Weltpremiere 1982 in Hamburg
- Erste Katzennahrung, die anstatt der Dose auf Einzelverpackungen setzt
- Schlüsselmoment zwischen Katze und Tierhalter
- Starker Fokus auf die Bedürfnisse des Tierhalters
- heute weltweit vertreten

Rationale Dimension

Was bietet die Marke an?

Funktionaler Nutzen: Die Marke bietet...

... einen unvergleichlichen Geschmack und Sortenvielfalt (Fleischsorte / Konsistenz) und somit eine hohe Akzeptanz der Katze, das Futter aufzunehmen

Emotionaler Nutzen: Die Marke...

... nutzt den Moment der Fütterung und macht ihn zu etwas ganz Besonderem.

... schafft eine enge Bindung zwischen Katze und Tierhalter.

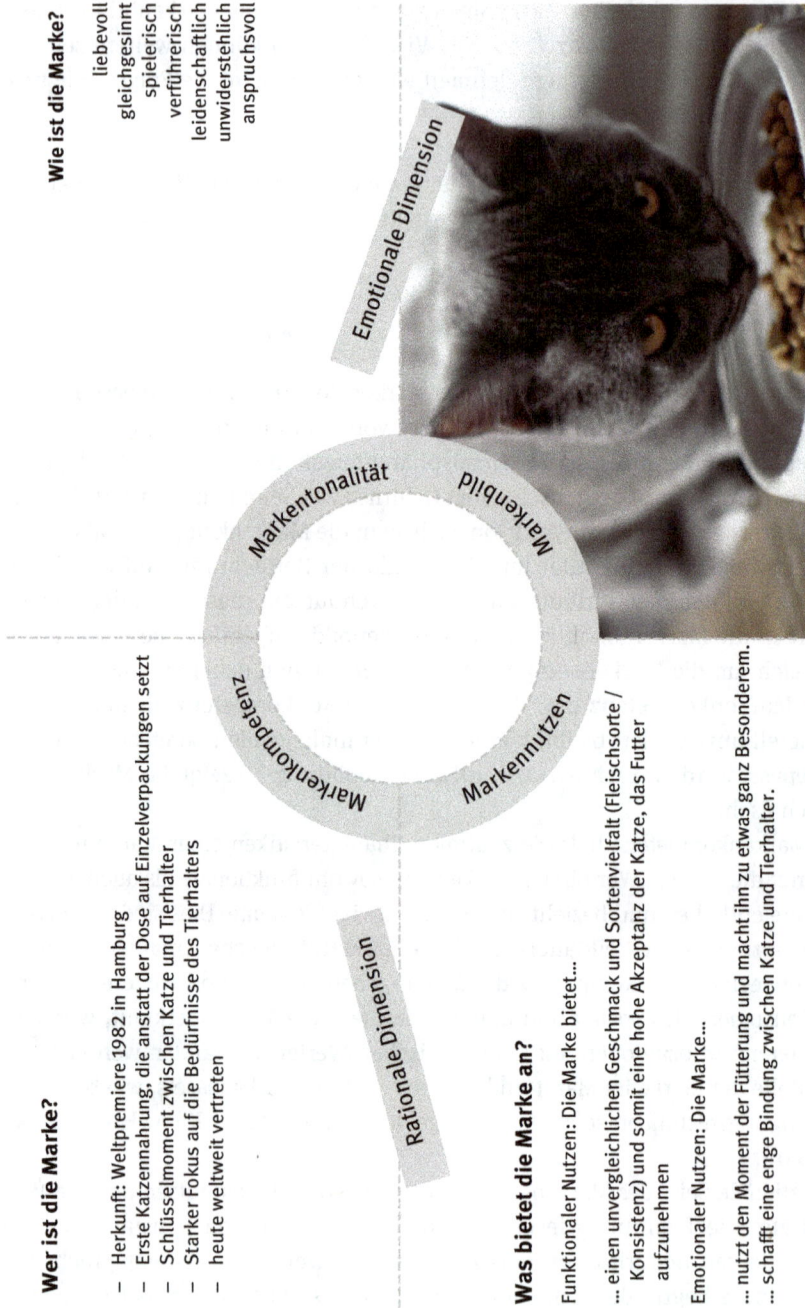

Abbildung 7.8: Markensteuerrad von Icon Added Value am Beispiel einer Katzenfuttermarke (Quelle: eigene Darstellung mit Foto von Felice Wölke auf Unsplash.com).

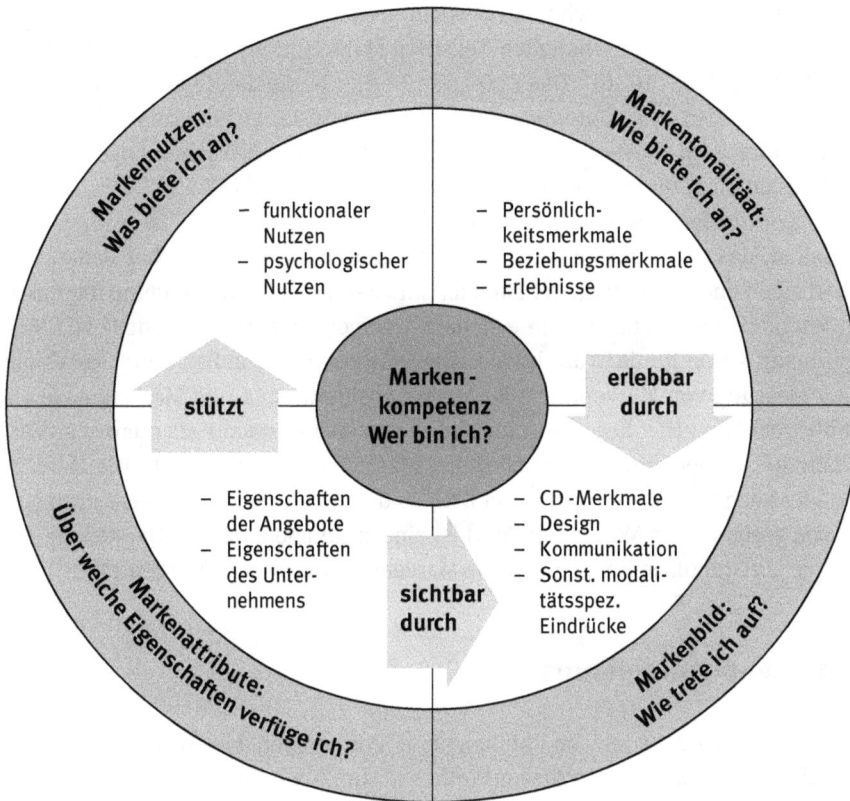

Abbildung 7.9: Markensteuerrad nach Esch (Quelle: eigene Darstellung in Anlehnung an Esch 2008, S. 102).

verfüge ich?". Wesentlich ist, die Beziehung zwischen Nutzen sowie Attributen verständlich herzustellen, um ein Verständnis dafür zu schaffen, wie sehr ein bestimmter Nutzen gestützt wird (Esch 2012a, S. 102ff.). Im Vergleich mit dem Markensteuerrad von Icon Added Value entsprechen die Markenattribute dem Reason Why.

Die emotionale Seite des Markensteuerrades bilden die Markentonalität und das Markenbild. Die Markentonalität erfasst die emotionalen Assoziationen, die mit einer Marke verknüpft werden sollen, und beantwortet die Frage: „Wie biete ich an?". Die Tonalität beinhaltet die Markenpersönlichkeit, welche alle menschlichen Eigenschaften, die mit einer Marke verbunden werden sollen, erfasst. Weitere Dimensionen der Markentonalität sind die Beziehungen zwischen Marke und Konsument sowie die Erlebnisse, die mit einer Marke verknüpft werden sollen. Das Markenbild enthält schließlich alle multisensualen Eindrücke, die zusammen das innere Vorstellungsbild der Konsumenten von einer Marke ergeben. Es beantwortet somit die Frage: „Wie trete ich auf?" (Radtke 2013, S. 86f.). Vor diesem Hintergrund ist der Begriff Corporate Design zu nennen, welcher ein Element im Rahmen der Corporate Identity ist, hier jedoch im Sinne eines visuellen Teils des Markenbildes fungiert (Esch 2012a, S. 102; Herbst 2012, S. 103 ff.). Das Corporate Design beinhaltet demnach sämtliche Erscheinungsformen eines Unternehmens, die einem Gestaltungskonzept folgend, erarbeitet worden sind (Regenthal 2009, S. 171 ff.). Als Beispiele dienen Logo, Schrifttyp, Arbeitskleidung und Büroeinrichtungen (Beyrow 2007, S. 52 ff.).

Als Fazit der Betrachtung diverser Modelle zur Markenidentität ist resümierend festzuhalten, dass die Modelle von Aaker und Kapferer von historischer Bedeutung sind und einen eher theoretischen Charakter aufweisen. Für die Anwendung im praktischen Markenmanagement sind diese Modelle weniger geeignet. Die Modelle von Meffert/Burmann sowie Runia/Wahl bilden eine wissenschaftliche Basis zur Gestaltung und zur Messung von Markenidentität, Markenpositionierung und Markenimage als Gesamtbetrachtung. Hier liegt der Fokus auf der anzustrebenden Kongruenz von Markenidentität/-positionierung (Selbstbild) und Markenimage (Fremdbild). Die Markensteuerräder nach Icon Added Value und Esch sind vor allem für die Markenführung in der Praxis geeignet. Ein Markensteuerrad ist eine zusammenfassende Darstellung der Marke, die als Grundlage für die operative Markenführung genutzt werden sollte.

7.2 Markenpositionierung

Im Kapitel 6.1.3 wurde bereits im Rahmen der STP-Strategien das Thema der Markenpositionierung behandelt. An dieser Stelle soll der Zusammenhang zwischen der Markenidentität und der Markenpositionierung als Basis zur nachfolgenden Imagebildung stärker verdeutlicht werden. Die Markenpositionierung bildet das Markenversprechen, welches in der operativen Markenführung als Markenbotschaft formuliert wird.

Die **Markenpositionierung** ist die Konzentration auf die ausgewählten Nutzendimensionen aus der Markenidentität, die für die Zielgruppe relevant und im Wettbewerbsumfeld einzigartig und damit nicht austauschbar sind (Runia/Wahl 2009, S. 272).

Die Basispositionierung einer Marke beruht auf funktionalen und emotionalen Nutzendimensionen. In Bezug auf Konsumgüter kann folgende Strukturierung der Nutzendimensionen als Basiskategorisierung gelten:
– funktionaler Nutzen: besonderer Geschmack, besondere Konsistenz, besondere Wirkung, besondere Leistung
– emotionaler Nutzen: besondere Genussmomente, besondere Erlebnismomente, gutes Gewissen, besonderes Sicherheitsgefühl

Der Reason Why, also die Begründung der Nutzendimensionen, unterstützt in erster Linie den funktionalen Nutzen, z. B. besondere Rezeptur, besondere Zutaten bzw. Inhaltsstoffe, besonderes Herstellungsverfahren, besondere Technologie. In Kombination mit dem funktionalen Nutzen kann der Reason Why auch den emotionalen Nutzen untermauern. So kann bei einem Nahrungsmittel die Rezeptur zu einem besonderen Geschmack führen, der zur gleichen Zeit einen besonderen Genussmoment auslöst.

Eine zentrale Facette im Rahmen der Markenpositionierung ist somit der Markennutzen (Homburg 2017, S. 630). Dieser gliedert sich, wie zuvor dargestellt, in funktionale und emotionale Nutzendimensionen. Diese lassen sich wiederum tiefergehend fünf weiteren Dimensionen zuordnen: dem utilitaristischen, ökonomischen, sozialen, sinnlich-ästhetischen und hedonistisch-intrinsischen Markennutzen (Burmann/Stolle 2007, S. 73 ff.).

Genannte **fünf Dimensionen** werden in Abbildung 7.10 mit der Bedürfnispyramide von Maslow verknüpft, welche die menschlichen Bedürfnisse wie folgt ordnet: Grundbedürfnisse, Sicherheit, soziale Beziehungen, soziale Anerkennung und Selbstverwirklichung.

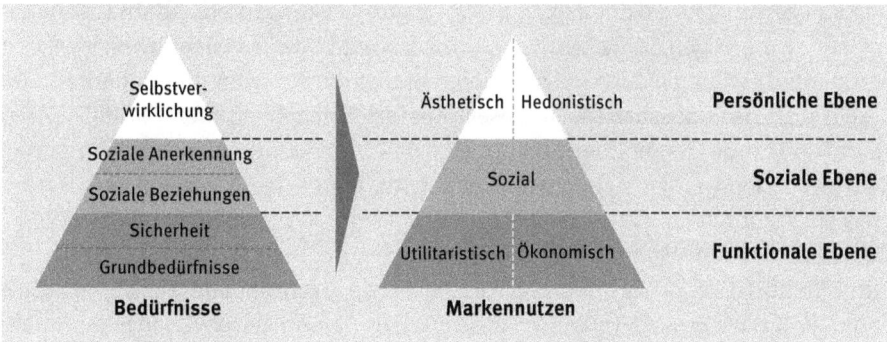

Abbildung 7.10: Markennutzen und Bedürfnishierarchie (Quelle: eigene Darstellung in Anlehnung an Burmann/Stolle 2007, S. 78).

Der funktionale Markennutzen teilt sich auf in den utilitaristischen und den ökonomischen Nutzen (Burmann et al. 2015, S. 58). Der utilitaristische Nutzen basiert auf den Grundelementen einer Markenleistung und geht einher mit der Orientierungs-, Informations-, Risikoreduktions- und Vertrauensfunktion von Marken. Analog zu der Bedürfnispyramide von Maslow erfüllt der utilitaristische Nutzen die Grund- und Sicherheitsbedürfnisse an eine Marke. Der ökonomische Nutzen basiert auf finanziellen Komponenten, wie dem Preis-Leistungs-Verhältnis. Im Hinblick auf die Bedürfnispyramide ist auch der ökonomische Nutzen den Sicherheitsbedürfnissen zuzuordnen (Burmann/Stolle 2007, S. 73 ff.).

Der symbolische (emotionale) Markennutzen ist an den Bedürfnissen der Ziel- und Anspruchsgruppen ausgerichtet und kann extrinsisch oder intrinsisch motiviert sein. Eine extrinsische Motivation bedeutet, dass sich ein Konsument durch den Kauf einer Marke nach außen darstellen möchte. In diesem Fall wird auch von einem Prestigenutzen oder einem sozialen Nutzen gesprochen. Dieser unterstützt nach Maslow das Bedürfnis nach sozialer Anerkennung. Die intrinsische Motivation hingegen ist eine innerliche Freude am Konsum einer Marke, die nicht nach außen kommuniziert wird. Sie teilt sich auf in einen sinnlich-ästhetischen und einen hedonistisch-intrinsischen Markennutzen. Der sinnlich-ästhetische Markennutzen zielt auf die Bedürfnisbefriedigung durch ästhetische Komponenten wie das Design einer Marke oder eine Assoziation mit Schönheit ab und unterstützt das Bedürfnis nach Selbstverwirklichung. Im Fokus des hedonistisch-intrinsischen Markennutzens stehen Komponenten wie Lust und Genuss sowie eine persönliche kognitive oder emotionale Stimulation (Burmann/Stolle 2007, S. 76f.).

In diesem Zusammenhang soll das **Modell des prestigeorientierten Konsumentenverhaltens** (Prestige Seeking Consumer Behaviors) von Vigneron und Johnson dargestellt werden. Dieses Modell betrachtet den Prestigebegriff dezidierter.

Prestige kann im Allgemeinen definiert werden als das Ansehen von Personen, Gruppen und Institutionen, das auf einer sozialen Bewertung beruht. Prestige leitet sich aus beruflichen Positionen, Ämtern, Titeln, Leistungen etc. ab und ist daher eng mit dem sozialen Status verbunden. Daraus wird bereits ersichtlich, dass durch bestimmte Leistungen sowie den sozialen Status die Anerkennung innerhalb der Gesellschaft beeinflussbar ist. In diesem Kontext kommt auch der Geltungsnutzen einer Marke zum Tragen, der durch die soziale Anerkennung, welche durch den Kauf gewonnen werden kann, ausgedrückt wird. Vor diesem Hintergrund spielt der Preis eine zentrale Rolle.

Im Modell von Vigneron und Johnson werden die Dimensionen Selbstbewusstsein (öffentlich vs. privat) und die Wichtigkeit der Wahrnehmung des Preises als Indikator für das Prestige (höher vs. niedriger) als Achsen gewählt, wie in der Abbildung 7.11 ersichtlich wird.

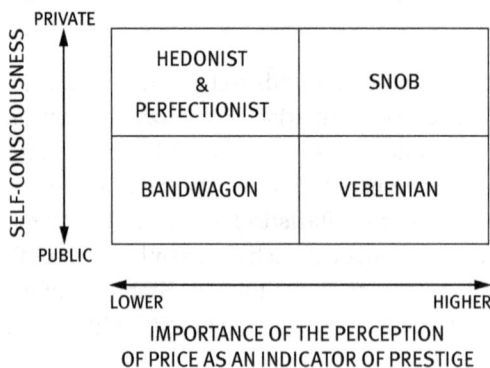

Abbildung 7.11: Prestigeorientiertes Konsumentenverhalten (Quelle: eigene Darstellung in Anlehnung an Vigneron/Johnson 1999, S. 4).

Aus dem Modell ergeben sich die folgenden vier Felder:
- Veblen-Verhalten (öffentliches Selbstbewusstsein – hohes Prestigeniveau)
- Snob-Verhalten (privates Selbstbewusstsein – hohes Prestigeniveau)
- Bandwagon-Verhalten (öffentliches Selbstbewusstsein – geringes Prestigeniveau)
- Hedonistisches und Perfektionistisches Verhalten (privates Selbstbewusstsein – geringes Prestigeniveau)

Im ersten Feld des Modells ist das Veblen-Verhalten eingeordnet, das auf den amerikanischen Ökonom Thorstein Veblen zurückgeht, der erstmals thematisiert hat, dass bestimmte Güter gekauft werden, um den eigenen Wohlstand zu signalisieren (Veblen 1899). Auch heute zeigen mehrere Studien, dass Individuen oftmals sehr bedacht auf ihren Konsum im Verhältnis zu Mitmenschen sind, um einen gewissen Status auszudrücken (Aronsson/Johansson-Stenman 2012, S. 552). In diesem Zusammenhang wird auch vom demonstrativen Konsum gesprochen. Bei dem Veblen-Verhalten ist es von Bedeutung, einen höheren Preis für ein bestimmtes Gut zu bezahlen, um den eigenen Status in der Gesellschaft zu präsentieren. Außerdem ist es für das Selbstbewusstsein relevant, dass der Konsum publik gemacht bzw. regelrecht zur Schau gestellt wird, damit möglichst viele Mitmenschen davon etwas mitbekommen.

Im Gegensatz zum Veblen-Verhalten geht es bei dem Snob-Verhalten nicht vordergründig um den Preis des Gutes, sondern vielmehr darum, einer der wenigen Konsumenten zu sein, die das Gut besitzen. Demnach ist es von Bedeutung, zu der elitären Gruppe zu gehören, die das Gut konsumiert, wobei diese Gruppe einerseits nicht zu groß, andererseits aber auch nicht zu klein sein darf, da die Gesellschaft über das Produkt informiert sein muss. Snobs sind demnach die Ersten, wenn es darum geht, ein neues, prestigeträchtiges Produkt zu kaufen, weil es zu diesem Zeitpunkt lediglich eine limitierte Anzahl an Nutzern gibt (Vigneron/Johnson 1999, S. 5). Jedoch wird der Konsum dieses Gutes schnell abgelehnt bzw. verschmäht, sobald die breite Masse das Produkt ebenfalls erworben hat. Insofern ist auch die Einordnung in das Modell schlüssig, da Snobs für ihr Selbstbewusstsein an Einzigartigkeit interessiert sind.

Das Bandwagon-Verhalten ist konträr zu dem vorbeschriebenen Snob-Verhalten einzuordnen. Hier ist insbesondere die Zugehörigkeit zu einer bestimmten Gruppe von entscheidender Relevanz. Der Bandwagon steht für den fahrenden Zug, auf den jemand aufspringt, wenn er sich einer offensichtlich erfolgversprechenden Sache anschließt. In der Konsumentenforschung hat sich der Begriff Bandwagon-Verhalten etabliert als Ausdruck für Situationen, in denen Konsumenten nachahmen, was andere Konsumenten auch tun (Felser 2014, S. 119). Demnach steigt die Nachfrage eines Gutes dadurch, dass neue Konsumenten hinzukommen, um sich zugehörig zu den bisherigen Konsumenten bzw. dem Mainstream zu fühlen. Eingeordnet in das Modell von Vigneron und Johnson ist den entsprechenden Konsumenten zwar der Preis als Zeichen von Prestige nicht sonderlich wichtig, die Tatsache öffentlich zu einer bestimmten Gruppe zu gehören jedoch umso mehr.

Für die drei bisher vorgestellten Verhaltensweisen kann zusammenfassend fest-gehalten werden, dass zwischenmenschliche Effekte einen bestimmten Wert für den Konsumenten generieren. Das Veblen-Verhalten ist durch ein angeberisches Handeln geprägt, das auf den Erwerb und den Besitz von Luxusgütern beruht. Im Snob-Verhalten grenzt sich der Snob durch die Einzigartigkeit der Güter von der Masse ab und im Bandwagon-Verhalten kommt es für den Einzelnen auf die Zuge-hörigkeit zu einer bestimmten sozialen Gruppe an.

Im abschließenden Feld wird das Hedonistische und das Perfektionistische Verhalten eingeordnet, welches erst durch Vigneron und Johnson in der Literatur Beachtung gefunden hat. Dieses Verhalten ergibt sich allerdings nicht aus zwi-schenmenschlichen, sondern vielmehr aus individuellen Werthaltungen. Dem-nach ist das Hedonistische Verhalten nicht dadurch gekennzeichnet, durch den Konsum bestimmter Güter etwas zu repräsentieren, sondern fokussiert sich viel-mehr auf die eigene Individualität und den erzielten emotionalen Mehrwert. Beim Perfektionistischen Verhalten liegt hingegen das Hauptaugenmerk auf der Quali-tät des Produkts (Vigneron/Johnson 1999, S. 8). Sowohl die Verhaltensweise der Hedonisten als auch die der Perfektionisten sind nach dem Modell von Vigneron und Johnson in das gleiche Feld einzuordnen, da für das Selbstbewusstsein weder die Öffentlichkeit noch der hohe Preis als Indikator für deren Ansehen notwendig sind.

Als Konsequenz des Modells von Vigneron und Johnson für die Basisstrategie einer Marke (vgl. Kapitel 6.2) ist zu konstatieren, dass das Veblen- und Snob-Verhalten als passend für die Premiumstrategie bezeichnet werden kann. Beim Bandwagon-Verhalten steht eher der Innovationsgrad einer Marke aus Sicht der Zielgruppe im Mittelpunkt, sodass unterschiedliche Typen von Basisstrategien zum Tragen kommen können. Das Hedonistische und das Perfektionistische Verhalten spiegelt in erster Linie die Präferenzstrategie als Basisstrategie wider.

Damit eine fundierte Positionierungsentscheidung für eine Marke getroffen werden kann, ist im Vorfeld eine Positionierungsanalyse durchzuführen. Im Rah-men einer **Positionierungsanalyse** werden Marken eines bestimmten Marktes in einer mehrdimensionalen Abbildung räumlich angeordnet. Diese Anordnung er-folgt aus Sicht des Konsumenten und wird in zwei- oder mehrdimensionalen Posi-tionierungsmodellen verdeutlicht (Sander 2011, S. 332). Das Positionierungsmodell veranschaulicht die subjektiv wahrgenommene Stellung der eigenen Marke sowie der Wettbewerbsmarken und die Idealvorstellungen der Konsumenten in Bezug auf wesentliche Positionierungseigenschaften (Sattler/Völckner 2013, S. 52 ff.). Je näher die Marken räumlich beieinander liegen, desto ähnlicher sind ihre Images und umso austauschbarer werden sie von den Konsumenten wahrgenommen (Tromms-dorff 2009, S. 156). Diese Zusammenhänge sind in der Abbildung 7.12 in theoreti-scher Form ersichtlich.

Je näher sich die Position einer Marke an den Idealvorstellungen der Konsumen-ten befindet, umso höher ist die Übereinstimmung der Markenmerkmale mit diesen

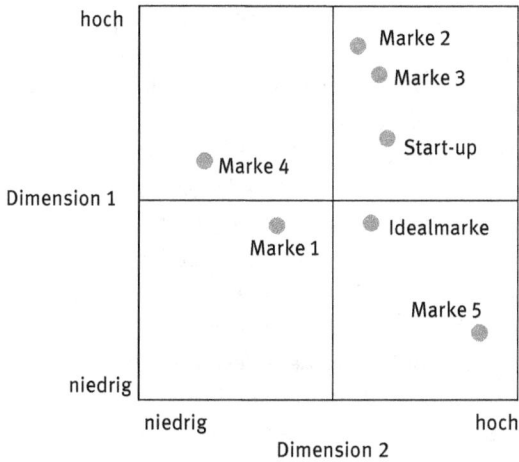

Abbildung 7.12: Positionierungsmodell (Quelle: eigene Darstellung).

Vorstellungen und die resultierende Kaufwahrscheinlichkeit für diese Marke. Dabei ist zu berücksichtigen, dass zahlreiche relevante Positionierungseigenschaften existieren, die jedoch nicht alle in einem Positionierungsmodell berücksichtigt werden können. Hier wird der Grundgedanke der Positionierung ersichtlich, nämlich die Konzentration auf wenige relevante Positionierungseigenschaften (Nutzendimensionen), mittels derer idealerweise ein Wettbewerbsvorteil realisiert werden kann (Sattler/Völckner 2013, S. 52ff.).

Demnach wird die Markenidentität, unter Berücksichtigung aktueller und künftiger Positionen der relevanten Wettbewerbsmarken sowie aktueller und künftiger Konsumentenbedürfnisse, innerhalb der Markenpositionierung weiter spezifiziert. Dies ist mit einer Fokussierung auf wenige relevante Nutzendimensionen verbunden, für die eine Marke stehen soll. Als Beispiel kann BMW mit den Nutzendimensionen dynamisch, herausfordernd und kultiviert genannt werden. Bei der Auswahl der Positionierungsdimensionen ist zu beachten, dass sie den Bedürfnissen und Wünschen der Konsumenten entsprechen und für diese relevant sind. Die Befriedigung der Konsumentenbedürfnisse stellt dabei eine notwendige Prämisse für eine erfolgreiche Positionierung der Marke dar (Esch 2012a, S. 90).

Im Rahmen von Positionierungsmodellen wird bezüglich der Nutzendimensionen zwischen Points-of-Difference und Points-of-Parity unterschieden. Die Differenzierungsstrategie als Basisstrategie strebt per se eine möglichst weit entfernte und eigenständige Positionierung der Marke gegenüber den Wettbewerbsmarken an (Points-of Difference). Dies bedeutet, dass die als Points-of-Difference angestrebten Nutzendimensionen von keiner Wettbewerbsmarke besetzt sind. Im Gegensatz dazu handelt es sich bei den als Points-of-Parity bezeichneten Nutzendimensionen um solche, die von vielen Wettbewerbsmarken belegt werden. Bezüglich der Differenzierungsstrategie ist zu konstatieren, dass nur die Points-of-Difference für eine tragfähige Positionierung in Frage kommen.

In diesem Zusammenhang stellt die Unique Selling Proposition (vgl. Kapitel 6.1.3) eine Positionierung dar, bei der die Points-of-Difference zu einer Alleinstellung (Uniqueness) führen. Dies impliziert in der Regel eine konstruierte USP, bei der die einzigartige Kombination von funktionalen und emotionalen Nutzendimensionen zu einem vom Nachfrager wahrgenommenen Wettbewerbsvorteil führt. In der Markenführung gilt es, eine solche Positionierung im Rahmen der Customer-Experience über alle Customer-Touchpoints zu transportieren, sodass die relevanten Nutzendimensionen sich bei der ausgewählten Zielgruppe als Markenimage verfestigen.

Die einmal festgelegte Positionierung sollte langfristig festgelegt werden. Einflüsse aus der Marketingumwelt können jedoch dazu führen, dass eine Anpassung im Rahmen des Markenmanagements vorgenommen werden muss. In diesem Zusammenhang sind die Begriffe **Repositionierung** und **Neupositionierung** zu thematisieren.

Die Repositionierung einer Marke definiert Feddersen wie folgt: „Markenrepositionierung beschreibt die Variation funktionaler und/oder symbolischer Nutzenmerkmale einer bereits in den Markt eingeführten Marke mit der Absicht, die Nutzenassoziationen relevanter Zielgruppen zieladäquat zu verändern" (Feddersen 2010, S. 33).

Während bei der Repositionierung nur einzelne Nutzendimensionen variiert werden, findet bei der Neupositionierung eine Anpassung sämtlicher Nutzendimensionen statt. Bei der Re- bzw. Neupositionierung geht es um die strategische Markenführung, während eine reine Markenaktualisierung die operative Markenführung beinhaltet. Die Positionierungsentscheidungen beziehen sich immer auf die zielgruppenrelevanten Nutzendimensionen. Im Gegensatz dazu wird bei der Aktualisierung einer Marke die bestehende Positionierung mit dem Ziel geschärft, die Marke stärker im Relevant Set der Zielgruppe zu verankern.

Es gibt verschiedene Gründe für ein Unternehmen, sich für eine Re- oder Neupositionierung einer Marke zu entscheiden. Auslöser für eine Anpassung der Positionierung können eigene Probleme mit der bestehenden Markenpositionierung sein oder Veränderungen der Positionierung der Wettbewerbsmarken. Veränderungen sind hierbei immer auf der Ebene der Nutzendimensionen relevant. Da die Neupositionierung ein Extremfall ist und nur relativ selten in der Praxis vorkommt, konzentrieren sich die weiteren Ausführungen auf die Repositionierung.

Eine Repositionierung ist vor allem nötig, wenn sich Bedürfnisse und Einstellungen von Nachfragern verändern oder sich zukünftig voraussichtlich ändern werden, wodurch einzelne Nutzendimensionen nicht mehr relevant sind oder das Marktsegment dadurch schrumpft und unrentabel wird. Ein weiterer Auslöser für eine Repositionierung ist eine stärkere Konkurrenzmarke, die Ähnlichkeit in der Positionierung aufweist.

Eine erfolgreiche Repositionierung ist nur möglich, wenn diese sich weiter auf die Wurzeln der Markenidentität bezieht. Je mehr die Repositionierung von der Ursprungspositionierung abweicht, desto schwieriger und langwieriger ist es für die Nachfrager, die neue Positionierung zu lernen und anzunehmen, sodass sich auch ein kongruentes Markenimage aufbaut. Ein möglichst hoher Fit zwischen neuer und alter Positionierung ist daher essenziell für den Erfolg.

Der funktionale Nutzen einer Marke ist historisch begründet und dient dem Wettbewerb als Orientierung. Hierdurch ergibt sich im Zeitablauf jedoch ein geringeres Differenzierungspotenzial zur Konkurrenz, da die Wettbewerbsmarken sich auf dieser Ebene eher aneinander annähern. Dadurch erhält der emotionale Nutzen im Rahmen der Differenzierung eine größere Bedeutung. Bei der Repositionierung muss die Markenführung beachten, dass diese zur Anpassung des entsprechenden Markenimages in der Zielgruppe führt. Dies bedeutet, dass die neuen Nutzendimensionen von den Konsumenten noch erlernt werden müssen. Hier kommt in erster Linie das operative Markenmanagement zum Tragen, welches die Markenbotschaft durch den Einsatz der Marketinginstrumente, insbesondere der Kommunikationspolitik, transportieren muss.

Die neu gewählten Nutzendimensionen der Marke müssen konform des Dreispeichermodells (vgl. Abb. 4.4) zunächst ihren Weg in den sensorischen Speicher finden, indem die ausgesendeten Reize aufgenommen werden. Anschließend müssen die Inhalte im Kurzzeitspeicher weiterverarbeitet werden, sodass sie schließlich im Langzeitspeicher (Gedächtnis) dauerhaft abgespeichert werden können. Im Idealfall wird die Marke mit dem durch die Repositionierung erneuerten Image im Relevant Set aktualisiert.

Im Folgenden wird daher die Thematik des Markenimages ausführlich behandelt.

7.3 Markenimage

Das **Markenimage** ist das Fremdbild einer Marke, das im Idealfall das kongruente Spiegelbild der aus der Markenidentität abgeleiteten Markenpositionierung in den Köpfen der Zielgruppe darstellt. Allgemein bilden Images als mehrdimensionale Größe einen Überbegriff für alle Assoziationen, die mit einem Objekt verbunden werden. In Anbetracht weitgehend ähnlicher Merkmale werden die Begriffe Einstellung und Image innerhalb der Literatur auch synonym verwendet (Kroeber-Riel et al. 2009, S. 210 f.). Bezogen auf die Markenidentität ist das Markenimage das subjektiv wahrgenommene Fremdbild der Marke, welches sich in den Köpfen der Konsumenten bildet (Trommsdorff 2009, S. 155). Stimmen die Markenpositionierung als das Selbstbild und das Markenimage als das Fremdbild der Marke überein, ist die Basis für den Aufbau einer starken Marke gegeben.

Nicht selten weichen Markenpositionierung und Markenimage jedoch voneinander ab. Dies ist beispielsweise dann der Fall, wenn im Markenmanagement unterschiedliche Botschaften kommuniziert und somit eine inkonsistente Wahrnehmung bei den Konsumenten erzeugt (Bauer et al. 2008, S. 6). Im Idealfall führt ein unverwechselbares Markenimage auf der Grundlage kongruenter Nutzendimensionen zu einem Wettbewerbsvorteil der Marke.

Entscheidende Voraussetzung für die Imagebildung einer Marke ist die Markenbekanntheit. Diese misst die Fähigkeit potenzieller Nachfrager, sich ohne Gedächtnisstütze in einer bestimmten Bedürfnissituation an eine Marke zu erinnern (ungestützte Markenbekanntheit) oder diese unter Zuhilfenahme einer visuellen oder akustischen Unterstützung wieder zu erkennen (gestützte Markenbekanntheit) und dieses Wissen einer Produktkategorie zuzuordnen (Burmann et al. 2012, S. 59). Erstere entspricht dem sogenannten Brand Recall, der ein Indiz für die Verankerung der Marke im Relevant Set darstellt. Bei der gestützten Markenbekanntheit wird synonym auch von Brand Recognition gesprochen. Die Verankerung im Relevant Set basiert auf dem Markenimage, welches die Markenpositionierung auf Zielgruppenebene widerspiegelt.

Durch den Aufbau eines schlüssigen Markenimages können Kaufpräferenzen und eine anhaltende Markentreue beim Konsumenten hervorgerufen werden, die sich im Markenwert widerspiegeln. Dieser Markenwert stellt einen bedeutsamen Vermögenswert für das Unternehmen dar (Kotler et al. 2011, S. 611 ff.; Weis 2009, S. 296 f.).

Grundsätzlich können die Methoden zur **Messung des Markenimages** in qualitative und quantitative Verfahren unterteilt werden. Im Kontext der Imagemessung sorgen qualitative Verfahren für die Identifikation zentraler Imagedimensionen einer Marke, während quantitative Verfahren die Wertbeiträge einzelner Imagedimensionen zum Gesamtimage ermitteln. Neben diesen Grundtypen existieren noch sogenannte Kombinationsverfahren, die sowohl qualitative als auch quantitative Aspekte berücksichtigen.

Die Ziele qualitativer Forschung sind zum einen die Generierung von Forschungshypothesen und zum anderen relevante Zusammenhänge der Realität aufzudecken. Bezüglich der Messung von Markenimages steht dabei die Erfassung von einzelnen Imagedimensionen einer Marke (Markenassoziationen) im Mittelpunkt (Keller 2005, S. 1312).

Tiefeninterviews gehören zu den gängigsten Verfahren der qualitativen Datenerhebung. Diese Interviews sind nicht standardisiert und lassen dem Interviewer viele Freiräume in der Befragung. Hierdurch können im Rahmen der Markenimagemessung einerseits viele Markenassoziationen offengelegt werden, andererseits sind die häufig unterbewusst in nicht verbaler Form abgespeicherten Assoziationen nicht zugänglich (Zaltman 1997, S. 425). Somit besteht die Gefahr, nur ein verzerrtes Bild bezüglich des Markenimages zu erhalten, da nur die bewussten Assoziationen erfasst werden. Zudem lassen sich die vielfach emotional geprägten Markenassoziationen vom Probanden nur schwierig verbalisieren; diese werden dann womöglich bewusst zurückgehalten (Supphellen 2000, S. 323 ff.). Das Ziel von Tiefeninterviews ist somit in erster Instanz die Identifikation zentraler Imagedimensionen von Marken aus Sicht der Konsumenten (Esch 2010, S. 589 ff.).

Fokusgruppen werden ebenfalls relativ häufig in der Marketingpraxis einge-setzt, um qualitative Markenimagemessungen durchzuführen. Diese Gruppendis-kussionen umfassen in der Regel 6-10 Teilnehmer aus der Zielgruppe, dauern ca. 1-2 Stunden und werden von einem geschulten Moderator geleitet. Für die Mar-kenimagemessung bietet sich die Orientierung der Diskussion an den Dimensionen der Markenidentität an (Esch 2010, S. 589 ff.). Der Hauptvorteil der Fokusgruppen liegt in der Interaktion der Teilnehmer und damit der Gewinnung von Einblicken in komplexe Verhaltensweisen. Nachteilig hierbei wirken evtl. dominante Wortführer in der Gruppe, die auch das Verhalten anderer Teilnehmer beeinflussen können. Ferner sind solche Gruppendiskussionen recht zeit- und kostenintensiv.

Neben den zentralen Methoden qualitativer Marktforschung existieren Techni-ken, die im Rahmen von Einzel- oder Gruppeninterviews eingesetzt werden können. Diese Techniken werden auch als indirekte Befragungen bezeichnet, da Probanden den Untersuchungszweck der Interviews nicht auf Anhieb erkennen können. Unter-schieden wird im Rahmen dieser indirekten Befragungen zwischen assoziativen und projektiven Verfahren (Baumgarth 2008, S. 254 ff.). Assoziative Verfahren för-dern die Spontaneität und Authentizität und dienen der Aufdeckung von Assoziati-onsketten bzw. der Erfassung von zentralen Wahrnehmungsdimensionen einer Marke. Projektive Verfahren sollen in erster Linie unbewusste Emotionen aufde-cken, indem Probanden dazu aufgefordert werden, ihre Gedanken auf Objekte zu projizieren. Die projektiven Techniken sind besonders zur Aufdeckung wertvoller, zunächst verborgener Assoziationen geeignet und dienen damit der Erfassung von Markenimages (McDaniel/Gates 2002, S. 149). Die indirekten Befragungen tragen zur Vervollständigung eines erfassten Markenimages bei und können ohne großen Aufwand in Einzel- oder Gruppeninterviews Eingang finden.

Quantitative Messverfahren eignen sich vor allem zur Überprüfung von aufge-stellten Hypothesen. Damit ermöglichen sie auch einzelne Imagedimensionen des Gesamtimages einer Marke zuzuordnen und in ihrer Bedeutung einzuschätzen (Aaker 1996b, S. 104 f.). Befragungen im Rahmen quantitativer Marktforschung ba-sieren häufig auf Ratingskalen. Hierbei gelangen sowohl herkömmliche Likert-Skalen als auch sog. Imagedifferentiale (Verwendung bipolarer Adjektivpaare, ba-sierend auf dem semantischen Differential) zur Anwendung (Keller 2003, S. 459). Um die Komplexität einer solchen Befragung zu begrenzen, sollten nur diejenigen Marken in die Untersuchung einbezogen werden, die zueinander in einer Wettbe-werbsbeziehung stehen. Die Anzahl der betrachteten Marken innerhalb einer Studie sollte genauso begrenzt sein wie die Anzahl der verwendeten Imagedimensionen (Esch et al. 2006, S. 218).

Zentraler Vorteil der in Wissenschaft und Praxis besonders beliebten Form der Markenimagemessung über Ratingskalen ist die einfache und kostengünstige An-wendbarkeit, die dennoch wertvolle Erkenntnisse zur Markenwahrnehmung erbringt.

Da die Definition und Operationalisierung des Markenimages letztlich die Messung determiniert, kommt ihr eine besondere Bedeutung zu. Weil es auf dieser basalen Ebene in der Marketingwissenschaft jedoch keinen Konsens gibt, sind die Ergebnisse diverser Studien zum Markenimage weder vergleichbar noch generalisierbar (Dobni/Zinkhan 1990, S. 110).

Den Beginn der Markenimageforschung markiert ein klassischer Aufsatz von Gardner und Levy aus dem Jahr 1955. Ihr Ausgangspunkt war die Annahme, dass Produkte neben den physikalischen Eigenschaften auch soziale und psychologische Attribute aufweisen. Emotionen und Einstellungen von Konsumenten in Bezug auf Produkte bzw. Marken seien mithin entscheidend für die Kaufentscheidung (Gardner/Levy 1955).

Generische Definitionen fassen das Markenimage als ein sehr breites, abstraktes Konstrukt auf und tragen somit wenig zu einem differenzierten Verständnis des Markenimages bei. So definiert z. B. Newman (1957) das Markenimage als „everything the people associate with the brand".

Symbolische Definitionen behandeln Marken als Symbole, wobei das Markenimage sich auf eine Selektion aus Objekten, Handlungen, Worten, Bildern und/oder Verhaltensweisen bezieht, welche als Substitute für Emotionen fungieren. So nutzt Frazer den Begriff Symbol in einer deskriptiven und assoziativen Art und Weise, die Marken mit Symbolen gleichsetzt, aber keine tiefgehenden Aspekte des Markenimages aufzeigt (Frazer 1983). Andere symbolische Definitionen bieten zwar eine detailliertere Betrachtung der Bedeutung und Semiotik von Symbolen und ihren Dimensionen, bleiben jedoch auch auf einem recht abstrakten Niveau.

Definitionen mit dem Fokus auf der Bedeutung von Marken beziehen sich auf die Bedeutung, welche die Konsumenten einer Marke zuschreiben, wobei der Begriff „Bedeutung" zwischen diversen Studien variiert. Reynolds und Gutman definieren in diesem Kontext Markenimage als Attribute, die ein Konsument in Bezug auf eine Marke in seinem Gedächtnis gespeichert hat und als „the set of meanings and associations that serve to differentiate a product or service from its competition" (Reynolds/Gutman 1984). Das Markenimage wird in diesem Zusammenhang als etwas aufgefasst, das mehr ist als die bloßen Eigenschaften, die ein Konsument einer Marke zuschreibt; anders ausgedrückt ist das Markenimage eine Aussage des Konsumenten, was die Marke ihm persönlich bedeutet. Definitionen dieser Kategorie enthalten jedoch keine Erklärung, wie es zu diesen Bedeutungen kommt bzw. was diese intendieren.

Definitionen mit dem Fokus auf der Persönlichkeit beschreiben das Markenimage wie einen Menschen mit seinen Charaktereigenschaften. Diese Markenpersönlichkeit wird vom Konsumenten mit seiner eigenen Persönlichkeit assoziiert (Dobni/Zinkhan 1990, S. 114).

Psychologische Definitionen konzentrieren sich auf psychologische Effekte wie Emotionen, Einstellungen, Wahrnehmungen oder Erwartungen als zentrale Determinanten des Markenimages. Die Verbindung von Emotionen mit Marken wird sehr häufig aus Konsumentensicht getroffen, wenn eine objektive Bewertung einer Marke schwerfällt. Zur Konzeptualisierung von Images bieten sich eher Einstellungen an, da die Einstellungsforschung einige Messmethoden entwickelt hat, die zur Markenimagemessung verwendet werden können (Reynolds/Gutman 1984). Die anderen psychologischen Konstrukte sind eher vage und isoliert weniger zur Erfassung von Markenimages geeignet.

Die Vielfalt der Definitionen führt dann erwartungsgemäß zu den bereits erwähnten unterschiedlichen Messgrundlagen bzw. Messperspektiven. Einige klassische Studien konzentrieren sich auf die Messung einzelner Imagedimensionen (Pohlman/Mudd 1973), andere auf eine Messung des Gesamtimages einer Marke (Dolich 1969). Es gibt auf der einen Seite isolierte Messungen einer Marke, auf der anderen Seite Messungen in Relation zu Wettbewerbsmarken (Boivin 1986), in Relation zu sogenannten Idealpunkten (Keon 1984) oder dem eigenen Selbstbild (Sirgy 1985). Es bleibt zu konstatieren, dass der Begriff Markenimage verschiedenartig definiert und operationalisiert wird, wobei bestimmte Gemeinsamkeiten in vielen Modellen wiederzuerkennen sind. Aktuellere Studien stützen sich auf Markenidentitätsmodelle, deren Elemente maßgeblich für die Imagedefinition sind bzw. als Imagedimensionen operationalisiert werden. Die Markenimageforschung ist insofern bei den Messmethoden in den letzten Jahrzehnten nur unwesentlich weiterentwickelt worden.

Dobni und Zinkhan (1990, S. 118) kommen in ihrer grundlegenden Analyse zu den folgenden essenziellen Erkenntnissen:
- Das Markenimage ist die Markenauffassung eines Konsumenten.
- Das Markenimage ist ein weitgehend subjektives Phänomen, das durch die Wahrnehmung (Interpretation) des Konsumenten geformt wird.
- Das Markenimage ist nicht inhärent in den technischen, funktionalen oder physischen Aspekten eines Produktes. Es wird beeinflusst durch Marketingaktivitäten und persönliche Eigenschaften des Konsumenten.
- In Bezug auf das Markenimage ist die Wahrnehmung der Realität wichtiger als die Realität selbst.

In einer aktuelleren Betrachtung, die sich mit der Konzeptualisierung des Konstruktes Markenimage auf Grundlage der bisherigen Forschungsergebnisse beschäftigt, definieren Burmann und Stolle (2007, S. 2) das Markenimage „als mehrdimensionales Einstellungsgerüst aus Motiven und Wissen ..., das im Sinne eines längerfristig relativ stabilen, wertenden Eindrucks des Nachfragers von einer Marke seine diesbezüglichen Handlungen steuert".

In der modernen empirischen Erforschung des Markenimagekonstruktes ist häufig eine Konzentration auf den Markennutzen zu konstatieren (Burmann/Stolle 2007, S. 37). Dieser Markennutzen kann als klassische Dichotomie zwischen funktionalem Nutzen und symbolischem (emotionalem) Nutzen interpretiert werden (Vazquez et al. 2002, S. 27 ff.).

Die Integration diverser Ansätze zur Konzeptualisierung kann zu einer Aufsplittung des Markenimages in drei Dimensionen führen: Markenattribute, Markenpersönlichkeit und Markennutzen (Herrmann et al. 2005). Dabei stellen Markenattribute rein deskriptive Markeneigenschaften dar, die der Verwender mit der Marke in Verbindung bringt. Diese Attribute bilden die Basis für die Entstehung und Ausformung einer Markenpersönlichkeit, deren Verdichtung im Markennutzen resultiert, der die höchste Verhaltensrelevanz der Dimensionen aufweist (Burmann/Stolle 2007, S. 68).

Barnard und Ehrenberg stellen in einer grundlegenden Studie fest, dass verschiedene Messmethoden zu vergleichbaren Ergebnissen bezüglich des Markenimages führen (Barnard/Ehrenberg 1990). Konkret werden die folgenden Messmethoden verglichen:

- Ranking: Beispielsweise sollen sechs Marken von den Probanden bezüglich diverser Aussagen in eine Reihenfolge von Platz 1 bis 6 gebracht werden, wobei die Marke, die am stärksten mit der entsprechenden Aussage verbunden wird, auf Platz 1 gesetzt wird usw.
- Scaling: Jede Aussage soll bezogen auf eine Marke auf einer Skala bewertet werden. Die Skala reicht von „voll zutreffend" bis „überhaupt nicht zutreffend".
- Pick Any: Hierbei sollen die Probanden den Marken bestimmte Aussagen zuordnen, die sie mit den Marken verbinden.

Die drei verschiedenen Messmethoden führen in der Studie zu ähnlichen Ergebnissen bezogen auf die gleiche Marke, d. h. die Methoden können diesbezüglich weitgehend als gleichwertig gelten. In einer späteren Replikation dieser Studie (Driesener/Romaniuk 1998) wird diese Erkenntnis bestätigt. Hieraus ist zu folgern, dass Forscher sich bei der Messung von Markenimages für die Methode entscheiden können, die auf die konkrete Erhebungssituation bezogen am geeignetsten ist. Eine weitere Erkenntnis der Replikation ist, dass der Einfluss der Markenverwendung auf die Markenwahrnehmung sehr bedeutend ist, und daher bei der Interpretation von Markenimagedaten in jedem Fall berücksichtigt werden sollte. Die Markenverwendung ist in diesem Sinne neben der vorgelagerten Markenbekanntheit eine wichtige Voraussetzung für die Imageforschung.

Als Hauptkritik an den vorgestellten Verfahren zur Markenimagemessung ist festzuhalten, dass der Imagebegriff sich häufig auf die Markenidentität mit all ihren Komponenten bezieht und nicht auf die Markenpositionierung, die nur ausgewählte Komponenten umfasst. Die Markenpositionierung mit den ausgewählten und für die Zielgruppe relevanten Nutzendimensionen wird über die Markenbotschaft in der operativen Ebene an die Zielgruppe herangetragen. Somit können auch nur diese Nutzendimensionen zur Imagebildung bei der Zielgruppe führen. Strenggenommen müssten dann auch nur diese gemessen werden.

8 Markenstrategien

Die Markenpositionierung stellt den zentralen Ausgangspunkt für die operative Markenführung dar. Klassisch entspringt die Markenbildung und die Markenführung dem Strategietyp der Differenzierungsstrategie nach Porter bzw. der Präferenzstrategie nach Becker als Basisstrategie einer Marke.

Die Entscheidung für den Auf- und Ausbau von Herstellermarken und die dafür notwendige stringente Ausrichtung der entsprechenden operativen Markenpolitik als substrategische Dimension ist in erster Linie eine Entscheidung für Qualitäts- und gegen Preiswettbewerb. Der konsequente Qualitätswettbewerb bzw. das Anbieten von Leistungsvorteilen begründet Präferenzen im Markt und bildet so die Grundvoraussetzung für die klassische Markenartikelstrategie.

Rückführend auf die Bedeutung der Basisstrategie als grundlegender Strategietyp für die Markenpolitik eines Unternehmens ist die Markenstrategie als substrategische Dimension im Übergang zur operativen Markenpolitik zu verstehen, d. h. es erfolgt mit diesem Schritt der Eintritt auf die Ebene der Marketinginstrumente (vgl. Kapitel 9).

Mit dem Bezug zu den jeweils relevanten Typen von Basisstrategien (vgl. Kapitel 6.2) lassen sich die Markenstrategien korrespondierend in Ebenen des vertikalen Wettbewerbs gliedern. Wie die folgende Abbildung 8.1 zeigt, spiegelt sich hier die strategische Struktur eines Marktes operativ wider.

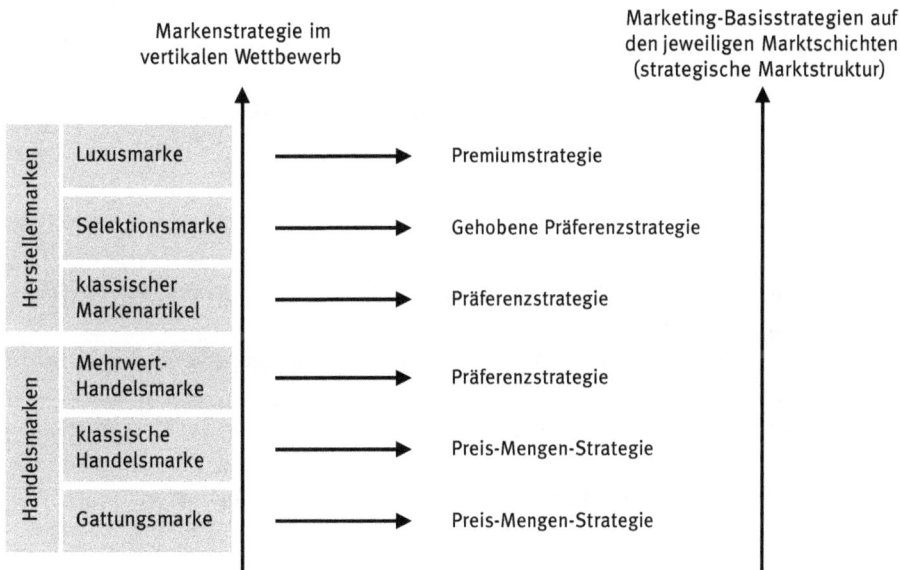

Abbildung 8.1: Zusammenhang von Markenstrategien und Marketing-Basisstrategien (Quelle: Runia et al. 2019, S. 170).

https://doi.org/10.1515/9783110526318-008

Bei der Gesamtbetrachtung der operativen Dimension der Markenstrategien ergeben sich drei Perspektiven: horizontale, vertikale und internationale Markenstrategien. Diese sind in der folgenden Abbildung 8.2 ersichtlich.

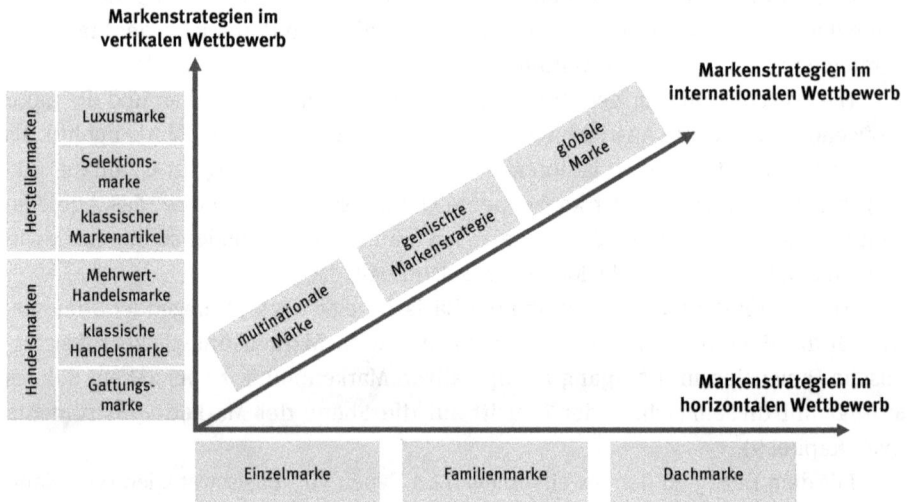

Abbildung 8.2: Markenstrategien im Wettbewerb (Quelle: eigene Darstellung in Anlehnung an Meffert et al. 2002: 136).

Die ursprüngliche Unterscheidung zwischen horizontalen und vertikalen Markenstrategien bezieht sich auf die Wirtschaftsstufen: Bei der horizontalen Sichtweise findet der Wettbewerb zwischen den Marken auf der gleichen Wirtschaftsstufe (meist: Hersteller/Industrie) statt, bei den vertikalen Markenstrategien kommt es zum Wettbewerb zwischen verschiedenen Wirtschaftsstufen, sprich: Herstellermarken vs. Handelsmarken.

In einer aktuellen Betrachtungsweise können die drei Perspektiven wie folgt skizziert werden:

- vertikale Markenstrategien: Einteilung des Marktes in Schichten, sowohl basis- als auch markenstrategisch
- horizontale Markenstrategien: Unternehmerische Grundsatzentscheidung zur jeweiligen Markenstrategie
- internationale Markenstrategien: Internationale Ausrichtung der Markenstrategie

Diese drei Perspektiven der Markenstrategien werden in den folgenden Kapiteln detailliert behandelt.

8.1 Vertikale Markenstrategien

Die vertikalen Markenstrategien beziehen sich auf die diversen Schichten innerhalb eines relevanten Marktes, die gleichzeitig die entsprechenden Käuferschichten widerspiegeln.

Die drei Markenstrategien der Hersteller zeigen sich in klassischen Markenartikeln (z. B. Milka), Selektionsmarken (z. B. Miele) und Luxusmarken (z. B. Rolex). Diese stellen damit die operativen Ausprägungen der Basisstrategien Präferenzstrategie, gehobene Präferenzstrategie und Premiumstrategie dar.

Diese Markenstrategien weisen einen sehr starken Bezug zum jeweils relevanten Preisniveau auf. So wird bei Luxusmarken ein mindestens fünfmal höherer Preis als der Durchschnittspreis der Kategorie angesetzt. Fassnacht (2013) verwendet hierzu ein Beispiel aus dem Textilmarkt (Kategorie Herrenhemden): Als Luxusmarke fungiert Hermès mit einem Preis von 540 € für ein Herrenhemd. Zum Vergleich werden die Selektionsmarke Ralph Lauren (99 €) und die klassische Marke McNeal (39,95 €) herangezogen.

In den letzten Jahrzehnten hat sich im Einzelhandel die Markenführung professionalisiert, was sich u. a. in der Entwicklung von drei Markenstrategien im Handel ausdrückt. Dies schlägt sich auch in der organisatorischen Verankerung des Markenmanagements innerhalb der Handelsbetriebe nieder. Beispielsweise bietet die Rewe-Group innerhalb ihrer Eigenmarkenpolitik im Sortiment ihrer Vertriebslinie Rewe die Gattungsmarke Ja!, die klassische Handelsmarke Rewe Beste Wahl und die Mehrwert-Handelsmarke Rewe Feine Welt an.

Eigenmarken des Handels sind als Waren- oder Firmenkennzeichen zu verstehen, mit denen Handelsunternehmen Waren markieren und exklusiv über eigene Verkaufsstellen distribuieren. In der Praxis ist damit nicht nur das Kennzeichen selbst gemeint, sondern auch der Artikel, der damit versehen ist. Dieser wird daher als Handelsmarkenartikel bezeichnet (Ausschuss für Definition zu Handel und Distribution 2006).

Die Gattungsmarken (No-Names, Generika) befinden sich in der Preiseinstiegsschicht und genügen qualitativen Mindestanforderungen. Diese Waren besitzen einen eher unauffälligen Markierungsnachweis und tragen oft nur eine Gattungsbezeichnung, z. B. „Zucker" (Schenk 2004: 128). Gattungsmarken sind häufig bei Verbrauchsgütern des täglichen Bedarfs vorzufinden und werden in der heutigen Handelslandschaft meist als Sortimentsmarke geführt, beispielsweise Gut&Günstig (Edeka-Gruppe) und Ja! (Rewe-Group). Die Gattungsmarken repräsentieren auf operativer Ebene den Basisstrategietyp der Preis-Mengen-Strategie in Reinform (Becker 2013, S. 223f.).

Die klassischen Handelsmarken besitzen ein Qualitätsniveau, das teilweise bereits mit der Qualitätsstufe der klassischen Markenartikel vergleichbar ist, bieten dabei jedoch einen deutlichen Preisvorteil. Sie sind insbesondere bei Produktkategorien mit einem geringen Innovationsgrad als Nachahmung der entsprechenden

Herstellermarken zu finden (Schenk 2004, S. 128). Die klassischen Handelsmarken lassen sich in Individualmarken und Warengruppenmarken unterscheiden. Bei Individualmarken wird mit dem Markenlogo nur ein einzelnes Produkt gekennzeichnet (z. B. das Waschmittel Tandil von Aldi). Bei Warengruppenmarken werden Produkte verwandter Natur unter einem Logo angeboten. Ein einschlägiges Beispiel hierfür ist Balea (Kosmetikprodukte) vom Drogeriemarktfilialisten dm. Auch die klassischen Handelsmarken können auf den Basisstrategietyp der Preis-Mengen-Strategie zurückgeführt werden (Becker 2013, S. 219 ff.).

Die Mehrwert-Handelsmarken, in der Literatur auch häufig als gehobene Handelsmarken (Becker 2013, S. 226 ff.) bzw. Premium-Handelsmarken (Becker 2013, S. 226 ff.; Schenk 2004, S. 128) bezeichnet, sind seit Ende der 1990er Jahre als Entwicklung in der deutschen Handelslandschaft zu konstatieren. Waren es zu Anfang ökologische Produkte unter den Markennamen Füllhorn (Rewe-Group) und Naturkind (Tengelmann-Gruppe), die sich mit dem Produktvorteil der Natürlichkeit an die gesundheitsbewussten Konsumenten richten (Ahlert et al. 2000, S. 35 f.), erfolgte die Weiterentwicklung zu sortimentsübergreifenden Mehrwert-Handelsmarken wie Edeka Selection (Edeka-Gruppe) und Rewe Feine Welt (Rewe-Group). Die Mehrwert-Handelsmarken stellen derzeit für den Handel das wichtigste Profilierungsinstrument dar. Sie markieren die höchste Stufe der Handelsmarken und werden durch aufwendige Markierung und Verpackungsgestaltung sowie spezifische Kommunikation zur direkten Konkurrenz der klassischen Markenartikel aufgebaut (Schenk 2004, S. 128 f.). Mit dem für Eigenmarken des Handels höchsten Preisniveau orientieren sich die Mehrwert-Handelsmarken ebenfalls an den klassischen Markenartikeln. Hierbei kommt zum Ausdruck, dass diese Markenstrategie des Handels den Übergang von der Preis-Mengen-Strategie zur Präferenzstrategie als Basisstrategie darstellt, d. h. hier konkurrieren zum ersten Mal Handelsmarken nicht nur operativ, sondern auch basisstrategisch mit den Herstellermarken (Becker 2013, S. 226 ff.).

In vielen Fällen werden Handelsmarken von Markenherstellern gefertigt, so werden beispielsweise für Aldi Sun Snacks-Chips von Lorenz, Sweetland-Lakritz von Katjes-Fassin und Choceur-Schokolade von Storck produziert. Den Markenherstellern dient dies nicht als strategische Ausrichtung, sondern vielmehr als Maßnahme zur Kapazitätsauslastung ihrer Fertigungsanlagen.

Der Vollständigkeit halber sei abschließend noch der Begriff der Storebrand erwähnt. Das Handelsunternehmen versucht hierdurch eine Gesamtpositionierung zu erreichen. So wird das Handelsunternehmen aus Sicht der Konsumenten als Eigner aller angebotenen Produkte wahrgenommen. Beispiele für Storebrands sind Aldi, Edeka und Rewe. Im Rahmen des elektronischen Handels gilt der analoge Begriff E-Storebrand, z. B. Amazon oder Zalando.

8.2 Horizontale Markenstrategien

Die horizontalen Markenstrategien basieren auf unternehmerischen Grundsatzentscheidungen zur jeweiligen Ausrichtung der Marke. Es wird zwischen den folgenden drei grundlegenden Typen von horizontalen Markenstrategien unterschieden: Einzelmarke, Familienmarke, Dachmarke.

Klassische Beispiele für die **Einzelmarkenstrategie** sind The Coca-Cola-Company mit den Einzelmarken Coca-Cola, Sprite, Fanta, Mezzo Mix sowie Ferrero mit Duplo, Mon Chéri, Giotto. Jede Produktkategorie (z. B. im Falle von Sprite die Produktkategorie Zitronenlimonade) eines Unternehmens wird unter einer eigenen Marke angeboten. Die theoretische Extremform (Einzelprodukt = Einzelmarke) ist historisch zu betrachten und wird heute kaum noch erfüllt, am ehesten noch vom Unternehmen Ferrero, wo z. B. Mon Chéri die charakteristische mit Branntwein gefüllte Praline kennzeichnet, von der es nur wenige Varianten gibt. Dennoch ist auch eine Marke wie Coca-Cola (z. B. diverse Geschmacksrichtungen und Gebindeformen) als Einzelmarke zu bezeichnen, da sie sich letztlich auf eine Grundproduktkategorie bezieht.

Dagegen entfernte sich P&G mit Meister Proper von der Einzelmarkenstrategie, da die Marke vom Ursprungsprodukt Reinigungsmittel mittlerweile auf andere Produktkategorien wie Schmutzradierer übertragen wurde. Hier ergibt sich eine Tendenz zur Familienmarke. Diese Tendenz hat sich im Zeitablauf verstärkt, was u. a. an den Beispielen von Nimm2 (Ausweitung der klassischen gefüllten Fruchtbonbons auf u. a. Kaubonbons und Lollys) und Nutella (Ausweitung der Nuss-Nougat-Creme auf Keks-waffel) verdeutlicht werden kann. Die Vorteilhaftigkeit der Einzelmarkentrategie besteht vor allem in der Möglichkeit, für jede Marke eine eigene Markenidentität und Markenpositionierung aufzubauen. Ferner ist die Konzentration auf eine klar definierte Zielgruppe möglich. Zudem werden negative Ausstrahlungseffekte auf andere Marken vermieden und es ist ein geringer Koordinationsbedarf notwendig. Hiermit ist jedoch in der Regel ein hoher Marketingaufwand verbunden. Der Aufbau eines Markenimages erfordert wesentlich mehr Zeit als bei Familien- oder Dachmarken. Bei immer kürzeren Produktlebenszyklen besteht zudem die Gefahr, dass der Break-Even-Point nicht mehr erreicht wird. Nicht unterschätzt werden sollte die Problematik, in der heutigen Zeit noch geeignete und schutzfähige Markennamen zu finden. Einzelmarken können schließlich zur Bezeichnung einer ganzen Produktgattung und damit zum Gattungsbegriff werden (Tempo, Tesa, Uhu, Fön). Hierbei besteht die Gefahr, dass sich die Markenbekanntheit nicht gleichermaßen im Nachfrageverhalten widerspiegelt; vielmehr neigen preissensible Nachfrager dazu, günstige Handelsmarken zu kaufen (z. B. Kokett statt Tempo).

Werden mehrere verwandte Produktkategorien unter einer Marke ohne Bezugnahme auf den Unternehmensnamen angeboten, wird eine **Familienmarkenstrategie** verfolgt. Unterschiedliche Marken können auf diesem Wege innerhalb eines Unternehmens nebeneinander existieren. Einerseits können hiermit positive Ausstrahlungseffekte und somit eine Akzeptanz beim Verbraucher und Handel erreicht werden, andererseits besteht die Gefahr, dass ein Badwill-Transfer stattfindet. Weitere Vorteile von Familienmarken sind spezifische Profilierungsmöglichkeiten von Produktlinien, die Verteilung des Markenbudgets auf mehrere Produktkategorien, die Partizipation neuer Produkte am Goodwill der Familienmarke sowie der Aufbau von Markenkompetenz. Neben dem angesprochenen Badwill-Transfer sind als weitere Nachteile zu nennen: Gefahr einer Markenüberdehnung, notwendige Beachtung der Basispositionierung, Begrenzung des Innovationspotentials durch den Markenkern. Gefährlich ist überdies, wenn der Handel Familienmarkensysteme nicht voll aufnimmt bzw. nicht als Systeme präsentiert. Beispiele für eine Familienmarkenstrategie finden sich bei Beiersdorf (z. B. Nivea, Tesa, Hansaplast), Mondelez International (z. B. Milka, Jacobs) und Unilever (z. B. Unox, Du Darfst).

Neben Konsumgütern kommt die **Dachmarkenstrategie** vielfach bei Investitionsgütern und Dienstleistungen zur Anwendung, d. h. sämtliche Produkte eines Unternehmens werden unter einer gemeinsamen Marke (in der Regel Firmenname) geführt. Produkte von Dr. Oetker oder Bayer tragen zur Profilierung und Stützung der Dachmarke bei. Weitere Beispiele für Dachmarken sind IBM, Allianz oder die Deutsche Bank. Die unter der Marke geführten Produkte sollten allerdings in einem sachlichen Zusammenhang stehen, um eine mögliche Markenerosion zu vermeiden. Durch eine Dachmarkenstrategie kann das Floprisiko von Produkteinführungen gesenkt und die Akzeptanz bei Konsumenten gesteigert werden. Einerseits kann eine unverwechselbare Markenidentität bzw. Markenpositionierung erreicht werden, andererseits besteht die Gefahr negativer Ausstrahlungseffekte bei fehlgeschlagenen Produkten. Weitere Vorteile sind dadurch gegeben, dass alle Produkte den notwendigen Markenaufwand gemeinsam tragen und jedes neue Produkt am Goodwill der Dachmarke teilhaben kann. Als Nachteil ist der Zwang zu einer eher breiteren Positionierung der Dachmarke zu sehen, wodurch die Konzentration auf einzelne Zielgruppen schwierig wird. Zudem können Innovationen nicht explizit ausgelobt werden.

An dieser Stelle sei darauf hingewiesen, dass in der Praxis der Begriff der Familienmarke häufig eine untergeordnete Rolle spielt und stattdessen relativ schnell von „Dachmarken" gesprochen wird. So wird bei Beiersdorf die theoretisch als Familienmarke zu bezeichnende Marke Nivea als Dachmarke definiert. Bei GSK wird auch bei Odol der Dachmarkenbegriff verwendet, obwohl die Marke theoretisch ebenfalls als Familienmarke zu sehen ist. In der Praxis findet die Familienmarke am ehesten zur Kennzeichnung von größeren, zusammenhängenden Produktlinien (Ranges) Verwendung.

Neben den Reinformen von Markenstrategien existieren auch Kombinationen der Strategietypen. Diese Variante wird u. a. von Henkel in der Form eingesetzt, dass Henkel als Unternehmensmarke und z. B. Somat, Perwoll und Pril als Einzelmarken agieren. Der konzeptionelle Ansatz besteht hierbei darin, starke Einzelmarken aufzubauen und deren Markenkraft durch die Unternehmensmarke zu verstärken (Endorsed Branding). Alle Waschmittelpackungen von Henkel tragen neben der spezifischen Einzelmarke zusätzlich das Unternehmensmarkenlogo, in der Kommunikation wird ebenfalls der Bezug zur Unternehmensmarke hergestellt, wobei die Unternehmensmarke in diesen Fällen eben nicht als Dachmarke fungiert und daher auch nicht in direkter Umgebung des Einzelmarkenlogos verwendet wird.

Die Unterscheidung zwischen Einzel-, Familien- und Dachmarken bzw. die Frage nach der Grenze zwischen diesen Markenstrategien stellt sich oftmals als schwierig dar, weshalb an dieser Stelle noch eine nähere Erläuterung folgen soll. Aus historischer Perspektive starteten Unternehmen immer entweder mit einer Dachmarke oder einer Einzelmarke: Fiel die Wahl auf eine Dachmarke, wurden ein Produkt bzw. mehrere relativ homogene Produkte unter einer gemeinsamen Marke geführt, die meist dem Namen des Unternehmens entsprach (z. B. Ford, Dell). Die Einzelmarkenstrategie bedeutet in Reinform: eine Marke = ein Produkt = ein Versprechen (Nutzenversprechen). In dieser Form begann die Geschichte bekannter Marken wie z. B. Maggi, Nivea und Nutella. Heute sind die meisten Einzelmarken im FMCG-Bereich zur Familienmarke gestreckt (z. B. Axe, Ariel, Persil). Eine Einzelmarke liegt heute dann noch vor, wenn die Marke auf eine Grundproduktkategorie zurückgeführt werden kann (z. B. Pringles – Stapelchips, Sprite – Zitronenlimonade).

Mischstrukturen in Form von Markenstrategiekombinationen sind in der Unternehmenspraxis häufig vorzufinden und werden oft durch Mergers & Acquisitions (M&A) ausgelöst. Hierdurch kommt es vielfach zu sogenannten Mehrmarkenstrategien innerhalb dieser Unternehmen.

Die **Mehrmarkenstrategie** ist gekennzeichnet durch die Führung von zwei und mehr Marken im selben Markt. Dies ist zum Beispiel im deutschen Waschmittelmarkt zu beobachten. Der Henkel-Konzern tritt hier mit den folgenden Marken auf: Persil, Weißer Riese, Spee. Diese Mehrmarkenstrategie dient der Abschöpfung eigenständiger Segmente innerhalb einer Marktschicht durch eine spezifische Zielgruppenansprache auf Basis der Präferenzstrategie. Darüber hinaus soll die Konkurrenz im eigenen Haus die Leistung erhöhen. Die Vorteile hierbei liegen in der Absicherung von Wettbewerbspositionen, in der Nutzung einer größerer Regalfläche im Einzelhandel sowie in der Verringerung des Floprisikos. Die Nachteile sind ein höherer Koordinationsbedarf, eine mögliche Übersegmentierung sowie mögliche Kannibalisierungseffekte. Im Automobilmarkt existieren Mehrmarkenstrategien auch auf verschiedenen Marktschichten, was z. B. beim Volkswagen-Konzern durch die Marken VW (Präferenzebene), Audi (gehobene Präferenzebene) und Porsche (Premiumebene) umgesetzt wird.

Eine besondere Form der Markenstrategie stellt das **Co-Branding** dar. Das Co-Branding ist dadurch gekennzeichnet, dass verschiedene Marken (meistens für einen begrenzten Zeitraum) zusammen vermarktet werden. Ein Unternehmen versieht ein Produkt, das bereits isoliert einen Markenartikel darstellt, zusätzlich mit einer Markierung, deren Rechte ein anderes Unternehmen besitzt. Dies umfasst zum einen die Allianz zwischen Marken, die zwar unabhängig vermarktet werden, aber in einem komplementären Verhältnis zueinanderstehen (Waschmittel Ariel in

Verbindung mit einer Waschmaschine von Bauknecht), zum anderen die Entwicklung eines Neuproduktes, welches zwei oder mehr Marken umfasst (z. B. MasterCard des FC Bayern München bzw. andere unternehmensspezifische Kreditkarten). Im weiteren Sinne können auch Kooperationen diverser Marken auf Internetplattformen oder bei Bonussystemen (Payback) als Co-Branding bezeichnet werden.

Eine Sonderform des Co-Branding stellt das **Dual-Branding** dar, wo im Gegensatz zum Co-Branding zwei Marken eines Eigentümers in einem kombinierten Angebot (z. B. im Rahmen einer Verkaufsförderungsaktion) in Erscheinung treten, z. B. Jacobs Cappuccino Specials Milka von Mondelez International.

Als weitere Sonderform hat sich der Begriff **Ingredient-Branding** durchgesetzt. Beim Ingredient-Branding wird eine vom Lieferanten aufgebaute Marke in das eigene Markenprodukt integriert. Bekannte Beispiele hierfür sind Gore-Tex als Marke für eine Membranstruktur bei verschiedenen Bekleidungsmarken, die Getränkeverpackungsmarke Tetra Pak in Kombination mit diversen Getränkemarken sowie die Chipmarke Intel Pentium als Komponente vieler Computer („Intel inside").

8.3 Internationale Markenstrategien

Global Player sehen sich im internationalen Wettbewerb mit dem Problem konfrontiert, die erfolgversprechendsten Markenstrategien identifizieren zu müssen. Individuelle und länderspezifische Markenkonzepte auf den einzelnen Märkten kennzeichnen die multinationale Markenstrategie. Diese erlaubt zum einen eine bessere Marktnähe und die Berücksichtigung der landesspezifischen Verbraucherpräferenzen. Zum anderen sind hiermit aber auch deutlich höhere Kosten verbunden. Als Beispiel für die multinationale Markenstrategie kann der Biermarkt angeführt werden, der durch länderspezifische Marken charakterisiert wird. Die globale Markenstrategie setzt bei den Nachteilen der multinationalen Strategie an, indem sie eine einheitliche Markenstrategie ohne Berücksichtigung nationaler Unterschiede realisiert. Im Mittelpunkt steht dabei der Aufbau einer konsistenten internationalen Marke. Zusätzlich können mengenbedingte Kostensenkungseffekte (Economies of Scale) zu einer Reduzierung des Kostenniveaus beitragen.

Erfolgreiche Beispiele für eine globale Markenstrategie sind standardisierte Dienstleistungen (McDonald's), High-Tech-Unternehmen (IBM), Prestigegüter (Perrier, Chanel) sowie nicht kulturgebundene Güter (Coca-Cola, Levi's). Der Nachteil der globalen Markenstrategie kann in der Vernachlässigung von nationalen Besonderheiten sowie in Reibungsverlusten zwischen Mutter- und nationalen Tochtergesellschaften durch eine zentralisierte, oktroyierte Markenpolitik liegen.

Um die Vorteile der multinationalen und globalen Markenstrategien weitestgehend zu nutzen, entscheiden sich viele Unternehmen für eine gemischte Markenstrategie, die somit auch die vorherrschende Markenstrategie im internationalen Wettbewerb darstellt. Basis dieses Strategietyps ist es auf der einen Seite den

Standardisierungsgrad auszuschöpfen und auf der anderen Seite landesspezifi-
sche Gegebenheiten zu beachten. Henkel ist in der Waschmittelbranche einen
ähnlichen Weg gegangen. Lange Zeit verfolgte Henkel eine multinationale Markenstrategie, die durch die Unternehmensentwicklung in Form von diversen Ak-
quisitionen lokaler Marken bedingt war. Mittlerweile kann das markenpolitische
Vorgehen als gemischt bezeichnet werden. Zum Markenprogramm zählen u. a.
internationale Marken wie Persil und Dixan und weitere nationale Marken wie
Spee und Fewa.

9 Markenwachstum

Im Wettbewerb ist es im Kontext der Markenführung notwendig, eine Marke weiterzuentwickeln oder neue Marken zu generieren. Dies ergibt sich aus der Zielsetzung,
größere Absatz- bzw. Umsatzvolumina zu erreichen, um Marktanteile zu festigen
oder zu erhöhen. Vor diesem Hintergrund spielt das Markenwachstum als strategische Dimension eine entscheidende Rolle (Esch et al. 2005, S. 905 ff.).

Das Markenwachstum ist generell zu unterscheiden in eine engere und weitere
Perspektive, wie in Abbildung 9.1 dargestellt.

Nutzung vorhandener Marken durch		
– **Produktlinienerweiterung** oder durch		
– **Markenerweiterung** (= Dehnung der Marke in neue Produktkategorien)		

	bisheriger Markenname	neuer Markenname
bisherige Produktkategorie	Produktlinien-erweiterung	flankierende Marke
neue Produktkategorie	Marken-erweiterung	neue Marke

	bisherige Märkte	neue Märkte
neue Produkte	Produkt-entwicklung	Diversifikation
gegenwärtige Produkte	Markt-durchdringung	Markt-entwicklung

Abbildung 9.1: Markenwachstum im engeren und weiteren Sinne (Quelle: eigene Darstellung).

Das Markenwachstum im engeren Sinne weist zwei Vorgehensweisen auf:
– Produktlinienerweiterung, d. h. eine Marke wird in der bestehenden Produktlinie um weitere Produkte ergänzt,
– Markenerweiterung, d. h. die Marke wird durch neue Produkte in eine neue, naheliegende Produktkategorie gedehnt.

Das Markenwachstum im weiteren Sinne weist ebenfalls zwei Vorgehensweisen
auf:
– Neue flankierende Marke, d. h. es wird eine neue Marke eingeführt, die in der
bestehenden Produktkategorie bisher nicht bediente Segmente anvisiert,
– Neue Marke, d. h. es wird eine neue Marke aufgebaut, die sich auf ein Segment
in einer neuen Produktkategorie fokussiert.

https://doi.org/10.1515/9783110526318-009

Wenn ein Unternehmen innerhalb bereits bestehender Produktlinien unter bereits bestehenden Markennamen zusätzliche Produkte aufnimmt, die sich z. B. durch neue Farben, Formen, Packungsgrößen, Geschmacksrichtungen, Duftnoten und Ausstattungsmerkmale von den bisherigen unterscheiden, liegt eine **Produktlinienerweiterung** (Line Extension) vor, die der Produktlinienentscheidung des Auffüllens bzw. der produktpolitischen Entscheidung der Produktdifferenzierung entspricht. Diese Vorgehensweise dient zum ersten dazu, die bestehende Zielgruppe zu halten, und zum zweiten, die Sub-Zielgruppen intensiver zu fokussieren. Das Wachstumspotenzial der Produktlinienerweiterung ist begrenzt auf die ursprüngliche Produktkategorie. Beispielsweise führt Intersnack unter dem bestehenden Markennamen funny-frisch u. a. die Chips-Varianten Oriental, Peperoni und Sour Cream. Hierdurch werden die Stammverwender durch die größere Auswahl an Geschmacksrichtungen enger an die Marke gebunden und ferner das Variety-Seeking-Verhalten befriedigt. Bezüglich der Sub-Zielgruppen bietet die Marke funny-frisch diverse Verpackungsgrößen z. B. für Singles oder Familien an.

Wird der bestehende Markenname auf neue, naheliegende Produktkategorien übertragen, handelt es sich um eine **Markendehnung** (Brand Extension). Als Basis der Markendehnung fungieren die Kompetenz der Marke sowie vorhandene Ressourcen und Fähigkeiten; diese werden genutzt, um mit der Marke die neuen Produktkategorien abzudecken. Das bei der bisherigen Zielgruppe vorhandene Markenimage wird dabei als Anker genutzt. Diese Vorgehensweise dient dazu, die Stammverwender der Marke in eine neue Produktkategorie zu lenken und damit die Markentreue über verschiedene Produktkategorien hinweg zu erhöhen. Ferner sollen bisherige Konkurrenzverwender der neuen Produktkategorie für die eigene Marke gewonnen werden. Insofern sind die Wachstumspotenziale der Marke im Vergleich zur Produktlinienerweiterung hier als größer zu bezeichnen. Die Gefahr bei der Markendehnung besteht allerdings darin, dass womöglich der Kompetenzbereich einer Marke überschritten wird und es zu einer Überdehnung der Marke kommen kann. Mit der Markenerweiterung wird auch die Dehnung einer Einzelmarke zur Familienmarke vollzogen. Beispielsweise hat sich die ehemalige Einzelmarke Nivea vom Ursprungsprodukt der Universalcreme zu einer Familienmarke für Körperpflege entwickelt. Bei diesem Beispiel wird deutlich, dass nicht nur neue Produktkategorien abgedeckt werden, sondern – je nach Marktabgrenzung – auch neue (Teil-)Märkte. Diese Feststellung gilt auch für alle nun noch folgenden Formen des Markenwachstums.

Wird der bestehende Markenname auf neue, entfernte Produktkategorien übertragen, handelt es sich um einen **Markentransfer** (Brand Transfer). Hierbei reichen die bestehenden Ressourcen und Fähigkeiten jedoch nicht aus, um diese neue Produktkategorien abzudecken. Somit bildet das bei der bisherigen Zielgruppe bestehende Markenimage die Voraussetzung für den Markentransfer. Der Markentransfer erlaubt Unternehmen, die Imagekomponenten von einer Marke auf eine andere, neue Produktkategorie zu übertragen. Dies führt zu einer Lizenzierung als

Nutzungsrecht. Hierbei ist in erster Linie die Produktionslizenz gemeint, bei der ein fremdes Unternehmen der eigenen Marke entsprechende Produktionskapazitäten zur Verfügung stellt. In diesem Fall bezieht sich die Lizenzierung allein auf die Produktion; die Markenführung verbleibt im eigenen Unternehmen. Eine weiter reichende Form der Lizenzierung schließt auch die Vermarktung der eigenen Marke durch das fremde Unternehmen ein. Hierbei wird der Begriff der Lizenzmarke verwendet.

Der Inhaber einer Marke (Lizenzgeber) räumt einem anderen Unternehmen (Lizenznehmer) das Recht ein, diese Marke für seine eigenen Produkte zu verwenden. Als Gegenleistung für das Nutzungsrecht verpflichtet sich der Lizenznehmer zur Einhaltung vertraglicher Vorgaben und zur Zahlung einer Lizenzgebühr. Die bekanntesten Lizenzmarken kommen aus den Bereichen Mode (Boss, Joop), Sport (Adidas, Puma) und Genussmittel (Mövenpick). Diese Marken werden in diversen Bereichen in Lizenz genutzt, z. B. Adidas und Boss in der Produktkategorie After-Shaves. Entscheidend für den Erfolg des Markentransfers durch Lizenzmarken ist die Tragfähigkeit des bestehenden Markenimages. Diese Vorgehensweise dient ebenfalls dazu, die Stammverwender der Marke in eine neue, entfernte Produktkategorie zu lenken, um die Markentreue weiter zu festigen. Die Wachstumspotenziale der Marke sind hierbei ökonomisch eher limitiert, da sie sich aus Sicht der eigenen Marke ausschließlich auf die Lizenzgebühren beziehen. Als Gefahr eines Markentransfers ist eine mögliche Markenerosion (Markenverwässerung) zu nennen, die als Folge einer Überlastung des vorhandenen Markenimages auftreten kann.

Das Markenwachstum im weiteren Sinne unterscheidet sich dadurch von der engeren Definition, dass sich das Wachstum nicht auf eine einzelne Marke bezieht, sondern auf die Anzahl verschiedener Marken im Unternehmen.

Wird eine neue Marke eingeführt, die in der bestehenden Produktkategorie bisher nicht bediente Segmente anvisiert, handelt es sich um eine **neue, flankierende Marke**. Diese Vorgehensweise bezüglich des Markenwachstums entspricht einer Mehrmarkenstrategie, bei der mehrere Segmente durch zielgruppenspezifische Marken parallel bedient werden. Hierbei werden durch eindeutige Markenpositionierungen mit entsprechenden Nutzendimensionen die Bedürfnisse der jeweiligen Zielgruppe befriedigt. Als Beispiel soll an dieser Stelle das Unternehmen Henkel fungieren, das in der Produktkategorie Waschmittel mit den drei Marken Persil, Weißer Riese und Spee agiert.

Wird eine neue Marke aufgebaut, die sich auf ein Segment in einer neuen Produktkategorie fokussiert, entsteht eine **neue, diversifizierende Marke**. Das Markenwachstum bezieht sich hier auf die Ausweitung des Markenprogramms eines Unternehmens. Auch hier soll die neue Marke mit ihrer eigenständigen Positionierung neue Zielgruppen bedürfnisgerecht abdecken, jedoch befinden sich diese Zielgruppen in für das Unternehmen neuen Produktkategorien. Als Beispiel können sämtliche diversifizierte Konzerne wie Mars, Unilever, Nestlé etc. gelten.

Das Markenwachstum hat im Zeitlauf oft starke Auswirkungen auf die Gesamtstruktur der Marken eines Unternehmens. Diese Gesamtstruktur wird in der Marketingliteratur als **Markenhierarchie** bzw. **Markenarchitektur** bezeichnet. Grundlage für eine solche Struktur bilden die in Kapitel 8.2 behandelten horizontalen Markenstrategien.

Die Extrempunkte möglicher Markenhierarchien bilden das Branded House (Dachmarkenstrategie) und das House of Brands (Mehrmarkenstrategie mit Einzel- und/oder Familienmarken). Bei Subbrands und Endorsed Brands finden Kombinationen von Markenebenen statt (vgl. Abbildung 9.2).

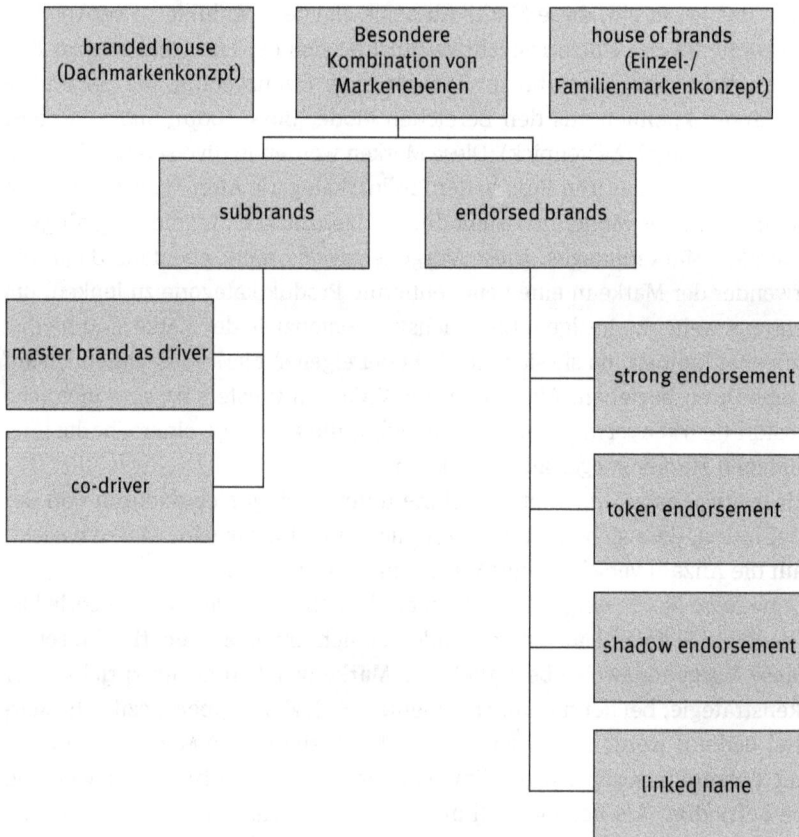

Abbildung 9.2: Markenarchitektur (Quelle: eigene Darstellung in Anlehnung an Aaker/ Joachimsthaler 2001, S. 115).

Beim **Branded House** werden sämtliche Produkte eines Unternehmens unter einer gemeinsamen Marke (in der Regel der Firmenname) geführt, d. h. die Markenpositionierung gilt für alle Produkte des Unternehmens. Historisch basiert das Branded House auf einer Markendehnung in dem Sinne, dass die Marke mittels ihrer Kompetenz unterschiedliche Produktkategorien abdeckt. Beispiele für Branded House bzw. Dachmarkenstrategien sind Deutsche Bank, Sparkasse, Allianz.

Das Branded House kann als Kombinationsmöglichkeit mit anderen Markenebenen nur die **Subbrand** nutzen. Im Rahmen des House of Brands gilt diese Vorgehensweise auch für die Familienmarke. Den Hintergrund bildet die Markendehnung über viele Produktkategorien und die sich daraus ergebende Notwendigkeit, produkt- und/oder zielgruppenspezifische Unterscheidungen zu ermöglichen. Die Kompetenz der Dachmarke bzw. Familienmarke bildet weiterhin die Grundlage für die Markenpositionierung, während die Subbrand eine ergänzende Spezifizierung darstellt. Beispiele für eine solche Vorgehensweise bei Dachmarken stellen Fedex mit den Subbrands Express, Ground, Freight etc. sowie Hewlett Packard (HP) mit den Subbrands Spectre, Elitebook, LaserJet etc. dar. Bei den Familienmarken sind z. B. Nivea mit den Subbrands Sun und Men sowie Tesa mit den Subbrands Powerstrips und Moll zu nennen.

Die hier genannten Beispiele zeigen die bei den Subbrands vorherrschende Ausprägung Master Brand as Driver, die auch die typische Kompetenzübertragung auf Produkt- oder Zielgruppenebene beinhaltet. Alternativ besteht die Ausprägung Co-driver als Subbrand, bei der eine zweite gleichberechtigte Marke hinzugefügt wird. Als Beispiel kann hier Nestlé Schöller dienen; durch die Hinzufügung der Marke Schöller wird der Marke Nestlé die Eiskompetenz zugeführt.

Den Gegensatz zum Branded House bildet das **House of Brands**. Beim House of Brands spielt die Unternehmensmarke in der Markenführung keine direkte Rolle, weil alle Marken des Unternehmens entweder als Einzelmarke oder als Familienmarke geführt werden und jeweils eine eigenständige Markenpositionierung aufweisen. Das House of Brands ist insbesondere bei großen Konzernen im FMCG-Bereich wie Unilever, Procter&Gamble und Ferrero vorzufinden. Ferrero bietet z. B. die Familienmarke Kinder und die Einzelmarke Duplo an.

Bei den **Endorsed Brands** begründet die Einzel- bzw. Familienmarke und somit die jeweilige Produktmarke die Markenkompetenz und die Unternehmensmarke nimmt eine ergänzende Rolle ein. Bei den Endorsed Brands sind im Wesentlichen zwei Ausprägungsformen relevant: Beim Strong Endorsement steht die Produktmarke in einer sehr engen Beziehung zur Unternehmensmarke (z. B. Courtyard by Marriot). Hierbei ist der Grad der Unterstützung durch die Unternehmensmarke als sehr hoch einzustufen. Beim Token Endorsement (z. B. Persil von Henkel, Scotch von 3M) ist der Grad der Unterstützung der Produktmarke durch die Unternehmensmarke als niedriger zu bezeichnen. In der Literatur wird häufig noch eine weitere Ausprägungsform angeführt, welche als Linked Name bezeichnet wird und somit eine Sonderform der Endorsed Brands darstellt. Diese Ausprägungsform wird sehr stark im Nestlé-Konzern mit den Beispielen Nescafé, Nesquik, Nestea etc. angewendet. Weitere Beispiele finden sich in der Unternehmenspraxis eher selten und zudem ist diese Ausprägungsform kritisch zu betrachten, da im Gegensatz zur Definition von Endorsed Brands die Unternehmensmarke sehr wohl im Vordergrund steht. Der Zusatz im Namen stellt in erster Linie einen produktbezogenen Zusammenhang zum Unternehmensnamen dar.

10 Operative Markenpolitik (Marke im Marketing-Mix)

Basierend auf der grundlegenden Marketingstrategie und der relevanten Markenstrategie müssen bei der Planung des Marketing-Mix alle **Marketinginstrumente** so aufeinander abgestimmt werden, dass sich eine optimale Kombination bzgl. der Erreichung der Marketing- und Unternehmensziele ergibt.

Aus Sicht einer Marke geht es um den stringenten Einsatz der Marketinginstrumente, die kombiniert als **Marketing-Mix** zum Tragen kommen (Wöhe/Döring 2010, S. 419 f.). Der Begriff des Marketing-Mix geht auf die klassischen Four P's (Product, Price, Place und Promotion) nach McCarthy zurück (Hünerberg 2009, S. 166; Sorger 2012, S. 126 ff.).

Als zentrales Objekt der Markierung soll der **klassische Markenartikel** als Ausgangspunkt dienen. Ausgehend von einer klaren Differenzierung und Positionierung auf der strategischen Ebene (vgl. Kapitel 6.1.3) sind auf der operativen Ebene die folgenden Kennzeichen zu konstatieren:

- einheitliche Markierung,
- evolutorische, nachhaltige Gestaltung,
- konstante oder verbesserte Qualität,
- mittlere Preiskategorie bis höhere Preiskategorie (Preispremium),
- Ubiquität (= Überallerhältlichkeit) im relevanten Markt,
- intensive Kommunikation.

Im Rahmen der instrumentalen Betrachtung der Markenführung werden in den folgenden Kapiteln die Bereiche der Produkt-, Kontrahierungs-, Distributions- und Kommunikationspolitik behandelt. Hierbei ist zu betonen, dass der Fokus rein auf der für das Markenmanagement relevanten Inhalte liegt; weitergehende Aspekte werden bewusst ausgeklammert.

10.1 Produktpolitik

Die operative Ebene der Markenführung beginnt mit der Produktpolitik. Im klassischen Sinne besteht die Produktpolitik aus sämtlichen Entscheidungen bezüglich des Produkt- bzw. Leistungsprogramms, zur Markierung, zur Verpackungsgestaltung und zu Serviceleistungen (Bergmann et al. 2008, S. 473). Da in der vorliegenden Monografie die Marke den Ausgangspunkt darstellt, beginnt dieses Kapitel mit der **Markenpolitik**, d. h. mit der rein operativen Betrachtung der Marke.

Eine Marke fungiert rechtlich als Eigentums- und Herkunftsnachweis. Nach dem Markengesetz entsteht der Markenschutz durch die Eintragung beim Patent- und Markenamt. Es können alle Zeichen, z. B. Wörter oder Abbildungen, aber auch

https://doi.org/10.1515/9783110526318-010

Hörzeichen (z. B. das Klingelzeichen von der Deutschen Telekom) eingetragen werden, die geeignet sind, Waren eines Unternehmens von denen anderer zu unterscheiden. Das Warenzeichen ist der rechtlich geschützte Teil der Marke, der den Gebrauch ausschließlich dem Anbieter zusichert. Nach der Anmeldung der Marke wird beim Patent- und Markenamt ein Markenblatt geführt, das u. a. die genaue Beschreibung der Marke selbst sowie den Markeninhaber enthält. Das Symbol ® signalisiert die eingetragene Marke (Registered Trademark).

Der Markenname ist der Teil der Marke, der verbal ausgedrückt werden kann. Z. B. wurde mit der Einführung der Mini-Salami Bifi im Jahr 1972 eine neue Produktkategorie eingeführt. Der Name basiert auf dem englischen Wort für Rindfleisch „beef" in Verbindung mit dem Klang der deutschen Verniedlichungsform „-i". Das Markenzeichen ist der Bestandteil der Marke, der als Symbol, Gestaltungsform, Schriftform oder in der Farbgebung dargestellt wird. Beispielsweise geht das Rautenmuster als Markenzeichen der Bayrischen Motoren Werke (BMW) auf den Umstand zurück, dass das Unternehmen zunächst mit der Produktion von Flugzeugmotoren in München begann. Die Farben Weiß und Blau entsprechen den Farben des Bundeslandes Bayern.

Bei den Markenlogos kann zwischen Schriftlogos (z. B. VW) und Bildlogos unterschieden werden. Bei den Bildlogos sind konkrete Bilder den abstrakten Zeichen (z. B. Allianz) vorzuziehen. Konkrete Bilder können ferner einen Bezug zur Marke aufweisen oder ohne einen Bezug gewählt werden. Ein Beispiel für ein Bildlogo ohne Bezug zur Marke ist das Krokodil von Lacoste, während der Apfel von Apple den Markennamen visualisiert. Die folgende Abbildung 10.1 stellt die verschiedenen Ausprägungen von Markenlogos übersichtlich dar.

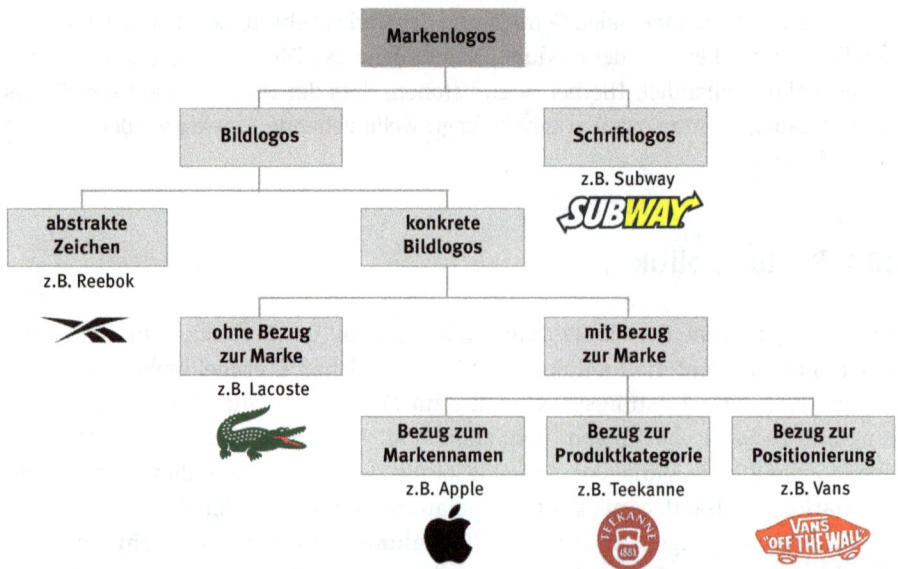

Abbildung 10.1: Markenlogos (Quelle: eigene Darstellung in Anlehnung an Esch 2008, S. 229).

Bei der Wahl des Markennamens ist insbesondere auf dessen Prägnanz und Diskriminationsfähigkeit zu achten, da dies eine wesentliche Bedeutung für das Wiedererkennen der Marke hat. Die Diskriminationsfähigkeit zielt darauf ab, dass der Markenname bzw. das Markenzeichen charakteristische Merkmale aufweist, die eine klare Abgrenzung von anderen Marken ermöglichen. Gerade bei deskriptiven Markennamen mit direktem Bezug zum Angebot (z. B. TV-Movie) ist die Gefahr der Austauschbarkeit relativ groß. Daher wird häufig statt eines direkten Angebotsbezugs ein assoziativer Bezug hergestellt, z. B. bei Nutella oder Du Darfst. Zum Teil wird durch den Namen überhaupt kein Bezug zum Angebot genommen; dabei werden bedeutungslose Buchstabenkonstellationen (AXA, Elmex) oder Worte mit eigenständiger Bedeutung (Bärenmarke, Yes) verwendet.

Neben Markennamen und -logo werden häufig auch Slogan (synonym: Claim) und Jingle als Brandingelemente definiert (Baumgarth 2008, S. 187 f.), wobei diese Elemente eine deutlich höhere Flexibilität im Zeitablauf aufweisen und nach Ansicht der Autoren eher im Bereich der Kommunikationspolitik zu verorten sind. Slogans und Jingles sind zumindest dann als feste Bestandteile einer Markierung zu verstehen, wenn sie kontinuierlich über einen langen Zeitraum unverändert bleiben. Als Beispiele für solche Slogans können LBS („Wir geben Ihrer Zukunft ein Zuhause") und Haribo („... macht Kinder froh und Erwachsene ebenso") genannt werden. Bezüglich der Verwendung von Jingles als Brandingelement sei die bekannte Tonfolge der Deutschen Telekom an dieser Stelle erwähnt.

Historisch gesehen beginnt die Markenbildung durch die Markierung eines **Produktes**. Wichtig ist in diesem Zusammenhang die grundsätzliche Erläuterung des Produktbegriffs: Ein Produkt im Marketingverständnis ist alles, was auf Märkten zum Kauf angeboten wird, um Bedürfnisse zu befriedigen. In diesem Sinne wird der Produktbegriff sehr weit ausgelegt. Produkte lassen sich nach materiellen Kaufobjekten wie Nahrungsmittel, Kosmetika oder Kühlschränke (substanzieller Produktbegriff) sowie nach immateriellen Gütern (Dienstleistungen) wie Reinigung, Vermögensberatung oder Unterricht unterscheiden. Darüber hinaus können auch Personen Produkte sein, die beispielsweise über Casting-Formate vermarktet werden. Ferner sind Orte bzw. Regionen (Paris, Mallorca, Niederrhein etc.) Produkte, die insbesondere touristisch vermarktet werden können. Des Weiteren sind auch Daten bzw. Informationen (Marktdaten, Kundenadressen etc.) dem Produktbegriff zuzuordnen. Diese Ausprägungen eines Produktes sind grundsätzlich alle markierbar und rechtlich als Marke schützbar. In der weiteren Betrachtung liegt der Fokus auf den materiellen Produkten.

In der historischen Entwicklung werden zu einem einzelnen Produkt weitere Produkte hinzugefügt, woraus sich dann eine **Produktlinie** ergibt. Eine Produktlinie ist eine Gruppe von Einzelprodukten, die aufgrund bestimmter Kriterien (Markenzusammenhang, Bedarfs- oder Funktionszusammenhang, produktionstechnischer Zusammenhang, distributionspolitischer Zusammenhang) in enger Beziehung zueinanderstehen. Im Handel wird analog von einer Warengruppe (Category) gesprochen, in der bestimmte Artikel zusammengefasst werden.

Die Hauptproblematik beim Begriff der Produktlinie liegt in der genauen Bestimmung, welche Produkte zu einer Linie (Range) gehören. So könnten bei Henkel alle Waschmittel als Produktlinie oder die dazugehörigen Marken wie Persil oder Spee als einzelne Linien bzw. Sublinien erfasst werden. Diese aufgezeigte Schwierigkeit führt dazu, in jedem Einzelfall den Begriff Produktlinie unternehmensbezogen festzulegen. Produktlinien haben eine zentrale Bedeutung in der Markenführung; daher werden an dieser Stelle die unterschiedlichen Produktlinienentscheidungen thematisiert (Kotler et al. 2007, S. 503 ff.).

Beim Trading-down („Abwärtsstrecken") wird die Produktlinie am unteren Ende um ein Produkt erweitert, um preissensiblere Käuferschichten bedienen zu können. Als Beispiel kann BMW mit der Einführung des 1er-Modells (Kompaktwagen) gelten. Ein solches Vorgehen birgt das Risiko einer Imageverwässerung, da das Unternehmen bisher kaufkräftigere Segmente bedient hat. Zudem könnte bei FMCG eine fehlende Akzeptanz des neuen Produkts im Einzelhandel vorliegen. Schließlich ist mit einer scharfen Reaktion des Wettbewerbs in den unteren Marktsegmenten zu rechnen, insbesondere von den Konkurrenten, die sich ausschließlich auf preisorientierte Zielgruppen konzentrieren.

Beim Trading Up („Aufwärtsstrecken") wird die Produktlinie am oberen Ende um ein Produkt erweitert, um entsprechend kaufkräftigere Käuferschichten abdecken zu können. Als Beispiel aus der Automobilbranche kann Audi mit der Einführung des Sportwagens R8 gelten. Auf diesem oberen Qualitätslevel versprechen sich die Unternehmen in erster Linie höhere Margen, da entsprechende Zahlungsbereitschaften der Kunden zu erwarten sind. Hauptrisiko eines solchen Vorgehens ist, dass Konsumenten und Handel dem Hersteller die Kompetenz für solch hochwertige Produkte absprechen.

Im Falle eines zweiseitigen Streckens erfolgt die gleichzeitige Ausweitung der Produktlinie in beide Richtungen, nach oben und unten, um relativ zügig alle relevanten Marktsegmente abdecken zu können. Diese Maßnahme ist eher theoretischer Natur, wenn auch das Vordringen von Volkswagen, aus der Mittelklasse kommend, in die Oberklasse (Phaeton) und in den Kleinwagenbereich (Lupo) als Beispiel dienen kann. Diese Vorgehensweise ist markenpolitisch eher kritisch zu sehen und kann zu einer Markenerosion führen, insbesondere wenn wie im vorliegenden Fall des Phaeton die Basisstrategie von Volkswagen (Präferenzstrategie) verlassen und die Ebene der gehobenen Präferenzstrategie anvisiert wird.

Beim Auffüllen werden neue Produkte in die bestehende Produktlinie eingefügt, wenn Lücken vorliegen, z.B. fehlende Größen-, Mengen- oder Qualitätsabstufungen bzw. Geschmacksrichtungen. Diese Angebotslücken sollen durch das Auffüllen der Linie geschlossen werden, um möglichst viele Präferenzen in der anvisierten Zielgruppe zu bedienen. Beispielsweise führt die Marke Milka eine Vielzahl von Schokoladentafeln, z.B. Milka Kuhflecken 100g. Das Auffüllen birgt das große Risiko der Kannibalisierung, d.h., die eigenen Produkte nehmen sich gegenseitig die Käufer weg. Wenn eine Produktlinie bezüglich der Anzahl der zugehörigen Produkte überstrapaziert wird, kommt es zur Verwässerung von Wahrnehmungsgrenzen zwischen den einzelnen Produkten.

Eine Modernisierung der Produktlinie kann je Produkt nacheinander oder aber für alle Produkte der Linie gleichzeitig stattfinden. Es entstehen somit keine neuen Produkte, sondern die Maßnahme bezieht sich auf die vorhandenen Produkte, die einem Facelifting unterzogen werden. Dies gilt insbesondere für die Automobilindustrie, ist aber auch im High-Tech- oder IT-Bereich eine notwendige Vorgehensweise (neue Software-Versionen, z. B. Microsoft Office). Bei FMCG erfolgt eine Modernisierung meist durch Anpassung des Verpackungsdesigns.

Bei einer Herausstellung werden innerhalb einer Produktlinie ein oder mehrere Flaggschiffe herausgestellt, welche die gesamte Linie repräsentieren sollen. Als treffendes Beispiel ist hier der Golf von Volkswagen zu nennen. Bei den FMCG können z. B. die Universalcreme von Nivea sowie die Goldbären von Haribo als Beispiele genannt werden. In diesem Fall sollen von dem herausgestellten Produkt positive Ausstrahlungseffekte (Spill-over-Effekte) ausgehen, welche die ganze Linie beeinflussen.

Schließlich kann eine Bereinigung der Produktlinie notwendig sein, d. h., dass Produkte eliminiert werden, die wenig erfolgreich sind. Entscheidungen über die Bereinigung orientieren sich vordergründig an Deckungsbeiträgen oder Ressourcenüberlegungen. Bei der Bereinigung von Produktlinien ist jedoch zu beachten, dass Verbundbeziehungen zwischen Produkten der Linie bestehen, die unter Umständen nicht aufgegeben werden können. Zudem kann es unternehmenshistorische Gründe geben, ein schwaches Produkt in der Linie zu behalten, weil dieses einst das Ursprungsprodukt war bzw. das ursprüngliche Kerngeschäft des Unternehmens ausgemacht hat. Ferner kann es notwendig sein, wenig ertragreiche Produkte wie Zubehör oder Ersatzteile in der Linie zu behalten, weil diese vom Kunden erwartet werden bzw. die angebotene Linie komplettieren.

Die Gesamtheit aller Produktlinien und Produkte eines Herstellers bildet das **Produktprogramm**. Vom Begriff des Produktprogramms sind die Begriffe Produktions- und Absatzprogramm abzugrenzen. Das Produktionsprogramm umfasst alle selbst hergestellten Produkte eines Herstellers, während das Absatzprogramm auch zugekaufte Handelswaren bzw. erworbene Lizenzprodukte enthält. In diesem Sinne kann das Absatzprogramm somit wesentlich größer sein als das Produktionsprogramm. Im Handel wird analog von einem Sortiment gesprochen, welches in Warengruppen und Artikel aufgeteilt wird. In diesem Zusammenhang werden die mögliche Breite und Tiefe eines Produktprogramms bzw. Sortiments erörtert.

Grundsätzlich bezeichnet das Produktprogramm die Gesamtheit aller Produkte eines Herstellers. Wie sich das Produktprogramm weiter unterteilt, ist davon abhängig, welche horizontale(n) Markenstrategie(n) das Unternehmen verfolgt. Bei einer Dachmarke wird das Produktprogramm insgesamt durch eine Marke abgedeckt, während bei Mehrmarkenstrategien (Familien- und Einzelmarken) das Produktprogramm auf verschiedene Marken aufgeteilt wird.

Die folgende Tabelle 10.1 zeigt ein Beispiel für ein Produktprogramm eines Herstellers.

Tabelle 10.1: Produktprogramm eines Herstellers von Körperpflegeprodukten (Quelle: Runia et al. 2019, S. 193).

Produktlinie 1: Körperpflege	Produktlinie 2: Hautpflege	Produktlinie 3: Mundpflege
Duschgel a, b, c	Cremes a–h	Mundwasser a, b
Schaumbad a, b	Gesichtswasser a, b	Zahncreme a, b, c
Hartseife a, b, c, d	Aftershave a, b, c	Zahnseide a
Flüssigseife a	Preshave a	Zahnpflegekaugummi a
Deospray a, b, c, d		Lippenpflegestift a
Deoroller a, b		

Die Programmbreite gibt die Anzahl der angebotenen Produktlinien wieder, während die Programmtiefe durch die Anzahl der Produkte innerhalb einer Produktlinie repräsentiert wird. Es wird dann entsprechend von einem breiten oder tiefen Produktprogramm gesprochen (Ggs.: enges und flaches Produktprogramm). Beim abgebildeten Beispiel verfügt das Unternehmen somit über drei – nach Kundenbedürfnissen gebildete – Produktlinien, die jeweils aus einer Reihe von Einzelprodukten bestehen. Bei den Produkten wird dann auf einer weiteren (nicht dargestellten) Ebene zwischen verschiedenen Poduktvarianten unterschieden. Während große Markenkonzerne wie Henkel, Procter & Gamble oder Unilever über ein relativ breites und zugleich tiefes Produktprogramm verfügen – insbesondere, wenn die Marken als Linien definiert werden – hat ein Unternehmen, das nur eine oder wenige Produktlinie(n) produziert bzw. anbietet ein (relativ) enges und tiefes Programm.

Nach der Betrachtung der drei Ebenen der Produktpolitik (Produktprogramm, Produktlinie, Produkt) sollen im Folgenden die für die Markenführung relevanten produktpolitischen Entscheidungen betrachtet werden, die in der Marketingpraxis den Kern der täglichen Arbeit bilden. Das relevante Spektrum produktpolitischer Entscheidungen umfasst Produktinnovation, Produktvariation, Produktdifferenzierung, Produktrelaunch und Produktelimination. Diese werden in den folgenden Abschnitten dargestellt.

Produktinnovation wird als die Einführung eines neuen Produkts in den Markt durch ein Unternehmen bzw. die Aufnahme eines neuen Produkts in das bestehende Produktprogramm eines Unternehmens verstanden. Das Problem dieser Definition ist, dass unabhängig vom Objekt der Innovation (Produkt) die Neuheit als solche stets ein relativer Begriff ist.

Zur näheren Beschreibung und Klassifizierung einer Produktinnovation können nach Meffert et al. (2019, S. 405 ff.) vier Dimensionen herangezogen werden:

- Die Subjektdimension bezieht sich darauf, für wen ein Produkt neu ist. Für den Konsumenten ist dies eine veränderte Nutzenstiftung, für den Hersteller selbst der Grad der produkt- bzw. produktionstechnischen Veränderung. In diesem Sinne ist für einen Hersteller die Erweiterung des Produktprogramms um ein neues Produkt eine Produktinnovation.
- Die Intensitätsdimension beschreibt den Innovationsgrad. Hiernach kann eine geringfügige Modifikation eines Produkts bereits eine Innovation darstellen. Auf der anderen Seite sind Marktneuheiten bzw. Weltneuheiten als echte Innovationen heute selten. Ausnahmen bilden technologisch ausgeprägte Märkte (z. B. Unterhaltungselektronik) und die Pharmaindustrie (Entwicklung neuer Medikamente). Eine Beschränkung die Pharmaindustrie auf Markt- oder gar Weltneuheiten würde den marketingbezogenen Problemen der Planung und Einführung neuer Produkte jedoch nicht gerecht. Stattdessen sollten auch Unternehmensneuheiten als Produktinnovationen aufgefasst werden.
- Die Zeitdimension (Innovationszeitraum) ist nur schwierig zu erfassen. Generell bleibt zu konstatieren, dass sich der Zeitraum, in dem eine Innovation als neu wahrgenommen wird, in den letzten Jahren erheblich verkürzt hat.
- Die Raumdimension bezeichnet den Aspekt, dass ein in einem geografischen Markt bereits verkauftes Produkt für einen anderen geografischen Markt eine Neuheit bzw. Innovation darstellen kann. Dies betrifft z. B. die schrittweise Einführung neuer Produkte in Auslandsmärkte.

Anhand der Dimensionen wird klar, dass der Begriff der Produktinnovation marketingtheoretisch weit ausgelegt werden muss, um die praktische Problematik der Produktneueinführung zu erfassen. Echte Innovationen sind heute fast nur noch in der Pharmaindustrie sowie in hochtechnologischen Branchen zu finden. Quasi-Innovationen verfügen über einen mittleren Innovationsgrad; sie greifen auf vorhandene Produktkategorien zurück, z. B. Light-Biere, Diätmarmelade, E-Bikes etc. Me-too-Innovationen sind streng genommen keine Innovationen (Innovationsgrad = 0), da sie meist zu 100 % vorhandene Produkte bzw. Marken in wesentlichen Elementen mit Ausnahme von juristischen Einschränkungen kopieren. Die Abbildung 10.2 zeigt diese graduelle Abstufung von Produktinnovationen.

Wie in Kapitel 9 dargestellt, ist es im Kontext der Markenführung notwendig, eine Marke weiterzuentwickeln oder neue Marken aufzubauen. Daher hängt die Innovationsintensität eng zusammen mit den verschiedenen Vorgehensweisen des Markenwachstums, angefangen mit Produktlinienerweiterungen und Markendehnungen, über Markentransfers bis hin zu neuen (flankierenden, diversifizierenden) Marken.

Unabhängig von der konkreten Vorgehensweise in der Markenführung existiert ein grundlegender **Innovationsprozess**, der üblicherweise in die folgenden Phasen unterteilt wird:
1. Ideengewinnung,
2. Ideenbewertung,

3. Produktkonzeption,
4. Produktentwicklung,
5. Markteinführung.

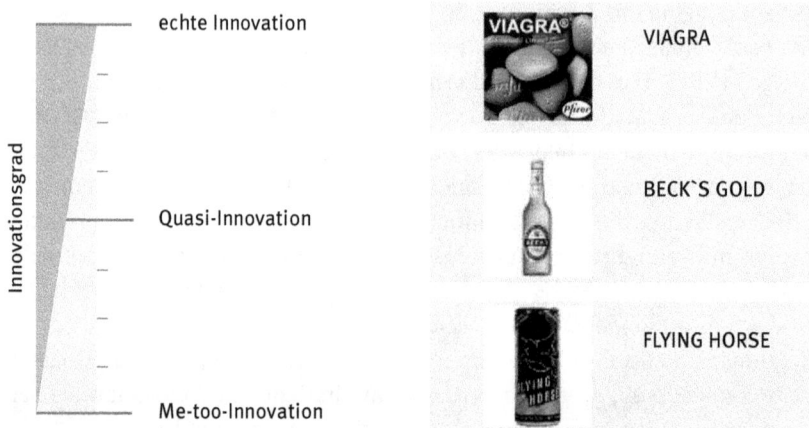

Abbildung 10.2: Grad der Produktinnovation (Quelle: Runia et al. 2019, S. 205).

Die Grundlage für die Entwicklung neuer Produkte bilden Produktideen, die sowohl aus internen als auch aus externen Quellen stammen können. Interne Quellen sind die eigenen Mitarbeiter (betriebliches Vorschlagswesen) bzw. die diversen Abteilungen im Unternehmen, insbesondere die Marketing- sowie die Forschungs- und Entwicklungsabteilung. Ideenanstöße aus dem F&E-Bereich werden häufig mit dem Schlagwort Technology Push bezeichnet, da die Innovation in diesem Falle nicht vom Markt ausgeht, sondern vom Unternehmen, basierend auf den vorhandenen Ressourcen, in den Markt hineingedrückt wird. Im Gegensatz hierzu wird bei Ideenanstößen aus dem Absatzmarkt von einem Demand Pull gesprochen, was einer konsequenten Marketingorientierung entspricht. Externe Quellen zur Ideenfindung sind in diesem Kontext Wettbewerber, Kunden, Absatzmittler und Lieferanten, aber auch Ideengeber aus dem weiteren Umfeld wie Experten, Forschungsinstitute und Erfinder. Die **Ideengewinnung** innerhalb des Unternehmens findet in der Regel mithilfe von Kreativitätstechniken (z. B. Brainstorming, Brainwriting, Synektik, Weblogs, Problemanalyse, morphologischer Kasten) (Scharf et al. 2009, S. 292ff.) statt. Einen übergreifenden Ansatz stellt die Methodik des Design Thinking dar. Diese Methode stellt die Nutzer zentral in den Mittelpunkt des Handelns (Customer Centricity), indem ganz spezifische Kundenanforderungen am Anfang des Innovationsprozesses analysiert werden, die grundlegende Voraussetzung für die weiteren Prozessschritte sind.

Nachdem die ersten Produktideen skizziert und ausgewählt wurden, kommt es zur **Ideenbewertung**, die das Ziel hat, Erfolg versprechende Produktideen zu selektieren. Im ersten Schritt erfolgt eine Grobselektion, z. B. anhand von Checklisten. Die grundsätzlich brauchbaren Produktideen werden marktseitig durch Gruppendiskussionen mit sogenannten Lead Usern bzw. Fokusgruppen überprüft, bevor sie dann einer intern feineren Bewertung unterliegen. Diese Feinbewertung findet meist mithilfe von Scoring-Modellen statt, die auf ausgewählten Bewertungskriterien und entsprechenden Gewichtungen beruhen. Am Ende dieses Bewertungsprozesses steht eine überschaubare Anzahl vielversprechender Produktideen.

Im Rahmen der **Produktkonzeption** erfolgt die Transformation der Produktidee in ein Produktkonzept, welches das zukünftige Produkt im Hinblick auf die für Konsumenten relevanten Nutzen und Eigenschaften (funktionale und emotionale Benefits, Reason Why) beschreibt. Das erste Grobkonzept enthält nur einzelne Konzeptelemente, die z. B. mithilfe von Moodboards dargestellt werden, danach folgt die Einordnung des Produktkonzepts in den Wahrnehmungsraum der Konsumenten. Am Ende dieser Phase liegt eine möglichst vollständige und konkrete Beschreibung des zukünftigen Produkts vor (z. B. Produkt- und Markenname, Inhaltsstoffe, Verpackungsgestaltung, Preislevel, Claim etc.), welche evtl. noch durch Konzepttests oder Conjoint-Analysen gestützt wird.

In der Phase der **Produktentwicklung** werden die im Produktkonzept festgelegten Nutzen in geeignete physisch-technische Produkteigenschaften übertragen. Die F&E-Abteilung entwickelt Prototypen, die anschließend mittels Produkttests überprüft werden (z. B. im Sensoriklabor bei Nahrungs- und Genussmitteln). Danach finden die endgültige Festlegung der Markenelemente sowie die Verpackungsgestaltung statt. In einem weiteren Produkttest erhalten ausgewählte Testpersonen das Produkt zum probeweisen Gebrauch. Abschließend erfolgen Wirtschaftlichkeitsanalysen (z. B. Gewinnvergleichsrechnung, Break-even-Analyse, Kapitalwertmethode) als Basis der Einführungsentscheidung. Ziel dieser Analysen ist die Überprüfung, in welchem Ausmaß sich bei einer Produkteinführung ein ökonomischer Erfolg einstellen kann.

Die letzte Phase im Innovationsprozess ist die **Markteinführung**. Häufig wird der endgültigen (nationalen) Einführung eines neuen Produkts ein Test des als marktreif erachteten Produkts unter kontrollierten Bedingungen in einem räumlich begrenzten und repräsentativen Testmarkt vorgeschaltet. Diese Testmarktphase in einem regionalen Gebiet (wie z. B. früher Haßloch) wird in der Regel durch eine Panelforschung begleitet. Der hohe Kosten- und Zeitaufwand regionaler Testmärkte sowie die potenzielle Bekanntmachung des neuen Produkts bei Konkurrenzunternehmen führen immer häufiger zu Testmarktsimulationen im Labor oder Teststudio, welche die genannten Nachteile ausgleichen, jedoch eine geringere Realitätsnähe aufweisen. Nach dem Abschluss der Testmarktphase folgt die endgültige Einführung des neuen Produkts in den Zielmarkt.

Als Beispiele für erfolgreiche Produktinnovationen können technische Neuerungen wie Smart-TV, neue Produktkategorien wie Protein-Riegel oder neue Darreichungsformen wie Persil Discs sein. Allerdings repräsentieren die genannten Beispiele unterschiedliche Innovationsgrade (vgl. Abbildung 10.2) und tangieren zum Teil bereits die produktpolitischen Entscheidungen der Produktvariation bzw. Produktdifferenzierung.

Produktvariation bezeichnet die Veränderung bzw. Verbesserung bereits vorhandener Produkte; hierdurch wird das ursprüngliche Produkt abgelöst. Produktvariationen bilden mithin einen Ansatz, um Produkte nach ihrer Markteinführung den sich ändernden Verbraucherbedürfnissen anzupassen bzw. den Konkurrenzvorsprung abzusichern. In diesem Sinne können Produktvariationen wesentlich zur Verlängerung von Produktlebenszyklen beitragen. „Bei der Variation bleiben die Grundfunktionen des Produkts erhalten, es werden lediglich ästhetische, physikalische, funktionale und/oder symbolische Eigenschaften verändert" (Meffert 2000, S. 437).

Ästhetische Variationen betreffen Produkteigenschaften wie Design, Farbe, Form. Dies findet häufig bei Automobilen, Haushaltsgeräten, Kleidung oder Möbeln Anwendung. Physikalische Variationen betreffen z. B. die Materialart oder die technische Konstruktion, funktionale Variationen die Ausstattung oder Haltbarkeit eines Produkts. Diese Art der Produktvariation ist häufig bei Werkzeugen oder allgemein bei technischen Geräten zu finden. Schließlich betrifft die symbolische Variation in erster Linie die Anpassung oder Änderung des Markennamens oder -logos eines Produkts (z. B. Markenwechsel von Germanwings zu Eurowings 2015). Diese Form der Variation ist jedoch als kritisch zu betrachten, da sie die Markenpolitik betrifft.

Eine **Produktdifferenzierung** bezeichnet die Einführung neuer Produkte zu den bestehenden Produkten. Hierdurch entsteht das zeitlich parallele Angebot mehrerer Varianten. Die Produktdifferenzierung unterscheidet sich von der Produktvariation durch den Verbleib der bisherigen Produkte im Markt. Durch verschiedene Geschmacksrichtungen wird dem Abwechslung suchenden Kaufverhalten (Variety Seeking) der Zielpersonen Rechnung getragen, während unterschiedliche Gebindegrößen auf Sub-Zielgruppen ausgerichtet sind.

Der **Produktrelaunch** kennzeichnet die umfassende Veränderung von Parametern eines auf dem Markt eingeführten Produkts zu einem bestimmten Zeitpunkt. Der Unterschied zur Produktvariation liegt darin, dass beim Produktrelaunch mehrere Parameter zeitgleich verändert werden. Der Produktrelaunch geht meist einher mit Änderungen in den anderen Mixinstrumenten, sodass eine grundsätzliche Revitalisierung der gesamten Marke stattfindet. Ursprünglich wurde der Begriff des Produktrelaunches so interpretiert, dass dieser eine Wiedereinführung einer Marke nach einer Abstinenzphase vom Markt bezeichnete. Als Beispiele können hier die Marken Afri-Cola und Yes gelten.

Die **Produktelimination** bedeutet die Aufgabe bisheriger Produkte bzw. deren Herausnahme aus dem Produktprogramm. Um eine fundierte Entscheidung gegen ein Produkt treffen zu können, bedarf es einer systematischen Überwachung des Produktprogramms anhand quantitativer und qualitativer Daten (Meffert et al. 2019, S. 466).

Als quantitative Eliminierungskriterien gelten z. B. sinkender Umsatz, sinkender Marktanteil und sinkende Deckungsbeiträge. Als qualitative Kriterien kommen unter Umständen hinzu: Einführung von Konkurrenzprodukten, negativer Einfluss auf das Markenimage, Änderung der Bedarfsstruktur der Kunden, Änderung gesetzlicher Vorschriften, technologische Veralterung. Sprechen diese Kriterien letztlich für eine Elimination des Produkts, so muss abschließend noch überprüft werden, ob Verbundbeziehungen zu anderen Produkten bestehen, die einer Herausnahme des Produkts widersprechen. Gleichsam können Produkte aus historischen Gründen (Ursprungsprodukt) im Programm verbleiben.

In den vorangehenden Abschnitten stand der Produktbezug im Fokus. An dieser Stelle soll der Zusammenhang stärker auf die Betrachtung einer Marke ausgerichtet werden. Dies erfolgt durch die Interpretation des Produktlebenszyklus als **Markenlebenszyklus** auf Basis von fünf Phasen. Das vorliegende Buch thematisiert somit nicht den klassischen Produktlebenszyklus mit seinen Ausprägungen, sondern die Betrachtung der Phasen findet aus Sicht des Markenmanagements statt.

In der Einführungsphase findet in idealer Weise eine Produktinnovation statt, die mit dem Aufbau einer neuen Marke einhergeht. Hierdurch werden die ersten Umsätze für die Marke generiert. Bei einem hohen Innovationsgrad muss durch einen hohen Kommunikationsaufwand zuerst der Marktwiderstand gebrochen werden. Durch die Innovation entstehen neue Nutzendimensionen, die von den Konsumenten gelernt und verstanden und auf die Marke transferiert werden müssen. Diese neuen Nutzendimensionen bilden den Inhalt der Markenpositionierung. In der Einführungsphase ist der Innovationscharakter für den Erstkauf entscheidend, da in dieser Phase die Innovatoren angesprochen werden. Die Innovatoren sind im Adoptions- und Diffusionsprozess (Rogers 1962) als Konsumenten definiert, die Neuerungen per se attraktiv finden. Diese stellen somit auch die mögliche Basis der Zielgruppe für die neue Marke dar; allerdings ist anzumerken, dass die Innovatoren nur einen Anteil von 2,5% der Gesamtkäuferschaft aufweisen.

In der Wachstumsphase steigen die Umsätze idealerweise steil an. Es findet auf Produktebene eine Produktvariation statt, um Produkte nach ihrer Markteinführung den sich ändernden Konsumentenbedürfnissen anzupassen bzw. den Konkurrenzvorsprung abzusichern. Für den Markenaufbau bedeutet dies, dass die Markenpositionierung stärker in ein konsistentes Markenimage überführt werden muss, was weiterhin eine hohe Kommunikationsleistung erfordert. In dieser Phase werden die Frühadoptierer anvisiert, die 13,5 % der Gesamtkäuferschaft ausmachen. Die Frühadoptierer haben eine sehr große Bedeutung für die Marke, da neben dem Lernen der Informationen auch erste Erfahrungen mit der neuen Marke vorliegen. Da die Frühadoptierer häufig als Meinungsführer auftreten, liegt hier auf der einen Seite ein hohes Floprisiko vor, wenn die Erwartungen nicht erfüllt werden. Auf der anderen Seite kann aber bei Erfüllung der Erwartungen auch ein Markenerfolg gelingen.

In der Reifephase wird das Umsatzmaximum erreicht. Auf Produktebene steht die Produktdifferenzierung im Vordergrund. Dies dient zum einen dazu, das Variety-Seeking-Verhalten zu unterstützen, mithin verschiedene Varianten (z. B. Geschmacksrichtungen) unter einer Marke anzubieten, zum anderen auf spezifische Sub-Zielgruppen einzugehen (z. B. durch diverse Gebindegrößen). Bezüglich der Kommunikation bedeutet dies eine Anpassung in der Art, dass z. B. in einem Werbespot auf neue Sorten bzw. Größen hingewiesen wird. In der Reifephase wird die frühe Mehrheit angesprochen, die 34 % der Gesamtkäuferschaft ausmacht, sodass zum Ende dieser Phase eine breite Zielgruppenbasis erreicht wird. Hierdurch stabilisiert sich der Markenerfolg, indem die Marke im Relevant Set einer Vielzahl von Nachfragern verankert ist.

In der Sättigungsphase kommt es zu ersten Umsatzrückgängen. Hier wird die Produktdifferenzierung fortgesetzt und nicht erfolgreiche Produktvarianten durch neue Varianten ersetzt, was in der Kommunikation berücksichtigt werden muss. In dieser Phase steht die späte Mehrheit im Fokus, die ebenfalls 34 % der Gesamtkäuferschaft beträgt. Dies bietet für die Marke den Vorteil, die Zielgruppenbasis noch weiter auszubauen und das Markenimage im Relevant Set von weiteren Nachfragern zu festigen. Das Ende der Sättigungsphase ist ein idealtypischer Zeitpunkt für einen Markenrelaunch, weil noch auf eine breite Zielgruppenbasis zurückgegriffen werden kann und so eine Revitalisierung der Marke möglich ist. Hierdurch wird ein Abrutschen in die Degenerationsphase vermieden.

Sollte ein Markenrelaunch nicht mehr möglich sein, weil durch Mängel in der Markenführung die Zielgruppenbasis nicht mehr ausreicht, kommt es zum Übergang in die Degenerationsphase, die durch deutliche Umsatzverluste gekennzeichnet ist. Hier müssen Produkteliminationen vorgenommen werden. In dieser Phase kann auf die Nachzügler zurückgegriffen werden, die 16 % der Gesamtkäuferschaft ausmachen. Die Nachzügler werden erst zu diesem Zeitpunkt auf die Marke aufmerksam und sind in ihrem Nachfrageverhalten konservativ, sodass diese für das Markenmanagement keine wesentliche Rolle spielen. Allerdings können diese zur Verlängerung der Degenerationsphase beitragen. Ist diese Möglichkeit ausgeschöpft, müssen entsprechende Konsequenzen für die Markenführung erfolgen und die Marke schließlich vom Markt genommen werden.

Ein weiteres Element der Produktpolitik stellt die **Verpackung** dar. Sie wird definiert als „die lösbare Umhüllung eines Gutes (Packgutes), um es zu schützen und andere Funktionen zu erfüllen" (Pfohl 1995, S. 141). Die Bedeutung der Verpackung hängt von den spezifischen Eigenschaften der Produkte ab. Sie spielt vor allem bei Verbrauchsgütern eine zentrale Rolle (Schokoriegel, Konfitüre, Zahnpasta), aber auch bei Gebrauchsgütern (Rasierer, Spielzeug, MP3-Player) kommt der Verpackung eine besondere Rolle zu.

In der Literatur werden der Verpackungspolitik die folgenden Funktionen zugeschrieben:

– Die Produktionsfunktion umfasst die geeignete Grundverpackung (unmittelbares Produktbehältnis), die zur Aufnahme der Produkte dient, z. B. Flaschen bei Getränken.
– Die Logistikfunktion beinhaltet insbesondere die Schutz-, Lager-, Transport- und Informationsfunktion. Es geht hierbei um den reibungslosen Ablauf im Logistikprozess. Die Schutzfunktion zielt auf den Schutz des Packgutes vor Beschädigungen ab (z. B. Folierung). Im Rahmen der Lagerfunktion steht die Fähigkeit der Verpackung zur Stapelung auf Palettensystemen im Mittelpunkt. Die Transportfunktion sorgt für die Verladung der Paletten auf Lastkraftwagen bzw. den Einsatz von Containern. Die Informationsfunktion umfasst sämtliche Kennzeichnungen von Verpackungen in Form von Codes (z. B. Radio-Frequency Identification = RFID), die zur ständigen Erfassung und Verfolgung der Verpackungseinheiten dienen.
– Die Rechtsfunktion umfasst gesetzliche Vorgaben zur Verpackungsgestaltung, z. B. Verpackungsgesetz, Lebensmittelkennzeichnungsverordnung.
– Die Mengenabgrenzungsfunktion dient zur Portionierung von losen, pulverförmigen oder flüssigen Stoffen (z. B. Verpackung von Mehl in 500g-Tüten).
– Die Zielgruppenfunktion bezieht sich auf unterschiedliche Gebindegrößen zur Abdeckung verschiedener Sub-Zielgruppen (Singles, Paare, Familien; z. B. 200ml Duschgel für Singles, 400ml für Paare, 1000ml für Familien).
– Die Identifizierungsfunktion unterstützt die Wiedererkennung einer Marke aufgrund der spezifischen Verpackung (z. B. Perrier, Capri Sun, Underberg, After Eight).
– Die Handelsfunktion umfasst die optimale Präsentation einer Marke am Point of Sale. Hauptfokus ist hierbei die Stammplatzierung der Marke im Regal, die im Idealfall zur direkten Wahrnehmung und Wiedererkennung der Marke im Ladenlokal führt. Zudem muss die Verpackung im Falle von Zweitplatzierungen (z. B. Displays) im Rahmen der Verkaufsförderung wirksam sein.
– Die Kommunikationsfunktion betont in erster Linie Markenelemente wie Name, Logo und Farbe. Neben der Marke können auch der Inhalt (z. B. Produktdarstellung bei Fertiggerichten) und die Zielgruppe (z. B. Kinder bei Spielzeug) kommuniziert werden. Zusätzlich finden auch Angaben wie Gütezeichen (z. B. Handelsklassen, DIN-Normen) und -siegel (z. B. Öko-Label) Verwendung. Zur Kommunikation der Nährwertqualität dient in diesem Zusammenhang der Nutri-Score.

Die Verpackung kann für ein besonderes Markenerlebnis sorgen, indem multisensuale Eindrücke erzeugt werden. Multisensualität bezieht sich auf die Ansprache möglichst vieler Sinne des Konsumenten bzw. einer markenspezifischen Ansprache einzelner Sinne. Es folgt eine Übersicht relevanter Markenbeispiele:
– optisch: markenspezifische Farben (z. B. lila bei Milka, gelb-rot bei Maggi) und/oder markenspezifische Formen (herzförmige Verpackung von I Love Milka, typische Flaschenformen bei Maggi, Underberg und Odol)

- haptisch: Möglichkeit zur Ertastung des Markenlogos durch besondere Prägung (z. B. Lindt, Underberg)
- olfaktorisch: Verwendung von Düften beim Öffnen der Verpackung (z. B. Lenor Unstoppables Wäscheparfüm)
- auditorisch: spezifische Geräusche beim Öffnen der Verpackung (z. B. Pringles und Flensburger Pilsener)
- gustatorisch: essbare Verpackung (z. B. Espressotasse aus Biskuit bei Lavazza)

Der Megatrend der Nachhaltigkeit führt zu einer grundsätzlichen verstärkten Diskussion der Verpackungspolitik hinsichtlich ihrer ökologischen Folgen, die als ökologischer Fußabdruck thematisiert wird. Die Berücksichtigung ökologischer Aspekte trägt zunehmend dazu bei, dass z. B. Folien sowie Verpackungen aus Papier/Pappe/Kartonnagen recycelt werden. Hier greift auch die Richtlinie des Europäischen Parlaments und des Rates über die Verringerung der Auswirkungen bestimmter Kunststoffprodukte auf die Umwelt aus dem Jahr 2019, die in erster Linie die Vermeidung von Plastikmüll zum Ziel hat.

Das oben genannte Beispiel der essbaren Verpackung von Lavazza stellt einen innovativen Ansatz für eine nachhaltige Verpackungsgestaltung dar. Als weiteres Beispiel kann die Umstellung der Verpackungen von Ritter Sport auf recyclefähiges Papier gelten. Die Zweitverwendung (z. B. Senfglas als Trinkglas) oder Dauerverwendung (Nachfüllpacks) von Verpackungen stellen in diesem Zusammenhang sinnvolle Möglichkeiten dar. Das Innovationsmanagement einer Marke muss in Zukunft das Nachhaltigkeitsthema in den Mittelpunkt der Verpackungspolitik stellen.

Eine zusammenfassende Betrachtung der Elemente Markenname, Markenzeichen und Verpackungsgestaltung ist das Branding-Dreieck von Esch und Langner (2004), welches in der folgenden Abbildung 10.3 aufgeführt wird.

Abbildung 10.3: Branding-Dreieck (Quelle: eigene Darstellung).

In dem Branding-Dreieck stellt der Markenname das beständigste und eindeutigste Merkmal einer Marke dar. Er dient in erster Linie der Identifizierung und Wiedererkennung der Marke. Das Markenlogo ist die typographische Umsetzung des Markennamens. Ein Markenzeichen kann als bildliche Ergänzung zum Markennamen (Markenlogo) gewählt werden, um die Markenwahrnehmung zu verstärken. Bei der Marke Adidas stellt der Schriftzug des Markennamens das Markenlogo dar, während die drei markanten Streifen das Markenzeichen ausmachen. Der dritte Bestandteil des Branding-Dreiecks bildet die Verpackung als Träger von Markenname und/oder Markenzeichen. Wie bereits zuvor geschildert, kann die Verpackung im besten Falle für ein multisensuales Markenerlebnis sorgen.

Als letztes Element der Produktpolitik ist der **Service** zu nennen. Servicepolitik wird im Folgenden als Erweiterung des Produktbegriffs aufgefasst, der für eine Zusatzleistung zum eigentlichen Produkt sorgt. Grundsätzlich kann zwischen technischem Service (z. B. Reparatur, Montage, Wartung, Ersatzteilversorgung) und kaufmännischem Service (z. B. Umtauschrecht, Lieferung) unterschieden werden. Dies ist im B2B-Marketing (z. B. Produkt-/Anlagenschulungen bei Siemens) von essenzieller Bedeutung.

Im B2C-Marketing spielt der Service bei klassischen Verbrauchsgütern eine untergeordnete Rolle, kann allerdings in Form von Telefon-Hotlines, z. B. Typberatung bei Haarpflegeprodukten oder Rezeptservice bei Backwaren (z. B. Verweis auf die Website von Dr. Oetker) eingesetzt werden. Die entsprechenden Telefonnummern bzw. Internetadressen sind meistens auf der Produktverpackung aufgedruckt oder über einen QR-Code lesbar. Hierdurch kann eine Erweiterung des Markenerlebnisses erreicht werden, indem der Konsument sich tiefergehender mit einer Marke beschäftigt, z. B. durch Informationen auf der Marken-Website bzgl. Inhaltsstoffen, Rezepturen oder Herstellverfahren.

Nachdem mit der Produktpolitik die erste operative Ebene der Markenführung behandelt wurde, geht es im Folgenden um die Kontrahierungspolitik als zweites Marketinginstrument.

10.2 Kontrahierungspolitik

Die Kontrahierungspolitik (Preis- und Konditionenpolitik) umfasst alle Entscheidungen und Maßnahmen, die bei der Ermittlung eines Preises getätigt werden müssen. In der vorliegenden Monografie steht hierbei nicht das Einzelprodukt im Vordergrund, sondern die für das Markenmanagement relevanten Themenbereiche.

Der Preis hat nach wie vor eine hohe Bedeutung als Kaufkriterium, was durch folgende Marktentwicklungen beeinflusst wird: Globalisierung des Wettbewerbs, Entstehung von Überkapazitäten bei stagnierendem Marktvolumen (Marktsättigung) und Verstärkung des Preisbewusstseins aufgrund stagnierender bzw. sinkender Realeinkommen. Aufgrund von Konzentrationsprozessen in Industrie und Handel nutzen die Einkäufer ihre Nachfragemacht verstärkt zur Aushandlung günstigerer Preise. Preisaggressive Betriebsformen des Einzelhandels geben diese Beschaffungsvorteile an die Konsumenten weiter und verschärfen somit den Preiswettbewerb. Schließlich entsteht durch die weitere Verbreitung der Digitalisierung eine erhöhte Markttransparenz, die mit einer schnelleren Verfügbarkeit von Informationen über die Eigenschaften und Preise konkurrierender Produkte verbunden ist.

Ausgangspunkt für die Preispolitik ist die relevante Basisstrategie und darüber hinaus das in der Zielgruppe aufzubauende bzw. vorhandene Markenimage. In diesem Zusammenhang ergibt sich die Preis-Image-Konsistenz, die eine dem Markenimage entsprechende Preisstellung erfordert. Als Teil der Preis-Image-Konsistenz ist die Preis-Qualitäts-Relation zu bezeichnen, die sich auf die funktionalen Nutzendimensionen bezieht. Der Einfluss des Preises auf Umsatz, Gewinn und Marktanteil ist eminent wichtig, da Nachfrage und Wettbewerb wesentlich schneller auf Preisänderungen reagieren als auf andere Marketingmaßnahmen.

Grundsätzlich sollten für die Preisbestimmung kosten-, nachfrage- und konkurrenzorientierte Faktoren berücksichtigt werden. Es sei darauf hingewiesen, dass diese drei Ansatzpunkte der Preispolitik nicht als alternative Entscheidungsausrichtungen zu verstehen sind, sondern idealerweise simultan in preispolitische Entscheidungen einbezogen werden (Hüttner et al. 1999, S. 191). Dabei stellt der Preis, den die Nachfrager für eine Leistung maximal zu zahlen bereit sind, die Preisobergrenze dar und die Kosten der Leistungserstellung die Preisuntergrenze. Zusätzlich sind die Preise der Konkurrenz bei der Preisermittlung zu beachten.

Die **kostenorientierte Preisfestlegung** basiert auf der Kostensituation im Unternehmen. Die Daten der Kostenrechnung sind in vielen Fällen Ausgangspunkt für die Bestimmung der Preise für Produkte und Dienstleistungen. Die preispolitische Entscheidung hängt dabei maßgeblich von der Unterscheidung zwischen fixen und variablen Kosten ab. Erstgenannte sind innerhalb bestimmter Intervalle von der Ausbringungsmenge unabhängig, während variable Kosten abhängig von der Ausbringungsmenge sind.

Bei einer Vollkostenrechnung bilden die gesamten Kosten (z. B. Materialkosten, Lohnkosten, Verwaltungskosten, Vertriebskosten) die Basis für die Kalkulation. Diese so genannten Selbstkosten werden um einen Gewinnzuschlag erhöht. Ferner sind entsprechende Konditionen für Absatzmittler und Absatzhelfer sowie die Mehrwertsteuer für die Ermittlung der Endverbraucherpreise im Einzelhandel zu berücksichtigen. Dieser Endverbraucherpreis ist letztlich relevant für die vorab dargestellten Perspektiven der Nachfrage- und Wettbewerbsorientierung.

Bei der Teilkostenrechnung werden von den Umsatzerlösen zunächst die variablen Kosten abgezogen. Diese können eindeutig nach dem Verursachungsprinzip den Produkten bzw. Marken zugerechnet werden können. Diese Differenz bildet die erste Deckungsbeitragsstufe (DB I). Danach werden die fixen Kosten entweder komplett als Block oder im Rahmen einer mehrstufigen Deckungsbeitragsrechnung auf verschiedenen Ebenen (produktfixe Kosten, produktgruppenfixe bzw. markenfixe

Kosten etc.) abgezogen. Unternehmen, die eine Mehrmarkenstrategie verfolgen, nutzen die Teilkostenrechnung beispielsweise, um Marken mit einem hohen Investitionsaufwand zu unterstützen, indem zeitweilig auf die Deckung der kompletten Fixkosten verzichtet wird. Dies setzt jedoch voraus, dass es im Unternehmen andere Marken mit niedrigem Investitionsaufwand gibt.

Die **nachfrageorientierte Preisfestlegung** basiert auf der klassischen Preistheorie. Der zentrale Ausgangspunkt ist die Nachfragekurve, die auch als Preisabsatzfunktion (PAF) bezeichnet wird. Die PAF ist das grundlegende Modell zur Behandlung preispolitischer Entscheidungen mithilfe der klassischen Preistheorie. Sie drückt die funktionale Abhängigkeit der Absatzmenge x vom Preis p aus. Die Kenntnis darüber, welche Menge des Produkts die Kunden zu welchem Preis kaufen würden, ist besonders wichtig für die Preisfestlegung bei neuen Produkten. Dabei ist die PAF immer eine Aggregation individueller Preisabsatzfunktionen.

Es lassen sich diverse Formen der Preisabsatzfunktion unterscheiden, wobei der linearen PAF und der PAF nach dem Gutenberg-Modell die größte Bedeutung zukommen.

Die lineare PAF setzt eine lineare Abhängigkeit der Menge x vom Preis p voraus. Wesentlicher Vorteil der linearen PAF ist ihre Einfachheit. Die lineare PAF weist in der Unternehmenspraxis häufig eine zufriedenstellende Anpassung an empirische Daten auf. Die Anwendung empfiehlt sich jedoch nur dann, wenn relativ kleine Preisänderungen analysiert werden sollen, da über große Preisintervalle der Grenzabsatz möglicherweise nicht konstant bleibt.

Gutenberg unterstellt eine PAF mit einem flachen mittleren Teil und zwei steilen Randbereichen, wie in Abbildung 10.4 dargestellt. Diese Funktion enthält die Annahme, dass Unternehmen innerhalb eines bestimmten Bereichs den Preis variieren können, ohne dass dies starke Auswirkungen auf den Absatz hätte (monopolistischer Bereich = flacher Teil der PAF). Dieser monopolistische Bereich entsteht dadurch, dass Kunden Präferenzen für Marken aufbauen, die ihre Preissensibilität reduzieren. Aus Sicht des Kunden gibt es aufgrund dieser Präferenzen in gewissem Umfang keine alternative Marke, sodass die präferierte Marke hier quasi eine Monopolstellung hat. In diesem Sinne weist das Gutenberg-Modell gerade für die Markenführung eine hohe Relevanz auf.

Die **konkurrenzorientierte Preisfestlegung** basiert auf der Wettbewerbsperspektive im jeweiligen Markt. Der direkte Wettbewerb befindet sich in der gleichen Marktschicht und die dort ansässigen Marken verfolgen die gleiche Basisstrategie (z. B. Präferenzstrategie). Mit der Marktschicht wird gleichermaßen ein bestimmtes Preisniveau definiert. Aus dem Blickwinkel einer bestimmten Marke ergeben sich drei Möglichkeiten der Preisfestlegung: oberhalb, auf und unterhalb der Preise der Konkurrenz innerhalb der Marktschicht.

Bedingung für eine solche Preisfestlegung ist das Vorhandensein der entsprechenden Nutzendimensionen, d. h., die aus Konsumentensicht wahrgenommenen Nutzenniveaus. In diesem Sinne wird Marke A von Konsument X höherwertiger eingeschätzt

Menge (x)

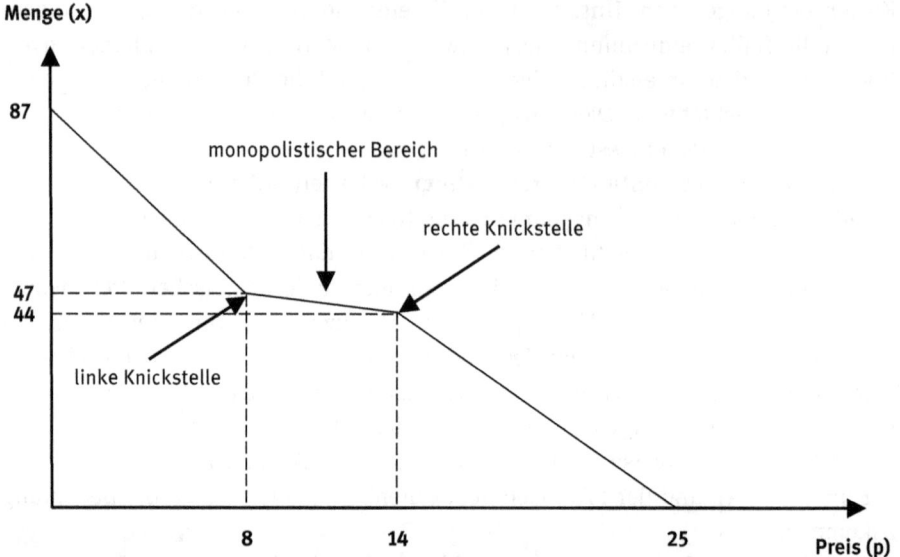

Abbildung 10.4: Preisabsatzfunktion nach dem Gutenberg-Modell (Quelle: Runia et al. 2019, S. 228).

als Marke B von Konsument Y. Ein höheres Nutzenniveau setzt einen im Vergleich zur Konkurrenz höheren Netto-Nutzen voraus, während bei einem niedrigeren Nutzenniveau ein geringerer Netto-Nutzen ausreicht. In der mittleren Preisfestlegung herrscht unter diesen Gesichtspunkten eine nutzenbezogene Markengleichwertigkeit.

Hier schließt sich eine geeignete Preispositionierungsstrategie an, die strategiekonform in das Markenmanagement eingebettet ist. In der Gesamtbetrachtung des Marktes können drei Preisschichten in Anlehnung an die gewählte Basisstrategie unterschieden werden:
– Premium Pricing,
– Middle Pricing,
– Discount Pricing.

Die oberste und damit preishöchste Schicht ist das Premium Pricing. Hier liegt die Basisausrichtung der Premiumstrategie zugrunde. Darunter ist das Middle Pricing angesiedelt, das einen weiteren Preisbereich abdeckt und die Basisstrategien der gehobenen Präferenz und der Präferenz repräsentiert. Das Discount Pricing stellt die preisniedrigste Variante der drei Preisschichten dar und ist auf die Preis-Mengen-Strategie zurückzuführen. Die Abbildung 10.5 stellt die dargelegte Thematik strukturiert dar.

Die strategisch definierte Marktschicht gibt die entsprechende Preisschicht vor. Die jeweilige Preisschicht bildet einen Preiskorridor mit Preisobergrenze und Preisuntergrenze. Aus der Perspektive der Käufer stellen Preisobergrenze und Preisun-

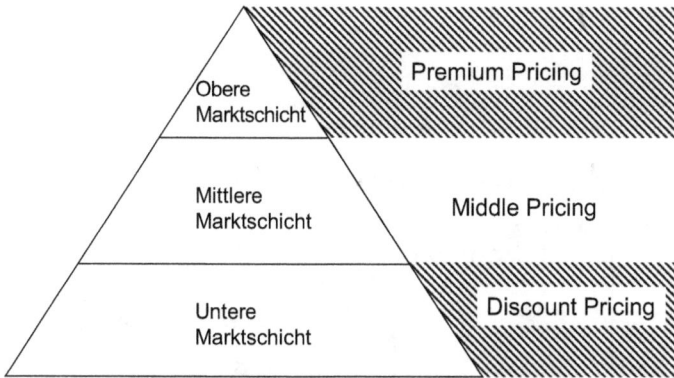

Abbildung 10.5: Preisschichten in Konsumgütermärkten (Quelle: eigene Darstellung).

tergrenze relevante **Preisschwellen** dar. Kunden beurteilen Preise unterhalb einer bestimmten Preisschwelle deutlich günstiger als bei Erreichen oder Überschreiten dieser Preisschwelle. Absolute Preisschwellen stellen die Ober- und Untergrenzen aller Käufer im gesamten Markt dar, die relativen Preisschwellen beziehen sich auf die jeweiligen Käuferschichten.

Die relativen Preisschwellen ergeben sich aus der Perspektive der folgenden Käufertypen: Preiskäufer I, Preiskäufer II, Markenkäufer I, Markenkäufer II, Prestigekäufer. Diese fünf Käufertypen korrespondieren mit der untersten, unteren, mittleren, höheren und höchsten Preisschicht. Hierdurch wird eine genauere Betrachtung ermöglicht als in der bereits dargestellten, ursprünglichen Dreiteilung in Premium, Middle und Discount Pricing.

Preise unterhalb der unteren absoluten Preisschwelle führen in der Regel zu Zweifeln an der Produktqualität, Preise oberhalb der absoluten oberen Preisschwelle werden meist aufgrund fehlender Kaufkraft nicht akzeptiert. Die absolute untere Preisschwelle setzt eine Mindestqualität im Markt voraus und definiert damit den Preiseinstiegsbereich. Die absolute Höhe der Preisschwelle ist insbesondere vom verfügbaren Einkommen und dem Anspruchsniveau der Konsumenten abhängig.

Die Abbildung 10.6 zeigt den Zusammenhang zwischen der jeweiligen Basisstrategie (vgl. Kapitel 6.2), der korrespondierenden vertikalen Markenstrategie (vgl. Kapitel 8.1) und der relevanten Preisschicht. In der Abbildung ist ersichtlich, dass sich die Mehrwert-Handelsmarke strenggenommen im Übergang von Preis-Mengen-Strategie zur Präferenzstrategie befindet, obschon sie in der Literatur meist der Präferenzstrategie zugeordnet wird.

Zum Abschluss des Kapitels zur Kontrahierungspolitik soll noch auf die **Konditionenpolitik** eingegangen werden. Auf der Anbieterseite kann die Konditionenpolitik als Abweichung vom Grundpreis angesehen werden, mit dem Ziel, den Kunden zu beeinflussen. Die Darstellung beschränkt sich in diesem Zusammenhang auf folgende markenrelevante Aspekte: Rabatte und Boni.

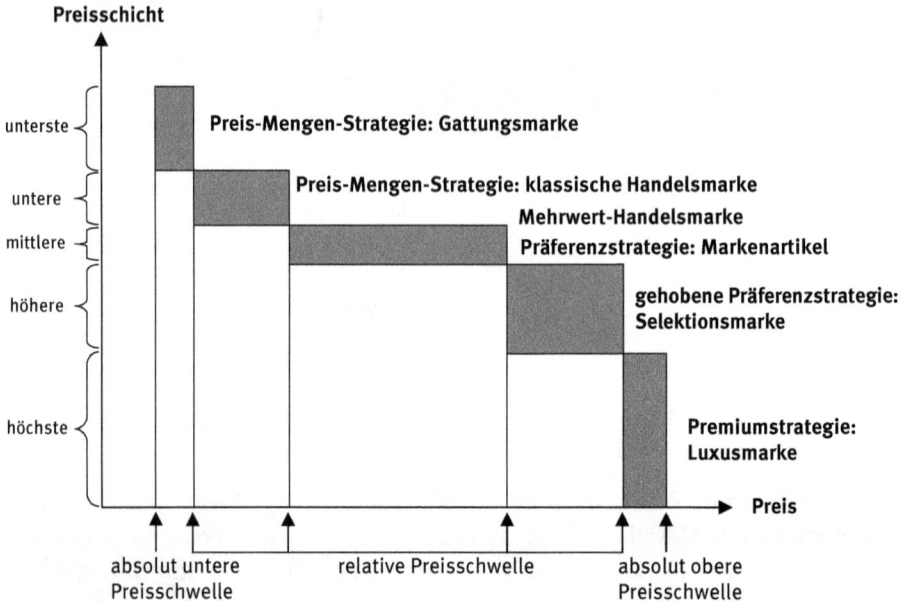

Abbildung 10.6: Zusammenhang zwischen Preisschicht, Basisstrategie und Markenstrategie (Quelle: eigene Darstellung).

Unter Rabatten wird die Gewährung von Preisnachlässen verstanden, die ein Anbieter seinen Kunden mittels direktem prozentualem Abzug vom Rechnungspreis gewährt. Ziel von Rabatten ist in erster Linie die Umsatzsteigerung. Die Begründung der verschiedenen Rabattformen basiert normalerweise auf einer Gegenleistung. Relevant für die Markenführung sind die hier aufgeführten Rabattformen:

– Ein Mengenrabatt wird dem Handel aufgrund der Abnahme einer definierten Menge eines Produkts bzw. einer Produktlinie zugestanden.
– Ein Funktionsrabatt wird dem Handel für die Übernahme bestimmter Aufgaben gewährt, z. B. Lagerhaltung, Kommissionierung und Regalpflege.
– Ein Treuerabatt zielt in der Form auf den Endverbraucher ab, indem auf das Sammeln von Punkten oder sonstigen Produktbestandteilen abgestellt wird. Der Rabattcharakter wird hierbei meist durch eine Rückvergütung nach Erreichen definierter Punktwerte oder Produktmengen evident.
– Ein Aktionsrabatt fokussiert ebenfalls den Endverbraucher und stellt den vorherrschenden Rabatt in FMCG-Märkten dar. Hierbei zeigt sich die Verknüpfung der Preispolitik mit der Kommunikationspolitik, da der Begriff der Aktion eng mit einer Verkaufsförderungsmaßnahme (Aktionspreis) gekoppelt ist. Im Kontext der Markenführung ist eine zu häufige Anwendung der Aktionspreispolitik kritisch zu bewerten, da so der Durchschnittspreis der Marke langfristig sinkt.

Im Rahmen des Markenmanagements spielt die Konditionsart des Bonus eine zentrale Rolle. Dieser wird einem Handelspartner zumeist am Jahresende in Form einer Umsatzrückvergütung für das Erreichen einer definierten Umsatzgröße gewährt, die in der Regel eine Steigerung zum Vorjahr beinhaltet. Aus diesem Grund wird der Bonus aus Herstellersicht gegenüber dem Handel im Rahmen von Leistungssteigerungsabkommen vereinbart.

10.3 Distributionspolitik

Im Rahmen der Distributionspolitik geht es um die Übermittlung einer Leistung vom Produzenten zum Konsumenten. Hier wird, wie in der Abbildung 10.7 dargestellt, zwischen Absatzwegepolitik und physischer Distribution (Marketing-Logistik) unterschieden, wobei dem ersteren Begriff im Kontext der Markenführung eine weitaus größere Bedeutung zukommt.

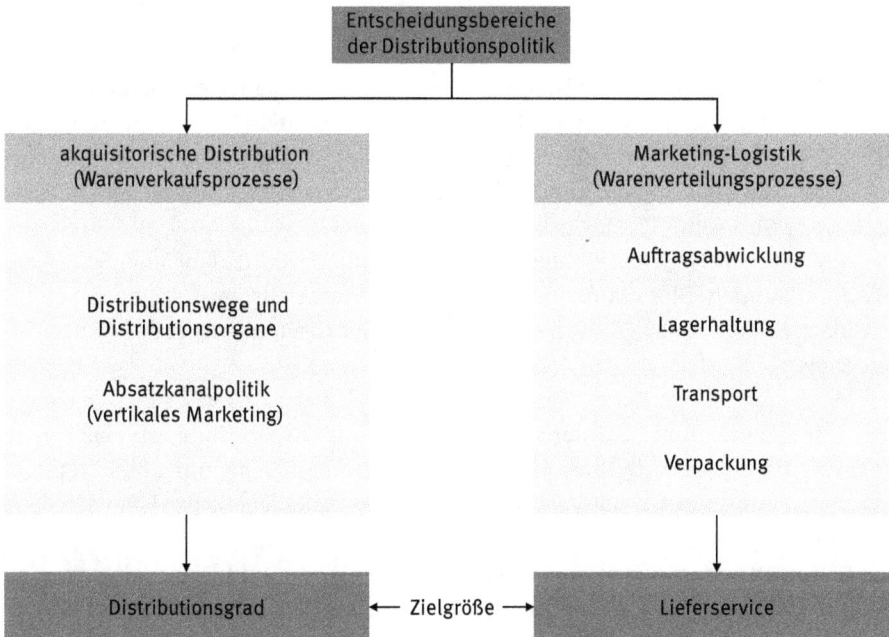

Abbildung 10.7: Aktionsfelder der Distributionspolitik (Quelle: eigene Darstellung in Anlehnung an Scharf et al. 2009, S. 438).

Hauptentscheidungsbereich für ein Unternehmen ist die Wahl der Absatzwege und der Absatzorgane. Ein Markenhersteller kann zwischen zwei Basistypen von Absatzwegen wählen, dem direkten und dem indirekten Absatz.

Charakter des **direkten Absatzwegs** ist, dass der Hersteller beim Verkauf seiner Produkte an den Endverbraucher alle Verteilungsaufgaben selbst organisiert und durchführt. Er umgeht dabei den klassischen, institutionellen Handel. Da der Hersteller keine Handelsstufe integriert, wird deshalb auch vom Null-Stufen-Kanal gesprochen.

Der Produzent setzt ausschließlich betriebseigene Verkaufsorgane (z. B. Verkaufsniederlassungen und/oder eigenes Verkaufspersonal) ein und verzichtet vollständig auf unternehmensfremde, rechtlich und wirtschaftlich selbstständige Absatzorgane.

Verkaufsniederlassungen werden häufig von großen Unternehmen eingesetzt, um direkt Abnehmer im In- und/oder Ausland zielgerichtet und strategiekonform zu erreichen. Baut ein Unternehmen einen größeren Kreis von Verkaufsniederlassungen auf, wird von einem Filialsystem gesprochen.

Beim eigenen Verkaufspersonal werden die folgenden Ausprägungen unterschieden:
– Reisende
– Key-Account-Manager
– Mitglieder der Geschäfts-/Marketing-/Vertriebsleitung

Reisende sind Angestellte der Unternehmung, die als Verkaufspersonen im Außendienst weisungsgebunden tätig sind. Juristisch gesehen sind Reisende Handlungsgehilfen (§§ 59 ff. HGB) mit Handlungsvollmacht (§ 54, § 55 HGB), die u. a. Kaufverträge anbahnen oder abschließen, Kunden informieren und beraten sowie weitere Serviceleistungen erbringen.

Key-Account-Manager betreuen für Unternehmen sehr bedeutsame Schlüssel- bzw. Großkunden. Diese Kunden zeichnen sich dadurch aus, dass sie eine überproportional große Absatz-, Umsatz-, Markt- und/oder Gewinnbedeutung für das Unternehmen haben.

Mitglieder der Geschäfts-/Marketing-/Vertriebsleitung stellen vielfach in kleineren Unternehmen und in Unternehmen der Investitionsgüterindustrie das eigene Verkaufspersonal dar. Da hier die Kundenbeziehungen sehr individuell gepflegt werden müssen, werden die Verkaufsaufgaben von Mitgliedern der Leitungsebene geleistet.

Direktvertrieb ist der persönliche Verkauf von Waren und Dienstleistungen an den Verbraucher in der Wohnung oder am Arbeitsplatz, in wohnungsnaher oder wohnungsähnlicher Umgebung. Kennzeichnend für den Direktvertrieb ist immer der direkte, persönliche Kontakt zwischen Anbieter und Kunde, der einen beiderseitigen Informationsaustausch ermöglicht und mit einer intensiven Beratung des Kunden verbunden ist (Bundesverband Direktvertrieb Deutschland 2022). Bekannte Beispiele für den Direktvertrieb sind die Unternehmen Tupperware und Vorwerk.

Marktveranstaltungen sind in erster Linie Messen (z. B. Internationale Süßwarenmesse in Köln) und Ausstellungen (Internationale Automobilausstellung Mobility in München), die bevorzugt von Industriegüterunternehmen genutzt werden, um ihre gewerblichen bzw. industriellen Kunden direkt und trotzdem auf einer breiteren Vertriebsbasis ausgewählt zu erreichen.

E-Commerce ist die Abwicklung der Distribution über das Internet und stellt beim direkten Absatzweg in erster Linie die Umsetzung eines eigenen Online-Shops dar, der im Rahmen des M-Commerce auch über mobile Endgeräte genutzt werden kann.

Für die Markenführung lässt sich konstatieren, dass der Vorteil bei der Wahl des direkten Absatzweges darin liegt, dass die Markendistribution selbst gesteuert und kontrolliert werden kann. Somit wird das vom Unternehmen gewünschte Absatzkonzept 1:1 auf den Konsumenten ausgerichtet. Negativ sind der relativ hohe organisatorische und finanzielle Aufwand und die Beschränkung der möglichen Distributionsbasis zu bewerten.

Kennzeichen des **indirekten Absatzwegs** ist es, dass der Hersteller zur Erreichung des Endverbrauchers gezielt unternehmensfremde, rechtlich und wirtschaftlich selbstständige Absatzorgane einsetzt. Hierbei übernimmt der klassische, institutionelle Handel wesentliche Verteilungsfunktionen für den Produzenten. Je nachdem, wie stark der Handel als Absatzkanal in die Distributionskette des Herstellers eingeschaltet ist, wird in Ein-Stufen-, Zwei-Stufen- und Drei-Stufen-Kanal unterschieden. Bei dieser Bezeichnung ist die Anzahl der integrierten Handelsstufen und die Länge der gesamten Vermarktungsstrecke sofort ersichtlich.

- Ein-Stufen-Kanal: Der Produzent vertreibt seine Waren über den Einzelhandel an den Endverbraucher. Den Vertrieb zum Einzelhandel kann er dabei über eine eigene Verkaufsorganisation z. B. mit Reisenden und/oder über selbstständige, wirtschaftlich unabhängige Absatzhelfer wie Handelsvertreter, Kommissionäre oder Handelsmakler vornehmen.
- Zwei-Stufen-Kanal: Der Produzent distribuiert seine Waren an den Großhandel, der wiederum für die Weiterverteilung an den Einzelhandel sorgt, wo der Konsument erreicht wird.
- Drei-Stufen-Kanal: Der Produzent verkauft seine Waren an eine spezielle Großhandelsform (z. B. Spezialgroßhandel), von der aus eine zweite Großhandelsebene eingeschaltet wird, die dann wiederum den Vertrieb an den Einzelhandel organisiert, wo der Endverbraucher die Produkte vorfindet. Im Rahmen der Markenführung bildet diese Vorgehensweise eher die Ausnahme.

Die Abbildung 10.8 stellt die verschiedenen Basistypen von Absatzwegen übersichtsartig dar.

In Zeiten einer vorliegenden Handelskonzentration stellt die weitgehend fokussierte Ausrichtung von Markenartikelunternehmen auf den indirekten Absatzweg eine schwierige Situation dar, die sich in den folgenden Aspekten zeigt. Erstens müssen selbst die großen Konsumgüterkonzerne Listungsgebühren für die Einführung von neuen Marken oder für die Erweiterung bestehender Produktlinien an den Handel bezahlen. Zweitens sind die Marken dieser Unternehmen mit wachsender Dynamik von

direkter Absatzweg	indirekter Absatzweg		
Produzent	Produzent	Produzent	Produzent
			Spezial-Großhandel
Verkaufsniederlassung eigenes Verkaufspersonal Direktvertrieb Marktveranstaltungen E-Commerce	Handels-vertreter	Großhandel	Sortiments-Großhandel
	Einzelhandel	Einzelhandel	Einzelhandel
Konsument	Konsument	Konsument	Konsument
0-Stufenkanal	**1-Stufenkanal**	**2-Stufenkanal**	**3-Stufenkanal**

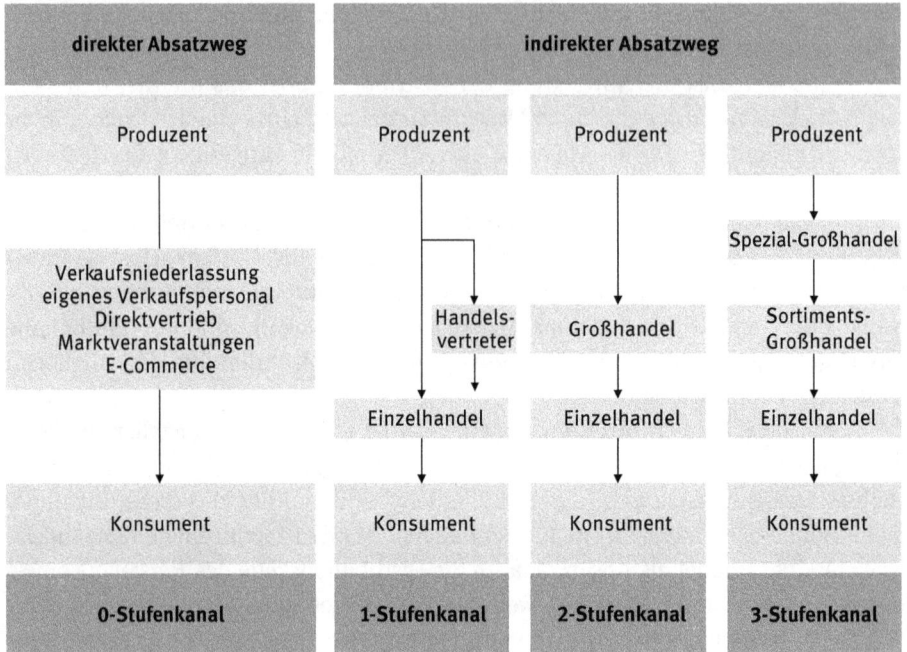

Abbildung 10.8: Basistypen von Absatzwegen (Quelle: Runia et al. 2019, S. 258).

der Konkurrenz durch Handelsmarken betroffen, wobei einige Unternehmen selbst Lieferant der jeweiligen Eigenmarke mancher Handelspartner sind, um so diese Distributionsmöglichkeit – wenn auch nicht für die eigene Marke – wenigstens für das eigene Unternehmen zu sichern und dadurch Produktionskapazitäten auszulasten. Die skizzierte schwierige Situation zeigt sich drittens auch in zeitweiligen Auslistungen von etablierten Markenartikeln durch die Handelsorganisationen, wenn Unstimmigkeiten im Hinblick auf Preis- und Konditionsforderungen vorliegen. Durch weitere intensive Nachverhandlungen kommt es meist nach einer gewissen Abstinenzzeit (bis zu einem Jahr) zur Wiedereinlistung.

Entsprechend der gewählten Basisstrategie des Herstellers sind beim indirekten Absatzweg drei **Distributionsformen** zu unterscheiden: intensive, selektive und exklusive Distribution.

Intensive Distribution: Diese Distributionsform basiert auf der Präferenzstrategie im mittleren Bereich eines Marktes (Marktschicht) und ist somit Grundlage für Markenartikel. Da die klassische Marke durch nahezu Überallerhältlichkeit (Ubiquität) gekennzeichnet ist, bedarf es einer möglichst breiten Distributionsbasis. Es gilt also, möglichst viele Distributionsalternativen auf dem Weg zum Konsumenten einzubeziehen. Die intensive Distribution verfolgen viele beliebte Markenartikel wie Coca-Cola, Red Bull, Milka, Maggi, Nivea etc.

Selektive Distribution: Diese Distributionsform repräsentiert die gehobene Präferenzstrategie. Es erfolgt eine stringente Selektion der Absatzmittler unter Verzicht auf weitere Absatzchancen durch solche Handelsbetriebe, deren Ausrichtung nicht der strategischen Vorgabe entspricht. Generell trifft dies für alle Marken zu, die ausgewählt über den autorisierten Fachhandel mit angemessener Beratungskompetenz vertrieben werden (Selektionsmarken). Eine selektive Distribution wird z. B. von den folgenden Marken gewählt: WMF, Miele, Alessi, Odlo etc.

Exklusive Distribution: Diese Distributionsform berücksichtigt die Premiumstrategie im oberen Bereich eines Marktes und ist Grundlage für Luxusmarken. Die Auswahlkriterien des Herstellers für Absatzmittler sind hier noch strenger gefasst als bei einer selektiven Distribution. So gewähren Produzenten hier oft Exklusivrechte für die Vermarktung der Markenware innerhalb bestimmter Gebiete, belegen den Händler aber mit einem Verbot, Konkurrenzprodukte im Sortiment zu führen. So behält der Hersteller weitestgehend die Kontroll- und Steuerungsmöglichkeiten seiner Marketingaktivitäten in seiner Distributionskette zum Konsumenten. Eine exklusive Distribution wird z. B. von Marken wie Rolex, Lamborghini, Harley-Davidson oder Louis Vuitton verfolgt. An dieser Stelle ist anzumerken, dass eine exklusive Distribution selbstverständlich auch über den direkten Absatzweg z. B. in Form von Flagship-Stores erfolgen kann.

Messbar sind diese Distributionsformen durch die Kennzahl Distributionsgrad, die in numerische und gewichtete Distribution unterschieden wird. Die numerische Distribution beziffert die Anzahl der die Warengruppe führenden Geschäfte, in denen ein Produkt distribuiert ist, während die gewichtete Distribution die Umsatzbedeutung dieser Warengruppe in den Geschäften berücksichtigt. Aus Vereinfachungsgründen wird an dieser Stelle z. B. eine Gesamtanzahl von 100 Geschäften unterstellt. Ist ein Produkt X in 80 Geschäften vertreten, beträgt die numerische Distribution 80/100. Haben diese 80 Geschäfte einen Umsatzanteil von 90 % der Umsätze aller 100 Geschäfte, lautet die gewichtete Distribution für das Produkt X 90/100. Der Distributionsgrad des Beispielprodukts X wird in der Praxis als 80 num./90 gew. dargestellt. Die Kennzahl Distributionsqualität, als Verhältnis von gewichteter zu numerischer Distribution, sagt aus: Distributionsqualität > 1 = gute Distributionsqualität; Distributionsqualität < 1 = schlechte Distributionsqualität.

Unabhängig von der gewählten Distributionsform ist eine Entwicklung hin zur Mehrwegdistribution festzustellen, die in der modernen Literatur als **Multi-Channel-Marketing** bezeichnet wird. Multi-Channel-Marketing kann dabei innerhalb des indirekten Absatzwegs stattfinden oder auch direkte und indirekte Distributionskanäle kombinieren. In diesem Zusammenhang steht häufig die Unterscheidung von stationären und digitalen Absatzwegen im Fokus. In Bezug auf die Markenführung ist eine integrative Steuerung der verschiedenen Distributionskanäle von eminenter Bedeutung, um das Absatzpotenzial optimal auszuschöpfen (Runia et al. 2019, S. 264 ff.; Kotler et al. 2017, S. 621).

Multi-Channel-Marketing im weiteren Sinne umfasst die Bereitstellung verschiedener Distributionskanäle für Produkte bzw. Marken. Durch die Zunahme der Vertriebskanäle, insbesondere durch digitale Möglichkeiten, steigen die Anforderungen an die Koordination des Distributionssystems. Multi-Channel-Marketing im engeren Sinne bedeutet das parallele Angebot von zwei oder mehr Vertriebskanälen, wobei diese isoliert voneinander eingesetzt werden, d. h., es finden keine Verknüpfungen statt. Entweder kann der Kunde z. B. ein Produkt im Ladenlokal des stationären Einzelhandels oder durch eine Bestellung im Onlineshop erwerben.

Das Cross-Channel-Marketing stellt eine Entwicklungsstufe des Multi-Channel-Marketings dar, indem die vorhandenen Distributionskanäle kombiniert eingesetzt und benutzt werden können. Beispielsweise recherchiert ein Kunde im Onlineshop und entscheidet sich für die Bestellung eines bestimmten Produkts, welches er dann zu einem vereinbarten Zeitraum im Ladenlokal abholt (Click & Collect).

Die derzeit höchste Entwicklungsstufe wird als Omni-Channel-Marketing bezeichnet. Hierbei werden dem Kunden alle vorhandenen Vertriebskanäle des Unternehmens in verknüpfter Form dargeboten. Der Kunde kann hier alle Distributionskanäle des Unternehmens in kombinierter Weise nutzen, sodass die Grenzen zwischen den einzelnen Kanälen verschwimmen und dem Kunden ein nahtloses und einheitliches Einkaufserlebnis geboten wird. In dieser Entwicklungsstufe ist es egal, mit welchem Distributionskanal der Kunde seinen Kaufprozess beginnt und ob er zwischendurch die Kanäle wechselt. Auch die simultane Nutzung zweier Kanäle, wie z. B. die Nutzung des Smartphones beim Einkauf in einem Ladenlokal, ist hier möglich. Dies bildet die distributive Ausprägung der Customer Journey ab. Wichtig ist, dass die Kundendaten stetig auf allen Kanälen synchronisiert werden.

Die folgende Abbildung 10.9 stellt die verschiedenen Channel-Optionen anschaulich dar.

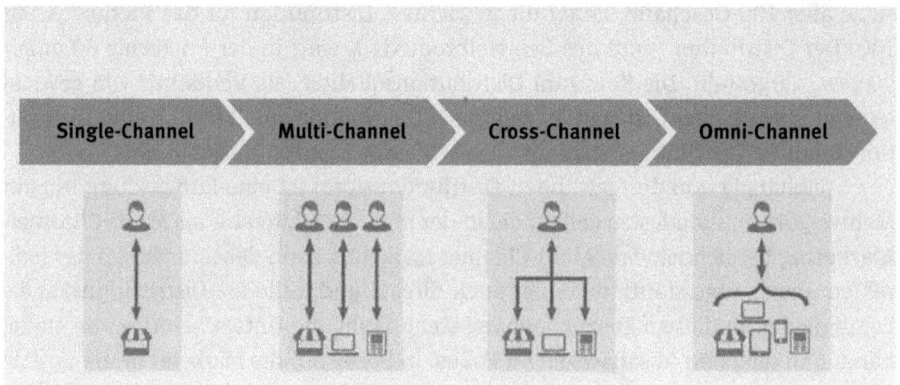

Abbildung 10.9: Channel-Optionen (Quelle: Runia et al. 2019, S. 266).

Distributionskanäle werden von Unternehmen allerdings nicht nur aktiv aufgebaut, sondern die durch Konzentrationsprozesse entstandene und weiterwachsende Marktmacht des Handels zwingt gerade die Konsumgüterhersteller reaktiv dazu, ihre Distributionspolitik zu überdenken und anzupassen. Viele Markenartikler setzen das Multi-Channel-Marketing als Abgrenzung im Rahmen von Zweitmarkenstrategien bzw. unterschiedlichen markenstrategischen Optionen ein. Einerseits distribuieren sie beispielsweise die Herstellermarke intensiv über den klassischen Handel an die Markenkäufer. Andererseits bekommen z. B. Discounter das Produkt im Rahmen einer Preis-Mengen-Strategie geliefert. Der Discounter vermarktet dieses Produkt als seine Handelsmarke und spricht so die Preiskäufer an. Auf diese Weise fokussieren die Industrieunternehmen sowohl die Marken- als auch die Preiskäufer (wenn auch über die Handelsmarke).

Innerhalb der Entscheidungen, die ein Hersteller bezüglich seiner Absatzwege für eine Marke trifft, muss er stets seine gewählte Basisstrategie berücksichtigen. Wenn er indirekte Absatzwege nutzen will, sind auch Überlegungen einzubeziehen, in welcher Form er mit dem Handel kooperieren kann und muss, um einen bestmöglichen Einfluss auf die Umsetzung seiner Marketingaktivitäten zu erlangen. Dies wird umso wichtiger, je größer die (Nachfrage-) Macht des Handels im Absatzkanal ist bzw. je ausgeprägter die Zielkonflikte zwischen Industrie und Handel sind. So ist es z. B. Ziel des Herstellers Mondelez Imagedimensionen für seine Marke Milka aufzubauen und zu erhalten. Ziel der Handelsgruppe Edeka ist es aber, ihre Verbrauchermärkte und Supermärkte als Einkaufstätten zu profilieren.

Die Probleme für die Konsumgüterindustrie gipfeln in der Tatsache, dass der Hersteller möglichst oft innovative Neueinführungen in den Markt bringen will, der Handel aber Listungsgebühren für die Aufnahme neuer Produkte verlangt. Bei einer nationalen Listung eines Handelsunternehmens sind dafür in Deutschland, je nachdem in wie vielen Vertriebslinien die Distribution erfolgen soll, schnell sechs- bis siebenstellige Euro-Beträge vom Hersteller aufzubringen.

In der Distributionspolitik kommen Absatzhelfer und Absatzmittler sowie vertragliche Vertriebssysteme zum Einsatz, die im Folgenden in kompakter Form dargestellt werden.

Absatzhelfer sind unternehmensfremde Vertriebsorgane, die für Unternehmen bestimmte akquisitorische Distributionsfunktionen auf vertraglicher Grundlage übernehmen. In erster Linie zählt hierzu die Vermittlung oder der Abschluss von Rechtsgeschäften. Absatzhelfer sind rechtlich selbstständige Personen oder Unternehmen, die innerhalb ihrer Vertriebstätigkeit zwischen den einzelnen Ebenen der Absatzkette beteiligt sind, sie erwerben dabei aber kein Eigentum an der Ware und sind daher keine Absatzmittler. Absatzhelfer nehmen also keine klassische Handelsstufe ein. Es existieren drei Arten von Absatzhelfern:

Der Handelsvertreter ist ein selbstständiger Gewerbetreibender und ständig damit betraut, für andere Unternehmen Geschäfte abzuschließen (§§ 84 ff. HGB). Der Handelsvertreter handelt in fremdem Namen und auf fremde Rechnung, d. h., er benutzt in der Kommunikation mit dem Kunden die Verkaufsunterlagen seines Auftraggebers (fremder Name) und beim Abschluss eines Geschäfts erfolgt die vollständige Rechnungslegung über den Auftraggeber (fremde Rechnung).

Der Kommissionär ist ein selbstständiger Gewerbetreibender und übernimmt für seinen Auftraggeber (Kommittenten) gewerbsmäßig den Verkauf von Waren oder Wertpapieren (§§ 383 ff. HGB). Der Kommissionär handelt in eigenem Namen und auf fremde Rechnung, d. h., er organisiert die Kommunikation mit seinen Kunden und die Erstellung der Verkaufsunterlagen selbst (eigener Name) und schließt bei dem Kommissionsgeschäft auch den Vertrag mit dem Kunden. Die wirtschaftlichen Folgen des Rechtsgeschäfts treffen aber den Kommittenten (fremde Rechnung). So bleibt dieser auch Eigentümer der Kommissionsware. Der Kommissionär übernimmt meistens neben dem Verkauf auch die Lagerung der Ware, allerdings ohne das Absatzrisiko zu tragen.

Der Handelsmakler ist ein selbstständiger Gewerbetreibender und übernimmt es fallweise, für andere Personen den Abschluss von Verträgen zu vermitteln (§§ 93 ff. HGB). Dabei hat er stets die Interessen beider Partner, also Auftraggeber und Kunde, zu wahren. Falls nicht anders vereinbart, erhält der Handelsmakler als Vergütung eine Maklergebühr (Courtage), die jede Partei zur Hälfte trägt. Handelsmakler spielen eine wichtige Rolle bei der Vermarktung von Immobilien und Finanzdienstleistungen, aber auch als Waren-, Fracht- und Schiffsmakler.

Wie der Absatzhelfer ist auch der **Absatzmittler** rechtlich selbstständig. Er kauft jedoch die weiterzuleitenden Produkte in eigenem Namen, bevor er sie weiterverkauft. Der Absatzmittler besetzt eine klassische Handelsstufe. Hierbei wird zwischen Groß- und Einzelhandel unterschieden.

Der Großhandel
– ist im funktionellen Sinne eine Handelsform, bei der Waren in eigenem Namen für eigene Rechnung eingekauft und weitestgehend unverändert an gewerbliche Wiederverkäufer (z. B. andere Großhändler oder Einzelhandelsbetriebe) bzw. gewerbliche Verwender (z. B. Kantinen, Gaststätten oder Behörden) verkauft werden. Kunden des Großhandels sind darüber hinaus auch weiterverarbeitende Betriebe (Handwerker).
– definiert im institutionellen Sinne die Summe aller Unternehmen, die Großhandel betreiben.

Beispielsweise ist die Metro AG ein Unternehmen des Selbstbedienungsgroßhandels.

Der Einzelhandel
– ist im funktionellen Sinne eine Handelsform, bei der Waren in eigenem Namen und auf eigene Rechnung eingekauft und weitestgehend unverändert an Endverbraucher bzw. Privathaushalte verkauft werden.
– definiert im institutionellen Sinne die Summe aller Unternehmen, die Einzelhandel betreiben.

Beispielsweise wird die Rewe-Group dem Einzelhandel zugerechnet.

Ferner lassen sich Groß- und Einzelhandelsunternehmen über die jeweilige **Betriebsform** abgrenzen, wobei die Betriebsform die Art und Weise bezeichnet, in der ein Handelsunternehmen sein Geschäft im Markt betreibt. Folgende Merkmale charakterisieren grundsätzlich die unterschiedlichen Betriebsformen: strategische Ausrichtung, Kundenkreis/Zielgruppe, Betriebsgröße, Verkaufsform, Sortimentsstruktur und -kompetenz, Warenpräsentation, Serviceangebot, Preis- und Konditionenkonzept, Standortwahl und die Zahl der Betriebsstätten.

Idealerweise lassen sich die **Betriebsformen des Großhandels** über den Umfang der Distributionsfunktionen definieren, die der spezifische Betriebstyp übernimmt (Runia et al. 2019, S. 270 ff.).

Der Sortimentsgroßhandel bietet ein breit gefächertes Sortiment (z. B. viele Warengruppen im Bereich Food/Nonfood) ohne wesentliche Schwerpunkte an und stellt den umsatzstärksten Bereich innerhalb des Lebensmittelgroßhandels dar. Der Sortimentsgroßhandel bezieht seine Waren von Spezialgroßhändlern und Importeuren sowie aus der Industrie.

Der Spezialgroßhandel konzentriert sein Angebot auf ein enges, aber dafür tiefes Sortiment. Wichtigste Teilbereiche sind hier der Elektrogroßhandel, der Getränkegroßhandel, der medizinisch-pharmazeutische Großhandel und der Großhandel mit Papier und Druckerzeugnissen sowie der Großhandel mit Pflanzen und Blumen.

Der Streckengroßhandel leistet keine Lageraufgaben. Der Streckengroßhändler wickelt die Aufträge seiner Kunden direkt über seine Lieferanten ab und trägt daher kein Lagerrisiko. Der Warenfluss findet direkt zwischen Lieferant und Kunde des Streckengroßhändlers statt. Der Streckengroßhandel hat eine große Bedeutung bei großvolumigen Produkten beispielsweise im Baustoffhandel.

Für den Cash-and-Carry-Großhandel, auch Selbstbedienungs- oder Abholgroßhandel genannt, ist charakteristisch, dass der Kunde aus dem breiten Sortiment die gewünschten Artikel selbst zusammenstellt, bar bezahlt und im eigenen Fahrzeug abtransportiert.

Der Rack-Jobber (Regalgroßhändler) organisiert für einen spezifischen Bereich eines Handelsbetriebs die Regalpflege. Das Serviceprogramm erstreckt sich also auf den Anlieferungsservice (Annahme und Auszeichnung der Waren), den Regalservice (ladeninterne Warenpflege) und den Dispositionsservice (Warenbestandskontrolle und Order der Produkte).

Bei den **Betriebsformen des Einzelhandels** wird zwischen drei Kategorien unterschieden (Runia et al. 2019, S. 272 ff.):
- Stationärer Handel (z. B. Verbrauchermärkte, Warenhäuser, Discounter),
- ambulanter Handel (z. B. Markt-/Messehandel oder Wochenmärkte),
- Versandhandel (hier auch: E-Commerce).

Fachgeschäfte sind kleine bis mittelgroße Einzelhandelsbetriebe, die ein branchenspezifisches oder bedarfsgruppenorientiertes Sortiment bei mittlerem bis hohem Preisniveau anbieten. Sie beschränken ihr Angebot zielgerichtet auf eine oder wenige Warengruppe(n), verfügen dabei aber über eine hohe Sortimentstiefe (z. B. Sportartikel, Textilbekleidung, Schmuck, Musikinstrumente, Bücher). Fachgeschäfte zeichnen sich außerdem durch einen hohen Servicegrad und eine hohe Beratungsintensität durch gut geschultes, fachkundiges Personal aus. Fachgeschäfte befinden sich meist in der Ortsmitte bzw. in Citylage einer Stadt.

Spezialgeschäfte sind den Fachgeschäften sehr ähnlich, sie konzentrieren ihre Angebotsgestaltung aber noch stärker auf ein schmales, aber tiefes Sortiment (z. B. Hut-, Krawattengeschäft, Weinhandlung, Klaviergeschäft, Fachbücher). Im Vergleich zum Sortiment des Fachgeschäfts bietet ein Spezialgeschäft nur einen entsprechenden Sortiments-Ausschnitt an.

Gemischtwarengeschäfte („Tante-Emma-Läden") besitzen eine relativ breite und gleichzeitig flache Sortimentsstruktur mit Waren des (ländlichen) Haushaltsbedarfs. Sie besetzen konsumentennahe Standorte und bieten ihren Kunden umfangreiche Dienstleistungen wie Anschreiben lassen etc.

Fachmärkte sind großflächige Einzelhandelsgeschäfte, die ein tiefes Sortiment aus einem spezifischen Warenbereich (z. B. Baumärkte wie Obi, Bauhaus und Toom), präsentieren. Das Sortiment eines Fachmarkts wird meist im Selbstbedienungsprinzip in Randlagen von größeren Städten unter Bereitstellung von ausreichenden Parkmöglichkeiten angeboten. Insgesamt ist die Betriebsform des Fachmarktes als preisaggressiv zu kennzeichnen.

Supermärkte (z. B. Edeka, Rewe) sind definiert als Einzelhandelsbetriebe mit einer Verkaufsfläche von 100 bis 999 qm, deren Sortiment Nahrungs- und Genussmittel inklusive Frischwaren wie Obst, Gemüse, Fleisch usw. im Food-Bereich und ergänzend dazu problemlose Produkte des kurzfristigen Bedarfs (Convenience Goods) im Nonfood-Bereich enthält. Insgesamt umfasst das Sortiment ca. 5.000 bis 12.000 Artikel. Die Supermärkte bieten mit ihren Standorten in Wohngebieten von kleineren Orten und Städten eine bequeme Einkaufsmöglichkeit in der nahen Umgebung.

Verbrauchermärkte (z. B. Rewe, Kaufland) werden in kleine und große Verbrauchermärkte eingruppiert. Während kleine Verbrauchermärkte ein relativ preisgünstiges Sortiment von Food- und Nonfood-Artikeln überwiegend via Selbstbedienung auf 1.000 bis 2.499 qm Verkaufsfläche offerieren, nutzen große Verbrauchermärkte eine Verkaufsfläche ab 2.500 qm. Verbrauchermärkte haben einen Sortimentsumfang von 21.000 bis zu 63.000 Artikeln. Verbrauchermärkte gehören zu den Großbetriebsformen im Einzelhandel, die oft in Stadtrandlagen gelegen und mit zahlreichen Kundenparkplätzen ausgestattet sind.

Discounter (Aldi Nord, Aldi Süd, Lidl, Netto, Penny) sind eine Betriebsform des Handels, die durch stringente Anwendung des Discount-Prinzips unabhängig von der Größe der Verkaufsfläche ein eng begrenztes Sortiment (zwischen 2.000 und 3.500 Artikel) von problemlosen Waren mit hoher Umschlagshäufigkeit in Selbstbedienung mittels aggressivster Preispolitik anbietet. Discounter haben eine hohe Flächenabde-ckung, wobei die Standorte zentral gelegen sind und trotzdem auf möglichst niedrige Kostenstrukturen geachtet wird. Der Schwerpunkt im Sortiment liegt auf eigenen Han-delsmarken, wobei das Angebot von Herstellermarken in den letzten Jahren deutlich zugenommen hat.

Drogeriemärkte (z. B. dm, Rossmann) sind Einzelhandelsgeschäfte, die ein pro-blemloses, schnell umschlagendes Sortiment mit Schwerpunkt Gesundheits- und Körperpflegeartikel, Wasch-, Putz- und Reinigungsmittel, Babynahrung und -pflege, Haushaltspapiere sowie Kosmetik in Selbstbedienung verkaufen.

Warenhäuser (Galeria) sind filialisierte Großbetriebe im Einzelhandel, die auf einer Verkaufsfläche von mindestens 3.000 qm ein breites Sortiment vor allem aus den Bereichen Bekleidung, Textilien, Haushaltswaren, Wohnbedarf und Nahrungs- und Genussmittel in zentraler Lage anbieten. Charakteristisch für Warenhäuser ist, dass jede Warengruppe als separate Abteilung mit Fachgeschäftscharakter geführt und größtenteils in Fremdbedienung angeboten wird. Warenhäuser sind besonders durch Erlebnisorientierung gekennzeichnet, die u. a. durch Shop-in-Shop-Systeme umgesetzt wird. Typischer Standort für Warenhäuser ist der Innenstadtbereich in Mit-tel- und Großstädten.

Kaufhäuser (z. B. Peek & Cloppenburg, Breuninger, C&A) sind Einzelhandelsbe-triebe, die auf vergleichsweise großer Verkaufsfläche in mehreren Stockwerken Artikel aus wenigen Warengruppen mit einer großen Auswahl überwiegend in Fremdbedie-nung präsentieren (z. B. Textil- und Bekleidungskaufhäuser). Oft werden die Begriffe Kaufhaus und Warenhaus in der Handelspraxis nicht eindeutig unterschieden, aller-dings können die geringere Betriebsfläche und die Konzentration der Kaufhäuser auf spezielle Warengruppen als Differenzierungsmerkmale herangezogen werden.

Shoppingcenter (z. B. Kö-Galerie Düsseldorf, CentrO Oberhausen) sind räumliche und organisatorische Verbunde von zumeist selbstständigen Einzelhändlern sowie ergänzenden Dienstleistungs- und Gastronomiebetrieben. Es handelt sich um künstli-che Agglomerationen, die von einem Center-Management unterstützt werden.

Eine besondere Form von Einkaufszentren sind Factory-Outlet-Center (FOC), in denen sich mehrere Hersteller unter einem Dach zusammenschließen. Diese sind meist an den Stadträndern oder verkehrsgünstig zwischen Städten gelegen. Hauptsächlich werden im Sortiment Zweite-Wahl-Artikel, Produktionsüberhänge, Auslaufmodelle oder Musterkollektionen aus den Warengruppen Mode/Textilien, Lederwaren, Schuhe, Accessoires und Schmuck angeboten.

Convenience Stores sind in Deutschland überwiegend als Tankstellenshops (z. B. Rewe To Go) bekannt. Sie bieten ein begrenztes Sortiment von Artikeln des täglichen Bedarfs an und sind durch besonders lange Ladenöffnungszeiten (bis zu 24 Stunden) gekennzeichnet.

Off-Price-Retailer (z. B. Ramba Zamba) versorgen ihre Kunden ständig mit Son-derposten und richten sich gezielt an die Schnäppchenjäger. Durch den Aufkauf großer Warenposten (z. B. aus Insolvenzmassen) können sie teilweise auch Markenartikel günstiger anbieten. Oft handelt es sich dabei um Artikel zweiter Wahl, Auslauf- oder Saisonartikel, die in anderen Betriebsformen kaum verkaufsfähig wären. Auch die sogenannten Kleinpreis- bzw. Einheitspreisgeschäfte (Ein-€-Laden) gehören dieser Kategorie an.

Boutiquen sind kleine Einzelhandelsgeschäfte, die durch auffällige Aufmachung Kunden ansprechen wollen, die für das den jeweiligen modischen Strömungen angepasste Sortiment (Bekleidung, Schmuck, Kosmetik) besonders aufgeschlossen sind.

Apotheken sind Geschäfte, die Arzneimittel verkaufen. Ein Randsortiment (z. B. Husten- und Vitaminbonbons) ist meist vorhanden, doch erreicht es nur einen geringen Umsatzanteil. Verschreibungspflichtige Medikamente dürfen nur in Apotheken verkauft werden. Daneben gibt es auch Medikamente, die zwar nicht verschreibungspflichtig sind, aber dennoch nur in Apotheken (Over the Counter) verkauft werden dürfen.

Kioske sind Verkaufsstellen mit einer Fläche unter 100 qm mit einem ausgewählten Sortiment (z. B. Tabak, alkoholfreie Getränke, Eis, Süßwaren, Zeitschriften, Bier, Spirituosen), bei denen die Ware dem Kunden durch ein Fenster oder eine schalterähnliche Öffnung aus dem Verkaufsraum gereicht wird.

Getränkeabholmärkte (z. B. Trinkgut) sind Geschäfte mit Schwerpunkt in den Warengruppen Bier, alkoholfreie Getränke, Spirituosen und Weine. Das Sortiment wird bei einfacher Geschäftsausstattung auf einer Mindestverkaufsfläche von 50 qm in Selbstbedienung angeboten. Bier und alkoholfreie Getränke werden in der Regel als Kastenware abgegeben.

Als Formen des stationären Einzelhandels werden in der Statistik meist auch die folgenden Betriebe bezeichnet: Bäckereien mit Lebensmittelsortiment, Tankstellen (siehe Convenience Stores), Imbisshallen, Kinos, Schulen mit Verkauf und Saisonkioske in Freibädern und Freizeitparks.

Automatenverkauf hat seine Bedeutung für Zigaretten, Erfrischungsgetränke, Süßwaren, Kondome, Passfotos, Blumen usw. und dient Unternehmen als Distributionsstätte, um eine Überallerhältlichkeit anzustreben. Weiterhin werden auch Snacks, Visitenkarten, Guthabenkarten, Hemden etc. über Automaten vertrieben.

Neben dem stationären Einzelhandel soll der Vollständigkeit halber auch der ambulante Handel erwähnt werden, der durch eine flexible Standortspaltung gekennzeichnet ist. Die Angebote werden den Kunden auf Straßen-, Jahres- und Wochenmärkten mit Verkaufswagen oder Verkaufsständen unterbreitet. Der ambulante Handel ist bedeutend für die Einkaufsmöglichkeiten in unterversorgten Gebieten. Das Sortiment besteht aus Convenience Goods, insbesondere Nahrungs- und Genussmitteln.

Versandhandelsunternehmen sind Einzelhändler, die ihre Ware nicht im offenen Ladenlokal verkaufen, sondern diese auf Bestellung durch die Post oder auf anderem Wege versenden. Es wird zwischen Universalversendern (Otto) und Spezialversendern (z. B. Land's End) unterschieden.

Der Versandhandel verlagert sein klassisches Kataloggeschäft immer mehr in den Online-Bereich, sodass heute vielfach Online-Shops im Vordergrund stehen. In diesem Zusammenhang ist der Begriff des E-Commerce entstanden, der den Kauf und Verkauf von Produkten über das Internet bezeichnet. Pionierunternehmen wie Amazon begannen mit Produkten wie Bücher und Musik-CDs, erweiterten jedoch stetig ihr Sortiment und sind heute in fast allen Warengruppen eine Alternative zum traditionellen Einzelhandel.

Teleshops bieten in Spezialkanälen (z. B. QVC) Produkte an, die der Kunde telefonisch bestellen kann. Aufgrund der Bequemlichkeit des Einkaufs und der Vorführung der Produkte im Fernsehen verfügt das Teleshopping über weiteres Potenzial im Einzelhandel.

Dieser Überblick über Absatzmittler und deren Betriebsformen macht deutlich, dass Markenartikel-Unternehmen auf ihrem indirekten Weg zum Endabnehmer vielfältige Überlegungen anstellen müssen, um den optimalen Absatzweg zu finden.

Gerade der schon beschriebene Zielkonflikt zwischen Industrie und Handel macht es für einen Hersteller interessant, Möglichkeiten wahrzunehmen, Absatzmittler stärker konzeptionell an sich zu binden, um seine Marketingausrichtung zielgerichtet zum Konsumenten zu bringen. Hier bilden vertragliche Vertriebssysteme eine Chance.

Unter dem Aspekt des vertikalen Marketings bieten **vertragliche Vertriebssysteme** die größte Möglichkeit, ausgewählte selbstständige Handelsunternehmen als Vertriebspartner so einzubinden, dass die Markenführung annähernd 1 zu 1 die definierte Zielgruppe erreicht. Diese Vertriebssysteme werden auch als Kontraktmarketing bezeichnet. Die Bindung der Handelsbetriebe an den Hersteller kann dabei unterschiedliche Intensitätsgrade einnehmen. Folgende fünf vertragliche Vertriebssysteme haben sich in der Praxis etabliert (Ahlert 1996, S. 214 ff.).

Vertriebsbindungssysteme erstrecken sich je nach Vertragsgestaltung auf bestimmte Kriterien in der distributiven Zusammenarbeit mit dem Handel und dienen dazu, selektive oder exklusive Distributionsformen für Herstellerunternehmen zu realisieren. Grundlage der vertraglichen Absicherung sind die aus der Marketingstrategie resultierenden Selektionskriterien des Herstellers, die somit das Leistungsspektrum der gewählten Handelspartner definieren.

Die Vertriebsbindung kann dabei auf verschiedenen Ebenen stattfinden:
- räumliche Kriterien, z. B. Abgrenzung der Absatzgebiete,
- personenbezogene Kriterien, d. h., Einengung auf bestimmte Abnehmerkreise (Kundenbeschränkungsklauseln),
- zeitliche Kriterien, beispielsweise Begrenzung der Vertriebszeit bei Mode-, Neu- oder Auslaufprodukten,
- produktbezogene Kriterien, wie definierte Sortiments-, Beratungs- und Servicestandards.

Alleinvertriebssysteme werden zur Absicherung von exklusiven Distributionsformen im Management von Luxusmarken eingesetzt. Der Hersteller verpflichtet sich, in einem bestimmten Absatzgebiet nur den alleinvertriebsberechtigten Händler zu beliefern (Gebietsschutz). Im Falle dieser Bezugsbindung verpflichtet sich der Händler zu einer umfangreichen Sortimentsaufnahme und Lagerhaltung der Herstellerprodukte.

Der Händler profitiert seinerseits von der Markenstärke des Herstellers sowie der Exklusivität seines Sortiments. Er erzielt auf diese Weise für sich Profilierungsmerkmale im direkten Wettbewerb mit seinen Konkurrenten.

Vertragshändlersysteme binden rechtlich selbstständige Handelsbetriebe noch weitaus stärker in die Distribution des Herstellers ein. Der Vertragshändler vertreibt in eigenem Namen und auf eigene Rechnung ausschließlich die Produkte seines Vertragspartners und verzichtet meistens vollständig auf den Verkauf von Konkurrenzmarken. In der Regel erhält der Händler das Alleinvertriebsrecht für ein definiertes Gebiet und damit eine geografische Absicherung seines Absatzareals. Dieses Distributionssystem wird auch Lizenz- oder Konzessionsvertrieb genannt. Die Ladenlokale des Vertragshändlers erscheinen teilweise nach außen hin wie Verkaufsfilialen des Herstellers, weil dieser im Rahmen seiner Corporate Identity (CI) den Vertragshändlern bestimmte Corporate-Design-Elemente (Markenlogo, Farbvorgaben, Präsentationseinheiten usw.) zur Verfügung stellt und deren Verwendung meistens auch vorschreibt. Der Hersteller übt mit diesem Vertriebssystem bereits einen enormen Einfluss (auch im Hinblick auf Preispolitik, Verkaufsförderungsmaßnahmen usw.) auf den Absatz seiner Produkte bis hin zum Endabnehmer aus. Sehr typisch ist das Vertragshändlersystem für die Automobilbranche und Brauereien, die diese Distributionsform in der Gastronomie mittels sogenannter Bierlieferungsverträge betreiben.

Franchisesysteme sind eine sehr enge Form von vertraglichen Vertriebssystemen. Der Hersteller (Franchisegeber) ermöglicht dem rechtlich selbstständigen Einzelhändler (Franchisenehmer) die Einbindung seines Betriebs in ein ausgereiftes Vermarktungskonzept gegen Entgelt. Die Franchisegebühr wird meistens in Prozent vom Umsatz berechnet, allerdings verlangen die Franchisegeber oft mit dem Vertragsbeginn einen einmaligen Abschlussbetrag. Der Franchisenehmer erhält so das Recht, Waren oder Dienstleistungen des Franchisegebers unter Nutzung von Markennamen und Markenkompetenz anzubieten. Der Name bzw. die Firma des Franchisenehmers tritt völlig in den Hintergrund. Im Vergleich zum Vertragshändlersystem verpflichtet sich der Franchisenehmer vertraglich noch stärker zur konsequenten Einhaltung der Leistungsansprüche des Systemgebers. Die einzelnen Handelsbetriebe müssen die Corporate Identity des Franchisegebers zu 100 % umsetzen, sodass für Außenstehende der Eindruck von Verkaufsfilialen entsteht.

Typische Franchiseunternehmen sind beispielsweise McDonald's, Burger King (Gastronomie), Obi (Bau- und Heimwerkermärkte), Portas (Fenster und Türen) und Fressnapf (Tierprodukte).

Agentursysteme stellen eine so enge Bindung des Handels an den Hersteller dar, sodass hier schon fast von Direktvertrieb gesprochen werden kann. Die Agenturverträge binden die Handelsbetriebe so stark an die Vorgaben des Herstellers, dass sie ihre wirtschaftliche Selbständigkeit fast vollständig aufgeben. Ein Beispiel ist das System von Agenturen der Deutschen Post. Das Unternehmen setzt verstärkt auf Post-Agenturen im Einzelhandel, die dann in Lebensmittelgeschäften, in Tabakwarenläden, in Getränkemärkten oder im Zeitschriftenkiosk zu finden sind.

Nach dieser ausführlichen Behandlung der akquisitorischen Distribution wird im Folgenden die physische Distribution bzw. die Marketinglogistik übersichtsartig behandelt.

Neben der akquisitorischen Distribution stellt die **Marketinglogistik** (physische Distribution) den zweiten Kernbereich der Distributionspolitik dar. Es geht hierbei um die Warenverteilungsprozesse in einem Unternehmen. Erst wenn der Zielkunde die von ihm gewünschte Produktleistung in der richtigen Qualität und Quantität, zur richtigen Zeit am richtigen Ort in Besitz nehmen kann, ist der grundlegende, physische Distributionsvorgang für ein Unternehmen abgeschlossen.

Die Marketinglogistik überbrückt räumliche und zeitliche Distanzen zwischen Produktbereitstellung (z. B. im zentralen Fertigwarenlager) und Produktübergabe bzw. -verwendung beim Abnehmer und beschäftigt sich so als absatzbezogener Teilbereich der Unternehmenslogistik mit der Transformation der betrieblichen Leistungen vom Ort ihrer Entstehung bis hin zur Ablieferung bei den Kunden.

Die physische Distribution umfasst mit den Komponenten Lieferbereitschaft, Lieferzuverlässigkeit und Lieferflexibilität eine Service-Dimension (Scharf et al. 2009, S. 477 ff.):

- Lieferbereitschaft kennzeichnet die Verfügbarkeit der Angebotsprodukte im Warenlager des Herstellers und ist die Basis für die Realisation von kurzen Lieferzeiten.
- Lieferzuverlässigkeit beinhaltet die art-, mengen- und zeitgerechte Belieferung der Kunden mit der bestellten Ware.
- Lieferflexibilität ist ein Maß für die Fähigkeit eines Unternehmens, sich an den Wünschen der Kunden auszurichten.

Für Markenartikel-Unternehmen, die ihre Produkte über mächtige Absatzmittler vertreiben, kann eine schlagkräftige Marketinglogistik existentiell sein. Handelspartner mit starker Marktstellung verlangen von ihren Lieferanten umfangreiche logistische Anstrengungen und drohen bei Nichterfüllung der geforderten Serviceleistungen mit der Auslistung der Produkte, was dann auch schnell zur Realität werden kann. Für Markenartikel ist neben der Ubiquität eine vollständige Regalpräsenz von zentraler Bedeutung, d. h., dass Regallücken für die jeweilige Marke vermieden werden.

Das Marketinglogistiksystem setzt sich aus vier Teilbereichen zusammen (Specht 1998, S. 92 ff.):

- Auftragsabwicklungssystem,
- Lagerhaltungssystem,
- Transportsystem,
- Verpackungssystem.

Die Auftragsabwicklung ist das Herzstück der Marketinglogistik, hier laufen alle Auftragsinformationen zusammen. Die Abwicklung umfasst alle Vorgänge rund um den Auftragsprozess.

Moderne Lagerhaltungssysteme sind für viele Unternehmen eine Voraussetzung, um einen überzeugenden Lieferservice innerhalb der Distributionskette zu installieren und damit die Basis für eine logistische Serviceorientierung. Im Rahmen der Lagerhaltung werden die folgenden Funktionen unterschieden:

- Servicefunktion durch Bereitstellung des aktuellen Produktprogramms (z. B. bei Konsumgüterunternehmen),
- Servicefunktion durch den Aufbau eines kundennahen Regionallagersystems (z. B. durch Auslieferungslager),
- Produktivfunktion im Sinne der Bearbeitung und/oder Veredelung von Produkten (z. B. der Reifeprozess für hochwertige Weine und Spirituosen),
- Überbrückungsfunktion bei saisonalen Nachfrageschwankungen (z. B. der Mineralwasserkonsum im Sommer),
- Überbrückungsfunktion bei strukturellen Nachfrageveränderungen (z. B. ein Einbruch der Branchennachfrage),
- Überbrückungsfunktion bei Fehlern in der Absatzplanung (z. B. die Fehleinschätzung der Zielgruppennachfrage).

Innerhalb der Lagerhaltung für ein Unternehmen sind zwei Grundsatzentscheidungen zu treffen. Eine davon betrifft die Überlegung zur Zentralisation oder Dezentralisation, d. h., entweder mit einem Zentrallager oder mehreren dezentralen Lagern (Regionallager, Auslieferungslager) zu arbeiten. Eine weitere Frage stellt sich im Hinblick darauf, ob die Lagerhaltung in Eigenregie (Eigenlagersystem) oder durch Anmietung von Lagerfläche (Fremdlagersystem) betrieben werden soll.

Das Transportsystem überbrückt räumliche Distanzen, die in der physischen Distribution an das gewählte Absatzwegesystem und das aufgebaute Lagerhaltungssystem gebunden sind. Sie betreffen Warentransportleistungen vom Ausgangslager des Unternehmens zu den verschiedenen Stufen von Außenlagern und von diesen zu den Kunden bzw. deren Lagern.

Das Verpackungssystem hat verschiedene Funktionen innerhalb der physischen Distribution zu erfüllen:

- Schutz der Ware vor Beschädigung und Zerstörung,
- Sicherstellung der Transport- und Lagerfähigkeit,
- Übermittlung von Informationen über die Eigenschaften der Ware,
- Berücksichtigung ökologischer Aspekte im Transport und bei der Lagerhaltung,
- Bildung geeigneter Transport- und Lagereinheiten/Modulsysteme,
- Integration von Nachverfolgungssystemen (Tracking), z. B. unter Nutzung der RFID-Technologie.

Letztlich gehört auch der Recyclingprozess für die Entsorgung und evtl. Wiederverwertung von Produkten und/oder deren Verpackung (beispielsweise Verkaufs- und Transportverpackungen) in das Aufgabenfeld der Marketinglogistik. Verbraucher können die alten Produkte – vom Smartphone über den PC bis zur Stereoanlage – gratis bei kommunalen Sammelstellen oder im Einzelhandel zurückgeben und die Industrie muss für deren Re-Distribution sowie für die Verwertung und Entsorgung der Teile bzw. Materialien sorgen. Die Rücknahmepflicht betrifft auch Anlagen und Geräte, die vor Inkrafttreten des Gesetzes verkauft wurden und sich keinem Hersteller zuordnen lassen.

10.4 Kommunikationspolitik

Die Kommunikationspolitik umfasst alle Instrumente zur Kommunikation, die eine kognitive (z. B. Markenbekanntheit), affektive (z. B. Markenimage) bzw. konative (z. B. Markenkauf) Wirkung für eine Marke erzielen. Dieses Kapitel beinhaltet eine Übersicht der für die Markenführung relevantesten Kommunikationsinstrumente und schließt mit integrativen Kommunikationskonzepten ab, die diverse Kommunikationsinstrumente kombinieren bzw. zusammenführen.

10.4.1 Grundlegende Modelle und Prozesse

Die **Kommunikationsleistung** besteht in erster Linie darin, einen Bekanntheitsgrad für die Marke aufzubauen bzw. zu festigen und die in der Basisstrategie festgelegte Markenpositionierung (funktionale und emotionale Nutzendimensionen) über eine Markenbotschaft in ein entsprechendes Markenimage zu übertragen. Idealerweise wird die Marke hierdurch im Relevant Set der Zielgruppe verankert und die Markenpositionierung durch das Markenimage widergespiegelt (Kongruenz). Diese Leistung setzt jedoch das Zusammenspiel der Kommunikationspolitik mit den anderen drei Mix-Instrumenten im Rahmen der operativen Markenführung voraus.

Die angestrebte Kommunikationswirkung lässt sich modellhaft betrachten. Hierzu werden im Folgenden zwei historische **Kommunikationsmodelle** behandelt.

Das AIDA-Modell von Lewis (1898) beinhaltet die folgenden Phasen:

A = Attention (Aufmerksamkeit erregen),

I = Interest (Interesse wecken),

D = Desire (Wunsch erzeugen),

A = Action (Kaufhandlung auslösen).

Nur wenn die Zielperson den für sie konzipierten Werbespot (TV, Internet) einer Marke wahrnimmt, der Inhalt des Spots sie interessiert, die Botschaft bei ihr ein relevantes Bedürfnis anspricht und gleichzeitig in ihr den Wunsch nach dem Produkt weckt, besteht die Chance, dass diese Person das beworbene Produkt auch kauft.

Eine direkte Beeinflussung des Kaufverhaltens findet dann statt, wenn ein Verbraucher unmittelbar dazu motiviert wird, ein bestimmtes Produkt einer Marke zu kaufen. Der Konsument vollzieht den Entscheidungsprozess zum Kauf des Produkts innerhalb einer kurzfristigen Zeitspanne. Ausgelöst wird dieser Prozess durch Impulse, wie beispielsweise:

- Die Vorführung oder Party im Wohnungsbereich des Kunden, wie sie im Direktvertrieb charakteristisch ist (z. B. Thermomix),
- die emotional anregende und einladende Schaufensterdekoration eines Einzelhandelsgeschäfts,
- der Duft frischer Ware, wie es in Bäckereien oder Kaffeebars üblich ist,
- die Probier- oder Präsentationsaktion im Handelsgeschäft (auch als Point-of-Sale(PoS)-Maßnahme bezeichnet),
- der Werbespot im Vorspann bzw. in der Pause einer Kinovorstellung,
- die Bannerwerbung, die in direkter Verbindung mit dem Produktangebot steht,
- die Produktempfehlung im Onlineshop (z. B. bei Amazon).

Eine indirekte Beeinflussung des Kaufverhaltens findet dann statt, wenn ein Verbraucher mittelbar dazu motiviert wird, ein bestimmtes Produkt einer Marke zu kaufen. Der Konsument vollzieht den Entscheidungsprozess zum Kauf des Produkts in einer mittel- oder sogar langfristigen Zeitspanne. Die prozessauslösenden Impulse benötigen eine längere Wirkungsdauer; beispielsweise:

- wird im Rahmen einer erfolgreichen Einführungskampagne durch das Wahrnehmen und Verarbeiten einer entsprechenden Anzahl eines Werbespots durch die Zielperson eine Aktivierung und eine positive Einstellung derselben zum neuen Produkt erzielt. Erst jetzt kann als logische Konsequenz der Erstkauf der Produktneuheit erfolgen.
- wird durch Maßnahmen der Öffentlichkeitsarbeit das Unternehmen als Ganzes dargestellt. Dieses baut so über Jahre hinweg Vertrauen auf, und wenn im Zielpublikum eine positive Einstellung gegenüber dem Unternehmen vorhanden ist, wird es zu verstärkten Kaufhandlungen kommen, die auf die PR-Arbeit zurückzuführen sind.

Als zweites Modell wird der Kommunikationsprozess von Lasswell (1967) behandelt, der die folgende Kommunikationsformel behandelt:

- Wer (Kommunikator: Unternehmen, Organisation),
- sagt was (Botschaft),
- über welchen Kanal (Werbeträger, Verkäufer),
- zu wem (Kommunikant: Zielperson, Zielgruppe, Marktteilnehmer),
- mit welcher Wirkung (Kommunikationserfolg: Bekanntheit, Image, Kauf).

Eine Kommunikation ist dann erfolgreich zu Stande gekommen, wenn der Empfänger (Kommunikant) die übermittelte Botschaft (Stimulus) aufnimmt, begreift und im Sinne der Zielsetzung weiterverarbeitet, wobei der Grad der Zielerreichung davon abhängig ist, inwieweit der Kommunikationsprozess störungsfrei abläuft. Idealerweise wird die erfolgte Informationsverarbeitung dem Sender (Kommunikator) schnellstmöglich in einer Rückmeldung (Reaktion) erkennbar. Beispielsweise führt ein Unternehmen im Rahmen seines Direktmarketings eine Mailing-Aktion durch. Die im Mailing enthaltenen Informationen (Stimuli) werden so zur Zielgruppe kommuniziert und können über eine Antwortmöglichkeit (Reaktion) zurückgekoppelt werden. Das Unternehmen kann auf diese Weise die Wirkung seiner Kommunikation (Response) relativ schnell messen und somit den Erfolg der Aktion bewerten.

Die Abbildung 10.10 zeigt den gesamten Marketingkommunikationsprozess im Überblick.

Ungezählte Misserfolge in der Kommunikationsrealität machen deutlich, wie diffizil es ist, eine Botschaft so zu kreieren (codieren), dass sie problemlos, prompt und vor allem präzise von den Zielpersonen entschlüsselt (decodiert) werden kann. Kroeber-Riel prägte schon 1990 in diesem Zusammenhang die Forderung nach der Reduktion von Komplexitäten. Diese Forderung resultiert aus der bereits im Vorfeld angesprochenen Informationsüberlastung durch die Werbung und der daraus abgeleiteten ca. 5-%-Chance der korrekten und vollständigen Informationsübermittlung.

Die Reduktion von Komplexitäten bedeutet für die Kommunikationsstrategie eines Unternehmens,

- dass diese auf einen wesentlichen Inhalt fokussiert ist und
- in der Konsequenz auf eine Botschaftsdimension beschränkt wird,
- die für die beworbene Marke authentisch ist und
- so eine eigenständige Positionierung dieser Marke möglich macht,
- wobei diese Positionierung langfristig aufgebaut und genutzt wird.

Die Reduktion von Komplexitäten ist für die Markenführung essenziell, um die Marke in den Köpfen und Herzen der Zielgruppe zu verankern und zugleich positive Impulse im Hinblick auf das Kaufverhalten dieser Personen für die Marke auszulösen. Ein schneller Wechsel von Kommunikationskampagnen und der darin enthaltenen Botschaft für eine Marke führt nicht zu einer erfolgreichen Markenkommunikation. Oft meinen gerade Markenverantwortliche, die neu in ein etabliertes Unternehmen eintreten, unbedingt sofort Akzente setzen zu müssen. Aber auch Unternehmen mit bestehender Marketingabteilung nutzen gerne Änderungen in der Kommunikation, um damit Aktivität zu zeigen, wenn die angestrebten Kommunikationsziele nicht schnellstmöglich erreicht werden. Dabei ist nichts einfacher, als der gegenwärtigen Markenkommunikation eine neue Richtung zu geben. Vielfach erfolgt dieser Schritt aber als reiner Aktionismus und ohne eine Analyse, wie viel Markenwert durch die bisherige Kommunikation aufgebaut wurde und welche Teile davon durchaus in Zukunft erhalten bleiben sollten. Der Markenwert ergibt sich durch den in der bisherigen Kommunikation erreichten Bekanntheitsgrad sowie durch die in der Zielgruppe aufgebauten Imagedimensionen der Marke. Wenn Veränderungen in der Markenkommunikation geplant sind, sollte dies nur umgesetzt werden, wenn im Unternehmen gesicherte Erkenntnisse aus der Marktforschung vorliegen, dass diese Änderung notwendig ist und somit ziel- und strategiegerichtet durchgeführt werden kann. Dies

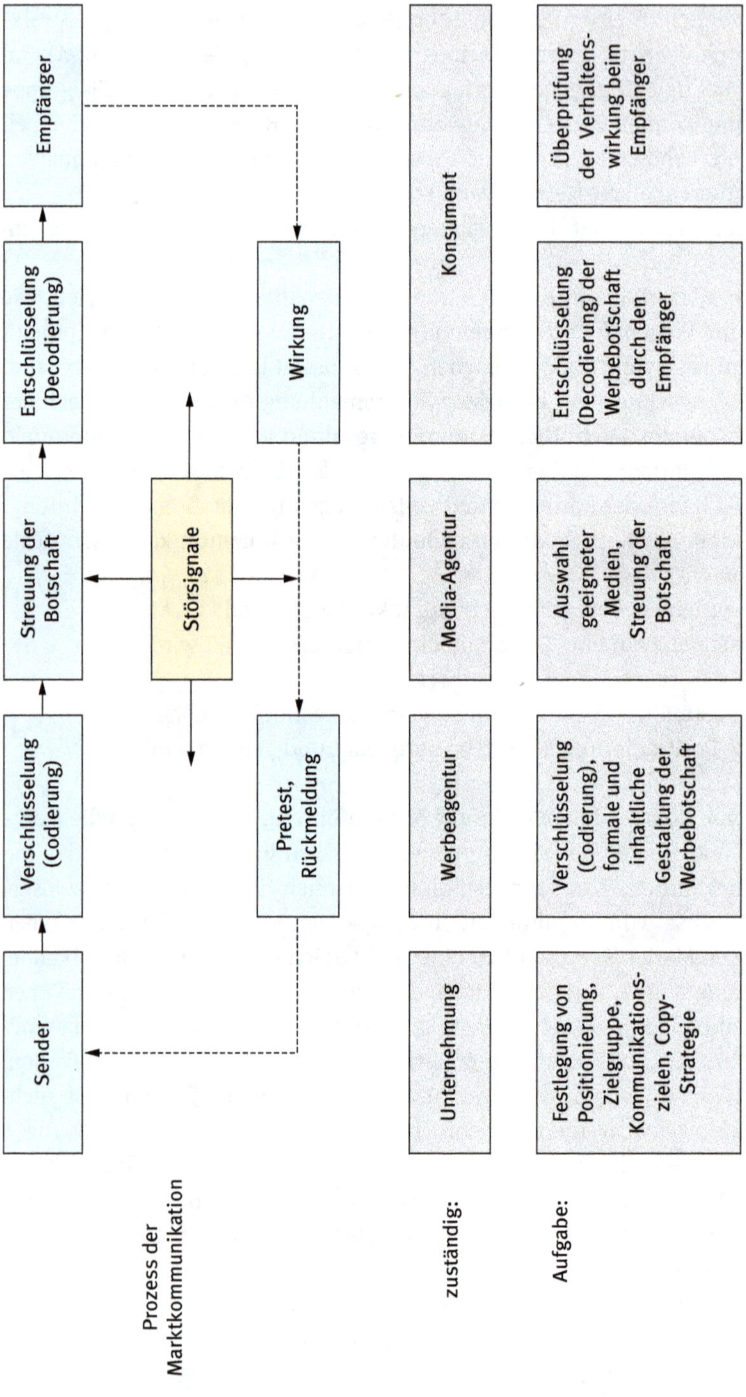

Abbildung 10.10: Marketingkommunikationsprozess (Quelle: eigene Darstellung in Anlehnung an Scharf et al. 2009, S. 364).

kann zudem über die reine Markenkommunikation hinausgehen und auch die Markenführung im Hinblick auf andere Mixparameter betreffen.

Eine emotionale Beeinflussung der Zielpersonen lässt sich maßgeblich über Bilder erreichen. Es wird hier aus diesem Grunde auch von der Dominanz der Bildinformation gesprochen, wobei damit der konsequente Einsatz von Bildkommunikation in der Werbung gemeint ist. Kroeber-Riel (1990) stellte in diesem Kontext den Anspruch auf, die Wirkung von Bildern zusätzlich dadurch zu verstärken, dass die Kommunikation einer Marke durch ein zentrales Bildelement geprägt ist. Ein solches Bildelement bezeichnete er als visuelles Präsenzsignal oder Key Visual (Schlüsselbild). Die Zielsetzung ist dabei, ein inneres Bild über die Marke in den Köpfen der Zielgruppe zu verankern. Gelingt es, diesen Anker zu setzen, hat das Unternehmen eine Kommunikationsbasis geschaffen, die den Informationstransfer entscheidend erleichtert und zugleich die emotionale Bindung an die Marke verstärkt. Auf diese Weise wird die Positionierung einer Marke aussichtsreich unterstützt. Zwei Beispiele für visuelle Präsenzsignale sind die lila Kuh von Milka und das grüne Schiff von Beck's. Beide Bildelemente werden seit langem erfolgreich in der jeweiligen Kommunikation als Schlüsselbild eingesetzt und damit konsequent als Erkennungs- und Erinnerungssymbol für die Marke genutzt.

Der Einsatz von visuellen Präsenzsignalen in der Kommunikation hat noch einen weiteren fundamentalen Vorteil. Die Aktualisierung der Markenkommunikation ist wesentlich einfacher zu realisieren. Während das Schlüsselbild das konstante Element in der Kommunikationsstrategie darstellt und so die Kontinuität für die Marke sicherstellt, kann durch den integrativen Einbau veränderbarer Elemente neueren Entwicklungen Rechnung getragen werden. Hierdurch ist eine Anpassung der Kommunikation ohne einen wesentlichen Verlust des vorhandenen Markenwerts möglich.

Der gesamte Prozess der Kommunikationssteuerung und -regelung in einem Unternehmen lässt sich idealtypisch durch den in der Abbildung 10.11 dargestellten **Regelkreis der Marktkommunikation** veranschaulichen.

Wenn ein Unternehmen vor der Frage steht, welche Instrumente mit welcher Gewichtung das für die Erreichung der Kommunikationsziele sinnvollste Maßnahmen-Paket beinhalten soll, ist die gewählte Basisstrategie der Unternehmung die entscheidende Vorstufe für die Beantwortung dieser Frage. Ist die Basisstrategie eine Präferenzstrategie, gilt es diese in eine entsprechende Kommunikationsstrategie zu überführen.

Bevor nun die kommunikationspolitischen Instrumente zielgerichtet und strategiekonform ausgewählt werden können, ist als weitere Zwischenstufe festzulegen, ob das Maßnahmen-Paket eher einen Push- oder Pull-Effekt im Zielmarkt bewirken soll. In diesem Zusammenhang wird in der Kommunikation auch vom **Push- oder Pull-Konzept** gesprochen.

Beim Push-Konzept legt das Unternehmen innerhalb der Kommunikationspolitik einen starken Akzent auf alle diejenigen Maßnahmen, die seine Handelspartner motivieren sollen, das Markenprodukt in ihr Sortiment aufzunehmen und dieses in den Geschäftsräumen der angeschlossenen Handelsbetriebe in Richtung auf den Endver-

```
┌─────────────────────┐
│  Situationsanalyse  │
└─────────────────────┘
           ↓
┌─────────────────────┐
│    Marketingziele   │
└─────────────────────┘
           ↓
┌─────────────────────┐
│  Marketingstrategie │
└─────────────────────┘
           ↓
┌─────────────────────┐     ┌──────────────┐          ┌─────────────┐
│ Kommunikationsziele │ ←── │ Zielanpassung│ ←──────── │ Vergleich von│
│   und Zielgruppen   │     └──────────────┘           │ „Ist" und „Soll"│
└─────────────────────┘                                └─────────────┘
           ↓
┌─────────────────────┐     ┌──────────────────┐
│  Kommunikations-    │ ←── │ Strategieanpassung│ ←───
│     strategie       │     └──────────────────┘
└─────────────────────┘
┌─────────────────────┐
│    Budgetierung     │
└─────────────────────┘
           ↓
┌─────────────────────┐
│ Botschaftsgestaltung│
└─────────────────────┘         ┌──────────────────────────────────────┐
           ↓                     │              Ist-Zustand             │
┌─────────────────────┐         │  ┌──────────────┐  Kommunikationswirkung│
│   Mediaselektion    │ ──────→ │  │Erfolgskontrolle│    Absatzwirkung   │
└─────────────────────┘         │  └──────────────┘                     │
                                 └──────────────────────────────────────┘
```

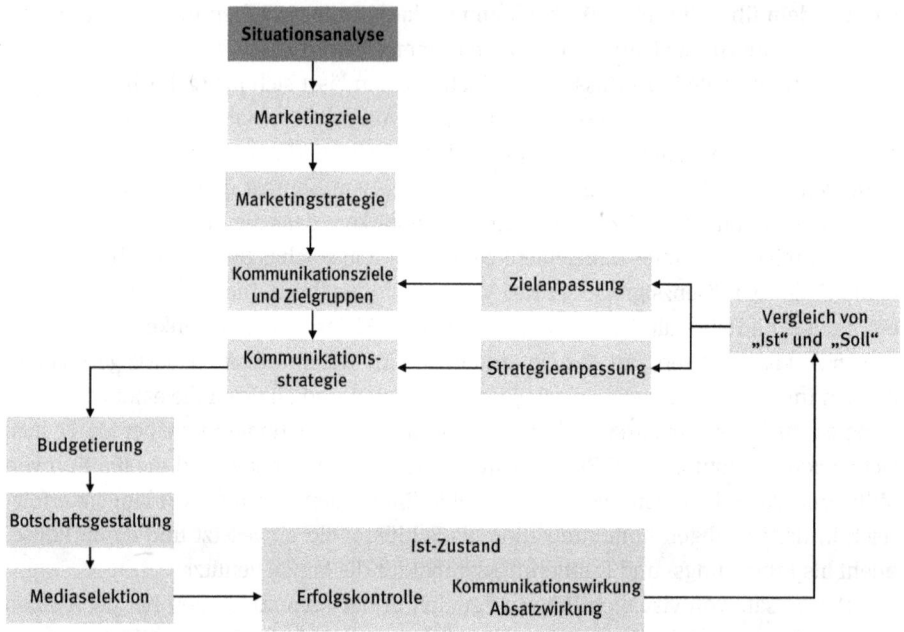

Abbildung 10.11: Regelkreis der Marktkommunikation (Quelle: eigene Darstellung in Anlehnung an Meffert 2000, S. 688).

braucher konzeptadäquat (z. B. durch optimale Regal- und/oder Sonderplatzierungen) zu präsentieren.

Beim Pull-Konzept richtet das Unternehmen seine Kommunikationspolitik stärker akzentuiert auf alle diejenigen Maßnahmen aus, die den Endverbraucher mobilisieren sollen, durch das Ausüben seiner Nachfrage die Handelsorganisationen zu motivieren, die entsprechend starke Marke in ihr Sortiment aufzunehmen. Idealtypisch räumt der Handel diesem Markenprodukt in den Geschäftsräumen der angeschlossenen Handelsbetriebe schon aus eigener Motivation eine bevorzugte Stellung ein.

Die Intensität des kooperativen Verhaltens zwischen Industrie und Handel ist stark von der jeweiligen Machtstellung im Markt abhängig. Es stehen sich dort die Einkaufsmacht der Handelsorganisation und die Markenmacht des Industrieunternehmens gegenüber. Die Ausgangssituation ist nun dadurch geprägt, wer die größere Machtposition besitzt. Ist die Einkaufsmacht der Handelsorganisation stärker ausgebildet, ist das Industrieunternehmen gewissermaßen gezwungen, seine Kommunikationspolitik mit hohen Push-Anteilen zu versehen. Ist die Markenmacht des Industrieunternehmens stärker entwickelt, hat dessen Kommunikationspolitik mit hohen Pull-Anteilen dazu geführt, dass die Handelsorganisation nur schwerlich auf diese Marke im Sortiment verzichten kann. Becker (2013, S. 596) bezeichnet eine solche Marke als Mussmarke für den Handel. Der fortschreitende Konzentrationsprozess im Handel hat dazu geführt, dass die Waage der

Machtproportionen immer mehr zugunsten der Seite der Handelsorganisationen aus-
schlägt. Aber die Handelsorganisationen suchen sich die Marken nach ihrer Marktstellung aus, d. h., dass nur Herstellermarken mit hoher Pull-Orientierung, die sich
auf den ersten Plätzen in den jeweiligen Märkten bzw. Teilmärkten befinden, Muss-
marken für den Handel sind. Oft sind dies nur noch zwei bis drei klassische Markenartikel in der mittleren Marktschicht, die der Handel benötigt, da er die auf der
unteren Marktschicht vorhandenen Segmente mit den eigenen Handelsmarken bedienen kann (Vgl. Kapitel 8.1). Marken mit schwacher Marktbedeutung erzeugen entweder einen verstärkten Druck des Handels auf die Konditionenpolitik, was wiederum
eine erhöhte Push-Orientierung des Herstellers zwingend notwendig macht, oder
diese schwachen Marken werden gleich aus dem Sortiment ausgelistet.

Die geschilderten Bedingungen beeinflussen in hohem Maße die Beziehungen
zwischen Industrieunternehmen und Handelsorganisationen. Dies zeigt sich struk-
turell darin, dass die Kooperationsform des **Efficient-Consumer-Response (ECR)**
entstanden ist, die in der Regel auch das Category-Management und das Supply-
Chain-Management umfasst (Runia et al. 2019, S. 304 f.).

Efficient-Consumer-Response (ECR) bezeichnet die partnerschaftliche Kooperation
zwischen Hersteller und Handel, die mittels Austausch interner und externer Daten eine
Erhöhung relevanter Unternehmensziele für beide Parteien möglich macht. Basis für die
Zielsteigerungen im Rahmen der verbesserten Zusammenarbeit sind auf der einen Seite
effizientere Marketingaktivitäten und auf der anderen Seite optimierte Kostenstrukturen
innerhalb der Warenflüsse und Informationsabläufe entlang der Wertschöpfungskette.
In der Regel besteht das System des ECR aus vier Elementen: Efficient-Replenishment
(effiziente Warenversorgung durch Erschließung von Kostensenkungspotenzial in den
Bereichen Beschaffung und Logistik), Efficient-Assortment (effiziente Sortimentsgestaltung und Warenpräsentation zur Maximierung des Umsatzes pro Quadrat-
meter Verkaufsfläche), Efficient-Promotion (effiziente Verkaufsförderung zur Steigerung
der Abverkaufsmenge bei gleichzeitig sinkenden Kosten für Verkaufsförderungsmaßnahmen) und Efficient-Product-Introduction (effiziente Produkteinführung bzw. Vermeidung von „Penner"-Produkten durch enge Abstimmung von Hersteller und Handel).

Das Category-Management (CM) in den kooperierenden Unternehmen übernimmt
die Aufgabe, neue Wachstumspotenziale zu realisieren, in dem alle Marketingaktivitäten im gegenseitigen Dialog optimal auf die jeweiligen Verbraucherwünsche ausgerichtet sind. Dies kann z. B. durch Effizienzsteigerung in der Produktentwicklung, in
der Sortimentsgestaltung und in der Verkaufsförderung erreicht werden. Der Hersteller setzt das CM ein, um aus seiner Sicht die Zusammenarbeit mit den Handelsunternehmen im Hinblick auf deren Bedürfnisse unter Berücksichtigung des gesamten
Produktprogramms bzw. der entsprechenden Produktlinien zu koordinieren und die
Markenpräsenz am Point-of-Sale (PoS) zu optimieren. Dem CM obliegt die Abstimmung mit Marken- bzw. Produktmanagement, Key-Account-Management und Vertrieb
sowie die Koordination aller Maßnahmen bezüglich der betreuten Warengruppen (Ca-
tegories). Der Handel versucht mithilfe des CM seine Warengruppen so zu steuern,

dass die Kunden (Endverbraucher) sein Sortiment vorziehen und hierdurch der Marktanteil erweitert und die Kundenzufriedenheit erhöht wird.

Das Supply-Chain-Management (SCM) in den zusammenwirkenden Unternehmen hat den Auftrag, Waren- und Informationsprozesse durch die Beseitigung von Ineffizienzen entlang der Wertschöpfungskette unter Berücksichtigung der Verbraucherbedürfnisse zu optimieren. Dies kann beispielsweise durch Effizienzerhöhung in der Lagernachschubversorgung, in der operativen Logistik und in der Administration erzielt werden.

Nachdem die grundlegenden Modelle und Konstrukte der Kommunikationspolitik vorgestellt wurden, werden im Folgenden die für das Markenmanagement relevanten Kommunikationsinstrumente im Einzelnen behandelt.

10.4.2 Kommunikationsinstrumente

10.4.2.1 Klassische Werbung

Die bekannteste Form der Kommunikation eines Unternehmens mit den Zielpersonen in den relevanten Zielmärkten ist die **klassische Werbung**. Sie ist eine unpersönliche Form der (Massen-)Kommunikation und hat die Aufgabe, die vom Unternehmen ausgewählten Zielgruppen anzusprechen und im Sinne der definierten Kommunikations- und Werbeziele in einer tendenziell mittelfristigen Zeitspanne zu beeinflussen. Dies geschieht mit dem Einsatz von Werbemitteln (z. B. Anzeigen) in bezahlten Werbeträgern (beispielsweise Zeitschriften).

Ausgangspunkt des **Entscheidungsprozesses der klassischen Werbung** ist das für die jeweilige Marke vorliegende Marketingkonzept mit den relevanten Zielentscheidungen und Strategiedefinitionen. Anschließend erfolgt im Rahmen der Vorbereitung eine intensive Werbeanalyse. Hierzu sind wesentliche Informationen über die Werbeobjekte, d. h., die zu bewerbenden Marken und Produkte des Unternehmens, erforderlich. Konsequenterweise folgt darauf die Beschreibung der Werbesubjekte, also der genauen Definition der zu umwerbenden Zielgruppe. Auf dieser Entwicklungsstufe der Werbeplanung gilt es, die operationalen Werbeziele zu bestimmen. Die Werbeziele bilden wiederum die Basis zur Grobkalkulation des Werbebudgets. In der Copy-Strategie werden die strategischen Rahmenbedingungen sowie die Grundausrichtung der Werbeinhalte fixiert. Die Copy-Strategie ist die Grundlage für die anschließende Auswahl der Werbeträger (Mediaselektion) bzw. deren Integration in einen Mediaplan und für die Gestaltung der Werbemittel (Anzeige, Spot o. a.). Vor der Realisation der Werbung ist es sinnvoll einen Pretest durchzuführen, um die Wirkung von alternativen Werbemotiven (Sujets) zu erforschen und die Werbemittel zu optimieren. Parallel kann die Auswahl des Werbezeitraums sowie die endgültige Feinkalkulation des Werbebudgets vorgenommen werden. Nach der Durchführung der Werbung erfolgt die Ergebniskontrolle der psychologischen Werbewirkung anhand von Posttests sowie des ökonomischen Werbeerfolgs.

Die folgende Abbildung 10.12 fasst diesen Entscheidungsprozess anschaulich zusammen.

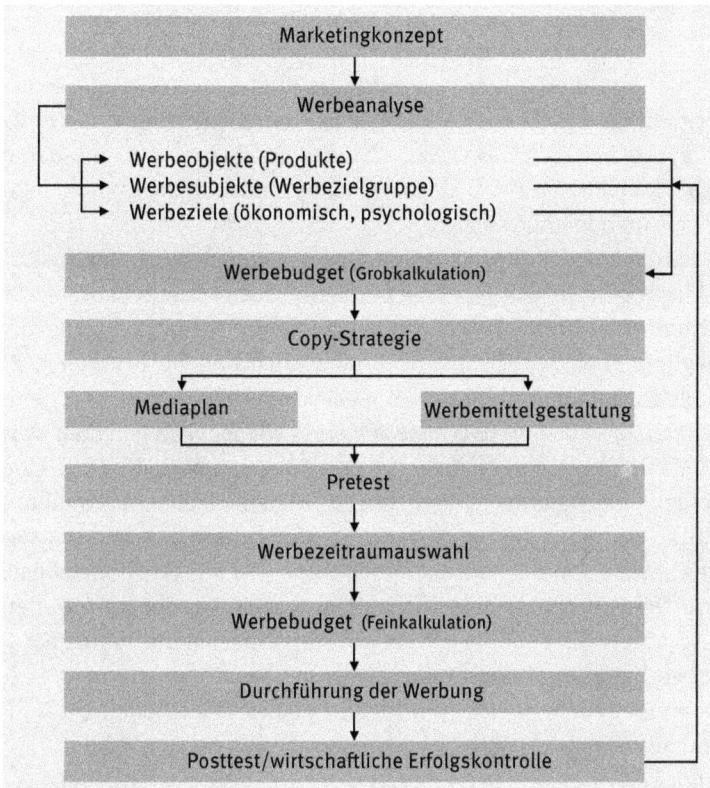

```
          ┌──────────────────────────────────────────┐
          │            Marketingkonzept                │
          └──────────────────────────────────────────┘
                            ↓
          ┌──────────────────────────────────────────┐
          │              Werbeanalyse                  │
          └──────────────────────────────────────────┘

              → Werbeobjekte (Produkte)
              → Werbesubjekte (Werbezielgruppe)
              → Werbeziele (ökonomisch, psychologisch)

          ┌──────────────────────────────────────────┐
          │      Werbebudget (Grobkalkulation)          │
          └──────────────────────────────────────────┘
                            ↓
          ┌──────────────────────────────────────────┐
          │              Copy-Strategie                │
          └──────────────────────────────────────────┘
                            ↓
          ┌──────────────┐          ┌──────────────────┐
          │   Mediaplan   │          │ Werbemittelgestaltung │
          └──────────────┘          └──────────────────┘
                            ↓
          ┌──────────────────────────────────────────┐
          │                 Pretest                    │
          └──────────────────────────────────────────┘
                            ↓
          ┌──────────────────────────────────────────┐
          │            Werbezeitraumauswahl            │
          └──────────────────────────────────────────┘
                            ↓
          ┌──────────────────────────────────────────┐
          │      Werbebudget (Feinkalkulation)          │
          └──────────────────────────────────────────┘
                            ↓
          ┌──────────────────────────────────────────┐
          │          Durchführung der Werbung          │
          └──────────────────────────────────────────┘
                            ↓
          ┌──────────────────────────────────────────┐
          │  Posttest/wirtschaftliche Erfolgskontrolle │
          └──────────────────────────────────────────┘
```

Abbildung 10.12: Entscheidungsprozess der Werbung (Quelle: eigene Darstellung in Anlehnung an Scharf et al. 2009, S. 397).

Die Entscheidung, welche Zielpersonen mittels klassischer Werbung erreicht werden sollen, steht in direktem Zusammenhang mit der definierten Marketingstrategie und der daraus abgeleiteten Kommunikationsstrategie des Unternehmens. Die **Werbezielgruppen** können sich im Detaillierungsgrad von der strategisch festgelegten Basiszielgruppe unterscheiden, indem sie lediglich einen konzentrierten Ausschnitt darstellen.

Die Werbezielgruppe umfasst alle Personen, die zielkonform und strategiegerecht mit der auf sie zugeschnittenen Werbebotschaft angesprochen werden sollen:
– derzeitige und/oder zukünftige Käufer,
– Käufer, die selbst nicht Verwender sind (z. B. die Werbung für das Blumenauftragssystem von Fleurop),

– Zielpersonen, die selbst nicht Käufer sind, aber Einfluss auf die Entscheidungen
der Käufer nehmen (z. B. Einflussnahme der Kinder auf die Kaufentscheidung
der Eltern bei Scout-Schultaschen).

Im letzten Fall macht eine Unterscheidung in Primärzielgruppe (Kinder) und Sekundärzielgruppe (Eltern) Sinn. Hierbei werden primär die Kinder als Verwender angesprochen und damit ein starker Kaufimpuls ausgelöst. Den Eltern obliegt die Rolle
der Kaufentscheider, die den Kauf des entsprechenden Produktes bzw. der Marke
unterstützen. Hierbei können soziale, pädagogische, gesundheitliche und ökologische Aspekte eine bedeutende Rolle spielen.

Die genaue Beschreibung der Zielgruppe hat für die Werbeplanung eine zusätzliche Dimension. Die Werbezielgruppe muss eindeutig über verhaltensbezogene
Segmentierungskriterien im Hinblick auf ihre Mediennutzung analysiert und bestimmt werden. Es gilt hierbei, Werbeträger (z. B. TV-Sender) und Werbemittel (z. B.
Werbespot) gezielt auszuwählen und im zielgruppenspezifischen Umfeld (z. B. Sen-
deformat) zu platzieren, dass die Streuverluste so gering wie möglich gehalten werden. Diese Aufgabe wird meist von Mediaagenturen übernommen, die über eine
entsprechende tiefgehende Datenbasis verfügen. Eine herausgehobene Stellung
nimmt hier die Markt-Media-Studie b4p (best for planning) ein, die von der Gesellschaft für integrierte Kommunikationsforschung (GIK) auf jährlicher Basis
veröffentlicht wird. Die GIK ist ein Gemeinschaftsunternehmen der fünf großen
Medienhäuser Axel Springer SE, Bauer Media Group, Funke Mediengruppe, Gruner +
Jahr GmbH und Hubert Burda Media.

Für die **Werbebudgetierung** haben sich in der Praxis vier Methoden zur Bud-
getbestimmung durchgesetzt:

– Ausgabenorientierte Methode
Bei dieser Methode orientiert sich die Budgetierung der Werbung an den vorhandenen Finanzmitteln des Unternehmens bzw. der jeweiligen Marke zu Beginn der Werbeperiode.

– Prozentsatz vom Umsatz-Methode
Bei der umsatzorientierten Methode wird das Werbebudget in Relation zu dem
realisierten oder geplanten Umsatz einer Periode festgelegt. Das Spektrum
schwankt für Industriegüter zwischen 1 % bis 10 % des Umsatzes, es kann aber,
z. B. in der Kosmetikbranche, auch 30 % bis 50 % des Umsatzes erreichen.

– Konkurrenzorientierte Methode
Bei der Werbeanteils-Marktanteils-Methode erfolgt die Bestimmung des Werbebudgets in Relation zum absatz- oder umsatzbezogenen Marktanteil des Unternehmens bzw. der Marke. Fixiert ein Unternehmen sein Werbebudget im Verhältnis zu
seinem Marktanteil, erkauft es sich einen sogenannten Share of Voice, der mit

dem Marktanteil korrespondiert. Soll die Werbezielsetzung eine Marktanteils-
steigerung (Marketingziel) unterstützen, muss das Unternehmen den Share of
Voice entsprechend höher ansetzen. Eine Variante dieses Ansatzes stellt die
Wettbewerbs-Paritäts-Methode dar, bei der das Werbebudget eines Unternehmens an die Werbeausgaben der Hauptkonkurrenten angepasst wird.
– Ziel- und Aufgaben-Methode
  Diese Methode legt die Höhe des Werbebudgets nach den angestrebten Wer-
  bezielen fest, wobei die finanzielle Situation und die Wettbewerbsbedingungen des Unternehmens bzw. der Marke berücksichtigt werden. In diesem
  Zusammenhang wird häufig die Kennzahl der Gross Rating Points (GRP) herangezogen, die sich aus der Multiplikation der Zielgruppen-Reichweite mit
  der gewünschten Frequenz von Kontaktchancen ergibt (Meffert et al. 2019,
  S. 799). Dieser Wert repräsentiert die Gesamtmenge der zur Zielerreichung
  erforderlichen Werbekontaktchancen.

Im Verlauf des Entscheidungsprozesses der Werbung folgt die Festlegung der Copy-
Strategie.

In der **Copy-Strategie** wird die werbeinhaltliche Grundkonzeption für die geplanten Werbemaßnahmen fixiert. Sie bildet den mittel- bis langfristig determinier-
ten Rahmen für den Werbeauftritt eines Produkts bzw. einer Marke (Werbeobjekt).
Die Copy-Strategie dient auch als Vorgabe für die kreative Gestaltung der Werbebotschaft. Meistens wird sie entweder vollständig vom werbetreibenden Unternehmen
in Form eines Briefings der beauftragten Werbeagentur an die Hand gegeben oder
von beiden Parteien gemeinschaftlich erarbeitet.

Die Copy-Strategie beinhaltet folgende zentrale Elemente:
– Positionierung
  Die Positionierung definiert das unverwechselbare Nutzen-/Leistungsangebot
  des Werbeobjekts (USP/UAP/UCP) und differenziert es auf diese Weise gegen-
  über dem Wettbewerb.
– Werbezielgruppe
  Die bereits definierte Werbezielgruppe wird anhand der wesentlichsten Segmen-
  tierungskriterien beschrieben.
– Consumer Benefits
  Die Consumer Benefits sind die Beschreibung des funktionalen und emotiona-
  len Nutzen-/Leistungsaspekts in Form eines glaubhaften Markenversprechens
  in der Kommunikation mit der Zielgruppe.

- Reason Why
  Der Reason Why liefert die nachvollziehbare Begründung des Markenversprechens, entweder über funktional relevante Kerneigenschaften (USP) oder psychologisch relevante Erlebniswelten (UAP/UCP).
- Werbeidee
  Die Werbeidee ist die kreative Umsetzung als zentrale Leitlinie für die Werbebotschaft, um so Consumer Benefits und Reason Why zur Zielgruppe glaubhaft zu transportieren.
- Tonality
  Mit der Festlegung einer bestimmten Tonality ist der Grundton des Werbeauftritts definiert. Tonality wird daher auch als atmosphärische Untermalung der Werbebotschaft bezeichnet.

Die folgende Abbildung 10.13 zeigt eine Copy-Strategie am Beispiel der Marke Red Bull.

Unternehmen	**Positionierung**	Red Bull Energy Drink ist ein funktionales Getränk, das hilft Körper und Geist zu beleben.
	Zielgruppe	18–35 Jahre: Personen, die Zeiten erhöhter mentaler oder physischer Beanspruchung, z.B. beim Sport, bei der Arbeit, beim Lernen etc. besser bewältigen wollen.
	Consumer Benefit	Funktional: belebende Wirkung für Körper und Geist Emotional: verleiht ein „Gefühl des Fliegens"
	Reason Why	Inhaltsstoffe Koffein und Taurin – eine einzigartige Zusammensetzung von Inhaltsstoffen
	Werbeidee	Übertreibung, witzige Cartoons, Slogan: „Red Bull verleiht Flügel"
Agentur	**Tonality**	geistreich, selbstironisch, innovativ

Abbildung 10.13: Copy-Strategie am Beispiel Red Bull (Quelle: eigene Darstellung).

Über Werbeträger wird eine Werbebotschaft vom Sender zum Empfänger transportiert, d. h., sie dienen gewissermaßen der physischen Streuung von Werbebotschaften. Innerhalb eines Werbeträgers werden Werbemittel integriert, die für den psychischen (kognitiven/affektiven) Transport der Werbebotschaft zu den Zielpersonen eingesetzt werden. Um zielgruppengerecht vorzugehen, erfolgt die **Mediaselektion** in zwei Phasen (Meffert et al. 2019, S. 795 ff.). Innerhalb der Intermediaselektion findet die Auswahl zwischen verschiedenen Werbeträgerkategorien (z. B. Zeitschriften vs. Fernsehen) statt. Im Rahmen der Intramediaselektion werden dann einzelne Werbeträger innerhalb einer gewählten Kategorie (z. B. spezielle Zeitschriften aus der Kategorie Zeitschriften) bestimmt.

Mittels der Intermediaselektion sucht ein Unternehmen die für die Werbekampagne geeigneten Werbeträgerkategorien aus klassischen Mediagattungen wie Zeitschriften (Subkategorie: General-Interest-Zeitschriften, Special-Interest-Zeitschriften, Zielgruppenzeitschriften, Fachzeitschriften), (Tages-)Zeitungen, Fernsehen, Hörfunk, Kino, Plakat- und Außenwerbung (Out-of-Home-Media, Digital-Out-of-Home-Media) aus. Darüber hinaus können auch spezielle Mediagattungen wie z. B. Anzeigenblätter, Adressbücher, Kataloge, Beilagen in Zeitschriften und Zeitungen (Supplements), Banden- und Trikotwerbung, Verkehrsmittelwerbung sowie Hauswurfsendungen als Werbeträgerkategorien für eine Werbekampagne in Betracht kommen.

Der Planungsprozess findet markenbezogen statt und hierbei wird meist anhand festgelegter Kriterien eine Vorauswahl relevanter Werbeträgerkategorien vorgenommen. Im Hinblick auf die Bedeutung eines Mediums für die Kampagnenausrichtung wird von einem Basismedium (z. B. Fernsehen, Zeitschriften) und einem flankierenden Medium (z. B. Hörfunk, Internet) gesprochen.

Im Rahmen einer Werbestrategie, die auf einer klassischen Markenartikelstrategie basiert, sollen die Basismedien meist die Versorgung der Reichweite sicherstellen, während die flankierenden Medien zur Ergänzung der Basiskampagne herangezogen werden, um punktuelle Akzente in zeitlicher und/oder geografischer und/oder zielgruppenspezifischer Hinsicht zu setzen.

Durch die Intramediaselektion trifft ein Unternehmen die Entscheidung, welche speziellen Werbeträger innerhalb der ausgewählten Werbeträgerkategorien eingesetzt werden sollen. Es erfolgt also eine Konkretisierung auf einzelne Werbeträger anhand der folgenden Auswahlkriterien:

- Die räumliche Reichweite legt die geografische Abdeckung durch ein Medium fest, z. B. definiert durch das Sendegebiet einer Hörfunkanstalt.
- Die quantitative Reichweite gibt an, wie hoch die Anzahl der Personen ist, die in einer bestimmten Zeit mit einem Werbeträger Kontakt haben, z. B. bestimmt durch die Auflagenhöhe bzw. die durchschnittliche Leseranzahl pro Ausgabe einer Zeitschrift.
- Die qualitative Reichweite ist eine Messgröße, die angibt, wie gut es mithilfe eines Mediums gelingt, genau die Werbezielgruppe zu erreichen. Hierfür werden Medienanalysen wie die bereits erwähnte Markt-Media-Studie best for planning (b4p) genutzt.

- Die Eindrucksqualität eines Mediums ist ein Schätzwert für die Qualität des Werbekontakts, der von verschiedenen qualitativen Faktoren bestimmt wird, die zur Beurteilung der werbeträgerspezifischen Kommunikationsleistung herangezogen werden.
- Das Image des Werbeträgers ist Basis für die Glaubwürdigkeit einer Werbebotschaft, z. B. eine Anzeige für ein neues Automodell der Mittelklasse in der Special-Interest-Zeitschrift Auto-Bild.
- Die unterschiedlichen Darstellungsmöglichkeiten bei der Gestaltung und Vermittlung von Botschaftsinhalten sind ebenfalls ein Unterscheidungskriterium für Werbeträger.

Zur Beurteilung der Eignung von einzelnen Werbeträgern bzw. ganzen Mediaplänen im Hinblick auf die Kriterien Reichweite und Kontaktfrequenz stehen einem Unternehmen verschiedene Maßzahlen zur Verfügung.

Besonders aussagekräftig ist die Gesamtmenge der Kontaktchancen, die daher häufig als Messgröße genutzt wird. Die Gesamtmenge der Kontaktchancen ergibt sich aus der Multiplikation von Reichweite und Frequenz. Diese Größe sind die anhand der Ziel- und Aufgaben-Methode beschriebenen Gross Rating Points (GRP). Die GRP bilden in der Praxis oft die Basis für einen Vergleich von alternativen Mediaplänen. Werden z. B. mit einem bestimmten Mediaplan 80 % der Zielpersonen (Reichweite) durchschnittlich zehnmal kontaktiert (Frequenz), dann entspricht dies einem GRP-Wert von 800. 1 GRP ist also ein Maß, bei dem 1 % der Zielgruppe mit durchschnittlich einem Werbekontakt angesprochen wird.

Die Gesamtkosten, die mit dem Einsatz spezieller Medien verbunden sind, stellen einen ausschlaggebenden Bestimmungsfaktor für die Mediaplanung dar. Sie setzen sich zum einen aus den Produktionskosten der Werbemittel (z. B. einer Anzeige) und zum anderen aus den Streukosten der Werbeträger (z. B. diese Anzeige im Stern) zusammen.

Die Streukosten unterschiedlicher Medien können relativ einfach anhand der Tausenderpreise (Meffert et al. 2019, S. 800) ermittelt und zum Vergleich herangezogen werden, wie die folgende Abbildung 10.14 verdeutlicht:

$$\text{Tausend-Leser-Preis} = \frac{\text{Kosten einer Schaltung} \times 1.000}{\text{Werbeträgerkontakt (Leser)}}$$

$$\text{Tausend-Leser-Preis (gewichtet)} = \frac{\text{Kosten einer Schaltung} \times 1.000}{\text{Leser} \times \text{Anteil der Zielgruppe}}$$

Abbildung 10.14: Tausend-Leser-Preise (Quelle: Runia et al. 2019, S. 318).

Der gewichtete Tausend-Leser-Preis ist die wertvollere Preisbasis für einen Werbeträgervergleich, da hier entsprechend des Zielgruppenanteils an der Leserschaft eine zielgruppenspezifische Gewichtung des Tausenderpreises vorgenommen wird. Die Leserschaft einer Zeitschrift oder Zeitung wird in den seltensten Fällen mit der Werbezielgruppe zu 100 % übereinstimmen. Dies gilt analog auch für einen gewichteten Tausend-Hörer-Preis bzw. gewichteten Tausend-Seher-Preis.

Die bereits in der Copy-Strategie festgelegte Werbeidee gilt es nun im Rahmen der **Werbemittelgestaltung** kreativ in Bilder und Worte bzw. Filme, Musik, Geräusche oder Düfte umzusetzen. Hierzu können die folgende Werbemittel verwendet werden: Anzeigen, Fernsehspots, Radiospots, Videoclips, Werbefilme, Leuchtschriften, Plakate, Kataloge, Prospekte, Tragetaschen, Werbegeschenke etc.

Im Folgenden werden die wichtigsten Gestaltungstechniken der Werbung vorgestellt:
- Slice of Life
  Präsentation zufriedener Produktverwender in einer alltäglichen Lebenssituation mit einem Dialog zwischen den Personen (z. B. die am Frühstückstisch sitzende Familie in der Nutella-Werbung).
- Erlebniswelt
  Einbindung des Produkts oder seiner Verwendungsmöglichkeiten in eine markengerechte emotionale und erlebnisorientierte Stimmungswelt (z. B. das „weiße Buchten mit weißen Stränden-Sommergefühl für leichten Genuss" in der Raffaello-Werbung).
- Lifestyle
  Gestaltungstechnik für Lifestyle-Produkte, die bestimmte Lifestyles bzw. erstrebenswerte attraktive Umfelder visualisiert (z. B. Yogurette für figurbewusste, aktive Frauen).
- Testimonial
  Eine glaubwürdige und kompetente Person verbürgt sich für das angebotene Produkt. Ein Testimonial im engeren Sinne ist eine prominente Person, die als Sympathieträger der Marke das Produkt anpreist (z. B. George Clooney in der Nespresso-Werbung). Im weiteren Sinne ist ein Testimonial ein Experte, der das Produkt getestet hat und für die eigene Überzeugung einsteht (z. B. Forscher in der Dr.-Best-Werbung). Im weitesten Sinne können auch typische Verbraucher bzw. Verwender als Testimonials bezeichnet werden, wobei eine sehr weite Definition dazu führt, dass beinahe jeder Werbespot mit Testimonials arbeitet. Daher empfiehlt sich eine definitorische Beschränkung auf Stars/Prominente und Experten.

- Präsenter
  Im Gegensatz zur Testimonialtechnik ist der Präsenter nicht in erster Linie Bürge für die Produktqualität, sondern eine Person, die das Produkt vorstellt und präsentiert (z. B. der Präsenter des Internetdienstanbieters 1&1).
- Tell-a-Story
  Die Tell-a-Story-Technik bettet Marken in eine Dramaturgie ein, d. h., die Marke wird Teil einer Geschichte. Nachteilig an dieser Technik ist der hohe Zeitbedarf für den Spot, da das Produkt erst zu einem späteren Zeitpunkt ins Spiel kommen kann. Ein klassisches Beispiel für diese Technik ist die Generationen-Story von Werther's Echte.
- Interview
  Das Produkt wird in ein inszeniertes Interview eingebunden, das nach einer Skriptvorlage mit einem sichtbaren oder unsichtbaren Interviewer geführt wird (z. B. die Werbung der Marke Knoppers).
- Demonstration/Before and After
  Hier erfolgt eine Beweisführung in der Werbung (technische Kompetenz oder wissenschaftlicher Nachweis), warum das angebotene Produkt besser ist als das der Wettbewerber (z. B. die Ariel-Werbung). Bei der Before-and-After-Technik handelt es sich um eine Spielart der Demonstration, wobei der Produktnutzen durch die Darstellung einer Situation vor und nach der Nutzung des Produkts untermauert wird.
- Zeichentrick/Computeranimation
  Präsentation des Produkts mit gezeichneten oder computeranimierten Szenen, wobei diese Gestaltungstechnik entweder die ganze Werbung prägt oder in real gedrehte Situationen integriert wird (z. B. Paula-Kuh). Auch Symbolfiguren wie Meister Proper zählen zu dieser Gestaltungstechnik.
- Product as Hero
  Eindeutige Fokussierung auf das Produkt als zentrales Element (Held) der Werbung (z. B. die Produktwerbung von Mercedes, Absolut Vodka).

Bevor eine Werbekampagne realisiert wird, sollte die potenzielle Werbewirkung der ausgewählten Werbemittel bzw. Werbeideen durch einen Pretest ermittelt werden. So können etwaige Schwächen einzelner Werbemittel im Hinblick auf ihre psychologische Werbewirkung frühzeitig entdeckt und abgestellt werden. Zusätzlich bietet der Pretest auch eine Entscheidungsgrundlage für die Auswahl von alternativen Werbesujets. Nachdem die Kampagne über einen bestimmten Werbezeitraum hin geschaltet wurde, ist es gleichfalls sinnvoll, die effektive Werbewirkung durch einen Posttest zu überprüfen. Beide Formen der Werbewirkungsanalyse zielen darauf ab, die Erreichung der psychologischen Beeinflussungsziele einerseits als Möglichkeit im Vorfeld (Pretest) und anderseits faktisch in der Nachbearbeitung (Posttest) einer Werbekampagne zu messen und so Daten für die Werbeerfolgskontrolle bereitzustellen.

Das **Werbetiming** für eine Kampagne ist in hohem Maße vom zur Verfügung stehenden Budget (z. B. pro Jahr) abhängig. Es ist dabei die Kunst, mit den gegebenen finanziellen Mitteln den Werbedruck für eine Marke innerhalb der Durchführungszeiträume genauso stark aufzubauen, dass eine optimale Werbewirkung im spezifischen Markt- und Konkurrenzumfeld erzielt wird und die Zeiten ohne Werbung für diese Marke so gewählt werden, dass der Rückgang der erzielten Werbewirkung möglichst gering ausfällt.

Beim Werbetiming werden zwei Arten der Periodisierung unterschieden (Weis 2012, S. 535):

Bei der prosaisonalen Werbung werden die Werbemaßnahmen begleitend zur Nachfrageentwicklung durchgeführt. Ziel ist es, in der Nachfragesaison, d. h., in der Zeit, in der Kaufkraft und Kaufbereitschaft bereits relativ hoch sind, die Nachfrage durch gezielte Schaltung der Werbung auf die eigene Marke zu lenken (z. B. Werbung für Sekt zu Weihnachten und Silvester).

Bei der antisaisonalen Werbung finden die Werbeaktivitäten in schwachen Nachfragezeiträumen statt, um individuellen Umsatzschwankungen und Nachfragerückgängen für eine Marke entgegen zu wirken. Dabei ist eine antisaisonale Schaltung der Werbung bei Produkten bzw. Marken mit starker Saisongebundenheit nicht empfehlenswert. Allerdings kann hier eine antisaisonale Werbung zu einer Ausdehnung der Saison und somit zur Glättung von Umsatzschwankungen beitragen (z. B. Vorverlegung oder Verlängerung der Sommersaison für Erfrischungsgetränke oder Eiscreme).

Um das Werbebudget rechtfertigen zu können, ist eine **Werbeerfolgskontrolle** der durchgeführten Werbemaßnahmen zwingend erforderlich. Die größte Problematik besteht aber für eine solche Kontrolle darin, die isolierte Wirkung der betrachteten Werbekampagne auf eine Erfolgskategorie hin zu bestimmen. Während die Ergebnisprüfung der psychologischen Werbewirkung durch einen Posttest noch relativ einfach möglich ist, bestehen bei der Erfolgskontrolle der ökonomischen Werbewirkung besondere Zurechnungs- und Abgrenzungsprobleme. Auch wenn im Kampagnenzeitraum und danach eine Absatz-/Umsatzsteigerung für eine Marke zu verzeichnen ist, können beispielsweise im Aktionszeitraum zusätzliche Aktivitäten in der Verkaufsförderung stattgefunden und den Absatz-/Umsatzverlauf der beworbenen Marke beeinflusst haben. Vielleicht war in diesem Zeitraum aber auch im Vertrieb eine besonders hohe Grundmotivation vorhanden oder diese hohe Leistungsorientierung ist gezielt durch eine Provisions- und/oder Prämienzahlung erreicht worden. Hinzu kommt, dass es nahezu unmöglich ist, im Rahmen einer Werbekampagne die Wirkung einzelner Werbemittel im Hinblick sowohl auf die psychologischen als auch auf die ökonomischen Beeinflussungskategorien getrennt zu erfassen. Genauso schwierig ist es, die Wirkung von einzelnen Werbemaßnahmen zu bewerten, wenn ein Unternehmen eine Dachmarken- oder Familienmarkenstrategie verfolgt. Hier treten Synergieeffekte auf, die in ihrer Einzelwirkung nicht zu messen sind.

Um trotz dieser Probleme den Werbeerfolg einer Kampagne wenigstens abschätzen zu können, stehen diverse Verfahren zur Verfügung. Diese Verfahren sind danach zu unterscheiden, ob sie für die Messung der psychologischen oder der ökonomischen Werbeziele geeignet sind.

Als Posttest zur Kontrolle der psychologischen Werbeziele kommen in der Regel zwei Testverfahren in Betracht (Kroeber-Riel/Gröppel-Klein 2019, S. 378 f.): Beim Recall-Verfahren, auch als Erinnerungstest bezeichnet, werden Testpersonen befragt, ob sie sich an bestimmte Werbebotschaften erinnern. Im Rahmen des Recalltests werden zwei Subverfahren unterschieden: Die ungestützte und die gestützte Erinnerung. Bei der ungestützten Erinnerung (Free Recall) werden die Zielpersonen aufgefordert, z. B. Details eines Werbespots zu beschreiben, ohne dass in irgendeiner Weise die Erinnerung mit Informationen gestützt wird. Bei der gestützten Erinnerung (Aided Recall) werden den Testpersonen Informationen zur Erinnerung in unterschiedlicher Art gegeben. Beim Recognition-Verfahren, auch Wiedererkennungstest genannt, werden die für den Test ausgewählten Personen z. B. unter Vorlage einer Zeitschrift gefragt, welche Anzeigen sie wiedererkennen. Darüber hinaus existieren verschiedene, speziell entwickelte Testverfahren zur Messung der Werbewirkung von Plakaten sowie Fernseh- und Radiospots.

Die Kontrolle der ökonomischen Werbeziele erweist sich in der Praxis als schwierig, da die Wirkungsleistung nicht eindeutig auf die einzelne Werbemaßnahme zurückzuführen ist. Dennoch existieren Verfahren, die es ermöglichen, zumindest Anhaltspunkte über den Werbeerfolg abzuleiten: Eine Methode ist das sogenannte BuBaW-Verfahren. Dieses Bestellungen-unter-Bezugnahme-auf-Werbemittel-Verfahren wird dann eingesetzt, wenn Werbemittel verwendet werden, die mit einem Coupon oder einem Bestellformular versehen sind. Die eingehenden Bestellungen mittels Coupon bzw. Formular werden als Indikator für den Werbeerfolg gewertet. Auf diese Weise lässt sich der zusätzliche Umsatz ermitteln und nach Abzug der Kosten für diese Werbemaßnahme auch der zusätzliche Gewinn errechnen.

Eine weitere Methode zur ökonomischen Werbeerfolgskontrolle ist die Panelforschung, die allerdings nur für solche Produkte infrage kommt, die im Rahmen eines Panels erhoben werden, was in der Regel auf Verbrauchsgüter zutrifft. Die Paneldaten ermöglichen eine sehr gezielte Auswertung, sodass sich für die ökonomische Erfolgskontrolle Annäherungswerte nach Gebieten, Zielgruppen, Handelsorganisationen und deren Vertriebslinien usw. ableiten lassen. Die bekanntesten Typen der Panelforschung sind das Homescan Consumer Panel und das Handelspanel MarketTrack, beide von The Nielsen Company sowie das Verbraucherpanel der Gesellschaft für Konsumforschung (GfK).

10.4.2.2 Verkaufsförderung

Neben der Werbung hat sich die **Verkaufsförderung (Sales Promotion)** zum zweiten zentralen Element der Kommunikationspolitik entwickelt und die finanziellen Mittel für Verkaufsförderung nehmen einen erheblichen Anteil am Kommunikationsbudget ein. Hier kommt für viele Konsumgüterunternehmen die Macht der Handelsorganisationen zum Ausdruck, die darin mündet, dass der Handel eine massive Unterstützung in der Verkaufsförderung von den Industrieunternehmen für deren Produkte einfordert. Darüber hinaus wird die Aufwertung der Verkaufsförderung von Untersuchungen verschiedener Marktforschungsinstitute gestützt, die ergeben haben, dass bis zu 70 % aller Kaufentscheidungen erst am Ort des Verkaufs (Point of Sale) getroffen werden.

Kennzeichen der Verkaufsförderung ist die Zielgruppenansprache am Point of Sale (PoS) mittels zeitlich begrenzter Aktionen, um hier eine direkte Beeinflussung des Kaufverhaltens zu erreichen (Meffert et al. 2019, S. 760ff.). Die Maßnahmen am PoS dienen in erster Linie dazu, einer Marke kurzfristige Absatzimpulse zu verschaffen, die aber auch die Zielsetzung einer ganzjährig geplanten Absatzsteigerung unterstützen können. Darüber hinaus wird die Verkaufsförderung auch zum Aufbau bzw. zur Festigung von Imagedimensionen einer Marke eingesetzt. Das klassische Promotionmittel im Konsumgütermarketing ist das sogenannte Display. Hierdurch werden die Markenartikel in speziellen Aufstellern (Papp-/Karton-Displays) an verkaufsattraktiven Stellen eines Handelsgeschäfts (auch Outlet genannt) präsentiert. Diese Art der Warenpräsentation wird als Zweitplatzierung bzw. Sonderplatzierung bezeichnet, da sie im Aktionszeitraum zusätzlich zur Stammplatzierung der Marke im Regal stattfindet.

Grundsätzlich tragen Verkaufsförderungsaktivitäten wesentlich zur Umsetzung des Push-Konzepts eines Unternehmens bei und sind in das vertikale Marketing einzuordnen. Hierbei lassen sich die Aktivitäten in Hinein- und Abverkaufsmaßnahmen für die relevanten Produkte oder Marken unterscheiden. Wichtig ist dabei festzuhalten, dass diese Unterscheidung die Wirkung einzelner Teilbereiche einer ganzheitlich konzipierten Sales Promotion berücksichtigt. Der Zusammenhang einer solchen Promotionaktion wird an einem Beispiel veranschaulicht.

Ein Markenartikler plant für das kommende Jahr eine Sales Promotion für seine Marke X. Der Zeitraum soll die Monate März bis April umfassen. Das Promotionkonzept lautet wie folgt:

- Als Hineinverkaufsmaßnahmen (Sell in) gibt das Unternehmen Sonderkonditionen (z. B. Aktionsrabatte) an die teilnehmenden Handelspartner für den Aktionszeitraum und nutzt einen Platzierungswettbewerb zur Motivation des Marktpersonals, um die Aktion für die Marke X optimal in den einzelnen Geschäften umzusetzen. Zielsetzung dieser Maßnahmen ist es, im Hinblick auf einen vergleichbaren Normalzeitraum höhere Mengen des Aktionsprodukts in den Handel hinein zu verkaufen.

– Als Abverkaufsmaßnahmen (Sell out) ist ein Maßnahmen-Paket bestehend aus Displays mit integriertem Konsumentenpreisausschreiben sowie Produktverkostungen und Warenproben vorgesehen. Dieses Maßnahmen-Paket ist als Zweitplatzierungseinheit in drei Modulmaßen einsetzbar, um so den verschiedenen Vertriebslinien und Outletgrößen der Handelskunden gerecht zu werden. Zielsetzung hier ist es, die Aufmerksamkeit der Zielgruppe beim Einkauf auf das Aktionsprodukt zu lenken und so einen verstärkten Abverkauf sowohl der Display- als auch der Regalware der Marke X in den Handelsgeschäften herbeizuführen.

Idealerweise enthält ein konsequentes Promotionkonzept weiteren Spielraum zur Integration von spezifischen Anforderungen der jeweiligen Handelspartner. Eine maßgeschneiderte, handelsindividuelle Verkaufsförderungsaktion (z. B. speziell für die Rewe-Group) wird als Tailormade Promotion bezeichnet.

Im Rahmen des Efficient Consumer Response koordiniert das Category- und Key-Account-Management des Unternehmens das Promotionkonzept mit dem Category-Management der jeweiligen Handelskunden mit einem zeitlichen Vorlauf von 6 bis 12 Monaten. Auf diese Weise werden die Handelspartner frühzeitig in die Planung einbezogen und zur Durchführung der Promotion in ihren angeschlossenen Geschäften motiviert. Die Diskussion der Bedingungen zur Durchführung von Verkaufsförderungsaktionen wird meist im Rahmen von Jahresgesprächen in den Zentralen der Handelsorganisationen geführt. Hier präsentieren die Industrieunternehmen ihre gesamte Jahresplanung dem Zentraleinkauf und teilweise auch den Vertriebsgremien der unterschiedlichen Vertriebslinien einer Handelsunternehmung. Diese Planung kann verschiedene Promotioninhalte umfassen: Klassische Markenpromotion, Aktionen bei Produktneueinführungen oder Veränderungen an bestehenden Produkten (z. B. neues Verpackungsdesign), Vorstellungen von Produktlinienerweiterungen (z. B. neue Geschmacksrichtungen oder neue Verpackungsgrößen), Präsentation eines Markenrelaunchs usw.

Wie die bisherigen Ausführungen verdeutlichen, ist die Verkaufsförderung eng an den gewählten indirekten Absatzweg eines Herstellerunternehmens gebunden. Der Hersteller muss daher bei der Planung und Durchführung einer Sales Promotion drei Stufen beachten:

1. Verkäuferpromotion (Staff Promotion)
2. Händlerpromotion (Trade Promotion)
3. Verbraucherpromotion (Consumer Promotion)

Ein schlüssiges Promotionkonzept beinhaltet alle drei Stufen, allerdings können die Ausprägungen auf jeder Stufe unterschiedlich sein. Die diversen Möglichkeiten, die jede Stufe bietet, werden daher im Folgenden näher erläutert.

Der **Verkäuferpromotion (Staff Promotion)** sind die Maßnahmen zuzuordnen, die darauf ausgerichtet sind, die Verkaufsorganisation und hier insbesondere den Außendienst eines Unternehmens zu informieren, zu motivieren, zu trainieren

und im persönlichen Verkauf an den Handel zu unterstützen. An dieser Stelle folgen beispielhaft einige Maßnahmen im Rahmen der Verkäuferpromotion:
- Informationsveranstaltungen (z. B. Außendiensttagungen, Sales Events),
- Aktionsbeschreibungen (z. B. Daten zur Abwicklung der Sales Promotion),
- Sales Folder in gedruckter und/oder digitaler Form (z. B. Aktionsdarstellung und Argumentationskette),
- Veröffentlichung von Testergebnissen (z. B. von Forschungsinstituten),
- Hostessen (z. B. Zuweisung von Einsatzmöglichkeiten pro Verkaufsbezirk bzw. -gebiet zur Durchführung von Verkostungsaktionen),
- Aktionsprämien (z. B. pro Verkäufer oder Verkaufsteam),
- Verkäuferwettbewerbe (z. B. Veröffentlichung von Ranglisten, Incentives für Top-Verkäufer),
- Vertriebs-App mit umfangreichen Aktionsinformationen.

Auf der Stufe der **Händlerpromotion (Trade Promotion)** befinden sich die Maßnahmen im Promotionkonzept, die dazu dienen, die Absatzmittler zu informieren, sie zur Teilnahme zu motivieren, in der Durchführung zu trainieren und im Abverkauf der Aktionsware zu unterstützen. Folgende Maßnahmen können z. B. an dieser Stelle eingesetzt werden:
- Händlerveranstaltungen (z. B. Händlertagungen, Mitarbeiterschulungen),
- Handelsmessen und Fachausstellungen,
- Bilddateien/Produktabbildungen (z. B. zur Verwendung bei Handzettel- und Beilagenwerbung sowie in Anzeigenseiten des Handels),
- Regalstopper/-wobbler,
- Displays (z. B. Karton-Display mit Warenträger) und Displaymaterialien (z. B. Crowner/Plakate sowie Teilnahmekarten und Einwerfboxen),
- Sonder- bzw. Zweitplatzierungen (z. B. über Displays oder Palettensysteme),
- Koordination von Hostesseneinsätzen (z. B. zur Durchführung von Verkostungsaktionen),
- Platzierungswettbewerbe (z. B. Handelsgeschäfte mit den besten Aktionsplatzierungen gewinnen eine Teilnahme an einer Top-Musikveranstaltung),
- Aktionshinweise an Einkaufswagen,
- Funk-Spots (z. B. zum Einsatz als Ladenfunk),
- Videos mit Endlosschleife (z. B. zur Veranschaulichung des Produktnutzens),
- Sonderkonditionen (z. B. Aktionsrabatte),
- Werbekostenzuschüsse (z. B. zur Teilnahme an Handzettel-, Beilagen- und Anzeigenwerbung des Handels).

Die **Verbraucherpromotion (Consumer Promotion)** umfasst alle Maßnahmen, die konzipiert sind, die Konsumenten über das Produkt zu informieren, zur Beschäftigung mit diesem anzuregen, die Marke auf diese Weise in den Köpfen der

Zielgruppe zu aktualisieren (Relevant Set) und letztlich das Produkt vor Ort zu kaufen. Beispielhaft können hier die folgenden Maßnahmen genannt werden:

– Handzettel,
– Prospekte,
– Verkostungen (Degustationen),
– Sampling (Verteilung von Gratisproben bzw. Mustern, z. B. Mitnehm-/Probierproben),
– Bonuspackungen (Sondergröße des Produkts mit Hinweis auf Mehrinhalt, z. B. 10 % mehr Inhalt oder 8er-Packung und zwei Produkte zusätzlich),
– Multipack (zwei oder mehr identische Produkte, die mittels Banderole verbunden oder in der Verpackung eingeschweißt sind, z. B. Doppelpack bei Duschgel, Bier-Sixpack),
– Verbundpackungen (zwei oder mehr unterschiedliche Produktvarianten, die mittels Banderole verbunden oder in der Verpackung eingeschweißt sind, z. B. Sonnencreme und Après-Lotion),
– Onpack (kostenlose Zugabe, die mit dem Originalprodukt fest verbunden ist, z. B. Miniradio gratis zum Rasierapparat),
– Inpack (kostenlose Zugabe in der Normalverpackung, z. B. Spielzeug in Waschmittelverpackung),
– Packung mit Zweitnutzen (z. B. Senf im Trinkglas),
– Gewinnspiele (auch online), Outletverlosungen (z. B. Glücksrad drehen und gewinnen),
– Coupons (ermöglichen bei Vorlage im Geschäft einen Preisnachlass beim Produktkauf),
– Sammelbilder (z. B. bei Hanuta: Spieler der Fußball-Nationalmannschaft zur WM),
– Sonderpreisaktionen.

Abschließend gilt es festzuhalten, dass Promotionkonzepte meist das Zusammenspiel mehrerer Elemente des Marketingmix für ein Produkt oder eine Marke nutzen. Neben den kommunikationspolitischen Maßnahmen prägen auch die Produktpolitik (z. B. Bonuspackung), die Kontrahierungspolitik (z. B. Sonderkonditionen für Handel, Sonderpreis für den Verbraucher) und die Distributionspolitik (z. B. Tailormade Promotion mit Modulvarianten für unterschiedliche Vertriebslinien einer Handelsgruppe) die Ausrichtung einer Verkaufsförderungsaktion. Die Erfolgsmessung von Promotions lässt sich u. a. mithilfe des scanningbasierten Handelspanels MarketTrack von The Nielsen Company durchführen; hiermit kann der promotionbedingte Zusatzabsatz ermittelt werden.

10.4.2.3 Public Relations

Die **Public Relations** (PR) bzw. **Öffentlichkeitsarbeit** zählt ebenfalls zu den klassischen Kommunikationsinstrumenten. Während Verkaufsförderung und Werbung überwiegend markenbezogene Kommunikationsziele verfolgen, geht die Öffentlichkeitsarbeit, im Sinne von Unternehmens-PR, über diese Ebene hinaus und stellt das Unternehmen als Ganzes in den Fokus der Betrachtung, was generell zu einer langfristigen Ausrichtung dieses Instruments führt. Hintergrund dieses Ansatzes ist es, dass sich Konsumenten bei ihrer Kaufentscheidung nicht nur von Markenimage und Produktqualität leiten lassen, sondern sich auch am Ruf und an der Kompetenz des Unternehmens insgesamt orientieren.

Die Zielsetzung der PR-Arbeit ist, das Unternehmen positiv in den Blickwinkel der Öffentlichkeit zu rücken und eine Vertrauensbasis zwischen dem Unternehmen und seinem zugehörigen Umfeld aufzubauen (Kotler et al. 2017, S. 758). Hieraus lässt sich auch erklären, dass die Zielgruppe der Unternehmens-PR wesentlich breiter angelegt sein muss und über die reinen Markenzielgruppen eines Unternehmens hinausgeht. Die Gesamtzielgruppe der PR wird in die Dimensionen externe und interne Anspruchsgruppen unterschieden.

Die externe Zielgruppe umfasst die relevanten Stakeholder, d. h., an dieser Stelle alle Anspruchsgruppen, die ein Unternehmen aus seinem Markt- und sonstigem Umfeld identifiziert hat:

- Beschaffungsmarkt, z. B. Lieferanten, Dienstleistungsunternehmen,
- Personalmarkt, z. B. potenzielle Mitarbeiter, Personalberatungen, Personalagenturen,
- Absatzmarkt, z. B. Markenzielgruppen, Absatzhelfer, Handelspartner, Mitbewerber,
- Kapitalmarkt, z. B. Fremdkapitalgeber wie Banken, Vermögensverwalter, Private Equity-Gesellschaften, sonstige Investoren,
- Sonstiges Umfeld, z. B. Medienvertreter, staatliche Institutionen, Parteien, Wirtschafts- und Verbraucherverbände, Gewerkschaften, Bürgerinitiativen, Vereine, Schulen, Hochschulen, Einrichtungen der Kirchen, Wissenschaftler usw.

Zur internen Zielgruppe zählen die Stakeholder, die aus dem Unternehmen heraus Ansprüche an dieses entwickeln:

- Mitarbeiter,
- Eigenkapitalgeber, z. B. Eigentümer, Gesellschafter,
- Pensionäre.

Im Rahmen der Kommunikationsprozesse mit den jeweiligen Anspruchsgruppen bedient sich die Öffentlichkeitsarbeit neben der einstufigen oft auch der zweistufigen Kommunikation. Gerade die Unternehmens-PR beinhaltet die Pflege persönlicher Beziehungen zu Meinungsführern und Multiplikatoren, um auf diese Weise z. B. in Presseinformationen, Podiumsgesprächen, Nachrichtensendungen,

Talkrunden oder Corporate Blogs wirtschaftliche und politische Dialoge im Sinne der Unternehmensziele zu beeinflussen. Diese Bestrebungen gipfeln in der sogenannten Lobbyarbeit. In diesem Zusammenhang wird das Vorgehen von Politikern kritisch diskutiert, die während oder nach ihrer parlamentarischen Arbeit finanzielle Bezüge von Industrieunternehmen erhalten.

Grundsätzlich ist die Öffentlichkeitsarbeit durch einen regen Austausch von Informationen zwischen Unternehmen und Medien gekennzeichnet, der normalerweise ohne Bezahlung stattfindet. Dabei liegt die Herausforderung der Public Relations darin, den Informationsgehalt einer Meldung oder Nachricht so zu gestalten bzw. zu dosieren, dass insbesondere die Entscheidungsträger in den Medienunternehmen das Informationsmaterial lesen und den Inhalt für ihre redaktionelle Berichterstattung nutzen. Manche Medien stehen allerdings der Nutzung von Unternehmensinformationen im redaktionellen Teil noch aufgeschlossener gegenüber, wenn das Unternehmen zugleich auch eine bezahlte Werbung im gleichen Medium bucht. Darüber hinaus existieren noch direktere Formen der bezahlten PR, d. h., ein Unternehmen liefert Informationen gegen Bezahlung mit der Sicherheit, dass diese Informationen definitiv und meist unverändert – allerdings redaktionell aufgemacht – veröffentlicht werden.

PR-Maßnahmen werden heute von den meisten Unternehmen aktiv und kontinuierlich eingesetzt, um das Unternehmen zu profilieren und einen Abstrahleffekt auf sämtliche Leistungen der Unternehmung zu erzielen. Es gibt aber Situationen, in denen die Öffentlichkeitsarbeit zwangsläufig eingesetzt werden muss bzw. im Unternehmen einen noch höheren Stellenwert erhält. Hierbei handelt es sich um unerwartete Unternehmenskrisen, die in der Berichterstattung der Medien anlassbezogen und prominent aufgegriffen werden. Beispiele hierfür sind:
- Lidl bei der Bespitzelung des eigenen Personals,
- Burger King im Hinblick auf den Hygieneskandal,
- ADAC bei der Manipulation der Vergabe des Autopreises „Gelber Engel",
- VW mit dem Dieselskandal,
- Germanwings im Zusammenhang mit dem vom Co-Pilot verursachten Flugzeugabsturz,
- Tönnies mit dem Corona-Skandal.

Gerät das Unternehmen in eine solche Schieflage, wird die PR herangezogen, um – idealerweise in einem offenen Prozess – Sachverhalte aufzuklären, Fehler einzugestehen und Verbesserungen zu dokumentieren.

Zusammenfassend werden im Folgenden die verschiedenen PR-Maßnahmen aufgeführt:
- Pressemitteilungen, Veröffentlichungen in klassischen und digitalen Medien,
- Pressekonferenzen, -gespräche,
- Diskussionsrunden,
- Vortragsveranstaltungen, Ausstellungen,
- Werksbesichtigungen, Tage der offenen Tür,

- Geschäftsberichte,
- Kunden-, Geschäftspartner- und Mitarbeiterzeitschriften,
- unternehmensinterne Sport-, Kultur- und Sozialeinrichtungen,
- redaktionelle Beiträge in Print-, Funk-, TV- und Digitalmedien,
- PR-Anzeigen, PR-Spots (zur Reputations- und Kompetenzsteigerung des gesamten Unternehmens),
- Gründung von Stiftungen zu kulturellen, sportlichen oder sozialen Zwecken.

Alle Maßnahmen, die ein Unternehmen im Rahmen seiner Öffentlichkeitsarbeit einsetzt, müssen in das gesamte Kommunikationsinstrumentarium integriert, auf die Kommunikationsstrategie bezogen und auf die Erreichung der Kommunikations-, Marketing- und Unternehmensziele ausgerichtet sein.

10.4.2.4 Persönlicher Verkauf

Die persönliche und einstufige Kommunikation mit den relevanten Gesprächspartnern charakterisiert den **persönlichen Verkauf** (Personal Selling). Er stellt das zentrale Bindeglied zwischen dem Unternehmen und seinen Kunden dar. Die Zielsetzung liegt hier hauptsächlich in der Information und Überzeugung der Käuferseite über den Nutzen und die Qualität der angebotenen Produkt- bzw. Unternehmensleistung mit der Absicht, einen Vertragsabschluss (Kauf-, Werk-, Miet-, Leasingvertrag usw.) zu erzielen. Der Verkaufsabschluss ist demzufolge das erfolgreiche Ende eines Verkaufsprozesses.

Dauer und Intensität des Verkaufsprozesses sind von unterschiedlichen Kriterien abhängig. Die zwei Hauptkriterien sind die Art der Produkte und die Marktstellung der Kunden. Im Bereich von Investitionsgütern kann dieser Prozess – beispielsweise bei Großprojekten im Anlagenbau (Kraftwerke) – viele Phasen umfassen, die über mehrere Jahre verteilt stattfinden. In Dienstleistungsmärkten wird das Produkt durch den persönlichen Verkauf erst lebendig. Das Verkaufspersonal einer Unternehmung kann das Dienstleistungsprodukt verkörpern und begleitet den Kunden unter Umständen auch über viele Jahre (z. B. bei Versicherungsleistungen).

Bei Konsumgütern spielt die Wahl des Absatzwegs eine entscheidende Rolle. In Unternehmen mit direktem Absatzweg findet der Verkaufsprozess in deutlich kürzeren Zeiteinheiten statt. Beispielsweise überzeugt im Direktvertrieb die Beraterin bei einer Thermomix-Präsentation einige der anwesenden Personen im Lauf der Vorführung und führt diese noch vor Ort zum Kaufabschluss.

Nutzen Unternehmen den indirekten Absatzweg, ist der Verkaufsprozess auf die Absatzmittler bezogen. Hier können die im Rahmen der Verkaufsförderung beschriebenen Jahresgespräche zwischen Industrieunternehmen und Handelsorganisationen als Beispiel dienen. Die Jahresgespräche zielen allerdings nicht auf den direkten Verkauf von Waren. Vielmehr bilden sie eine Vorstufe, die z. B. mit der Listung eines neuen Produkts in den Handelsunternehmen überhaupt erst die Möglichkeit für das anbietende Unternehmen eröffnen, dass dieses Neuprodukt an die entsprechenden Vertriebslinien der Handelsorganisationen verkauft werden kann. Für die optimale Ausschöpfung des Kundenpotenzials bei den Großkunden (z. B. im Handel) sorgen die Key-Account-Manager in Verbindung mit den Category-Managern.

Der Aufgabenbereich im persönlichen Verkauf ist unter den beschriebenen Bedingungen vielfältig und unternehmensindividuell. Er leitet sich aus den spezifischen Verkaufszielen einer Unternehmung ab. Grundsätzlich können die folgenden Aufgabengebiete neben der Auftragserzielung als relevant angesehen werden: Akquisition potenzieller Kunden, Informationsbeschaffung, Durchführung von Marktanalysen, Kundenberatung und -schulung, Überwachung der Auftragsabwicklung, Präsentation von neuen Produkten oder Produktverbesserungen, Umsetzung von Verkaufsförderungsaktionen im Handel, Vermittlung von Finanzierungsleistungen, Kundendienst, Reklamationsbearbeitung usw.

10.4.2.5 Direktmarketing

Unter **Direktmarketing** bzw. Dialogmarketing werden alle Maßnahmen zusammengefasst, die einen direkten und individuellen Dialog zwischen einem Unternehmen und seiner Zielgruppe ermöglichen (Becker 2013, S. 583). Zielsetzung ist es, diesen Dialogprozess systematisch und kontinuierlich zu gestalten, um die Zielpersonen langfristig an sich zu binden.

Die Historie des Direktmarketings begann mit persönlich adressierten Werbebriefen, die per Post zugestellt wurden. Hier wurden erstmalig Daten der Zielkunden für die direkte Kommunikation verwendet (Name und Adresse). Zeitlich nachfolgend wurden Anzeigen in Printmedien geschaltet, bei denen Coupons vom Kunden ausgefüllt und zurückgesendet werden konnten. Als nächste Stufe entstand das Telefonmarketing, nachdem auch Telefonnummern als Datenquelle vorhanden waren. Die Direktkommunikation wurde dann durch die Nutzung der Medien Fernsehen und Radio auf die Ebene der persönlichen Interaktion gestellt. Mit Beginn des Internet-Zeitalters erweiterten sich die Möglichkeiten zum Kundendialog, indem digitale und mobile Medien zum Einsatz kamen, z. B. das Mobile-Marketing (Werbung auf Smartphones).

Die weitgehende Automatisierung des Telefonmarketings in Form von Computeranrufen hat jedoch dazu geführt, dass solche Anrufe häufig eine Reaktanz hervorrufen. Zudem stellt der Gesetzgeber relativ scharfe rechtliche Vorgaben bezüglich aktivem Telefonmarketing auf, die im Kern dazu führen, dass eine Erlaubnis (Permission) des Angerufenen für diese Art der Ansprache vorliegen muss.

Eine wichtige Weiterentwicklung im Rahmen des Telefonmarketings stellt das Mobile-Marketing dar. Hierzu gehören „alle kommunikativen Maßnahmen, die ein Unternehmen unter Einsatz der telefonischen Kontaktaufnahme über mobile Endgeräte initiiert, um damit das Verhalten von Interessenten und Kunden zu beeinflussen" (Kreutzer 2012, S. 317).

Kreutzer (2012, S. 317 ff.) unterscheidet hierbei die folgenden Einsatzbereiche:
- Mobile Übermittlung von Informationen durch die Unternehmen (z. B. mobil ausgelieferte Werbung, Nutzung von Location Based Services),
- mobile Gewinnung von Informationen durch die Unternehmen (z. B. Umfragen, Gewinnspiele),
- mobiler Verkauf und Übermittlung von virtuellen Produkten (z. B. Online-Spiele, Musik, Videos, E-Books etc.; beinhaltet auch eine Zahlungstransaktion/M-Commerce),
- mobiler Verkauf von realen Produkten (z. B. Bestellung von Bekleidung etc.).

Die Vorteile dieser Medien gegenüber den ursprünglichen Massenmedien liegen in der gezielten und persönlichen Ansprache der Zielgruppen, in der Verringerung von Streuverlusten sowie der guten Messbarkeit des Erfolgs von Direktmarketingmaßnahmen (z. B. über Response-Erfassung der eingesendeten bzw. online heruntergeladenen Coupons).

10.4.2.6 Sponsoring

Beim **Sponsoring** unterstützt ein Unternehmen (Sponsor) eine Person, Mannschaft, Organisation, Institution oder Veranstaltung (Gesponserter) durch Finanz-, Sach- oder Dienstleistungen und erhält dafür vertraglich zugesicherte Gegenleistungen. Die Gegenleistungen bestehen in den im Vertrag detailliert aufgeführten Maßnahmen und Aktivitäten, d. h., der Gesponserte lässt sich im Sinne der Kommunikations- und Sponsoringziele vermarkten. Dieses Kommunikationsinstrument kann zur Steigerung des Bekanntheitsgrads einer Marke beitragen oder aber die Übernahme von gesellschaftlicher Verantwortung durch ein Unternehmen zeigen. Häufig wird Sponsoring eingesetzt, um das entsprechende Image des Gesponserten auf das Unternehmen bzw. seine Marken zu übertragen (Meffert et al. 2019, S. 771 f.).

Grundsätzlich werden im Sponsoring die folgenden fünf Bereiche differenziert:
- Sportsponsoring, gesponsert werden z. B. Einzelsportler, Teams, Mannschaften, Vereine, Verbände, Veranstaltungen, Ligen, Sportstätten;
- Kultursponsoring, gefördert werden z. B. Kunstausstellungen, Konzerte, Musiktourneen, Literaturlesungen, Filmpremieren, Theateraufführungen, Förderpreise, Stiftungen;
- Umwelt- oder Ökosponsoring, gefördert werden z. B. Umweltschutzorganisationen, ökologische Initiativen, Umweltschutzprojekte;
- Sozialsponsoring, unterstützt werden z. B. Bildungsinitiativen, Wissenschaftsprojekte, karitative Einrichtungen;
- Programmsponsoring, gesponsert werden z. B. Programmankündigungen, Filmpräsentationen, Einblendungen bei Game Shows.

Der Hauptteil der Aktivitäten im Sponsoring ist auf das Sportsponsoring konzentriert, gefolgt von Kultur-, Umwelt- und Sozialsponsoring. Das Programmsponsoring ist eine Sonderform des Sponsorings, die der klassischen Werbung schon sehr nahekommt.

Das Sponsoring hat sich als Instrument im Kommunikationsmix fest etabliert, wobei ungefähr 80 % des gesamten Sponsoringbudgets in den Sport fließt (Nufer 2010, S. 154). In Bezug auf die Einstellung der Konsumenten gegenüber Sportsponsoring zeigt eine Studie, dass diese das finanzielle Engagement von Unternehmen im Sport sehr wertschätzen und somit eine sehr positive Beurteilung hinsichtlich des Effekts von Sportsponsoring zu konstatieren ist (Naskrent/Rüttgers 2012, S. 31). Aufgrund dieser positiven Einstellung erscheinen die hohen Investitionen der Unternehmen für dieses Kommunikationsinstrument gerechtfertigt. Aufgrund des zunehmenden Drucks durch das Ambush-Marketing müssen Sponsoren jedoch darauf achten, dass Konsumenten sie als offizielle Sponsoren wahrnehmen, weil Konkurrenzmarken insbesondere bei Großveranstaltungen durch gezielte Ambush-Aktionen versuchen, das offizielle Sponsoring zu untergraben (vgl. Kapitel 10.4.2.9).

Für ein Sponsoringengagement ist es wichtig, relevante Kriterien aufzustellen und zu bewerten. Die folgende Tabelle 10.2 zeigt mögliche Kriterien und Bewertungsgrundlagen auf.

Tabelle 10.2: Bewertungsmodell zur Analyse relevanter Sportarten (Quelle: Runia et al. 2019, S. 340).

Kriterium	Gegenstand der Bewertung
Media-Awareness	Gesicherte und potenzielle Übertragungs- und Umfeldzeiten im Fernsehen sowie Berichterstattungen in allen anderen Medien
Brand-Fit	Inhaltliche Passung der Sportart zu den Werten, der Positionierung sowie den Marketing- und Kommunikationszielen der Marke
Content-Plattform	Zielsetzung: Markenwerte und Positionierung inhaltlich auf der gewählten Plattform vor allem auch im redaktionellen Bereich penetrieren
Relevanz für Medien	Grundsätzliches Interesse der Medien (hier auch insbesondere der redaktionelle Sektor) an dem Themenfeld, z. B. Profilierung einzelner Stars auf nationaler und internationaler Ebene mit Potential für zusätzliche Pressemeldungen und Medienberichte
Alleinstellung	Objektive Beurteilung der Möglichkeit eine positive Alleinstellung als Sponsor in der Sportart zu erreichen
Kosten / Aufwand	Einschätzung der Kosten sowie des zeitlichen und personellen Aufwands im Vergleich zu dem erwarteten Ergebnis
Impact auf Verkauf	Bewertung der Eignung des Sponsoring-Engagement zur Verlinkung an den Point of Sale mit effektiver Wirkung auf das Kaufverhalten/den Abverkauf

Das Sponsoring ist selten als isoliertes Instrument in der Kommunikationspolitik einer Unternehmung zu identifizieren, sondern stellt vielmehr ein kommunikatives Dachkonzept dar. Unter diesem Dach lässt sich das Engagement im Sponsoring zur Integration in klassische Kommunikationsinstrumente nutzen:

- Werbung: Z. B. stellt das durch Ausrüsterverträge festgelegte Tragen der Sponsorkleidung mit entsprechenden Logo-Aufschriften und -Emblemen eine Form der Trikotwerbung dar.
- Verkaufsförderung: Z. B. kann die gesponserte Fußballmannschaft als integriertes Element einer Preisausschreibenaktion des Sponsors zu mehr Aufmerksamkeit am PoS verhelfen, wenn als Preise Reisen zu Spielen der Mannschaft in der Champions League locken.
- Öffentlichkeitsarbeit: Z. B. sind Pressekonferenzen eine ideale Möglichkeit zur Präsentation des Sponsoringkonzepts und Vorstellung der Gesponserten.
- Persönlicher Verkauf: Z. B. setzen Sponsoren gesponserte Persönlichkeiten gerne als Repräsentanten der Unternehmung ein, damit diese in persönlichen Gesprächen während einer gesponserten Veranstaltung den Boden für Verkaufsgespräche mit den Top-Kunden ebnen.

Unter diesen Gesichtspunkten ist das Sponsoring ein sehr bedeutendes Kommunikationsinstrument, mit dem ein Unternehmen seine Kommunikationspolitik abrunden und Subzielgruppen mit weniger Streuverlusten erreichen kann. Als schwierig gestaltet sich in der Praxis allerdings die genaue Messung der Effizienz von Sponsoringmaßnahmen.

10.4.2.7 Product Placement

Unter **Product Placement** wird die gezielte Einbindung von Markenartikeln bzw. Markendienstleistungen in Kinofilmen, Fernsehproduktionen oder Videoclips verstanden. Diese Definition klammert bewusst die Produktplatzierung in den Printmedien sowie im Radio aus, da diese Ansätze in der Praxis wenig Relevanz aufweisen (z. B. Nennung von Markennamen in Romanen bzw. Einbindung von Markennamen in Hörspielen) und das diesbezügliche Aktivierungspotenzial recht begrenzt ist (Runia et al. 2008).

Die entsprechenden Produkte und Dienstleistungen sind dabei so geschickt in die Handlungen eingebaut, dass sie vom Zuschauer zwar eindeutig identifiziert, aber auch als authentisch und glaubwürdig eingestuft werden, ohne dass ein werblicher Eindruck entsteht. Für diese Leistung erhalten die Filmstudios bzw. Produktionsgesellschaften Geldzahlungen und/oder ihnen werden Markenartikel gratis bzw. Dienstleistungen zur freien Verfügung überlassen. Auf diese Weise refinanzieren diese teilweise ihre enormen Produktionskosten.

Product Placement wird hauptsächlich eingesetzt, um einen Imagetransfer von der Hauptperson auf die Marke zu erreichen. Dabei ist von entscheidender Bedeutung, dass diese Person eine Tragfähigkeit für den angestrebten Imagetransfer bietet. Paradebeispiele sind hier die James-Bond-Filme, die historisch viele Marken in die Filmhandlung integriert haben. Im James-Bond-Film „No Time to Die" des Jahres 2021 wurden die folgenden Marken prominent in Szene gesetzt: Aston Martin, Spirit Yachts, Bollinger-Champagner, Tom-Ford-Designeranzüge und Omega-Uhren.

In Deutschland sorgte 1985 das Product Placement im Tatort-Kinofilm „Zahn um Zahn" für Aufsehen, in dem Götz George als Kommissar Schimanski laufend Paroli-Hustenbonbons isst. Aber es sind nicht nur die klassischen Heldenrollen, die für Product Placement infrage kommen. Beispielsweise hinterließ das Logo des Computerherstellers Apple in „Forrest Gump" bei den Zuschauern einen bleibenden Eindruck. Ein weiteres Beispiel ist der Film „Alien: Covenant" aus dem Jahr 2017, in dem Audi als Marke zu sehen ist. Tom Hanks zeigt in dem Film „Cast Away", dass Product Placement auch umfangreicher integriert werden kann, denn hier bildet ein Paket des Express-Luftfrachtunternehmens FedEx (Federal Express) das zentrale Element der ganzen Filmgeschichte.

Im Vorfeld von Maßnahmen im Product Placement werden daher das Genre, der Inhalt und die Figuren, die vorgesehenen Schauspieler oder das Renommee des Regisseurs eines Sendeformats bzw. eines Filmes im Hinblick auf das Potenzial analysiert und eingeschätzt, inwieweit eine organische Einbindung der Marke bzw. des Produkts in die Handlung und das Programmumfeld möglich sein wird. Wichtig ist in diesem Kontext die strategische Dimension der Zielgruppenaffinität, d. h., es muss eine hohe Übereinstimmung der Zielgruppen von Marke/Produkt und Programm gewährleistet sein.

Ist diese Übereinstimmung gegeben, bietet das Product Placement wirkungsvolle Vorzüge. Die Marke bzw. das Produkt wird in ein erlebnisorientiertes Umfeld eingebunden und ist hier bezogen auf die Produktkategorie ohne Konkurrenz. Dies führt zu einer im Vergleich zur klassischen Werbung höheren Aktivierung der Zielpersonen (Nieschlag et al. 2002, S. 1122).

Ein häufig geäußerter Kritikpunkt beim Product Placement ist die relativ schwierige Erfolgsmessung. Zwar lassen sich auch hier die aus der Werbeerfolgskontrolle bekannten Recall- bzw. Recognition-Verfahren anwenden, spezifische Methoden zur Erfolgsanalyse des Product Placement sind allerdings nicht vorhanden.

Insgesamt betrachtet ist das Product Placement als Ergänzung im Kommunikationsmix aber ein relevantes Instrument, um eine glaubhafte Inszenierung der Marke bzw. des Produkts im zielgruppenrelevanten Erlebnisumfeld zu verwirklichen.

Product Placement tritt in der Praxis in vielfältigen Varianten auf. In der Tabelle 10.3 sind die wichtigsten Erscheinungsformen dargestellt.

Das visuelle Product Placement ist die vorherrschende Variante und beinhaltet die optische Darstellung von Produkten oder Dienstleistungen in Kinofilmen oder TV-Sendungen. Hierbei wird das platzierte Objekt sichtbar in eine Szene eingebunden, damit der Zuschauer das Produkt anhand physischer Merkmale zweifelsfrei

Tabelle 10.3: Erscheinungsformen des Product Placement (Quelle: eigene Darstellung in Anlehnung an Tolle 1995, Sp. 2096, zitiert in Nieschlag et al. 2002, S. 1121).

Klassifikationsmerkmal	Erscheinungsform
Art der Informationsübertragung	– visuelles Product Placement – verbales Product Placement – kombiniertes Product Placement (visuell und verbal)
Art der platzierten Produkte	– Product Placement i. e. S. (Markenartikel) – Generic Placement (unmarkierte Produkte) – Innovation Placement (neue Produkte/Produktinnovationen) – Corporate Placement (Unternehmen)
Grad der Programmintegration	– On Set Placement (Produkt ist handlungsneutral/Requisite) – Creative Placement (Produkt wird in Handlung integriert) – Image Placement (Gesamtthema des Films ist auf das Produkt ausgerichtet)
Anbindung an Hauptdarsteller/Star	– Placement mit Endorsement (Star bekräftigt Placement, z. B. durch Handlung oder verbale Äußerung) – Placement ohne Endorsement (Produkt wird nicht direkt mit Star in Verbindung gebracht)

identifizieren kann. Dieses wird durch die Darstellung der klassischen Produkt-merkmale wie der Wort- und Bildmarke, Farbe oder der Verpackung erreicht.

Das verbale Product Placement umfasst eine rein akustische Darbietung der Marke, z. B. in einem Filmdialog oder auch im Hintergrund einer Filmszene. Ein Beispiel für die verbale Erscheinungsform der Informationsübermittlung innerhalb eines erfolgreichen Hollywood-Blockbusters ist der James Bond-Film „Im Angesicht des Todes". Hier erwähnt Roger Moore in der Rolle als englischer Geheimagent 007 die Marke Whiskas, während er eine Katze füttert. Ebenfalls James Bond, dieses Mal jedoch von Daniel Craig gespielt, führt in dem Film „Casino Royal" einen Dialog über seine Uhr, und dass diese nicht von Rolex, sondern von Omega sei.

Werden Produkte sowohl optisch als auch akustisch in einem Film platziert, liegt ein kombiniertes Product Placement vor. Eine solche Kombination findet bei-spielsweise in der TV-Serie „Dr. House" statt, indem in der Folge „Ist das Lügen nicht schön" ein Apple iPhone unter der verbalen Hervorhebung der Wortmarke und in einer Großaufnahme des Produkts an den Arzt verschenkt wird.

Bezüglich der Art der platzierten Produkte ist zu konstatieren, dass vor allem Markenartikel als Placement-Objekte infrage kommen. Aufgrund ihrer Markierung und der damit verbundenen Wiedererkennung sind Markenartikel besonders geeig-nete Objekte. Insbesondere Marken des täglichen Bedarfs sowie Automarken sind glaubwürdige Bestandteile in Filmsequenzen. So werden in den James-Bond-Filmen immer wieder solche Markenprodukte eingebunden. In dem Film „Ein Quantum

Trost" nutzt der Geheimagent ein Sony-Vaio-Notebook und telefoniert mit seinem Sony Ericsson-Handy.

Das Generic Placement bezieht sich auf unmarkierte Produkte, wobei hier jedoch häufig ein Markenartikel platziert wird, ohne dessen Markenlogo einzublenden. Diese Marke muss dann idealerweise aufgrund ihrer typischen Formen und Farben erkannt werden. Generic Placement ist nur für Markenartikler interessant, die einen hohen Marktanteil und einen bedeutenden Bekanntheitsgrad haben, da ansonsten zu hohe Streuverluste entstehen, die dann direkt der Konkurrenz nutzen. Ein gutes Beispiel für Generic Placement stellt die Filmreihe „Men in Black" dar. In diesen Blockbustern tragen die beiden Agenten, gespielt von Tommy Lee Jones und Will Smith, Sonnenbrillen der Marke Ray Ban. Diese Brillen sind durch ihre besondere Form auch ohne die explizite Darstellung der Wort- oder Bildmarke zu erkennen.

Werden Marktneuheiten mittels Product Placement bekannt gemacht, liegt Innovation Placement vor. Problematisch ist dabei vor allem der fehlende Wiedererkennungseffekt des Produkts. Daher kann dies nur sinnvoll durch Einbettung in eine integrierte Kommunikationskampagne funktionieren. Ein Meilenstein hierfür war abermals ein James Bond-Film. Im Jahr 1995 nutzte 007 in dem Film „Golden Eye" erstmalig ein deutsches Auto, nämlich einen BMW Z3, für eine seiner Verfolgungsjagden. Dieser Roadster wurde im engen zeitlichen Zusammenhang zu dem Film auf dem Markt eingeführt.

Corporate Placement berücksichtigt die Platzierung von Unternehmensnamen (Corporate Brands), insbesondere aus dem Dienstleistungssektor. Diese Art der Platzierung ist somit Teil der Unternehmenskommunikation und soll das Gesamtbild einer Unternehmung in der Öffentlichkeit positiv beeinflussen. Das Unternehmen FedEx setzte dies 2000 in dem bereits erwähnten Kinofilm „Cast Away" erfolgreich um. Der geschätzte Werbewert belief sich nach Angaben des Unternehmens auf ca. 54 Mio. US-Dollar. Dafür stellte FedEx 500 Mitarbeiter als Komparsen zur Verfügung, fertigte Uniformen gemäß den Corporate Design-Vorgaben an und ließ den Hauptdarsteller, Tom Hanks, die Unternehmensphilosophie nachsprechen. Abgerundet wurde dieses Corporate Placement durch die Schaltung einer Werbung und dem Auftritt des Vorstandsvorsitzenden in einer Szene.

Weitere Erscheinungsformen ergeben sich, wenn der Grad der Programmintegration betrachtet wird. Beim On Set Placement ist das platzierte Produkt reine Requisite, erscheint also nur am Rande der Handlung und nur für eine kurze Zeitspanne. Für den Handlungsablauf spielt dieses Produkt keine Rolle.

Hingegen wird beim Creative Placement das Produkt in die Handlung integriert, womit es zumindest für einen bestimmten Zeitraum im Mittelpunkt des Films steht. Die Abgrenzung zum On Set Placement ist aber nicht immer trennscharf möglich.

Der höchste Grad der Einbindung ergibt sich durch ein Image Placement, wobei das Thema eines Filmes regelrecht auf die Marke zugeschnitten wird. Zu nennen ist beispielhaft der Film „Die Götter müssen verrückt sein" aus dem Jahr 1980. Hier steht eine leere Coca-Cola-Flasche, die aus einem Flugzeug heraus in das Leben der Eingeborenen eines afrikanischen Wüstenstamms fällt, im Mittelpunkt des Handlungsrahmens.

Schließlich ist eine weitere Unterscheidung dahingehend möglich, ob das Product Placement an den Star eines Filmes angebunden wird. Beim Placement mit Endorsement nutzt der Star das entsprechende Produkt oder äußert sich diesbezüglich. Liegt Placement ohne Endorsement vor, wird die Marke nicht direkt mit dem Star in Verbindung gebracht.

Während Product Placement bei Hollywood-Blockbustern – wie viele Beispiele zeigen – bereits gang und gäbe ist, wurde der Umgang mit Product Placement in den verschiedenen EU-Ländern unterschiedlich ausgelegt. Eine europaweite Harmonisierung ermöglichte die EU-Fernsehrichtlinie, die zwar nach wie vor Product Placement verbietet, aber Ausnahmen in unterhaltenden Sendungen gestattet. Die Voraussetzung hierfür ist, dass eine Kennzeichnung erfolgt, z. B. mit dem Hinweis „... unterstützt durch Produktplatzierung". Weiterhin gilt aber, dass weder in Nachrichten- und Kindersendungen noch in Religionsprogrammen Product Placement erlaubt ist (Eck/Pellikan/Wieking 2008, S. 13). Die Umsetzung der EU-Richtlinie in deutsches Recht erfolgte im Jahr 2009 (Glockzin 2010). Diese Rechtsgrundlage gilt auch für Product-Placement im Rahmen des Influencer-Marketings, welches im Kapitel 10.4.2.10 behandelt wird.

10.4.2.8 Event-Marketing

Die ziel- und strategiekonforme Kommunikation und Präsentation von Marken unter Vermittlung von emotionalen und erlebnisorientierten Reizen wird als **Event-Marketing** bezeichnet (Meffert et al. 2019, S. 767). Events sind von Unternehmen initiierte Veranstaltungen ohne direkten Verkaufscharakter, auf denen z. B. Produktneuheiten mit hohem gestalterischem und letztlich auch finanziellem Aufwand in Szene gesetzt werden. Die Ziele des Event-Marketings bestehen darin, über eine hohe Aufmerksamkeit in einen Dialog mit der definierten Zielgruppe zu treten, emotionale Erlebnisse zu vermitteln und Aktivierungsprozesse in Gang zu setzen, um Markenbotschaften zu transportieren. Bei optimaler Umsetzung bietet dieses Instrument die Möglichkeit, Streuverluste stark zu minimieren.

Hierzu muss das Event-Marketing professionell geplant, durchgeführt und nachbereitet werden. Dabei lassen sich folgende drei Phasen unterscheiden:
- Pre-Event-Phase: Hier werden das Objekt des Events (Marke, Produktlinie etc.), die Eventziele und Eventstrategie, der Eventtyp und die Budgetierung festgelegt.
- Main-Event-Phase: Hier steht der reibungslose Ablauf der Veranstaltung im Fokus, d. h., die Eventinszenierung, die Ansprache der Zielgruppe, die Vermittlung der relevanten Botschaften usw.
- Post-Event-Phase: Hier gilt es, die Nachbereitung des Events zu gestalten, z. B. Nachfassaktionen und Folgemaßnahmen, aber auch Budget- und Erfolgskontrolle.

Ein Beispiel für gelungenes Event-Marketing ist der Red Bull Flugtag (vgl. Abbildung 10.15). Bei diesem Event stürzen sich „erfinderische Piloten in selbstgebastelten und selbstgestylten Flugkörpern" von einer Plattform in die Lüfte und dann ins Wasser. Dabei werden die „Flugkunst der Piloten" und die „Originalität der Flugelemente" von einer Jury bewertet und die Sieger ausgezeichnet. Mit diesem Event, das kontinuierlich in ausgewählten Städten weltweit stattfindet, gelingt es der Marke Red Bull in effektvoller Art und Weise die Markenbotschaft des unkonventionellen Energiespenders mit dem Claim „Red Bull verleiht Flügel" perfekt zu inszenieren.

Abbildung 10.15: Red Bull Flugtag (Quelle: Red Bull Content Pool).

Event-Marketing wird von Unternehmen meist als ein zusätzliches Element eingesetzt, um neben der Basiskommunikation über klassische Instrumente punktuell Akzente zu setzen und so die Marketing- und Kommunikationsziele zu unterstützen.

10.4.2.9 Guerilla-Marketing

Guerilla-Marketing ist ein Kommunikationsinstrument, durch das eine größtmögliche Aufmerksamkeit durch unkonventionelle und originelle Kommunikationsmaßnahmen erzeugt wird (Meffert et al. 2019, S. 784). Dazu ist es notwendig, dass sich der Kommunikator möglichst außerhalb der klassischen Werbekanäle bewegt. Wie Abbildung 10.16 zeigt, werden unter dem Oberbegriff des Guerilla-Marketings verschiedene Ausprägungen zusammengefasst.

Ambient Marketing wird definiert durch das Platzieren und Wirken eines Werbemittels in dem direkten Lebensumfeld der relevanten Zielgruppe. Die Integration in die Umwelt der Konsumenten dient dem Zweck, dass diese die Medienformate nicht als störend, sondern als sympathisch und originell wahrnehmen. In der Regel

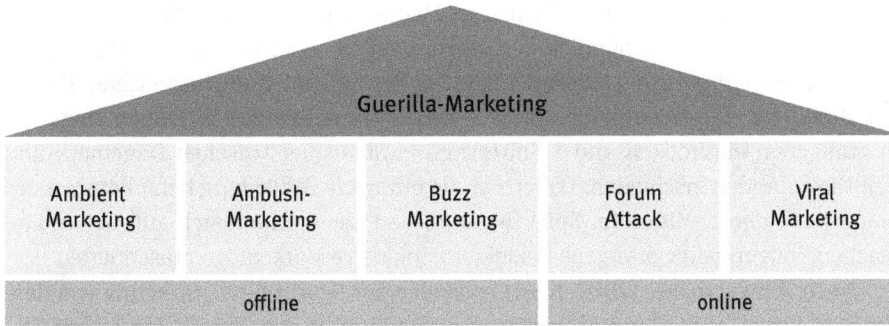

Abbildung 10.16: Die verschiedenen Ausprägungen des Guerilla-Marketings (Quelle: eigene Darstellung).

wird die Platzierung des Werbemittels besonders im Out-of-Home-Bereich vorgenommen, hier allerdings nicht als klassische Werbung (z. B. Plakat), sondern in Form von außergewöhnlichen Maßnahmen. Zu den bevorzugten Aktionsplätzen zählen unter anderem Restaurants, Bars, Diskotheken, aber auch hochfrequentierte Einkaufsstraßen, Bahnhöfe, Flughäfen, Sportstätten und Hochschulen.

Als einer der ersten Ansätze im Ambient Marketing innerhalb Deutschlands gilt seit Anfang der 1990er-Jahre die Edgar Freecard. Diese Postkarte – meist mit aufmerksamkeitsstarken Motiven oder Sprüchen verziert – liegt als frei erhältlicher Mitnahmeartikel in zielgruppenrelevanten Szenerestaurants oder Bars aus und wird somit in das Lebensumfeld der Zielgruppe platziert. Weitere Beispiele sind Werbung auf Pizzakartons, Zapfpistolen an Tankstellen, Halteschlaufen in Bahn- und Buslinien oder Toilettenplakate, die in den Sanitärräumen von Kneipen und Diskotheken ausgehängt werden.

Ambush-Marketing wird in der Fachliteratur auch oft als Parasiten- oder Trittbrettfahrermarketing bezeichnet. Bei dieser Ausprägung des Guerilla-Marketings profitiert ein Unternehmen von der hohen medialen Aufmerksamkeit bei stark frequentierten Veranstaltungen (z. B. Olympische Spiele, Fußball-WM oder -EM), ohne bei diesen als offizieller Sponsor monetäre Gegenleistungen gegenüber dem Veranstalter erbracht zu haben. Das Ziel des Ambush-Marketings ist es demnach, als vermeintlich offizieller Sponsor der Veranstaltung wahrgenommen zu werden, um somit die Vorteile des Sponsorings ohne hohe Aufwendungen zu erreichen. Hierbei werden solche Veranstaltungen für Trittbrettfahreraktionen okkupiert, die vom direkten Wettbewerber gesponsert werden, um eine möglichst genaue Zielgruppenansprache zu erreichen (Patalas 2006, S. 67).

Ein Beispiel für eine gelungene Ambush-Marketingaktion fand während des Berlin Marathons 1996 statt. Bei diesem Großereignis trat das Unternehmen Adidas als Hauptsponsor in Erscheinung. Eine ähnliche mediale Aufmerksamkeit wie der Gewinner des Laufes erhielt der älteste Teilnehmer im Läuferfeld. Der zu diesem Zeitpunkt achtzigjährige Läufer mit dem Namen Heinrich beendete diesen Marathonlauf erfolgreich und stand fortan im Fokus der Medien und mit ihm auch das Unternehmen, das ihn sponserte, nämlich der Sportartikelhersteller Nike (Zerr 2003, S. 587). Ein weiteres eindrucksvolles Beispiel fand bei der Fußball-Weltmeisterschaft 2010 in Südafrika statt. Die niederländische Biermarke Bavaria bezahlte 36 Frauen, damit sie in orangenen Miniröcken und T-Shirts zum Fußballspiel zwischen Dänemark und den Niederlanden erschienen. Dabei war die orangene Bekleidung beim Betreten des Stadions verdeckt. Mitten im Spiel fingen diese Frauen an auf sich aufmerksam zu machen, indem sie die orangene Bekleidung inklusive Markenlogo präsentierten.

Nach Schwarzbauer (2009, S. 61) leitet sich der Begriff Buzz Marketing von dem Verb „to buzz" (engl.: herumschwirren) ab. Im Kontext des Guerilla-Marketings bedeutet dies, dass ein Gerücht herumschwirrt bzw. etwas zu einem Stadtgespräch wird. Damit eine Marke zu einem Stadtgespräch werden kann, werden von dem Unternehmen ganz gezielt sogenannte Buzz Agents eingesetzt. Die Buzz Agents betreiben in ihrem sozialen Umfeld, beispielsweise am Arbeitsplatz, in dem direkten Familien- und Bekanntenkreis oder im Sportverein, für diese Produkte Empfehlungsmarketing, indem der Produktnutzen in einem persönlichen Gespräch in den Vordergrund gestellt wird. Als Gegenleistung für diese direkte und gesteuerte Art des Guerilla-Marketings erhalten die Buzz Agents Produktmuster, monetäre Leistungen oder Vergünstigungen (Patalas 2006, S. 68). Das Buzz Marketing wird meist von Unternehmen vor oder während der Produkteinführungsphase genutzt, um über die Buzz Agents einerseits die Steigerung der Bekanntheit des Produkts zu forcieren und anderseits noch zusätzliche Informationen über Verbesserungspotenziale zu gewinnen.

Das Unternehmen Henkel nutzte Buzz Marketing für eine Erhöhung der Markenbekanntheit des Produkts Persil Sensitive. Hierfür konnten 7.500 weibliche Buzz Agents sowie deren Freunde und Bekannte das neue Persil Sensitive auf die Hautverträglichkeit testen. Dazu wurden die Buzz Agents mit einer Produktprobe und jeweils 20 Proben zum Weitergeben ausgestattet.

Beim Forum Attack werden gezielt Diskussionsforen zu speziellen Themen und Produkten im Internet (in der Regel auf Social-Media-Plattformen) durch eigene Mitarbeiter von Unternehmen oder beauftragte Agenturen infiltriert, um sich innerhalb des Forums als Konsumenten auszugeben. Diese Personen verfassen dann unter anderen Namen positive Empfehlungen für die Produkte des Unternehmens, die dann Lesern und Mitgliedern des Forums als Basis für ihre Kaufentscheidung dienen sollen. Hierzu zählen auch im Auftrag von Unternehmen geschriebene Rezensionen zu bestimmten Produkten, z. B. 5-Sterne-Bewertungen bei Amazon.

Der Begriff Viral Marketing erhält seinen Namen anhand einer Assoziation aus der Medizin. Wie ein Virus werden hier in der Regel multimediale Inhalte wie Videos oder Bilder innerhalb von kürzester Zeit von Mensch zu Mensch weitergetragen (Lagner 2009, S. 27). Um diesen viralen Effekt zu erzeugen, eignet sich insbesondere das Internet, da über dieses Medium gezielt digitale Netzeffekte genutzt werden können, um multiplikativ eine kostenfreie Verbreitung der Informationen zu erzielen, die dann in exponentieller Geschwindigkeit vonstattengehen (Kollmann 2007, S. 304). Gerade bei den internationalen Plattformen wie Facebook, Instagram oder YouTube ist dieses durch die oft grenzüberschreitenden Kontakte innerhalb der Mitglieder erreichbar.

Eine sehr erfolgreiche virale Marketingaktion gelang dem Unternehmen Danone im Jahr 2009. Über das Online-Videoportal YouTube wurde den Nutzern ein kurzer Videoclip zur Verfügung gestellt, in dem Kleinkinder auf Rollschuhen erstaunliche Tricks vorführten, nachdem sie Evian getrunken hatten. Binnen Stunden verbreitete sich der Link zu dem computergenerierten Video hunderttausendfach, auch aufgrund der Pinnwandeinträge und Statusmeldungen über Facebook. Ein weiteres prominentes Beispiel ist die Weihnachtskampagne „Heimkommen" von Edeka aus dem Jahr 2015, dessen zugehöriger Videoclip in kurzer Zeit millionenfach im Internet geteilt wurde.

Bei allen Aktivitäten des Guerilla-Marketings ist kritisch zu betrachten, dass nicht gegen geltendes Recht verstoßen werden darf. Insbesondere beim Ambient Marketing sollten rechtliche Aspekte beachtet werden, andernfalls drohen hohe Geldbußen aufgrund von Anzeigen wegen des Tatbestands der Sachbeschädigung. Auch beim Ambush-Marketing bewegt sich das Trittbrettfahren sehr oft in einer rechtlichen Grauzone, da die dahinterstehenden Unternehmen sich nicht an der Finanzierung der Veranstaltungen beteiligt haben. Aus diesem Grund werden oft Bannmeilen bei Großereignissen eingerichtet, die den offiziellen Sponsoring-Partnern ein exklusives Werbe- und Verkaufsrecht einräumen. Bei einem Verstoß gegen diese Exklusivrechte werden hohe Geldstrafen fällig. Neben den strafrechtlichen Konsequenzen kann Guerilla-Marketing auch zu einem Imageschaden für ein Unternehmen führen, wenn eine Aktion von den Konsumenten negativ aufgenommen wird.

10.4.2.10 Internetmarketing

Die steigende Verbreitung und Nutzung des Mediums Internet schafft die Voraussetzungen für das **Internetmarketing**. Mittlerweile nutzen 87,4 % der deutschen Wohnbevölkerung ab 16 Jahren das Internet und sind somit auch potenziell über Internetmarketing erreichbar (Arbeitsgemeinschaft Online-Forschung 2020, S. 5).

Die Besonderheiten des Mediums Internet in der kommunikativen Nutzung lassen sich in Anlehnung an Bauer und Neumann (2002, S. 4 ff.) wie folgt zusammenfassen:
- Durch die Interaktivität können Unternehmen einen direkten Dialogprozess mit der Zielgruppe initiieren. Der Internetnutzer kann beispielsweise bei Interesse auf einen Banner klicken und ihm wird sofort das Angebot gegenübergestellt. Durch Integration von Response-Elementen ergeben sich zugleich neue Chancen für ein kundenorientiertes Direktmarketing.
- Die Eigenschaften des Internets ermöglichen eine Individualisierbarkeit, d. h., die Unternehmen können ihre Kommunikation entsprechend der Interessen der Zielgruppen anpassen.

- Die Multimedialität des Internets erzeugt einen sogenannten sensorischen Effekt, d. h., die Eigenschaften von TV-, Print- und Funkmedien können in diesem Medium vereint werden.
- Ebenso zeichnet die Intensität das Internet aus. Die Kommunikation zwischen dem Unternehmen und den Zielpersonen kann spannender und erlebnisdichter gestaltet werden als in anderen Medien.
- Das Medium Internet beinhaltet durch die hier vorliegende Schnelligkeit und Aktualisierbarkeit ein hohes Maß an Dynamik und Flexibilität. Dies ermöglicht eine jederzeit umsetzbare Anpassung an Marktveränderungen, z. B. in Form von Produktverbesserungen oder neuen Preisen.
- Die Nutzung des Internets garantiert einen Ubiquitätseffekt, durch den Unternehmensaktivitäten auf globalen Märkten erleichtert werden.
- Durch die Virtualität ergeben sich im Internet Möglichkeiten, schnell und kostengünstig emotionale Erlebnisse zu vermitteln, die mithilfe der Elektronik geschaffen werden und den Nutzer interaktiv einbeziehen.
- Die Vernetztheit des Internets ist eine weitere Besonderheit dieses Mediums, mit der die Aufmerksamkeit für Markenleistungen erhöht werden kann, da Verlinkungen zu unterschiedlichen und interessanten Zielseiten machbar sind.

Der rasante Bedeutungsanstieg des Internets am Mediennutzungsverhalten der Konsumenten führt gleichzeitig auch zu einem wachsenden Einfluss des Internets auf die Kommunikationsmaßnahmen innerhalb des Marketingmix von Unternehmen. Wie Abbildung 10.17 zeigt, findet mit dem Wandel des Internets vom sogenannten Web 1.0 bis zum Web 2.5 auch eine Weiterentwicklung der korrelierenden internetspezifischen Maßnahmen statt. Hierbei ist anzumerken, dass auch heute und zukünftig alle diese Maßnahmen im Rahmen der weborientierten Kommunikation eines Unternehmens in Betracht kommen können.

Web 1.0	Web 2.0	Web 2.5
Übermittlung von Informationen	personalisierte Kommunikation	Social-Media-Marketing
– Website – E-Newsletter – Bannerwerbung	– Forum und Chat Group – personalisierte Newsletter – individualisierte Banner – Suchmaschinen-Marketing	– E-Community – User-generated-Content-Portal

Abbildung 10.17: Entwicklungsphasen im Internetmarketing (Quelle: Runia et al. 2019, S. 353).

Das Web 1.0 charakterisiert die Anfänge der marketingrelevanten Nutzung des Internets. In dieser Phase steht die Übermittlung von Informationen seitens der Unternehmen an den Konsumenten im Vordergrund der kommunikationspolitischen Maßnahmen im Web.

Folgende Maßnahmen sind charakteristisch für das Web 1.0:

– Websites von Unternehmen bzw. Marken, auf denen der Konsument alle nötigen Basisinformationen über ein Produkt oder eine Dienstleistung abrufen kann,
– elektronische Newsletter, d. h. Informationsbriefe, die regelmäßig an Kunden oder Interessenten eines Unternehmens geschickt werden und z. B. aktuelle Angebote enthalten.
– Bannerwerbung in unterschiedlicher Formen, z. B. Buttons, Skyscraper, Hockeysticks, Pop-ups, Pop-unders und Rectangles.

Die personalisierte Kommunikation steht bei der Charakterisierung des Web 2.0 im Vordergrund. Bei den Anwendungsformen des Web 2.0 ist der persönliche Kontakt zum Endverbraucher und die individuelle Ansprache des Konsumenten elementar.

Kennzeichnend für das Web 2.0 sind die folgenden Maßnahmen:

– Foren und Chat Groups, die einen themenspezifischen Informationsaustausch unter Interessierten ermöglichen, z. B. bei Markencommunities,
– personalisierte Newsletter, d. h. weiterentwickelte Newsletter, die ausschließlich aus personalisierten Produktangeboten bestehen, die mittels One-Click-Shopping gekauft werden,
– individualisierte Bannerwerbung, die auf Basis von vorliegenden Nutzerprofilen eine zielpersonenrelevante Ansprache ermöglichen,
– Suchmaschinenmarketing (Search Engine Marketing = SEM), bestehend aus Search Engine Optimisation (SEO) und Search Engine Advertising (SEA): SEO zielt darauf ab, die eigene Internetseite durch programmiertechnische Spezifikationen innerhalb des Quellcodes möglichst hoch in den Ergebnissen relevanter Suchanfragen zu platzieren. SEA beinhaltet vom Unternehmen bezahlte Suchergebnisse, die als gesponserte Links bei themenrelevanten Suchanfragen angezeigt werden, was insbesondere bei der Suchmaschine von Google üblich ist (Keyword Advertising).

Im Kontext von Web 2.0 ist auch das Affiliate Marketing (Lammenett 2012, S. 23 ff.) als Spezialfall zu verorten. Dabei ist Affiliate Marketing im Grunde nichts Neues, sondern ein Rückgriff auf bewährte Vertriebsstrukturen des klassischen Marketings, speziell auf das Vertriebspartnerprinzip. Der Partner (Affiliate) bewirbt Produkte anderer Unternehmen (Merchants) auf seiner eigenen oder einer ganz bestimmten Website. Er erhält für jede Transaktion oder jeden Verkauf, der durch seine Kommunikationsmaßnahmen generiert wird, eine Provision, die zwischen Merchant und Affiliate individuell ausgehandelt wird. Üblich sind Provisionen pro Klick (Pay-per-Click) oder pro Interessent/Abonnent/Adresse/Download (Pay-per-Sale).

Das Social-Media-Marketing wird als Web 2.5 bezeichnet und bindet den Konsumenten aktiv in die Kommunikationsmaßnahmen eines Unternehmens ein. Nach Brennan/Flanagan/Wolf (2009, S. 1) bezeichnet Social Media eine Vielfalt digitaler Medien und Plattformen, die es Nutzern ermöglicht, sich ohne große technische Barrieren untereinander auszutauschen, selber mediale Inhalte zu produzieren und diese für andere Nutzer zur Verfügung zu stellen.

In Anlehnung an Kollmann (2019, S. 104) wird bei den sozialen Netzwerken in die Bereiche E-Community und User-generated-Content-Portal unterschieden:

– E-Community, d. h. eine technische Plattform für die Zusammenkunft einer Gruppe von Individuen, die in einer bestimmten Beziehung stehen bzw. zueinanderstehen wollen. Beispiele für diese Art der sozialen Netzwerke sind Facebook, Instagram und TikTok.
– User-generated-Content-Portal, bei dem der Schwerpunkt auf der Verbreitung von selbst erstellten digitalen Inhalten ohne Beschränkung der Nutzergruppe liegt. Als prägendes Beispiel soll hier das Videoportal YouTube genannt werden.

Innerhalb der wissenschaftlichen Diskussion der Entwicklungsstufen ist die Einordnung des Web 3.0 umstritten. Häufig wird hier eine reine technologische Weiterentwicklung thematisiert. Aus kommunikationsspezifischer Sicht sind hier semantische Verknüpfungen und automatisiertes intelligentes Suchverhalten zu verorten.

An dieser Stelle folgt eine Übersicht der in der Literatur meistgenannten sowie in der Praxis am häufigsten genutzten Social-Media-Typen:

– Blogs (Weblogs) haben sich im Lauf der Zeit zu einer Anwendung entwickelt, welche die Möglichkeit bietet, Meinungen zu spezifischen Themen, News oder anderen Inhalten zu veröffentlichen. Unternehmen können in diesem Sinne Corporate Blogs nutzen.
– Microblogs stellen eine Unterart der Blogs dar, bei der User kurze, SMS-ähnliche Textnachrichten publizieren, deren Länge in der Regel auf 280 Zeichen begrenzt ist. Der mit Abstand größte Microbloggingdienst ist Twitter.
– Bewertungsplattformen dienen speziell der Bewertung von Leistungen und somit der Information und Orientierung der Verbraucher. Bekannte Plattformen sind z. B. Yelp für Restaurants, Kununu für Arbeitgeber sowie HolidayCheck für Hotels und Pensionen. Auch der Versandhändler Amazon entwickelt sich speziell für Bücher und Musik zu einem umfangreichen Bewertungsportal.
– Foto-, Video- und Slidesharing nutzen User um Fotos, Videos und Präsentationen zu verbreiten. Diese können dann von anderen Teilnehmern bewertet, kommentiert und weiterempfohlen werden, wodurch sogenannte virale Effekte entstehen können. Bekannte Beispiele solcher Dienste sind YouTube (Videos), Flickr (Fotos) sowie Slideshare (Präsentationen).
– Soziale Netzwerke (Social Networks) bieten Usern die Möglichkeit, sich mit anderen Nutzern zu verbinden, auszutauschen und über Neuigkeiten aus ihrem

Netzwerk zu informieren. Die bekanntesten sozialen Netzwerke sind Facebook, Instagram und TikTok.

– Business-Netzwerke sind eine fokussierte Form der sozialen Netzwerke und werden von Unternehmen und Mitarbeitern gleichermaßen als Präsentationsplattform genutzt. Im deutschsprachigen Raum ist Xing das bekannteste Netzwerk, international ist LinkedIn führend.

– Wikis können für geschlossene (unternehmensinterne) oder öffentliche Nutzergruppen zugänglich sein und dienen dem Online-Austausch von Wissen und Informationen. Die bekannteste Wiki-Form ist die Online-Enzyklopädie Wikipedia.

– Location-based Services wie der führende Anbieter Foursquare zeigen Nutzern an, welche Geschäfte, Cafés, Restaurants oder andere Angebote sich in unmittelbarer Nähe befinden. Das von den Usern nutzbare Tool ist das virtuelle Einchecken an diesen Orten und dessen Veröffentlichung z. B. via Facebook oder Twitter. In dieser Form können Unternehmen z. B. auch auf Aktionen hinweisen.

– Social Bookmarks sind Internet-Lesezeichen, die es Internet-Nutzern ermöglichen, die Favoritenliste ihres Browsers im Web zu hinterlegen. Hierdurch können die gleichen Bookmarks von verschiedenen Rechnern aus genutzt und bearbeitet werden.

Im Social-Media-Marketing gewinnt das Influencer-Marketing als eine Weiterentwicklung der Testimonial-Gestaltungstechnik stark an Bedeutung. Hierdurch verlagert sich im Zuge der Digitalisierung der Ansatz der Meinungsführerschaft von klassischen zu digitalen Medien (Social-Media-Plattformen). Relevante Kriterien für die Auswahl von Influencern aus Sicht der Marke sind:

– Markenfit (Passung Influencer-Image/Markenimage),
– Glaubwürdigkeit des Influencers,
– Reichweite (Anzahl Follower, Abonnenten).

Eine große Herausforderung beim Social-Media-Marketing ist die Dynamik und die begrenzte Steuerungsmöglichkeit der relevanten Maßnahmen. Zahlreiche Beispiele in der Vergangenheit verdeutlichen, dass auch weltweit agierende Unternehmen bzw. Marken die Gefahr des medialen Steuerungsverlusts innerhalb der sozialen Netzwerke unterschätzen.

Roszinsky (2010, S. 27 ff.) benennt fünf Erfolgsfaktoren für den Einsatz von Social-Media-Marketing:

– Eine Interaktion bzw. der Dialog muss von dem kommunizierenden Unternehmen erwünscht sein. Damit erkennt es den Konsumenten als gleichwertigen Kommunikationspartner an. Hierfür ist es unvermeidlich, dass eine zielgruppengerechte Ansprache und Tonalität gewählt wird, um somit die Marke authentisch zu repräsentieren.

– Im engen Zusammenhang steht hierzu auch die Glaubwürdigkeit. Die Marke sollte tendenziell eher eine moderierende als bestimmende Rolle einnehmen, da sie als Absender der Social-Media-Kommunikation wahrgenommen wird. Wichtig hierfür ist auch eine moralisch-ethische Markenkommunikation.

- Das Vertrauen in die Marke ist ein weiterer Erfolgsfaktor, da die Verlässlichkeit in Bezug auf alle Markenaussagen und die Wahrheitstreue von Markenversprechen gegeben sein muss.
- Eine Beteiligung der Konsumenten in der Kommunikationspolitik führt häufig auch zu geäußerter Kritik. Hierbei ist die Offenheit des Unternehmens im Umgang mit den genannten Beanstandungen eine wichtige Grundhaltung.
- Den Mittelpunkt der Bemühungen in Bezug auf das Social-Media-Marketing bildet die Zielgruppenaffinität. Dies bedeutet die Übereinstimmung zwischen der Kommunikationszielgruppe der Marke und den Nutzern der Medien, die für die Markenkommunikation eingesetzt werden. Zudem umfasst es die inhaltliche Dimension der Kampagne. Die Botschaftsinhalte und die gestalterischen Botschaftselemente sind auf die Zielgruppe abzustimmen, um sie bestmöglich zu informieren, zu aktivieren, zu bestätigen oder zu überzeugen.

Aus diesen Erfolgsfaktoren leitet Roszinsky (2010, S. 45) einen Social Media Success Key ab. Die Zielgruppenaffinität bildet hiernach das Fundament des Social-Media-Marketings, auf dem alles Weitere aufbaut. Insgesamt liegen Interdependenzen der weiteren Faktoren vor, wobei die Glaubwürdigkeit als zentrales Konstrukt nur dann gegeben ist, wenn die Marke offen, fair und ohne versteckte Absichten agiert. Empfehlungsstimulierende Maßnahmen, wie z. B. Markeninformationen mit Neuigkeits- bzw. Unterhaltungswert, geben dann den Erfolgsfaktoren einen Rahmen. Abbildung 10.18 stellt den Social Media Success Key dar.

10.4.3 Integrative Kommunikationskonzepte

Zum Abschluss des Kapitels werden die drei bekanntesten Konzepte beschrieben, die allesamt einen übergeordneten, integrativen Ansatz mit der grundsätzlichen Zielsetzung verfolgen, die Wirkung der Kommunikationsmaßnahmen eines Unternehmens zu steigern:
- Corporate Identity,
- Integrierte Kommunikation,
- Cross-Media-Kommunikation.

Die **Corporate Identity (CI)** bildet den Kern einer Unternehmung und wird durch die Vision, die Mission und die Ziele der Unternehmung bestimmt. Dieses Konzept bezieht sich zum einen auf Dachmarken, zum anderen auf Unternehmensmarken, die nicht als Dachmarken genutzt werden, sondern im Sinne des Stakeholder-Ansatzes ausgerichtet sind. Die Corporate Identity kann als das definierte und gelebte Selbst-

Marken-
informationen mit
Neuigkeits-bzw.
Unterhaltungs-
wert

Dialog/Interaktion
zielgruppenrelevante Themen
authentisch kommunizieren

kommunikative
Kontinuität
durch
Interaktions-
plattform

**Glaub-
würdigkeit**

Vertrauen
Wahrheitstreue
in der Marken-
kommunikation

Offenheit
aktive Einbindung
und offener Umgang
mit Kritik

Möglichkeiten
des Erlebens der
Marke

Marke
agiert
offen, fair und
ohne versteckte
Absichten

Zielgruppenaffinität

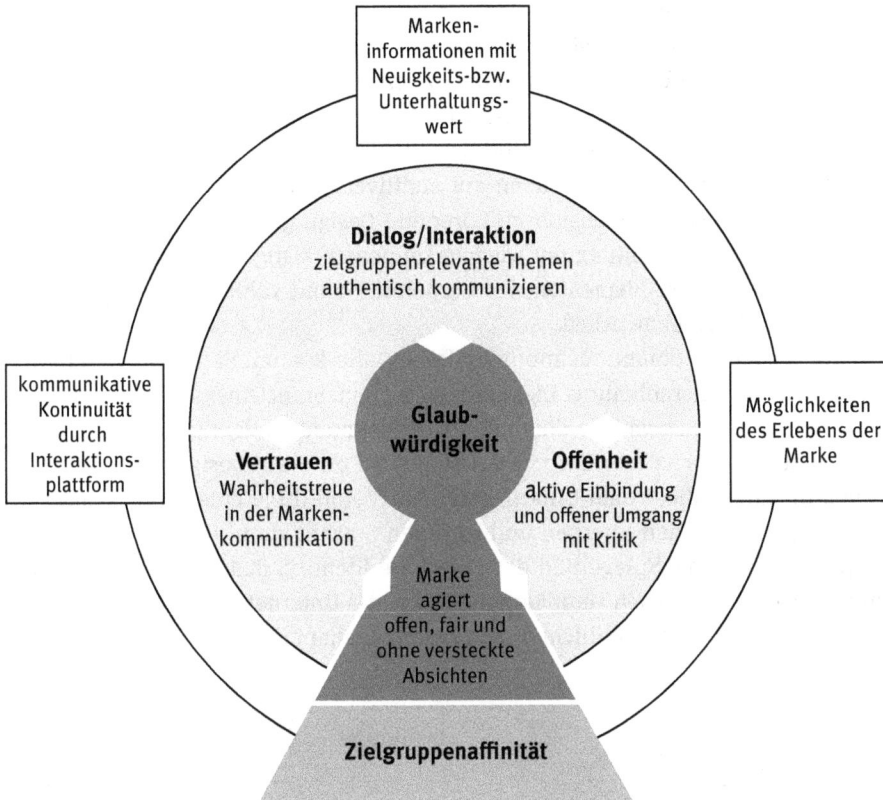

Abbildung 10.18: Der Social Media Success Key (Quelle: eigene Darstellung in Anlehnung an Roszinsky 2010, S. 45).

verständnis des Unternehmens verstanden werden. Sie bildet die Grundlage für das Führungs-, Markt- und Kommunikationsverhalten.

Für den Aufbau und die Durchsetzung der Corporate Identity sind drei Bestandteile im Identitätsmix verantwortlich (Birkigt et al. 1998):

Das Corporate Behavior kennzeichnet das schlüssige Verhalten eines Unternehmens. Ein Unternehmen wird an seinem realen Verhalten im Markt gemessen und nicht an seinen Ankündigungen oder Versprechen. Deshalb ist die konzeptgeleitete Professionalität der Mitarbeiter im Umgang untereinander und gegenüber den Kunden sowie anderen Anspruchsgruppen von entscheidender Bedeutung. Das schlüssige Verhalten basiert auf der definierten und entsprechend gelebten Unternehmenskultur (Corporate Culture). Hierbei übernimmt die Unternehmensführung eine wichtige Rolle, da sie die Kultur einer Unternehmung stark prägt, indem das gewünschte Verhalten von den Top-Managern vorgelebt wird. Gelingt die Umsetzung in den Arbeitsalltag, fungieren die Mitarbeiter im Falle einer Dachmarke als Markenbotschafter.

Das Corporate Design gestaltet das unternehmensspezifische Erscheinungsbild. Eine optimale Geschlossenheit im visuellen Auftritt wird durch das einheitliche Zusammenwirken von Unternehmensname, -zeichen und -farben, Gestaltungsrastern, Leitlinien für Design-Elemente in klassischen und modernen Kommunikationsinstrumenten, typischen Sprachmitteln und Sprachstilen sowie einer unverwechselbaren Architektur erreicht. Zudem können auf auditiver Ebene Elemente des Corporate Sound als akustische Dimension im Corporate Design genutzt werden, um so die sichtbare Identitätsgestaltung mit wiedererkennbaren klanglichen Komponenten zu unterstützen. Zu den Elementen des Corporate Sound zählen Klanglogo, Jingle, Werbe- bzw. Unternehmenslied.

Die Corporate Communications umfassen alle kommunikativen Botschaften und Bilder der Unternehmung. Diese müssen sich im Sinne einer identitätsorientierten Kommunikation ebenfalls durch Einheitlichkeit und Eindeutigkeit auszeichnen.

Der Identitätsmix aus Corporate Behavior, Corporate Design und Corporate Communications dient dem Unternehmen zur Vermittlung eines definierten Soll-Images gegenüber den internen und externen Stakeholdern. Das Resultat ist das Corporate Image als Spiegelbild der Corporate Identity, d. h., das in den Köpfen und Herzen der Menschen verankerte Ist-Image des Unternehmens.

Abbildung 10.19 verdeutlicht diesen Zusammenhang:

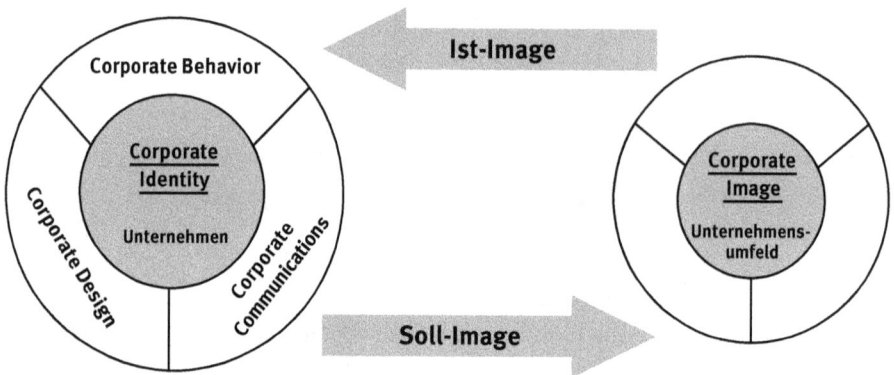

Abbildung 10.19: Corporate Identity und Corporate Image (Quelle: Runia et al. 2019, S. 363).

Die Corporate Identity gibt einer Unternehmung die Möglichkeit, sämtliche Kommunikationsaktivitäten an einem stringenten Grundgerüst zu orientieren, damit deren Wirkung zielgenau erfolgen kann und keine kommunikativen Widersprüche entstehen.

Während das Konzept der Corporate Identity die Kommunikation von Unternehmen seit den 1970er-Jahren prägte, rückte in den 1990er-Jahren das Konzept der Integrierten Kommunikation als Begriff für eine integrative Ausrichtung der Kommunikationspolitik in den Vordergrund. Begründung dafür war die weiter zunehmende Informationsüberlastung (Information Overload) durch die klassische

Werbung, die mit der Entwicklung des Internets zum Massenmedium zusätzliche Dynamik erfahren hat.

Integrierte Kommunikation bedeutet eine konsistente Umsetzung der gewählten Kommunikationsstrategie auf der operativen Ebene durch die optimale inhaltliche, formale und zeitliche Abstimmung aller eingesetzten und potenziellen Kommunikationsinstrumente, wobei ein höchstmöglicher Grad der gegenseitigen Unterstützung in der Kommunikationswirkung angestrebt wird, um so die definierten Kommunikationsziele der Marke zu erreichen. Bei dieser Betrachtung handelt es sich um Einzel- bzw. Familienmarken; bei Dachmarken kann alternativ das Konzept der Corporate Identity angewendet werden.

Die inhaltliche Integration ist im Sinne der thematischen Konsistenz dafür verantwortlich, dass das in der Positionierung definierte unverwechselbare Nutzen-Leistungs-Versprechen (Consumer Benefit) der Marke (USP/UAP/UCP) durch die nachvollziehbare Begründung (Reason Why) mittels der Botschaft widerspruchsfrei zur Zielgruppe kommuniziert wird und dadurch die Differenzierung gegenüber dem Wettbewerb gelingt. Beispielsweise schafft es BMW, die Markenwerte „dynamisch", „herausfordernd" und „kultiviert" über das zentrale Markenversprechen „Fahrfreude" durchgängig über die gesamte Marken- und Produktebene in den Fokus der Kommunikation zu stellen und sich so eindeutig gegenüber den Hauptmitbewerbern Audi und Mercedes zu differenzieren (Esch 2012a, S. 97). Die inhaltliche Integration dokumentiert den von den Markenverantwortlichen im Unternehmen festzulegenden Teil für die Zusammenarbeit mit internen Kommunikationsabteilungen bzw. externen Kommunikationsagenturen (z. B. als Briefingbestandteil).

In Anlehnung an Bruhn (2006, S. 74 ff.) hat die inhaltliche Integration eine funktionale, instrumentale, horizontale und vertikale Komponente:

Über die funktionale Integration wird festgelegt, welche spezifischen Funktionen einzelne Kommunikationsinstrumente erfüllen sollen. Z. B. können über eine Markenhomepage oder ein Markenportal zusätzliche Informationen zur Unterstützung der Begründung des Nutzen-Leistungs-Versprechens transportiert werden. Mittels der instrumentalen Integration wird das Verbinden der einzelnen Kommunikationsmaßnahmen und -aktivitäten im Hinblick auf die gegenseitige Unterstützung zur Erreichung optimaler Synergieeffekte überprüft. Sowohl die horizontale als auch die vertikale Integration setzen bei der funktionalen und instrumentalen Komponente an. Während die horizontale Integration diese Komponenten dadurch ergänzt, dass die inhaltliche Koordination der Kommunikationsinstrumente auf einer vom Unternehmen genutzten Absatzstufe (z. B. Handelspartner) gesteuert wird, übernimmt die vertikale Integration diese Aufgabe – abhängig von der grundsätzlichen Ausrichtung des vertikalen Marketings einer Unternehmung – über alle genutzten Absatzstufen (z. B. Verkaufspersonal → Handel → Endverbraucher). Zielsetzung ist es, diese Stufen als separate Anspruchsgruppen individuell und über für sie relevante Instrumente anzusprechen, die inhaltliche Integration dabei aber immer in den Mittelpunkt aller Maßnahmen zu rücken.

Diese vier Komponenten der inhaltlichen Integration bilden die Basis der Integrierten Kommunikation, die auch für die formale und zeitliche Integration bindend ist.

Die formale Integration stellt die gestalterische Konsistenz sicher. Dabei können sowohl visuelle als auch auditive Gestaltungselemente zum Einsatz kommen. Zur sichtbaren Wiedererkennung werden meist Markenname, -logo, -zeichen, -farben, -claim, -key visual usw. genutzt, als akustisches Erkennungsmerkmal dient oft eine Klangfolge (auch Klang- oder Audiologo genannt), ein Jingle oder ein Werbesong. Kennzeichnend für die Marke BMW ist das weiß-blaue Rautenmuster im schwarzen Ring, der innen und außen von einem goldenen Rand umschlossen ist und im oberen Bereich zentriert die Versalien der Marke enthält. Des Weiteren benutzt BMW konsequent den Claim „Freude am Fahren". Auf diese Weise entsteht eine formale Konstante in der Unternehmens- und Markenkommunikation, die zudem in der jeweiligen Modellkampagne mit einem produktspezifischen Claim ergänzt werden kann.

Die zeitliche Integration sichert die chronologische Konsistenz ab und beinhaltet zwei Dimensionen. Zum einen spielt das Timing eine wichtige Rolle, d. h., die Auswahl des Zeitraums für eine Kommunikationskampagne (z. B. das Frühjahr für Diätprodukte). Zum anderen müssen die eingesetzten Kommunikationsinstrumente innerhalb einer Kampagne zeitlich bestmöglich aufeinander abgestimmt sein. Auf diese Weise können sehr gute Erinnerungswerte erzielt und auch der Mitteleinsatz zur Erreichung der Kommunikationsziele kann so optimiert werden.

Die Marke BMW ist mit dem Markenversprechen „Fahrfreude" ein gutes Beispiel für eine weitere, dritte Dimension, die zwar der zeitlichen Integration zugeordnet werden kann, die aber auch die inhaltliche und die formale Integration wesentlich tangiert. Gemeint ist hier die Kontinuität in der Markenkommunikation. Wenn die Kommunikationsstrategie und die Markenbotschaft langfristig angelegt sind (zeitlicher Aspekt), die Botschaft authentisch das Nutzen-Leistungs-Versprechen der Marke transportiert (inhaltlicher Aspekt) und die festgelegten Gestaltungselemente kontinuierlich eingesetzt werden (formaler Aspekt), steigen auch in der heutigen Markt- und Medienumwelt die Chancen wesentlich, die definierten Kommunikationsziele der Marke zu erreichen.

Die Integrierte Kommunikation lässt sich in der Ausprägung über ihre drei Formen näher beschreiben, wie die Abbildung 10.20 zeigt.

Zusammenfassend lässt sich sagen, dass die inhaltliche Integration die komplexeste Form der Integrierten Kommunikation ist und daher zeigen viele Unternehmen gerade hier in der Umsetzung große Defizite auf. Aber auch im Einsatz von formaler und zeitlicher Integration gibt es in der Praxis oft Verbesserungspotenzial. Das liegt zum einen an dem enormen internen Planungs-, Organisations- und Abstimmungsaufwand, der besonders Global Player mit Mehrmarkenstrategien bzw. mit Markenstrategien im internationalen Wettbewerb betrifft. Erschwerend kommt für diese Großkonzerne hinzu, dass sich durch die Zusammenarbeit mit den diver-

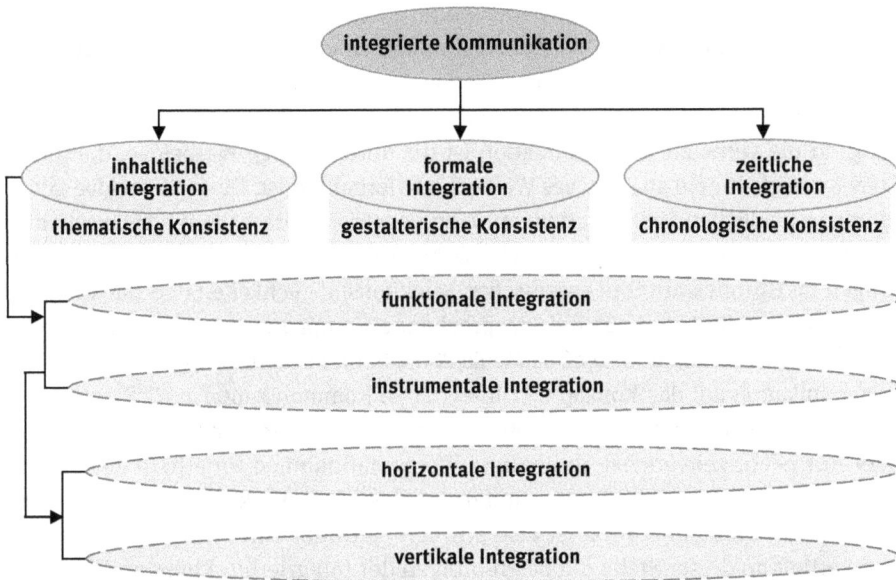

Abbildung 10.20: Formen der Integrierten Kommunikation (Quelle: Runia et al. 2019, S. 364).

sen internationalen und nationalen Kommunikationsagenturen im gesamten Koordinationsprozess ein zusätzlicher Grad der Komplexität ergibt. Zum anderen liegt die Problematik auch darin begründet, dass die Markenverantwortlichen im heutigen Wettbewerbsumfeld oft unter so großem operativen Erfolgsdruck stehen, dass Aktionismus zur Erreichung der kurzfristig formulierten Ziele in der Kommunikation dem mittel- bis langfristig angelegten Konzept der Integrierten Kommunikation vorgezogen wird.

Zu Beginn der 2000er Jahre tauchte im Zusammenhang von integrativen Kommunikationskonzepten immer häufiger der Begriff der Cross-Media-Kommunikation auf und wurde dabei oft der Integrierten Kommunikation gleichgesetzt. An dieser Stelle wird deutlich darauf hingewiesen, dass diese Betrachtung zu undifferenziert ist. Integrierte Kommunikation und Cross-Media-Kommunikation sind sich ergänzende Konzepte (Bruhn 2006, S. 31), die in ihrer Rangfolge nacheinander gesetzt eine noch stärkere Verdichtung der kommunikativen Ausrichtung einer Marke ermöglichen und somit die Kommunikationswirkung steigern. Während die Integrierte Kommunikation für die Koordination aller Instrumente auf der gesamten operativen Ebene der Kommunikationspolitik verantwortlich zeichnet und so die Kommunikationsziele der Marke unterstützt, steht bei der Cross-Media-Kommunikation die Verbindung von Maßnahmen auf der instrumentellen Teilebene der Werbung und damit die Unterstützung der Werbeziele im Vordergrund.

Cross-Media-Kommunikation charakterisiert die Vernetzung der Kommunikation über klassische und moderne Medien hinweg mit der Zielsetzung einen kommunikativen Mehrwert für das werbetreibende Unternehmen zu generieren und auf diese Weise die Rendite von Werbeinvestitionen zu erhöhen. Der Schwerpunkt der Betrachtung liegt auf den relevanten Trägermedien für die kampagnenrelevante Werbebotschaft einer Marke und berührt somit das Thema der Mediaselektion. Voraussetzung für die vernetzte Kommunikation ist die durchgängige Werbeidee, die in der Copy-Strategie für ein spezifisches Werbeobjekt formuliert ist. Diese Werbeidee gilt es in unterschiedlichen Mediengattungen so zu penetrieren, dass die Werbebotschaft in optimaler Weise die Zielgruppe erreicht. Dabei werden die verschiedenen Mediengattungen im Hinblick auf ihre spezifischen Selektionsmöglichkeiten und Darstellungsformen ausgewählt und für die entsprechende Kampagne inhaltlich und formal aufeinander abgestimmt (SevenOne Media 2003, S. 6). Insofern greift die Cross-Media-Kommunikation auf das Konzept der Integrierten Kommunikation zurück, wobei der zeitliche Aspekt keine zentrale Rolle spielt, da es sich in der Regel um parallel oder nur leicht zeitversetzt geschaltete Werbemaßnahmen innerhalb eines Kampagnenverlaufs handelt. Die Optimierung der Werbewirkung im Rahmen der Cross-Media-Kommunikation ist also auf den Zeitraum einer Kampagne bezogen und vertieft an dieser Stelle die Bestrebungen der Integrierten Kommunikation.

Definitorischer Ansatz der Cross-Media-Kommunikation ist der zeitgleiche Einsatz mehrerer Mediengattungen als Träger der Werbebotschaft, die über die durchgängige Werbeidee in den verwendeten Werbemitteln miteinander verbunden sind. Grundsätzlich erfüllt also schon das Vorhandensein von zwei verschiedenen Mediengattungen diesen Ansatz. Dies ist aber bereits bei einer klassischen Mediamix-Kampagne – z. B. die Kombination von TV-Werbung mit Funk-Unterstützung – der Fall. Auch hier kann die Wahl der jeweiligen Mediengattung aufgrund der selektiven Zielerfüllung oder der besonderen Darstellungsmöglichkeit erfolgen. Beispielsweise spricht die Reichweitenstärke für den Einsatz von TV als Basismedium und die Aktualität für das Hinzuziehen von Funk-Werbung als flankierendes Medium.

Das Konzept der Cross-Media-Kommunikation setzt daher an diesem Punkt an, erweitert diesen Aspekt aber um die besondere Bedeutung, die den ausgewählten Mediengattungen zukommt. Cross-Media-Kampagnen zeichnen sich dadurch aus, dass die Werbeträger sichtbar miteinander verknüpft sind und eine gezielte Führung der Zielpersonen durch deutlich wahrnehmbare Verweise von einem Medium (Lead-Medium) zum anderen (Ziel-Medium) erfolgt. Diese aktive Nutzerführung über die geschalteten Mediengattungen hinweg – auch Medientransfer genannt – hat das Ziel, die Werbezielgruppe vielschichtig anzusprechen und damit sowohl ihr selbst als auch dem werbetreibenden Unternehmen einen spezifischen Mehrwert zu bieten (SevenOne Media 2003, S. 10ff.). Beispielsweise wird im Rahmen einer Kampagne über die klassische TV-Werbung (Lead-Medium) eine Reichweitenbasis für die Werbeidee aufgebaut, die Marke emotional aufgeladen und so erste Eckpunkte für das Aufnehmen der Werbebotschaft beim Rezipienten gesetzt. Über den integrierten Hinweis auf ein Online-Kampagnen-Special auf der Markenhomepage (Ziel-Medium) wird die Werbeidee als verbindendes Element aufgegriffen und der Nutzer dort mit tieferge-

henden Informationen zur Werbebotschaft versorgt. Dies führt aufgrund der multika-
nalen Ansprache der Kernzielgruppe zu erhöhten Kontaktzahlen, gleichzeitig vertief-
ten Kontaktintensitäten und trägt zur Verminderung von Streuverlusten bei. Im
Sinne des Kommunikationsprozesses entsteht eine intensivere Informationsverarbeitung und Beschäftigung mit den Inhalten des Markenversprechens in einem entspan-
nten, selbstgewählten Umfeld ohne Zeitbegrenzung, sodass auf diese Weise ein
höheres Involvement bewirkt wird.

Die spezifischen Qualitäten wie z. B. Individualisierbarkeit, Interaktivität, Multimedialität, Virtualität geben der Cross-Media-Kommunikation die Berechtigung,
als eigenständiges integratives Kommunikationskonzept gewertet zu werden. Darüber hinaus existieren neben der Vernetzung von klassischer Kommunikation wie
TV- und Print-Werbung mit Internetmarketing weitergehende Möglichkeiten der geführten, intensiven Zielgruppenansprache z. B. über Direktmarketing oder Event-
Marketing. Abbildung 10.21 zeigt die sequenzielle Wirkungsweise von Cross-Media-
Kommunikation:

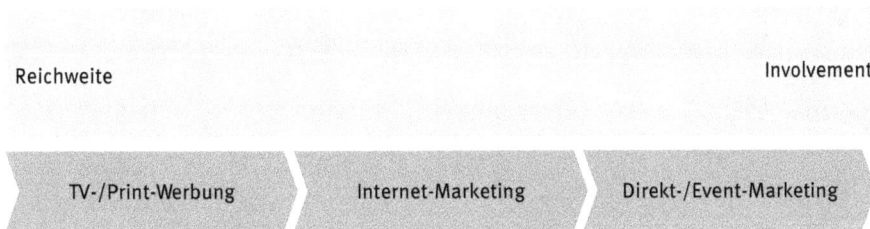

Abbildung 10.21: Wirkungsweise von Cross-Media-Kommunikation (Quelle: eigene Darstellung in
Anlehnung an SevenOne Media 2003, S. 12).

Es wird aber auch deutlich, dass dieses Konzept im Vergleich zur Integrierten Kommunikation lediglich als Ergänzung zur tiefergehenden Optimierung einer Werbekampagne sinnvoll ist. Cross-Media-Kommunikation kann daher als Subkonzept
der integrierten Kommunikation bezeichnet werden. Sie knüpft dabei in erster Linie
an die Form der inhaltlichen Integration und hier insbesondere bei der funktionalen und instrumentalen Komponente an.

11 Markenbewertung

Zum Abschluss der konzeptionellen Betrachtung des Markenmanagements soll in diesem Kapitel auf die Markenbewertung eingegangen werden. Schließlich stellen Marken für viele Unternehmen einen herausragenden Erfolgsfaktor und oftmals auch eine wesentliche Vermögensposition dar.

An dieser Stelle soll darauf hingewiesen werden, dass die in Kapitel 7 behandelten Modelle zur Markenidentität oftmals auch in der Literatur zur Markenbewertung und -kontrolle herangezogen werden. Hierbei steht jedoch in erster Linie die Kongruenz zwischen Markenidentität/Markenpositionierung und Markenimage im Vordergrund. In diesem Kontext kommen traditionelle Verfahren der Marktforschung wie z. B. das semantische Differential zum Einsatz.

Darüber hinaus kann bei Markenbewertungsmodellen zwischen psychologischem und ökonomischem Markenwert differenziert werden. Im Folgenden werden die wichtigsten Verfahren skizziert.

Die psychologischen Verfahren beziehen sich auf eine Bewertung der Markenstärke; es handelt sich hierbei um strukturierte Bewertungskataloge ausgewählter potential- bzw. marktbezogener Aspekte des Markenerfolgs. In diesem Zusammenhang sollen zwei bekannte und anwendungsorientierte Modelle diskutiert werden.

Der Brand-Potential-Index der GfK teilt die Dimensionen zur Erfassung des Markenwertes in drei Kategorien ein (Homburg 2015, S. 641f.):
- rationale Wertschätzung: Markenbekanntheit, Qualität, Uniqueness;
- emotionale Wertschätzung: Markenidentifikation, Markensympathie, Markenvertrauen;
- Verhaltensbereitschaft: Kauf- und Nutzungsabsicht, Mehrpreisakzeptanz, Markenloyalität, Weiterempfehlungsbereitschaft.

Die Abbildung 11.1 zeigt das GfK-Modell.

Ähnlich strukturiert ist der Markeneisberg von Icon Brand Navigation (heute: Kantar Added Value), der zwischen Markenguthaben und Markenbild (Markeniconographie) unterscheidet.

Innerhalb der Kategorie Markenguthaben sind folgende Dimensionen zu verorten:
- Markensympathie,
- Markenvertrauen,
- Markenloyalität.

Innerhalb der Kategorie Markenbild lauten die Dimensionen:
- gestützte Markenbekanntheit,
- Klarheit,
- subjektiv empfundener Werbedruck,

https://doi.org/10.1515/9783110526318-011

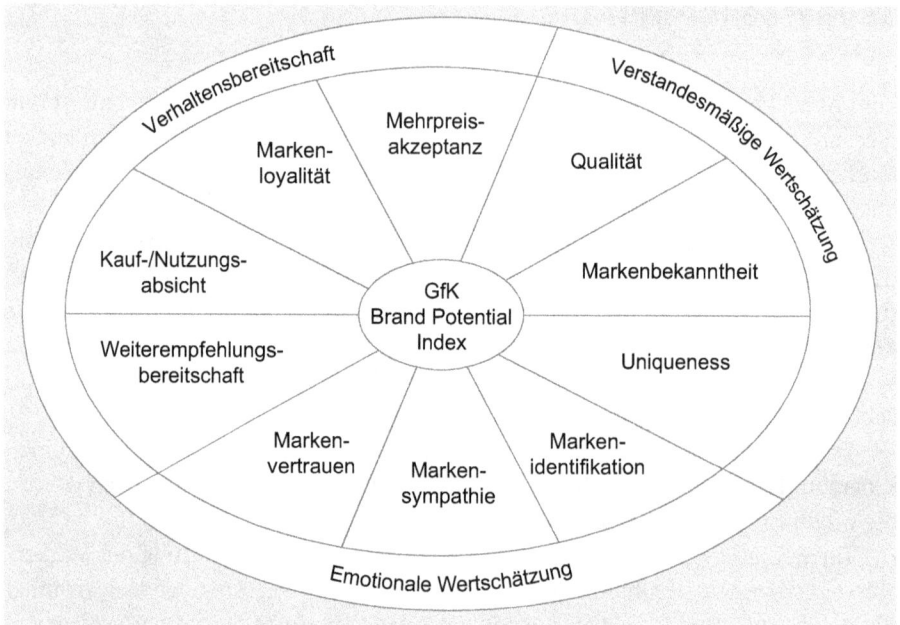

Die Abbildung zeigt einen ovalen Kreis. Im Zentrum steht "GfK Brand Potential Index". Die Segmente von oben links im Uhrzeigersinn: Marken-loyalität, Mehrpreis-akzeptanz, Qualität, Markenbekanntheit, Uniqueness, Marken-identifikation, Marken-sympathie, Marken-vertrauen, Weiterempfehlungs-bereitschaft, Kauf-/Nutzungs-absicht. Außen am Rand: Verhaltensbereitschaft (oben links), Verstandesmäßige Wertschätzung (oben rechts), Emotionale Wertschätzung (unten).

Abbildung 11.1: Brand-Potential-Index der GfK (Quelle: Homburg 2015, S. 641).

- Einprägsamkeit der Werbung,
- Markenuniqueness,
- Attraktivität.

Der Beitrag beider Kategorien zur Berechnung des Markenwertes ist abhängig vom Alter der Marke. Alte, etablierte Marken verfügen über ein höheres Markenguthaben als neu eingeführte Marken. Das Markenguthaben weist zwar einen direkteren Bezug zum Markenerfolg auf, kann jedoch nur über den Umweg des Markenbildes beeinflusst werden. Das Markenbild generiert sich aus dem ganzheitlichen Auftritt der Marke. Es ist der sichtbare Teil der Marke, der deswegen im Eisbergmodell oberhalb der Wasserfläche gezeigt wird (Andresen/Esch 2001, S. 1047). Investitionen in das Markenbild sollten demnach zum Aufbau des Markenguthabens beitragen. Die Abbildung 11.2 zeigt exemplarisch die Ergebnisse des Modells für eine fiktive Marke A. Die einzelnen Items werden durchgängig mit Referenzwerten verglichen, um positive und negative Abweichungen bzw. Stärken und Schwächen von Marken feststellen zu können.

Die ökonomischen Verfahren zur Ermittlung des Markenwertes liefern als Resultat eine monetäre Größe. Es wird zwischen mehrstufigen und einstufigen Verfahren differenziert (Homburg 2015, S. 642f.).

Ein bekannter mehrstufiger Ansatz ist das Interbrand-Modell, welches in der Abbildung 11.3 anschaulich dargestellt wird.

BRAND STATUS
Referenz

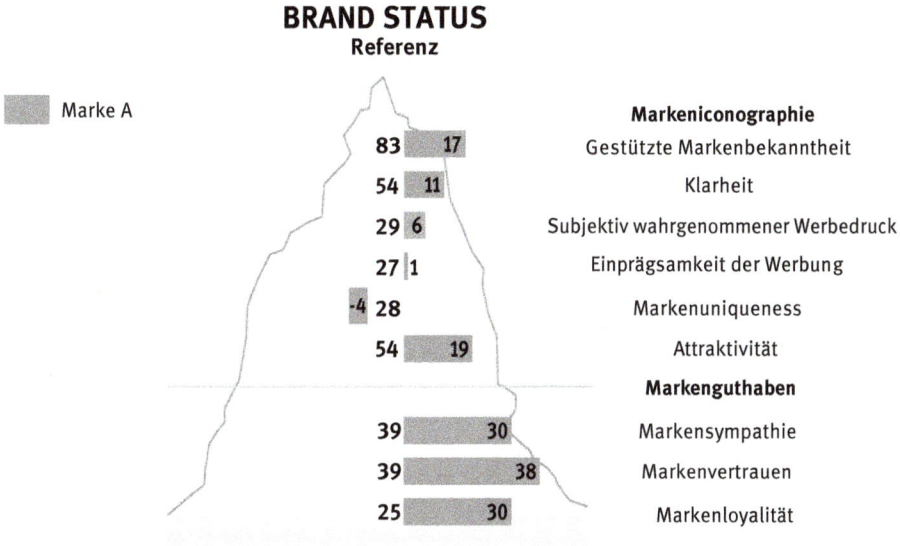

Marke A		

		Markeniconographie
83	17	Gestützte Markenbekanntheit
54	11	Klarheit
29	6	Subjektiv wahrgenommener Werbedruck
27	1	Einprägsamkeit der Werbung
-4	28	Markenuniqueness
54	19	Attraktivität
		Markenguthaben
39	30	Markensympathie
39	38	Markenvertrauen
25	30	Markenloyalität

Abbildung 11.2: Markeneisberg zur Messung des Markenwertes (Quelle: Runia et al. 2019, S. 178).

Zuerst wird eine finanzielle Analyse durchgeführt, um den auf immaterielle Vermögensgegenstände zurückzuführenden Gewinn zu ermitteln. Danach stellt eine Branchenanalyse fest, welcher Anteil des Gewinns der Marke zuzuordnen ist. Aus diesem Markengewinn ergibt sich der Markenwert. Abschließend folgt die Marken-

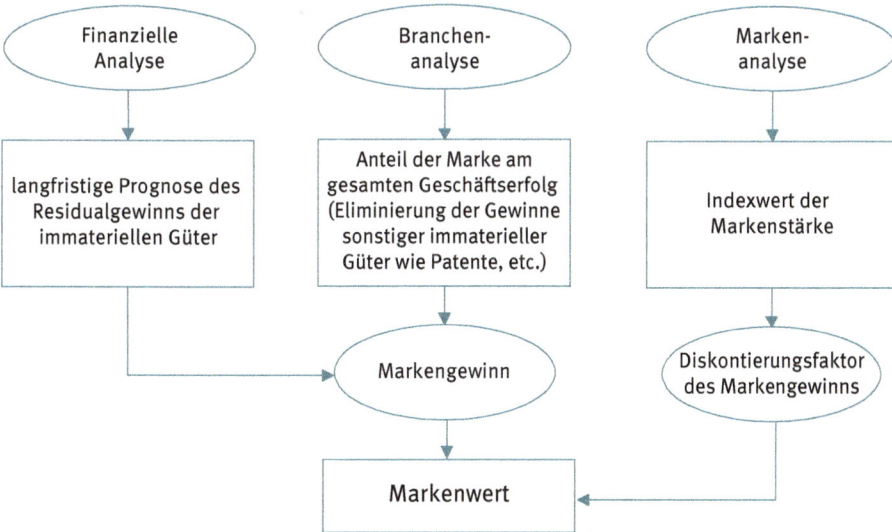

Abbildung 11.3: Markenwertberechnung nach Interbrand (Quelle: eigene Darstellung).

analyse, die den Indexwert der Markenstärke ermittelt. Dieser Indexwert wird im Modell durch einen gewichteten Kriterienkatalog mit den sieben Kategorien Dynamik des relevanten Marktes, Stabilität der Marke, Marktführerschaft der Marke, Entwicklung gegenüber Wettbewerbern, Kontinuität der Markenführung, Internationalisierungsgrad der Marke sowie rechtlicher Markenschutz bestimmt. Diese sieben Kategorien werden in eine Vielzahl von Kriterien eingeteilt, die im Rahmen eines Punkteverfahrens bewertet werden. Die genaue Verfahrensweise wird von Interbrand als Betriebsgeheimnis betrachtet und nicht publiziert. Die so ermittelte Markenstärke wird dann einem Diskontierungsfaktor unterworfen, der sich auf den sich schließlich ergebenden Markenwert auswirkt. Der Markenwert definiert sich als Gegenwartswert der künftigen Erträge, die mit der Marke erwirtschaftet werden.

Die Abbildung 11.4 zeigt die 50 wertvollsten Marken des Jahres 2021 nach der Bewertung von Interbrand.

Im Rahmen der einstufigen Verfahren sind kosten- und ertragswertorientierte Verfahren zu unterscheiden (Homburg 2015, S. 643). Kostenorientierte Verfahren leiten den Markenwert entweder aus historischen Kosten oder aus Wiederbeschaffungskosten ab, was auf der einen Seite wenig entscheidungsrelevant ist, auf der anderen Seite erhebliche Operationalisierungsprobleme aufweist. Ertragswertorientierte Verfahren basieren ausschließlich auf einer Prognose zukünftiger Erträge und Kosten.

Rang	Marke	Veränderung	Markenwert
01	Apple	+26%	408,251 $m
02	Amazon	+24%	249,249 $m
03	Microsoft	+27%	210,191 $m
04	Google	+19%	196,811 $m
05	Samsung	+20%	74,635 $m
06	Coca-Cola	+1%	57,488 $m
07	Toyota	+5%	54,107 $m
08	Mercedes-Benz	+3%	50,866 $m
09	McDonald's	+7%	45,865 $m
10	Disney	+8%	44,183 $m
11	Nike	+24%	42,538 $m
12	BMW	+5%	41,631 $m
13	Louis Vuitton	+16%	36,766 $m
14	Tesla	+184%	36,270 $m
15	Facebook	+3%	36,248 $m
16	Cisco	+6%	36,228 $m
17	Intel	−3%	35,761 $m
18	IBM	−5%	33,257 $m
19	Instagram	+23%	32,007 $m
20	SAP	+7%	30,090 $m
21	Adobe	+36%	24,832 $m
22	Chanel	+4%	22,109 $m
23	Hermès	+20%	21,600 $m
24	J.P. Morgan	+6%	21,401 $m
25	Honda	−2%	21,315 $m
26	YouTube	+21%	20,905 $m
27	IKEA	+6%	20,034 $m
28	Pepsi	+4%	19,431 $m
29	UPS	+1%	19,377 $m
30	American Express	−2%	19,075 $m
31	GE	+3%	18,420 $m
32	Accenture	+7%	17,758 $m
33	Gucci	+6%	16,656 $m
34	Allianz	+17%	15,174 $m
35	Hyundai	+6%	15,168 $m
36	Netflix	+19%	15,036 $m
37	Budweiser	−4%	15,022 $m
38	Salesforce	+37%	14,770 $m
39	Visa	+19%	14,741 $m
40	Nescafé	+4%	14,466 $m
41	Sony	+20%	14,445 $m
42	PayPal	+36%	14,322 $m
43	H&M	+1%	14,133 $m
44	Pampers	−8%	13,912 $m
45	Zara	−9%	13,503 $m
46	Audi	+8%	13,474 $m
47	Volkswagen	+9%	13,423 $m
48	AXA	+10%	13,408 $m
49	adidas	+11%	13,381 $m
50	Mastercard	+18%	13,065 $m

Abbildung 11.4: Markenwerte 2021 (Quelle: eigene Darstellung in Anlehnung an Interbrand 2021).

Literaturverzeichnis

Aaker, D. A. (1996a): Building Strong Brands, London.

Aaker, D. A. (1996b): Measuring Brand Equity across Products and Markets, in: California Management Review, Vol. 38 (3), 1996, S. 102–120.

Aaker, D. A., Joachimsthaler, E. (2000): Brand Leadership, New York.

Aaker, D. A., Joachimsthaler, E. (2001): Brand Leadership. Die Strategie für Siegermarken, München.

Ahlert, D. (1996): Distributionspolitik, 3. Aufl., Stuttgart/Jena.

Ahlert, D., Kenning, P. (2007): Handelsmarketing – Grundlagen der marktorientierten Führung von Handelsbetrieben, Berlin.

Ahlert, D., Kenning, P., Schneider, D. (2000): Markenmanagement im Handel, Wiesbaden.

Andresen, T./Esch, F.-R. (2001): Der Markeneisberg zur Messung der Markenstärke, in: Esch, F.-R. (Hg.): Moderne Markenführung, 3. Aufl., Wiesbaden.

Ansoff, H. I. (1966): Management-Strategie, München.

Arbeitsgemeinschaft Online-Forschung (2020): agof Digital Report 2020.

Arndt, J. (1967): Word of Mouth Advertising and Informal Communication, in: D. F. Cox (Hg.), Risk Taking and Information Handling in Consumer Behavior, Boston, S. 188–239.

Aronsson, T., Johansson-Stenman, O. (2012): Veblen's Theory of the Leisure Class Revisited: Implications for Optimal Income Taxation, in: Social Choice and Welfare, 2013, Vol. 41, 3, S. 551–578.

Atkinson, R., Shiffrin, R. (1968): Human Memory: A Proposed System and its Control Processes, in: The Psychology of Learning and Motivation, Vol. 2, S. 89–195.

Ausschuss für Definition zu Handel und Distribution (2006): Katalog E, Definitionen zu Handel und Distribution – Elektronische Fassung, 5. Ausgabe, Köln, S. 88.

Backhaus, K. (1995): Investitionsgütermarketing, 4. Aufl., München.

Backhaus K., Schneider H. (2009): Strategisches Marketing, 2. Aufl., Stuttgart.

Barnard, N. R., Ehrenberg, A. S. C. (1990): Robust Measures of Consumers Brand Beliefs, in: Journal of Marketing Research, Vol. 27 (4), 1990, S. 477–484.

Bauer, H. H., Huber, F., Albrecht, C.-M. (2008): Meilensteine erfolgreicher Markenführung – Ein Leitfaden für eine kritische Diskussion über die eigene Marke, in: Bauer, H. H., Huber, F., Albrecht, C.-M. (Hg.), Erfolgsfaktoren der Markenführung, München, S. 1–13.

Bauer, G., Jenny, G. (2015): Gesundheit in Wirtschaft und Gesellschaft, in: Moser, K. (Hg.), Wirtschaftspsychologie, 2. Aufl., Berlin 2015, S. 207–225.

Bauer, H., Neumann, M. (2002): Entscheidungskriterien werbetreibender Unternehmen beim Einsatz von Online-Marketing, Mannheim.

Baumgarth, C. (2008): Markenpolitik. Markenwirkungen – Markenführung – Markencontrolling, 3. Aufl., Wiesbaden.

Baumgarth, C. (2014): Markenpolitik – Markentheorien, Markenwirkungen, Markenführung, Markencontrolling, Markenkontexte, 4. Aufl., Wiesbaden.

Becker, J. (2013): Marketing-Konzeption. Grundlagen des ziel-strategischen und operativen Marketing-Managements, 10. Aufl., München.

Bekmeier-Feuerhahn, S., Trommershausen, A. (2006): Werbe- und Markenforschung: Meilensteine, State of the Art, Perspektiven, Günter Schweiger zum 65. Geburtstag, in: Strebinger, A., Mayerhofer, W., Kurz, H. (Hg.). Wiesbaden, S. 213–244.

Berekoven, L., Eckert, W., Ellenrieder, P. (2009): Marktforschung – Methodische Grundlagen und praktische Anwendung, 12. Aufl., Wiesbaden.

Bergmann, H., Fueglistaller, U., Herrmann, A. (2008): Produktpolitik für Gründungsunternehmen, in: Freiling, J., Kollmann, T. (Hg.), Entrepreneurial Marketing – Besonderheiten, Aufgaben und Lösungsansätze für Gründungsunternehmen, WiesbadenS. 467–479.

https://doi.org/10.1515/9783110526318-012

Beyrow, M. (2007): Merkwert Marke, in: Beyrow, M., Kiedaisch, P., Daldrop, N. W. (Hg.), Corporate Identity und Corporate Design – Neues Kompendium, 2. Aufl., Ludwigsburg, S. 52–61.

Biesel, H. H. (2013): Vertriebsarbeit leicht gemacht – Die besten Strategiewerkzeuge, Checklisten und Lösungsmuster, 2. Aufl., Wiesbaden.

Birkigt, K., Stadler, M. M., Funck, H. J. (1998): Corporate Identity: Grundlagen, Funktionen, Fallbeispiele, 9. Aufl., Landsberg/Lech.

Blinda, L. (2007): Markenführungskompetenzen eines identitätsbasierten Markenmanagements – Konzeptualisierung, Operationalisierung und Wirkungen, Diss., Wiesbaden.

Boivin, Y. (1986): A Free Response Approach to the Measurement of Brand Perceptions, in: International Journal of Research in Marketing, Vol. 3, 1986, S. 11–17.

Bonfadelli, H., Friemel, T. N. (2014): Medienwirkungsforschung, 5. Aufl., Stuttgart/Konstanz.

Brennan, V., Flanagan, W., Wolf, C. (2009): Navigating Social Media in the Business World, in: Hogan & Hartson (Hg.): Intellectual Property Update, S. 1–8. New York.

Bruhn, M. (2006): Integrierte Unternehmens- und Markenkommunikation. Strategische Planung und operative Umsetzung, 4. Aufl., Stuttgart.

Bruhn, M. (2010): Marketing, 10. Aufl., Wiesbaden.

Büttner, M. (2012): Marke mit System – Die Relevanz des Regulatorischen Fokus für die Markenwahl, Diss., Wiesbaden.

Bundesverband Direktvertrieb Deutschland (2022): www.direktvertrieb.de/de/direktvertrieb, Abruf am 16.03.2022.

Burmann, C., Becker, C. (2010): Markenherkunft – Wie der Raum das Markenimage beeinflusst, in: Marketing Review St. GallenJg. 27, S. 20–25.

Burmann, C., Blinda, L., Nitschke, A. (2003): Konzeptionelle Grundlagen des identitätsbasierten Markenmanagements, in: Burmann, C. (Hg.), Arbeitspapier Nr. 1 des Lehrstuhls für innovatives Markenmanagement (LiM), Universität Bremen, www.lim.uni-bremen.de/files/burmann/publi kationen/LiM-AP-01-Identitaetsbasiertes-Markenmanagement.pdf, Abruf am 02.05.2022.

Burmann, C., Halaszovich, T., Hemmann, F. (2012): Identitätsbasierte Markenführung, Wiesbaden.

Burmann, C., Halaszovich, T., Schade, M., Piehler, R. (2015): Identitätsbasierte Markenführung, 3. Aufl., Wiesbaden.

Burmann, C., Schallehn, M. (2008): Die Bedeutung der Marken-Authentizität für die Markenprofilierung, in: Burmann, C. (Hg.): Arbeitspapier Nr. 31 des Lehrstuhls für innovatives Markenmanagement (LiM), Universität Bremen, www.lim.uni-bremen.de/files/burmann/publi kationen/LiM-AP-31-Marken-Authentizitaet.pdf, Abruf am 02.05.2022.

Burmann, C., Stolle, W. (2007): Markenimage. Konzeptualisierung eines komplexen mehrdimensionalen Konstrukts, in: Burmann, C. (Hg.), LiM-Arbeitspapiere, Nr. 28, Bremen.

CAR Center Automotive Research (2010): Universität Duisburg-Essen, F. Dudenhöffer, Absatz Januar – September 2010 weltweit.

Chernatony, de L. (2010): From Brand Vision to Brand Evaluation: The Strategic Process of Growing and Strengthening Brands, London.

Diller, H., Gentner, J., Müller, I. (2000): Hybrides Kaufverhalten – empirische Analyse anhand von Haushaltspaneldaten, Arbeitspapier Nr. 85 des Lehrstuhls für Marketing an der Universität Erlangen – Nürnberg, Nürnberg.

Dillerup, R., Stoi, R. (2013): Unternehmensführung, 4. Aufl., München.

Dobni, D., Zinkhan, G. M. (1990): In Search of Brand Image: A Foundation Analysis, in: Advances in Consumer Research, Vol. 17 (1), 1990, S. 110–119.

Dolich, I. J. (1969): Congruence Relationships between Self Images and Product Brands Image, in: Journal of Marketing Research, Vol. 6, 1969, S. 80–84.

Donnevert, T. (2009): Markenrelevanz – Messung, Konsequenzen und Determinanten, Diss., Wiesbaden.

Driesener, C., Romaniuk, J. (1998): Brand Image? Pick a Measure, any Measure, University of South Australia.

Eck, S., Pellikan, L., Wieking, K. (2008): Showtime für die Marke, in: Werben und Verkaufen, Nr. 42, S. 12–16.

Erhardt, D. (2011): Hochschulen im strategischen Wettbewerb – Empirische Analyse der horizontalen Differenzierung deutscher Hochschulen, Diss., Wiesbaden.

Errichiello, O., Zschiesche, A. (2013): Markenkraft im Mittelstand – Was jeder Manager von Dr. Klitschko und dem Papst lernen kann, 2. Aufl., Wiesbaden.

Esch, F.-R. (2008): Strategie und Technik der Markenführung, 5. Aufl., München.

Esch, F.-R. (2010): Strategie und Technik der Markenführung, 6. Aufl., München.

Esch, F.-R. (2012a): Strategie und Technik der Markenführung, 7. Aufl., München.

Esch, F.-R. (2012b): Markenidentität als Basis für Brand Behavior, in: Tomczak, T., Esch, F.-R., Kernstock, J., Herrmann, A. (Hg.), Behavioral Branding – Wie Mitarbeiterverhalten die Marke stärkt, 3. Aufl., Wiesbaden, S. 35–46.

Esch, F.-R., Fuchs, M., Bräutigam, S., Redler, J. (2005): Konzeption und Umsetzung von Markenerweiterungen, in: Esch, F.-R. (Hg.): Moderne Markenführung, 4. Aufl., Wiesbaden, S. 905–946.

Esch, F.-R., Herrmann, A., Sattler, H. (2006): Marketing – Eine managementorientierte Einführung, München.

Esch, F.-R., Herrmann, A., Sattler, H. (2011): Marketing – Eine managementorientierte Einführung, 3. Aufl., München.

Esch, F.-R., Langner, T. (2004): Integriertes Branding – Baupläne zur Gestaltung neuer Marken, in: Bruhn, M. (Hg.): Handbuch Markenführung. Kompendium zum erfolgreichen Markenmanagement. Strategien – Instrumente – Erfahrungen, Wiesbaden, S. 1131–1156.

Esch, F.-R., Pitz, J., Ströhlein, S. (2019): Die verhaltenswissenschaftliche Markenperspektive als Zugang zur Corporate Brand durchdringen, in: Esch, F.-R., Tomczak, T., Kernstock, J., Langner, T., Redler, J. (Hg.): Corporate Brand Management. Wiesbaden.

Fassnacht, M. (2013): Traumfabrik. Wie Luxusmarken ticken. Vortrag im Marketing-Club Düsseldorf am 13.06.2013.

Feddersen, C. (2010): Repositionierung von Marken – Ein agentenbasiertes Simulationsmodell zur Prognose der Wirkungen von Repositionierungsstrategien, Diss., Wiesbaden.

Fell, A. (2010): Placebo-Effekte im Marketing – Zur Abhängigkeit des Produktnutzens von Marketingmaßnahmen, Diss., Wiesbaden.

Felser, G. (2014): Konsumentenpsychologie, Stuttgart.

Fischer, K. P., Wiessner, D., Bidmon, R. K. (2011): Angewandte Werbepsychologie in Marketing und Kommunikation, Berlin.

Foscht, T., Swoboda, B. (2011): Käuferverhalten, 4. Aufl., Wiesbaden.

Foscht, T., Swoboda, B., Schramm-Klein, H. (2015): Käuferverhalten, 5. Aufl., Wiesbaden.

Frazer, C. F. (1983): Creative Strategy: A Management Perspective, in: Journal of Advertising, Vol. 12 (4), 1983, S. 36–41.

Freiling, J. (2001): Resource-based View und ökonomische Theorie, Wiesbaden.

Freiling, J. (2004): Competence-based View der Unternehmung, in: Die Unternehmung, 58. Jg., Heft 1, S. 5–25.

Freiling, J., Gersch, M., Goeke, C. (2006): Eine „Competence-based Theory of the Firm" als marktprozesstheoretischer Ansatz – Erste disziplinäre Basisentscheidungen eines evolutorischen Forschungsprogramms, in: Schreyögg, G., Conrad, P. (Hg.): Management von Kompetenzen, Band 16 Managementforschung, Wiesbaden, S. 37–82.

Freter, H. (1983): Marktsegmentierung, Stuttgart et al.

Freter, H. (1992): Markt- und Kundensegmentierung – Kundenorientierte Markterfassung und -bearbeitung, 2. Aufl., Stuttgart.

Freyer, W. (2011): Tourismus-Marketing – Marktorientiertes Management im Mikro- und Makrobereich der Tourismuswirtschaft, 7. Aufl., München.

Gaiser, B. (2011): Aufgabenbereiche und aktuelle Problemfelder der Markenführung, in: Theobald, E., Haisch, P. T. (Hg.), Brand Evolution – Moderne Markenführung im digitalen Zeitalter, Wiesbaden, S. 3–22.

Gardner, B. G., Levy, S. J. (1955): The Product and the Brand, in: Harvard Business Review, March-April 1955, S. 33–39.

Glockzin, K. (2010): „Product Placement" im Fernsehen – Abschied vom strikten Trennungsgebot zwischen redaktionellem Inhalt und Werbung, Multimedia und Recht 2010, S. 161–167.

Goldenberg, J., Han, S., Lehmann, D. R. (2010): Social Connectivity, Opinion Leadership, and Diffusion, in: Wuyts, S., Dekimpe, M. G., Gijsbrechts, E., Pieters, R.: The Connected Consumer, New York 2010, S. 283–305.

Griese, K., Bröring, S. (2011): Marketing-Grundlagen. Eine fallstudienbasierte Einführung, Wiesbaden.

Großklaus, R. H. G. (2015): Positionierung und USP – Wie Sie eine Alleinstellung für Ihre Produkte finden und umsetzen, 2. Aufl., Wiesbaden.

Häusel, H.-G. (2004): Brain Script, München.

Häusel, H.-G. (2007): Limbic Success, 2. Aufl., München.

Haley, R. J. (1968): Benefit Segmentation: A Decision Oriented Research Tool, in: Journal of Marketing 3/68, S. 30–35.

Heemann, J. (2008): Markenbudgetierung, Diss., Wiesbaden.

Hennig-Thurau, T., Gwinner, K. P., Walsh, G., Gremler, D. D. (2004): Electronic Word-of-Mouth via Consumer-opinion Platforms: What motivates Consumers to Articulate Themselves on the Internet, in: Journal of Interactive Marketing, 18. Jg., Nr. 1, S. 38–52.

Herbst, D. (2003): Praxishandbuch Unternehmenskommunikation, Berlin.

Herbst, D. (2012): Corporate Identity, 5. Aufl., Berlin.

Herrmann, A., Huber, F. (2013): Produktmanagement: Grundlagen – Methoden – Beispiele, 3. Aufl., Wiesbaden.

Herrmann, A., Huber, F., Braunstein, C. (2005): Gestaltung der Markenpersönlichkeit mittels der „means-end"-Theorie, in: Esch, F.-R. (Hg.): Moderne Markenführung: Grundlagen – Innovative Ansätze – Praktische Umsetzungen, 4. Aufl., Wiesbaden 2005, S. 177–207.

Hillmann, K. H. (2007): Wörterbuch der Soziologie, 5. Aufl., Stuttgart.

Hinterhuber, H. H. (2011): Strategische Unternehmensführung I. Strategisches Denken, 8. Aufl., Berlin.

Hofbauer, G., Körner, R., Nikolaus, U., Poost, A. (2009): Marketing von Innovationen – Strategien und Mechanismen zur Durchsetzung von Innovationen, Stuttgart.

Hofbauer, G., Schmidt, J. (2007): Identitätsorientiertes Markenmanagement: Grundlagen und Methoden für bessere Verkaufserfolge, Regensburg.

Homburg, C. (2015): Marketingmanagement, 5. Aufl., Wiesbaden.

Homburg, C. (2017): Marketingmanagement, 6. Aufl., Wiesbaden.

Hünerberg, R. (2009): Zur Komplexität von Marketinginstrumenten – Konzeptionelle Überlegungen zu einer innovativen Integration von Kommunikation und Distribution als Herausforderung an eine marktorientierte Unternehmensführung, in: Hünerberg, R., Mann, A. (Hg.), Ganzheitliche Unternehmensführung in dynamischen Märkten, Wiesbaden, S. 165–183.

Hüttner, M., Ahsen, A. v., Schwarting, U. (1999): Marketing-Management. Allgemein – Sektoral – International. 2. Aufl., München/Wien.

Interbrand (2021): www.bestglobalbrands.com, Abruf am 21.03.2022

Izard, C. E. (1994): Die Emotionen des Menschen. Eine Einführung in die Grundlagen der
   Emotionspsychologie, 2. Aufl., Weinheim/Basel.

Junge, P. (2012): BWL für Ingenieure, 2. Aufl., Wiesbaden.

Kapferer, J.-N. (2008): The New Strategic Brand Management, Fourth Edition, London.

Kartte, D. (2006): Bewertung und Management von Marken, in: Matzler, K. et al. (Hg.): Immaterielle
   Vermögenswerte, Berlin.

Keller, B. (2017): Die Reise(n) durchs Touchpoint Management, in: Keller, B., Ott, C. S. (Hg.):
   Touchpoint Management, Freiburg, S. 29–64.

Keller, K. L. (2003): Strategic Brand Management – Building, Measuring, and Managing Brand
   Equity. 2. Aufl., UpperSaddle River.

Keller, K. L. (2005): Kundenorientierte Messung des Markenwerts, in: Esch, F.-R. (Hg.): Moderne
   Markenführung: Grundlagen – Innovative Ansätze – Praktische Umsetzungen, 4. Aufl.,
   Wiesbaden, S. 1307–1327.

Kenning, P. (2014): Consumer Neuroscience, Stuttgart.

Keon, J. W. (1984): Copy Testing Ads for Imagery Products, in: Journal of Advertising
   Research, Vol. 23 (6), 1984, S. 41–48.

Kiendl, S. (2007): Markenkommunikation mit Sport, Diss., Wiesbaden.

Kluckhohn, C. (1962): Values and Value-Orientation in the Theory of Action, in: Parsons, T., Shilis,
   E. A. (Hg.): Towards a General Theory of Action, Cambridge, S. 388–433.

Köstinger, P. (2008): Internet-Branding für Offline-Marken, Hamburg.

Kollmann, T. (2007): Online-Marketing: Grundlagen der Absatzpolitik in der Net Economy,
   Wiesbaden.

Kollmann, T. (2019): E-Business: Grundlagen elektronischer Geschäftsprozesse in der Digitalen
   Wirtschaft. 7. Aufl., Wiesbaden.

Kotler, P., Armstrong, G., Wong, V., Saunders, J. (2011): Grundlagen des Marketing,
   5. Aufl., München.

Kotler, P., Bliemel, F. (2001): Marketing-Management, 10. Aufl., Stuttgart.

Kotler, P., Kartajaya, H., Setiawan, I. (2010): Marketing 3.0 – From Products to Customers to the
   Human Spirit, New Jersey.

Kotler, P., Keller, K. L., Bliemel, F. (2007): Marketing-Management, 12. Aufl., München.

Kotler, P., Keller, K. L., Opresnik, M. O. (2017): Marketing-Management, 15. Aufl., München.

Kranzbühler, A.-M., Kleijnen, M. H. P., Morgan, R. E., Teerling, M. (2018): The Multilevel Nature of
   Customer Experience Research: An Integrative Review and Research Agenda, in: International
   Journal of Management Reviews, 20 (2018), S. 433–456

Krause, J. (2013): Identitätsbasierte Markenführung im Investitionsgüterbereich, Diss., Wiesbaden.

Kreutzer, R. T. (2012): Praxisorientiertes Online-Marketing. Konzepte – Instrumente – Checklisten,
   Wiesbaden.

Kroeber-Riel, W. (1990): Persönliche Auskunft an F. Wahl vom Juli 1990, Rheinberg.

Kroeber-Riel, W., Gröppel-Klein, A. (2013): Konsumentenverhalten, 10. Aufl., München.

Kroeber-Riel, W., Gröppel-Klein, A. (2019): Konsumentenverhalten, 11. Aufl., München.

Kroeber-Riel, W., Weinberg, P., Gröppel-Klein, A. (2009): Konsumentenverhalten,
   9. Aufl., München.

Kruse Brandão, T., Wolfram, G. (2018): Digital Connection. Die bessere Customer Journey mit
   smarten Technologien – Strategie und Praxisbeispiele, Wiesbaden.

Kuß, A., Kleinaltenkamp, M. (2013): Marketing-Einführung, 6. Aufl., Wiesbaden.

Kuß, A., Tomczak, T. (2007): Käuferverhalten, 4. Aufl., Stuttgart.

Lagner, S. (2009): Viral Marketing, 3. Aufl., Wiesbaden.

Lammenett, E. (2012): Praxiswissen Online-Marketing: Affiliate- und E-Mail-Marketing,
   Suchmaschinenmarketing, Online-Werbung, Social Media, Online PR, 3. Aufl., Wiesbaden.

Lasswell, H. D. (1967): The Structure and Function of Communication in Society, in: Berelson, B., Janowitz, M. (Hg.): Reader in Public Opinion and Communication, 2. Aufl., New York et al., S. 178–190.

Leeman, J. J. A. (2010): Export Planning: a 10-step approach, Düsseldorf.

Lehner, S. (2007): Unternehmenserfolg mit einem scharfen Profil, Salzburg.

Lemon, K. N., Verhoef, P. C. (2016): Understanding Customer Experience Throughout the Customer Journey, in: Journal of Marketing, 80, S. 69–96

Linxweiler, R. (2004): Marken-Design: Marken entwickeln, Markenstrategien erfolgreich umsetzen, 2. Aufl., Wiesbaden.

Markengesetz (2016): Gesetz über den Schutz von Marken und sonstigen Kennzeichen.

Maslow, A. M. (1975): Motivation and Personality, in: Levine, F. M. (Hg.): Theoretical Readings in Motivation, Chicago, S. 358–379.

Matthes, I. (2009): Soziales Engagement von Unternehmen – Wirkungsprozesse, Erfolgsdeterminanten und Konsequenzen für den Markenwert, Diss., Wiesbaden.

McDaniel, C., Gates, R.: Marketing Research (2002): The Impact of the Internet. 5. Aufl., Cincinnati.

Meffert, H. (2000): Marketing: Grundlagen marktorientierter Unternehmensführung: Konzepte – Instrumente – Praxisbeispiele, 9. Aufl., Wiesbaden.

Meffert, H., Burmann, C. (2002): Theoretisches Grundkonzept der identitätsorientierten Markenführung, in: Meffert, H., Burmann, C., Koers, M. (Hg.), Markenmanagement – Grundfragen der identitätsorientierten Markenführung, Wiesbaden, S. 35–72.

Meffert, H., Burmann, C. (2005): Wandel in der Markenführung – vom instrumentellen zum identitätsorientierten Markenverständnis, in: Meffert, H., Burmann, C., Koers, M. (Hg.), Markenmanagement – Identitätsorientierte Markenführung und praktische Umsetzung, 2. Aufl., Wiesbaden, S. 19–36.

Meffert, H., Burmann, C., Kirchgeorg, M. (2015): Marketing – Grundlagen marktorientierter Unternehmensführung, 12. Aufl., Wiesbaden.

Meffert, H., Burmann, C., Kirchgeorg, M., Eisenbeiß, M. (2019): Marketing – Grundlagen marktorientierter Unternehmensführung, 13. Aufl., Wiesbaden.

Meffert, H., Burmann, C., Koers, M. (2005): Markenmanagement, Grundfragen der identitätsorientierten Markenführung, 2. Aufl., Wiesbaden.

Mellerowicz, K. (1963): Markenartikel – Die ökonomischen Gesetze ihrer Preisbildung und Preisbindung, München.

Michel, S. (2012): Marketingkonzept, 4. Aufl., Zürich.

Michelis, D. (2014): Der vernetzte Konsument – Grundlagen des Marketing im Zeitalter partizipativer Unternehmensführung, Wiesbaden.

Müller, A., Schade, M. (2012): Der symbolische Nutzen von Luxusmarken, in: Burmann, C., König, V., Meurer, J. (Hg.), Identitätsbasierte Luxusmarkenführung: Grundlagen – Strategien – Controlling, Wiesbaden, S. 69–82.

Naisbitt, J., Aburdene, P. (1992): Megatrends 2000 – Zehn Perspektiven für den Weg ins nächste Jahrtausend, 5. Aufl., Düsseldorf.

Naskrent, J., Rüttgers, C. (2012): Wahrnehmung von Werbung mit Sportereignisbezug: Eine empirische Analyse der Einschätzung von Sponsoring und Ambush-Marketing im Rahmen der Fußball-Europameisterschaft und der Olympischen Spiele im Jahr 2012. KCS Schriftenreihe, Bd. 5, FOM, Essen.

Newman, J. W. (1957): New Insight, New Progress, for Marketing, in: Harvard Business Review, November-December 1957, S. 95–102.

Nieschlag, R., Dichtl, E., Hörschgen, H. (2002): Marketing, 18. Aufl., Berlin.

Nufer, G. (2010): Ambush Marketing – Trittbrettfahren bei Sportgroßveranstaltungen, in
    Bernecker, M. (Hg.): Jahrbuch Marketing 2010/2011. Trendthemen und Tendenzen, Köln,
    S. 151–166.
Olbrich, R., Battenfeld, D., Buhr, C.-C. (2012): Marktforschung, Heidelberg.
Opresnik, M. O., Rennhak, C. (2012): Grundlagen der Allgemeinen Betriebswirtschaftslehre,
    Wiesbaden.
Patalas, T. (2006): Guerilla Marketing – Ideen schlagen Budget, Berlin.
Pepels, W. (2007): Der Marketingplan, 2. Aufl., München.
Pepels, W. (2009): Neuromarketing: Ein Blick in das Gehirn des Konsumenten, in: Bernecker,
    M., Pepels, W. (Hg.): Jahrbuch Marketing 2009, Köln, S. 13–33.
Pepels, W. (2013): Käuferverhalten, 2. Aufl., Berlin.
Pfohl, H.-Ch. (1995): Logistiksysteme, Darmstadt.
Piller, F. (2001): Mass Customization. Ein wettbewerbsstrategisches Konzept im
    Informationszeitalter, 3. Aufl., Wiesbaden.
Plummer, J. T. (1974): The Concept and Application of Life Style Segmentation, in: Journal of
    Marketing 1/74, S. 33–37.
Pohlman, A., Mudd, S. (1973): Market Image as a Function of Group and Product Type:
    A Quantitative Approach, in: Journal of Applied Psychology, Vol. 57 (2), 1973, S. 167–171.
Porter, M. E. (1980): Competitive Strategy: Techniques for Analyzing Industries and Competitors,
    New York et al.
Porter, M. E. (1999): Wettbewerbsstrategie: Methoden zur Analyse von Branchen und
    Konkurrenten, Frankfurt/M.
Prahalad, C. K., Hamel, G. (1990): The Core Competence of the Corporation, in: Harvard Business
    Review, Vol. 68, Heft 3, S.79–91.
Radtke, B. (2013): Stadtslogans zur Umsetzung der Markenidentität von Städten, Diss., Wiesbaden.
Radtke, B. (2014): Markenidentitätsmodelle – Analyse und Bewertung von Ansätzen zur Erfassung
    der Markenidentität, Wiesbaden.
Reeves, R. (1961): Reality in Advertising, New York.
Regenthal, G. (2009): Ganzheitliche Corporate Identity – Profilierung von Identität und Image,
    2. Aufl., Wiesbaden.
Rennhak, C., Opresnik, M. (2016): Marketing: Grundlagen, Berlin/Heidelberg.
Reynolds, T. J., Gutman, J. (1984): Advertising is Image Management, in: Journal of Advertising
    Research, Vol. 24 (1), 1984, S. 27–37.
Ries, A., Trout, J. (1982): Positioning: The Battle for Your Mind, New York.
Rogers, E. M. (1962): Diffusion of Innovations, New York.
Roszinsky, S. (2010): Social Media – Erfolgsfaktoren für das internetbasierte
    Empfehlungsmarketing am Beispiel von DextroEnergy, unveröffentlichte Masterthesis, FOM
    Düsseldorf.
Runia, P., Wahl, F. (2009): Uniqueness als Credo der Markenführung, in: Bernecker, M., Pepels,
    W. (Hg.): Jahrbuch Marketing 2009, S. 269–281, Köln.
Runia, P., Wahl, F. (2011): Markenidentität und Markenimage, unveröffentlichtes Manuskript.
Runia, P. M., Wahl, F. (2013): Implikationen des demografischen Wandels für die
    Marketingkonzeption, in: Göke, M., Heupel, T. (Hg.), Wirtschaftliche Implikationen des
    demografischen Wandels – Herausforderungen und Lösungsansätze, Wiesbaden, S. 131–144.
Runia, P. M., Wahl, F. (2015): Qualitative Prognosemodelle und Trendforschung, in: Gansser,
    O., Krol, B. (Hg.), Markt- und Absatzprognosen: Modelle-Methoden-Anwendung, Wiesbaden,
    S. 73–88.
Runia, P., Wahl, F., Busch, C. (2008): Im Rampenlicht. Product Placement – Ein Marketing-Begriff
    mit vielen Facetten, in: economag Nr. 12/08, www.economag.de.

Runia, P. M., Wahl, F., Geyer, O., Thewißen, C. (2019): Marketing – Prozess- und Praxisorientierte Grundlagen, 5. Aufl., Berlin.

Runia, P., Wahl, F., Rüttgers, C. (2013): Das Markenimage von Hersteller- und Handelsmarken: Eine empirische Analyse der Imagekomponenten von Körperpflegemarken auf der Grundlage eines Markenidentitätskonzeptes, in: Krol, B. (Hg.): KCS Schriftenreihe, Band 8, Essen.

Rusnjak, A., Schallmo, D. R. A. (2018): Customer Experience im Zeitalter des Kunden. Best Practices, Lessons Learned und Forschungsergebnisse, Wiesbaden.

Sander, M. (2011): Marketing-Management – Märkte, Marktforschung und Marktbearbeitung, 2. Aufl., Konstanz.

Sattler, H., Völckner, F. (2013): Markenpolitik, 3. Aufl., Stuttgart.

Schade, M. (2012): Identitätsbasierte Markenführung professioneller Sportvereine – Eine empirische Untersuchung zur Ermittlung verhaltensrelevanter Markennutzen und der Relevanz der Markenpersönlichkeit, Diss., Wiesbaden.

Scharf, A., Schubert, B., Hehn, P. (2009): Marketing, 4. Aufl., Stuttgart.

Schenk, H. O. (2004): Handels-, Gattungs- und Premiummarken des Handels, in: Bruhn, M. (Hg.): Handbuch Markenführung, Band 1, 2. Aufl., Wiesbaden, S. 119–150.

Schenk, M. (2007): Medienwirkungsforschung, 3. Aufl., Tübingen.

Schimansky, A. (2003): Schlechte Noten für Markenbewerter, in: marketingjournal, o.O. 5/2003.

Schmalen, H. (1994): Das hybride Kaufverhalten und seine Konsequenzen für den Handel: Theoretische und empirische Betrachtungen, in: Zeitschrift für Betriebswirtschaft, 64. Jg., 10/1994, S. 1221–1240.

Schmidt, D., Vest, P. (2010): Die Energie der Marke, Wiesbaden.

Schmidt, H. J. (2015): Markenführung, Wiesbaden.

Schnedlitz, P. (2006): Der Supermarkt der Zukunft, in: Schnedlitz, P. et al. (Hg.): Innovationen in Marketing und Handel, Wien, S. 47–91.

Schneider, W. (2009): Marketing und Käuferverhalten, 3. Aufl., München.

Schulze-Bentrop, C. (2014): Management von Markentransfers – Der Einfluss des Kaufentscheidungsverhaltens auf die Erfolgsfaktoren, Diss., Wiesbaden.

Schüür-Langkau, A. (2012): Der Markenkern steuert die Kommunikation, in: Schüür-Langkau, A. (Hg.), Media- und Marketingstrategien in digitalen Zeiten – Trendinterviews mit Branchen-Experten aus Wissenschaft und Praxis, Wiesbaden, S. 105–109.

Schwarzbauer, F. (2009): Modernes Marketing für das Bankengeschäft, Wiesbaden.

Schweiger, G., Schrattenecker, G. (2016): Werbung: Eine Einführung, 9. Aufl., München.

Seidel, E. (2014): Die Zukunft der Markenidentität – Zur Kritik des Markenidentitätsmodells im digitalen Zeitalter, in: Dänzler, S., Heun, T. (Hg.), Marke und digitale Medien – Der Wandel des Markenkonzepts im 21. Jahrhundert, Wiesbaden, S. 363–378.

SevenOne Media (2003): Vernetzte Kommunikation – Werbewirkung crossmedialer Kampagnen, Unterföhring.

Silbermann, A. (2015): Gesundheitsbewusstes Konsumentenverhalten – Empirische Analyse der Einflussfaktoren auf der Grundlage einer Systematisierung des Bewusstseins, Diss., Wiesbaden.

Sinus-Institut (2022): www.sinus-institut.de/sinus-milieus/sinus-milieus-deutschland, Abruf vom 14.03.2022.

Sirgy, M. J. (1985): Using Self-Congruity and Ideal Congruity to predict Purchase Motivation, in: Journal of Business Research, Vol. 13, 1985, S. 195–206.

Solomon, M. (2013): Konsumentenverhalten, München.

Solomon, M. (2015): Consumer Behavior, 11. Aufl., Edinburgh Gate.

Sorger, S. (2012): Marketing Planning – Where Strategy Meets Action, New Jersey.

Specht, G. (1998): Distributionsmanagement, 3. Aufl., Stuttgart et al.

Sponheuer, B. (2010): Employer Branding als Bestandteil einer ganzheitlichen Markenführung, Diss., Wiesbaden.

Steffenhagen, H. (2009): Ableitung von Kommunikationszielen, in: Bruhn, M., Esch, F.-R., Langner, T. (Hg.), Handbuch Kommunikation: Grundlagen – Innovative Ansätze – Praktische Umsetzungen, Wiesbaden, S. 359–377.

Strategic Business Insights (2022): www.strategicbusinessinsights.com/vals, Abfrage vom 14.03.2022.

Supphellen, M. (2000): Understanding Core Brand Equity: Guidelines for In-Depth Elicitation of Brand Associations, in: International Journal of Market Research, Vol. 42 (3), 2000, S. 319–338.

Trommsdorff, V. (2009): Konsumentenverhalten, 7. Aufl., Stuttgart.

Trommsdorf, V., Teichert, T. (2011): Konsumentenverhalten, 8. Aufl., Stuttgart.

Tuschl, S. (2010): Segmentierungsansätze aus der Forschung, in: Bär, M., Borcherding, J., Keller, B. (Hg.), Fundraising im Non-Profit-Sektor – Marktbearbeitung von Ansprache bis Zuwendung, Wiesbaden, S. 63–77.

Twedt, D.W. (1972): Some Practical Applications of „Heavy-Half"-Theory, in: Engel, J.F., Fiorillo, H.F., Cayley, M.A. (Hg.): Market Segmentation – Concepts and Applications, S. 265–271, New York et al.

Vazquez, R., Belen del Rio, A., Iglesias, V. (2002): Consumer-based Brand Equity: Development and Validation of a Measurement Instrument, in: Journal of Marketing Management, Vol. 18, 2002, S. 27–48.

Veblen, T. (1899): The Theory of the Leisure Class, Boston: Houghton Mifflin.

Verhoef, Peter C., Lemon, Katherine N., Parasuraman, A. Roggeveen, Anne, Tsiros, Michael, Schlesinger, Leonard (2009): Customer Experience Creation: Determinants, Dynamics and Management Strategies, in: Journal of Retailing 85 (2009), Nr. 1, S. 31–41.

Vigneron, F., Johnson, L. (1999): A Review and a Conceptual Framework of Prestige-Seeking Consumer Behavior, in: Academy of Marketing Science Review, Volume 1999, No. 1, S. 1–15.

Vogel, J. (2012): Erfolgswirkungen von Markenallianzen, Diss., Wiesbaden.

Walsh, G., Kilian, T., Zenz, R. (2011): Strategien der Mundwerbung im Web 2.0 am Beispiel von Medienprodukten, in: Walsh, G., Hass, B. H., Kilian, T. (Hg.): Web 2.0. Neue Perspektiven für Marketing und Medien, 2. Aufl., Heidelberg, S. 191–200.

Weis, H. C. (2009): Marketing, 15. Aufl. Ludwigshafen.

Weis, H. C. (2012): Marketing. 16. Aufl., Ludwigshafen.

Westbrook, R. A. (1987): Product/Consumption-based Affective Responses and Post Purchase Processes, in: Journal of Marketing Research, Nr. 24, S. 258–270.

Wittberg, V. (2000): Unternehmensanalyse mit Führungsprozessen – Instrumentarium zur Früherkennung von Risiken, Diss., Wiesbaden.

Wöhe, G. (2013): Einführung in die allgemeine Betriebswirtschaftslehre, 25. Aufl., München.

Wöhe, G., Döring, U. (2010): Einführung in die allgemeine Betriebswirtschaftslehre, 24. Aufl., München.

Zaltman, G. (1997): Rethinking Market Research: Putting People back in, in: Journal of Marketing Research, Vol. 34 (4), 1997, S. 424–437.

Zerr, K. (2003): Guerilla Marketing in der Kommunikation – Kennzeichen, Mechanismen und Gefahren. In: Uwe Kamenz (Hg.): Applied Marketing. Anwendungsorientierte Marketingwissenschaft der deutschen Fachhochschulen, Berlin, S. 587.

Zimmermann, A. (2010): Praxisorientierte Unternehmensplanung mit harten und weichen Daten, Heidelberg.

Zukunftsinstitut (2022): www.zukunftsinstitut.de/dossier/megatrends, Abruf vom 09.03.2022.

Abbildungsverzeichnis

https://doi.org/10.1515/9783110526318-013

Tabellenverzeichnis

https://doi.org/10.1515/9783110526318-014

Index

https://doi.org/10.1515/9783110526318-015

9 783110 526301